설의식 (薛義植)

언론인. 평론가. 호는 소오(小梧). 1901년 함남 단천(端川)에서 태어나, 사립유신학교 심상과(尋常科)와 공립보통학교, 협성실업학교를 마쳤다. 서울 중앙중학교에 입학해 그 학교를 다니던 중 3·1 운동의 학생조직에 관계되어 학교를 자퇴하였다. 이후 니혼(日本)대학을 졸업하였으며, 동아일보사에 입사해 일본 동경특파원, 편집국장 등을 역임하였다. 편집국장으로 재직중일 때 일장기말소사건으로 동아일보사를 잠시 떠났다가, 해방 이후 복귀하였다. 해방 후 건준에 맞서 우익진영의 '국민대회준비회' 정부부장을 맡았으나 한민당에는 참여하지 않았다. 오랫동안 몸담았던 동아일보사를 나와 '신문적 잡지 잡지적 신문'을 표방한《새한민보》를 순간으로 창간하였고, '조선언론협회'를 건설하는 등 주로 '언론의 자유'와 '민족자주적 입장'에서 논술활동을 전개했다. 한국전쟁 때에는 신흥(현 경희)대학에 출강하였고, 특히 부산 피난시절에는 충무광(忠武狂)이라는 소리를 들을 정도로 충무공연구에 진력했다. 1954년 향년 54세로 별세하였다. 주요 저서로《화동시대》(花洞時代),《해방이전》,《해방이후》,《금단(禁斷)의 자유》,《통일조국》,《치욕의 표정》,《민족의 태양》,《난중일기》,《소오문장선》등이 있다.

나남신서 1182

小梧文選

2006년 12월 1일 발행
2006년 12월 1일 1쇄

저자_ 薛義植
발행자_ 趙相浩
발행처_ (주) **나남출판**
주소_ 413-756 경기도 파주시 교하읍
출판도시 518-4
전화_ (031) 955-4600 (代), FAX : (031) 955-4555
등록_ 제 1-71호(79.5.12)
홈페이지_ http://www.nanam.net
전자우편_ post@nanam.net

ISBN 89-300-8182-7
ISBN 89-300-8001-4(세트)
책값은 뒤표지에 있습니다.

어릴 적 뵙지도 못한 외할아버지에 대해 어머니로부터 들었습니다.
"너희 외할아버지께서 손기정 선수의 일장기 말소사건 때
동아일보 편집국장이셨단다." 자랑스러워 하면서도 사실 할아버지의
글을 접할 기회는 교과서에 실린 한 편("헐려짓는 광화문") 정도였습니다.
더 시간이 가기 전에 외할아버지의 글들을
《소오문선》으로 정리해 보았습니다. 뵙지 못했던 외할아버지를
그 분의 글을 통해서나마 다시 만나고 싶어서입니다.

2006년 12월

김은영 · 김화림 · 김영걸 · 김영아 · 김선희

동아일보 편집국장 시절

부산 피란 시절 질손
(조카의 아들)
설원기(한국예술종합학교
미술원 원장)를 안고

취미였던 원예를 위하여 자택에 온실을 직접 설치

집필중의 망중한

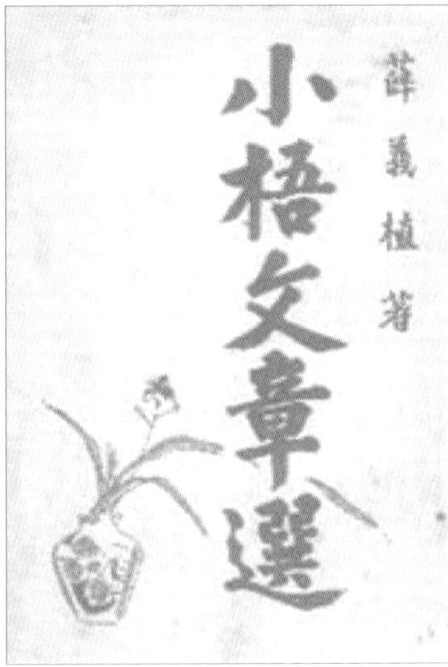

1952년에 출간된 《소오문장선》 표지

외출에서 귀가 후 정원에서

직접 작사한 조선은행(현 한국은행) 사가

《동아일보》 폐간으로 이어졌던 베를린 올림픽 금메달리스트 손기정 선수의 일장기 말소 사진.

선생의 이 글은 중학교 1학년 때 국어시간에 처음 읽었습니다. 교과서에 실렸던 이 짧으면서도 함축이 많은 글을 급우들과 함께 읽으면서 가슴에 무엇인가가 뭉클하게 솟구치던 일이 기억에 새롭습니다.

〈문화인 108인 연서 남북회담 지지성명〉은 1948년 4월 18일에 서울에서 발표됐습니다. 당시 북한에서는 북한대로 조선민주주의인민공화국의 창건이 진행되고 있었고, 남한에서는 남한대로 대한민국의 건국이 진행되고 있었습니다. 미국과 소련에 의한 한반도의 잠정적 분단이 이제 남북대립국가의 성립으로 공식화되기 한 걸음 직전의 시점이었습니다. 민족적으로 엄중하던 이 시점에서 남북지도자회담이 추진되는 것을 보고, 남한의 저명한 지식인 108명은 이 회담의 추진을 격려하고 성공을 기원하는 성명서를 발표했습니다. 그 역사적 문서가 바로 선생의 손에서 기초됐던 것입니다.

필자는 선생의 이 글을 20대 후반에야 비로소 읽었습니다. 한반도의 분단이 공식화되던 과정에 관해 공부하면서, 특히 김구 김규식 두 지도자의 북행에 관한 과정에 관해 공부하면서 이 글을 대할 수 있었습니다.

"조국은 지금 독립의 길이냐, 예속의 길이냐, 또는 통일의 길이냐, 분열의 길이냐 하는 분수령상의 절정에 서 있다"는 도입부로 시작한 이 글은 남북분단이 고정화될 경우 내전이 일어날 것임을 경고한 뒤 "동포의 상식(相食)"을 피하기 위해 "남북협상"을 해야 한다고 역설했습니다. 이러한 취지에서, 이 글은 "선진(先陣)의 남북지도자여! 후군(後軍)의 육속(陸續)을 믿고 오직 전진하시라!"라는 격동으로써 끝을 맺었는데, 전체적으로 감동적인 명문장이었습니다. 이 글을 읽으면서

저 스스로도 피가 끓어오름을 느꼈었습니다.

앞의 글에서나 뒤의 글에서나 선생은 일관되게 민족주의적 정열을 보여주셨습니다. 확실히 선생은 민족주의자로 시종하셨습니다. 이 점은 그가 《동아일보》의 편집국장이던 때인 1936년 8월에 일장기말소사건이 일어났던 사실에서도 엿보입니다. 베를린올림픽에서 마라톤을 제패한 손기정 선수의 가슴에 붙어 있던 일장기를 지워 없앴던 이 역사적 사건은 당시 동아일보사 내부를 관류하던 항일민족주의의 분위기를 그대로 반영했던 것으로, 선생이 이 사건이 직접적 촉발자는 아니었다고는 해도 지면제작의 총책임자로 동료기자들에게 평소에 보여주신 선생의 항일민족주의적 자세가 이 사건의 배경에서 알게 모르게 작용하고 있었음은 부인하기 어려운 사실입니다.

선생을 말하면서 빼놓을 수 없는 것이 아우 설정식입니다. 설정식 역시 형과 마찬가지로 민족문제에 민감한 지식인이었으며, 그리하여 해방공간에서 공산주의자로 활동했고 결국 월북의 길을 선택했습니다. 1951년 7월에 휴전회담이 시작됐을 때 북한대표단의 영어통역관으로 활동하기도 했으나, 1953년 7월에 휴전회담이 성립되면서 김일성이 주도한 남로당파 숙청을 계기로 목숨을 잃었습니다. 선생으로서는 아우의 비운에 무척 가슴 아파했을 것입니다만, 그 비극을 한 집안의 비극이 아니라 분단된 민족의 비극으로 받아들였을 것입니다.

선생은 언론인으로 종신하면서 참으로 많은 명문들을 남겼습니다. 깔끔하면서도 핵심을 찌르는 필치는 후배 언론인들에게 하나의 모범이 됩니다. 그러나 그것보다 훨씬 중요하게 기억돼야 할 것은 선생의 글들에 곡필이 없었다는 사실입니다. 일제 강점 아래서의 온갖 탄압과

미군정 아래서의 좌우익 투쟁, 그리고 동족상잔의 6·25 전쟁으로 이어진 갈등과 혼란의 풍상을 겪으면서 곡필의 흔적을 남기지 않았다는 사실은 선생의 고매한 인격을 증명하면서 동시에 후배 언론인들에게 큰 교훈을 줍니다. 이러한 점에서, 선생의 문선 출판은 오늘날을 사는 언론인들에게 값진 가르침의 제시가 아닐 수 없습니다.

부족한 점이 많은 이 용렬한 후배가 선생이 심혼을 기울이셨던 동아일보사의 책임을 맡고 있음을 분에 넘치는 영광으로 생각하면서, 다른 한편으로 선생의 올곧았던 언론인으로서의 자세를 늘 되새기고자 합니다. 우리 《동아일보》 가족 모두도 이 문선을 글쓰는 사람의 지침들 가운데 하나로 삼아 선생의 기자혼에 충실하고자 노력할 것입니다.

2006년 10월 16일
동아일보사 사장
김학준

나남신서 · 1182

소오문선 (小梧文選)

차 례

▪ 《소오문선》의 출판을 축하하면서 · 김학준 / 11

▪ 어두운 날들의 기록: 《소오문선》에 부쳐서 · 김우창 / 21

▪ 소오 설의식 연보 / 46

花洞時代

花洞時代: 序言삼아 卷頭에 51 · 첫 인사말씀 54

甘雨의 八面觀 56 · '揮淚斬馬謖' 57 · 대답못할 질문 58 · 외로운 영혼들 59 · 간단한 해결책 61 · 파리와 모기 62 · 漢江의 孤魂들 63 · 불속의 망령들 64 · 값싼 月桂花 65 · 赤露共産黨員 66 · 가련한 貴族들 67 · 武官의 뜻과 맘 69 · 돈! 돈! 돈! 71 · 鍾路警察署史 73 · 귀여운 사탕값 74 · 기괴한 지시사항 75 · 빛깔좋은 개살구 77 · 어째서 떠드는가? 78 · 하늘과 忙中忙人 79 · 養老院 건설계획 80 · 또 오는 작년 이때 81 · 세월없는 白참외 82 · 所謂 '三矢協約' 83 · 大本敎와 普天敎 84 · 한껍질 벗은 인간 85 · 돈때 묻은 '仁術' 87 · 변호사와 투서 88 · 鐵道局에 一笑 89 · 기생의 米豆熱 90 · '결의'와 '실행' 91 · 드나드는 하늘 93 · 잘 버는 전기회사 94 · 볼 일 다본 연애 95 · 巡査의 헤엄 연습 96 · '鐵道 제일주의' 97 · '一事一言' 一束 99 · 金尹 兩人의 情死 100 · 유행되는 '특' 102 · 추악한 도적년 104 · 文士의 책 본 자랑 105 · 설렁탕과 뚝배기 106 · '행운편

지'의 유행 108 · '여쭈어라' 타령 110 · 孃과 女史의 구별 112 · 창피막심한 수염 114 · 여학생과 放學期 115 · 젖을 만지는 취조 117 · 인사소식을 自請 118 · 주정꾼과 학생들 119 · 찌는 더위와 땀 121 · 從男妹 情死未遂 123 · '秋七月 旣望' 125 · 强請하는 寄附金 127 · 위험한 換節時期 128 · 둘러도 잘맞춘다 129 · '초산은'과 '콜탈' 131 · 문제되는 사진 133 · 抑强扶弱의 人情 134 · 一滴의 눈물135 · '假'字가 何其多 136 · 왜들 자꾸 죽노? 138 · 4년전 9월 1일 140 · 紀笏 看護院 監獄 141 · 돈 잘 모으는 거지 142 · 府와 京電의 暗鬪 143 · 이름 숨긴 자선가 144 · 數字關係 一瞥 145 · '國境없다' 타령 147 · 京城府 점심시간 149 · 쌀나무 친구 151 · '注意'와 '强制' 153 · 時事一束 154 · 公德이란 무엇? 156 · 서리같은 정표 158 · 기발한 주정 연설 160 · 朝鮮巡査의 素質 161 · '有無産' 방정식 163 · '都會'와 '虛榮' 165 · 웃어나 보아볼까 166 · 이상야릇한 까닭 168 · 뿔 많은 시속연애 169 · 보일 것, 안보일 것 170 · 府議 선거운동 172 · 아! 배가 고파서 174 · 그리운 秦始皇 176 · 共同墓地 문제 178 · 소위 公認候補 179 · '아내를 바꾸자'(1) 180 · '아내를 바꾸자'(2) 182 · '아내를 바꾸자'(3) 184 · 眞理는 가까운데 186 · 미끄러진 이야기 188 · 너저분한 이야기 190 · 사이좋은 두 '생' 192 · 생기는 것 없이야 194 · 낡은 붓에 새 인사 196 · '淸進洞에 銃聲' 198 · 친구사람 잠 못자 200 · 無題錄 201 · 사람 화상 그린다 203 · 길거리의 생죽음 205 · 두부나 비지드렁 207 · 無題錄 209 · 怪候와 風說 211 · 三分의 世相 213 · 無題錄 215 · 男女의 탈쓴 괴변 217 · 누가 남편일까 219 · 時事短評一束 221 · 쥐의 생활비 223 · 향락의 그늘 225 · 平安道 平壤女子 227 · 娼妓와 遊興費 229 · 참말 딱한 投書 230 · 無題錄 232 · 時事短評一束 234 ·

社會時評 (35편)

生活難과 퇴학 237 · 電氣府營 문제 239 · 外地와 鐵窓 형제 240 · 朝鮮蠶食會社 241 · 연말상여금 242 · 普校 經費문제 243 · 學議員 諸氏에게 245 · 京城府의 食言 246 · 梅洞商校 廢止 248 · 무지전능한 경찰 249 · 荷衣島의 비극 250 · 鐵道學校의 차별 252 · 罪人惡刑致死說 253 · 四溟堂 神道碑255 · 東拓社有地 매각 257 · 餓死同盟 출현 259 · 良心이 唯一標準 260 · 더위와 땀구슬 262 · 오직 뭉치는 길 263 · 소위 貴族末路 264 · 餓鬼를 坐待 265 · 하늘이 斷罪하리라 266 · 강제집행 增加 267 · 기괴한 敎警一致 268 · 南旱災 北水災 269 · 태만한 大邱府尹 270 · 횡포와 파업 271 · 二村洞과 谷府尹 273 · 貧民의 死活問題 274 · 간악한 大邱府 276 · 기관총에 橫死 277 · 경찰은 반성하라 278 · 信敎自由도 蹂躪 279 · 舌戰의 용사들아 280 · 虛榮에 뛰는 肉塊 282

小悟 文章選

序言삼아 凡例 몇 가지 285

論 說

《獨立前夜》序文 288 · 파시즘의 輪廓: 강력을 표방한 伊國의 독재주의 289 · 자주독립의 근원: 민족적 '자아'의 광복 295 · 전제정치와 민주정치: 專制와 獨裁는 步一步 後退 300 · 민주주의와 휴머니즘: 문화비판에 대한 한개의 '포인트'로서 306 · 〈님께서 하신 말씀〉 310

時評

《解放以後》序文 312 · 활력과 適者生存 313 · 不飮盜泉之水 316 · 생존경쟁과 상호부조 318 · 참된 자랑과 우리 320 · 秋收의 비애 323 · 思想犯罪와 대책 325 · 救貧보다 防貧 328 · 새나라의 첫날: 8 · 15 기념의 主旨와 旗幟 331 · 三一的 三大戒銘: 大包容 大犧牲 大勇猛 334 · 戊子年 三一記念 338

수필

《解放以前》序文 342 · 횡설수설 343 · 三字풀이 346 · 八十五錢 348 · 우리집 梧桐 350 · '가막소'와 형무소 352 · 病窓月 355 · 謠言과 民情 358 · 片片想 362 · 白日夢 366 · 水穿石頭 369 · 한강의 順流 372

小品

성벽을 사이에 둔 봄 377 · 헐려짓는 光化門 379 · 新秋二題 381 · 장마에 젖은 단상 383 · 年頭頌 385

紀行

《統一祖國》序文 387 · 光州로 가는 길 388 · 嶺南路 여기저기: 부산-마산-진주-삼천포-통영 393 · 楊洲ㅅ 길 38선 399 · 慶北紀行 403 · 마라톤 制覇頌 408

特殊文例

《禁斷의 自由》序文 410 · 三成金鑛 探訪記 411 · 마라톤 세계제패 10주년 기념식사 417 · 故 古下先生 遺蹟顯彰會 趣旨 419 · 故 洪震先生을 弔함 421 · 형제의 가슴에 호소함 422 · 도야지의 大德 424 · 言論協會 선언 · 강령 428 · 殉國少女 柳寬順 431 · 새한민보 창간 2주년에 題함 433 · 忠武精神 宣揚文 436 · '身亡國活'의 날: 聖雄 李舜臣의 戰歿記念日 439

기타문선

白衣從軍의 길 (上): 敍事詩 李舜臣 443 · 白衣從軍의 길 (下): 敍事詩 李舜臣 449 · 일본적 殘滓肅淸에 대하여 456 · 신문과 신문기자道: 경영자의 자기반성도 요청 461 · 새法의 새 구상: 法學院 諸氏께 一言 464 · 6 · 25의 세 돌 469 · 九起堂散稿 471 · 燈불과 '옷' 478 · 無頭無尾錄: 武藏野 480 · 민족문화와 국어문제 481

▪ 小梧 薛義植: 人物論 .... **주요한** / 489

일러두기

1. 이 책은 소오 설의식의 《花洞時代》, 《小梧文章選》에 수록된 모든 글과 함께, 기타 각종 잡지 등에 발표되었던 글들을 선별해 〈기타문선〉으로 묶은 것이다.
2. 글의 배열순서는 《花洞時代》는 원문 그대로 따랐고, 《小梧文章選》은 발표된 연도에 따랐다.
3. 《花洞時代》와 《小梧文章選》에 실린 글들 가운데 두 권에 중재된 경우에는 《花洞時代》에만 실었다.
4. 표기와 띄어쓰기는 현행 맞춤법 원칙에 따르되, 글맛을 살리기 위해 그대로 둔 것도 있다.

   (예, 바꾼 경우 : 이여서 → 이어서, 먹었든 → 먹었던 등
   그대로 둔 경우 : 위선(우선), 습습(심심) 하다, 다못(다만) 등
5. 본문중 한자나 한글 해독이 불가능한 경우에는 ●로 표시하였다.
6. 이 책에 수록된 〈기타문선〉 가운데 연도나 출전을 확인할 수 없는 경우는 (?년) 등으로 표시하였다.

어두운 날들의 기록

《소오문선》에 부쳐서

김 우 창

(고려대 명예교수)

1

세상을 뜬 분들에 대한 기억을 새로이 하는 일은 자연스러운 정이기도 하고 오늘의 삶에 깊이를 더하는 일이기도 하다. 소오(小梧) 설의식(薛義植) 선생이 작고하신 지도 벌써 50년 하고도 두 해가 지났다. 선생이 마침 처숙이 되는 인연으로, 유족이 소오 선생의 글들을 다시 책으로 출간하고 싶다는 의사를 표하면서 그 일을 상의하여 왔기에 언론관계 출판을 많이 하는 나남출판의 조상호 사장께 연락하였더니 이 일을 쾌히 승낙하는 바가 되어 이제 《소오문선》이 출간되게 되었다. 처음에는 소오 선생께서 쓰신 글이 적지 않은지라 이를 전집으로 출판한다는 생각이 있었으나, 선생의 외손인 김영걸 군이 조상호 사장과 여러 차례 상담한 결과 결국 전집은 훗날로 미루고 우선 《소오문선》이라는 이름의 선집 출간이 결정되었다. 그리하여 소오 선생의 생전에 이미 《소오문장선》이라는 제목의 책을 출간하신 바 있지만, 이번의 책도 그에 비슷한 제목을 가지게 된 것이다.

이 제목은 김영걸 군과 나남출판에서 결정한 것이지만, 적절한 것으로 생각된다. 1952년에 출간된 《소오문장선》은 제목으로도 그러하지만, 그 서문을 보아도 문장독본으로 고안된 것이라는 인상을 준다. 이것은 선생이 주로 언론인으로 글을 쓰셨던 것을 생각하면, 조금 의외라고 할 수도 있지만, 소오 선생의 감각으로는 사실의 전달이나 그에 대한 분석을 주목적으로 하는 신문매체의 글도 그 나름의 형식적 조건을 갖추는 것이 마땅한 일이었을 것이다.

모든 문장은 공적 공간에서의 행동이고 또 그러니 만큼 그에 맞는 격식을 갖추어야 한다. 전통적 문장관에서는, 실용적 기능만을 주안으로 하여 일단 기능을 다하면 버려도 좋은 수단이 되는 것이 글의 전부가 아니다. 이것은 사람에 대한 이해에도 맞아 들어가는 것이다. 사람이 공적 공간에서 행동한다는 것은 어떤 설정된 목적에 스스로를 맞추어 행동하는 것만을 의미하는 것이 아니다. 그러한 일에서도 중요한 것은 해야 하는 일에 못지않게 사람으로서의 품격에 맞게 행동하는 것이다. 그리고 이것은 단순히 격식의 문제가 아니고 수행하는 일이 높은 인간적 의의를 보장하는 일이기도 하다. 또 한걸음 더 나아가, 공적 공간은 실용적 목적을 초월하는 인간적 고양의 공간이 된다고 할 수도 있다. 당대적 관점에서는 절대적으로 중요한 것은 맡은 바 일의 수행이다. 그러나 다른 관점에서는 상황 속의 기능이 어떻게 되든지간에, 거기에서 어떤 사람이 어떻게 적절한 인간적 위엄을 지키고 대처했느냐 하는 것이 그에 못지않게 중요하다. 시간이 지날수록 중요해지는 것은 이 뒤쪽의 부분이다.

현실의 비극에서 주인공의 몸가짐을 후세 사람들에게 엿볼 수 있게 하는 것은 상황의 긴박성을 초월하여 존재하는 어떤 높은 기준의 세계이다. 문학의 의미도 이에 비슷한 초월적 차원에서 온다. 문학은 주어진 상황의 전개에 맡은 바 역할이 없지 않지만, 그 본령은 상황을 넘어가는 형상적 의미를 제시하는 데에 있다고 할 수 있기 때문이다. 우리의 전통에서는 지금 문학이라고 부르는 것 이외에도 글이라는 것 일체를 이러한 관점에서 생각한 것일 것이다. 우리 선대의 사람들이 앞서 간 이들의 글들을 모아 《문집》이라는 이름으로 출간한 것은 이러한 의미를 가지고 있는 것이다. 글들은 사실적 기록으로서의 의미에 못지않게 사실들 속에 드러나는 인간적 품격의 증거로서의 의미를 갖는 것으로 생각되는 것이다.

남기신 글들로 보아 소오 선생은 시대의 흐름에 열려 있고 그 흐름 속에 움직이는 새로운 이념들을 충분히 알고 있었으나, 근본적으로는 삶에 대한 옛스러운 이해를 가지셨던 것으로 여겨진다. 그러한 뜻에서 추념의 목적으로 출간하는 책이 《문선》이라는 제목을 달게 된 것은 적절하다고 생각된다.

2

여기의 글들이 우리의 사회와 시대 — 이미 지나간 시대 그리고 그에 비추어 오늘의 시대 — 에 대하여 일정한 의의를 가지고 있지 않다는 것은 아니다. 이 책의 제 1 부는 1947년에 《花洞時代》라는 제목의 책으로 출간되었던 사회평문들인데, 이 글들 중 가장 많은 부분은 1924년 한 해, 그것도 7월부터 10월까지 약 넉 달 동안, 그리고 다시 1927년 1월 한 달 동안 망중한인(忙中閑人)이란 필명으로 쓴 사회만평들이고, 거기에 조금 더 수가 적은, 1923년과 1924년에 신문에 익명으로 게재되었던 사회문제에 대한 사설들이다. 그러니까 이 책에 포함된 글들은 소오 선생의 나이가 지금으로 치면 대학을 갓 졸업하였거나 졸업 후 1, 2년이 되었을 젊은 시절의 글들인데, 문장이나 표현도 뛰어나지만, 그 내용에 있어서도 일제하의 조선에서 지식인이 매일매일 느꼈던 착잡한 심정을 지금도 실감하게 한다.

일제당국의 검열 때문에 보도나 평이 자유롭지 않았음에도 불구하고, 1924년 중반 이 글들은 당대의 정치적 상황에 대한 비판적 관찰을 담고 있을 뿐 아니라 그것들이 일상적 삶에 여과되어 나타나는 현상들을 짐작할 수 있게 한다. 일제 식민주의의 부당성에 대한 논설들이 적다고 할 수는 없지만, 일제하의 일상적 삶의 괴로움에 대한 기록이 그렇게 많다고 할 수는 없다. 이 글들은 그 시대의 일상의 역사가〔흔히 1980년대 이후 서구에 등장한 '일상의 역사'(*Alltaggeschichte*)와 비슷한 뜻에서〕 된다고 할 수 있다. 그리고 이러한 역사의 여러 사건들과 정치상황과의 관계를 생각하는 데에 이 글들은 중요한 자료가 된다.

제국주의 또는 식민주의 통치가 정치문제가 되는 것은 너무나 당연한 일이다. 신문의 관점에서 언론통제는 가장 직접적으로 느끼게 되는 정치적 탄압의 한 양상이다. 여기의 글들에서 검열 그리고 경찰과의 마찰은 끊임없는 불평의 대상으로서 암시되지만, 때로 그것은 정면으로 논박의 대상이 되기도 한다. 동시에 우리는 이러한 통제와 억압이 언론계에만 국한된 것이 아니란 것을 안다. 여러 논평들을 보면, 검색이나 가택수사 등은 마구잡이로 아무 때 아무 데서나 일어나는 일이었다. 작고 큰 저항도 쉼이 없었다. 물론 더 중요한 것은 독립운동과 같은 큰 움직임들이다. 이것도 크고 작은 형태로 쉬임 없었던 것을 알 수 있다. 동맹휴학한 학생들이 퇴학을 당하고 민중운동을 한 사람들이 체포 투옥되고, 감옥에서 3·1 운동 기념일에 만세를 부른 죄수가 고문당한다. 보도금지 사항들이 그에 대한 검열을 보도하는 형식으로 언급된다. 그런 보도를 통하여 독자는 김상옥, 나석주 열사들의 의거를 접한다. 임시정부나 다른 독립운동 단체들의 이름을 말하지 못하게 하는 것의 부당성을 말하는 글들을 통해서 또 독자들은 해외에서도 독립투쟁이 진행되고 있음을 알 수 있다.

일본의 식민지 통치방식도, 크고 작은 일에 있어서 통치체제로서의 합리성을 갖추지 못하고 있었다는 것을 이 글들의 사례들이 보여준다. 1920년대에는 청계천의 모래를 파내어 그것을 종로에다 뿌려 길을 고르게 하였던 모양인데, 바람이 불면 흙먼지가 견디기 어려워 상점들이 문을 닫을 지경이었다. 이것을 완화하는 것이 살수차가 물을 뿌리는 일이었는데, 경성부 당국자는 일본인이 거주하는 용산지역에만 물을 뿌리고, 종로는 방치하였다. 한강이 범람할 때, 용산이 침수되지 않는 한, 당국자는 한남동 부근의 침수 같은 것은 큰 재난으로 간주하지 아니한다. 평양이나 서울에서 예산을 편성하면서, 일본인 심상소학교의 예산은 증액하고 조선인의 보통학교 예산은 감액한다. 이유는 절약된 돈으로 경찰의 봉급을 올린다는 것이다. 총독부는 조선인의 공업학교 등 실업학교의 창립을 억제하고 철도학교와 같은 중요한 학교에 조선인의 입학을 제한한다. 또 조선인의 일본유학 그리고 일반적으로 해외유학을 억제한다. 우리는 소오 선생의 평문들에서 이러한 일들에 대한 비판들을 읽을 수 있다.

조선의 사회적 쇠퇴는 이 글들의 가장 중요한 관심사이다. 대체로 빈곤은 조선인의 삶의 특징의 하나이다. 그야말로 많은 사람들이 기아선상에서 헤매었던 것으로 보인다. 거지 6인이 장충단공원에 모여 같이 아사(餓死) 동맹을 결의하고 단식하여 죽으려 한 일 같은 것은 가장 극적인 예이다. 산업은 발달되지 못하고 외래물품들의 소비만 증대하는 것이 조선의 사회였다. 늘어가는 일본인들 그리고 그들에 의한 여러 가지 사회자본의 잠식이 조선인의 빈곤을 급속히 늘어나게 했다. 일본인의 이주는 늘어나는 인구의 압력을 감당하지 못하는 일본의 산업수준으로 인하여 촉진되었다. 식민지경영을 위해 창립한 일본의 국책회사 동양척식회사(東洋拓植會社)는 토지를 매입하여 소작인에게 주고 턱없이 과도한 소작료를 증수하는 한편 매입한 토지를 일본인 이주자에게 넘겨주는 일에 주력하였다. 소오 선생의 한 시평의 제목은 "동양척식회사, 조선잠식회사(朝鮮蠶食會社)"이다. 어느 도시전문가가 단층집이 많은 서울이 세계적 도시가 되기 위해서는, 보다 고층의 건물이 지어져야 한다고 한 데 대하여, 소오 선생은, "동양척식회사 같은 종류의 이삼 층 건물들이 단층으로 줄어들어야 조선사람의 주택이 이삼 층으로 늘어갈 줄로 생각한다"고 논평한다.

일제주도하의 발전이 있었지만, 그것은 조선사람의 빈곤과는 따로 노는 것이었다. 철도부설과 같은 현대적 발전은 조선의 풍경의 초라함을 더욱 두드러져 보이게 했다. 철도연변의 산은 나무도 없이 산등성이만 드러내고, 강도 바닥을 드러내는 풍경이 많았지만, 더욱 삭막해 보이는 것은 연변의 집들이다. 이 집들은 일본사람들의 집에 대조된다. "철도연변일수록 조선토굴이 많고 일본와가가 많은 것을 볼 때마다 우리는 조선의 심산궁곡에까지 철도가 뻗치고 그리고 일본의 사탕장사와 일본의 밀국수장사가 늘어갈 것을 상상한다"—1923년의 한 글은 철도건설에 대하여 이렇게 논평한다. 빈곤은 발전의 혜택이 고르게 가지 않는 때문이기도 하고 촉진되는 빈곤화로 인한 것이기도 했다. 1924년의 다른 논평에 의하면, 당시에, 조선인의 소득은 일본인의 그것의 4분의 1에 불과하다. "서울은 발전되어 간다, 그러나 서울의 주인인 조선사람은 뼈도 남지 않게 말라간다"고 개탄할 수밖에 없다.

일제의 수탈정책을 떠나서도 눈에 보이는 조선의 풍경은 지극히 전근대적이었던 것 같다. 서울의 길거리에는 미신으로 버린 음식찌꺼기들이 비위생적이라고 느낄 정도로 널려 있었다. 소 등에 나무를 싣고 가는 나무장사, 우체통 옆의 엿장수, 책 살 돈이 없어 책방 유리창 너머로 책을 들여다보기만 하는 학생, 길바닥에서 팽이를 치는 어린아이, 이러한 서울의 안국동 거리의 묘사는, 매서운 순사의 눈초리만 없다면, 오히려 애교스럽다고 할 수도 있다. 전차를 타는 사람들의 모습을 보면, 먼저 타려고 남을 밀치고 들어서는 사람, 다른 사람은 아랑곳하지 않고 반쯤 드러누운 자세로 자리를 차지하고 앉은 사람, 침을 함부로 뱉는 사람들이 쉽게 눈에 띄었다. 공중장소에는 가래침 뱉기, 담배 피우기, 남을 밀치고 비비는 일, 큰 소리로 떠드는 일 등에 대한 경고판이 나붙어 있었다.

이런 가운데 돈벌이만을 주안으로 하는 의사나 변호사가 발호하고 일본에서 작위를 받은 귀족이 방탕한 생활을 하다가 세간을 탕진하여 몰락한다. 전국적으로 자살률이 늘어난다. 물론 다른 한편으로, 험한 일을 맡아 하면서, 집안을 돕고 학교를 다니는 어린 중학생을 위하여 같은 학교 학생들이 돈을 모으는 갸륵한 일들도 있다. 환자부담의 왕진비용을 줄여주기 위하여 인력거를 타지 않고 스스로 자전거를 타고 환자집을 찾는 의사도 있다. 한말 헌종 때에 무과에 급제하여 나중에 포도대장과 군부대신을 지낸 이종건(李鍾健)은 한일합방시에 남작의 작위를 받았지만, 남작의 작위와 하사금을 반환하고 총독부의 정책에 반대하여 경성에서 고양군으로 이사한다.

이런 가운데에도 근대화라고 부르는 것이 좋을지 어떨지 불분명한 문화적 변화는 일어나고 있었다. 소오 선생의 가벼운 그러나 빈번한 풍자대상의 하나는 남녀관계의 변화이다. 그에 대한 언급의 빈도로 보아 개인적 관심이 가는 문제였던 것으로 추측할 수도 있지만, 시대적으로도 특히 주의를 끌었던 일로 생각된다. 연애는, 말할 것도 없이, 우리 현대문학의 시초에 가장 중요한 주제의 하나이다. 과연 "입술만 보고도 연애, 거리에서 치맛자락만 보고도 연애, 전차에서 눈썹만 보고도 연애, 잡지 등 속에서 소문만 듣고도 연애, 편지연애, 사진연애, 돈연애, 밥연애" 등. 소오 선생이 이렇게 야유하는, 연애라는 형태의 남녀관계는 시대의 열병이었던 것 같다(이러한 것들을 조장하는 데에 일조한 것이 소설이었다).

연애는 단순히 로맨스가 아니라 복잡한 의미를 갖는 사회행동이기도 하다. 《花洞時代》의 글들이 쓰였던 때에 결혼하지 않은 남녀동거 또 미혼모가 보도대상이 될 만큼 늘어났을 뿐만 아니라 성관계의 규범이 이완되어 배우자 바꿔치기 같은 일까지도 화제가 될 만큼 일어났던 것으로 보인다. 이혼이 늘어나게 된 것도 당연하다. 이러한 모든 변화에 대하여 소오 선생은 분명한 비판적 입장을 취하지는 않으면서도 혐

오감 또는 우려감을 가졌던 것으로 보인다. 한일간의 남녀교섭도 많아졌다. 이것은 '일선융화'라는 이름으로 정당화되었던 것 같다. 대체로 소오 선생은 이 '융화'에 대하여서는 조금 더 강한 혐오감을 가졌다. 그것은 다른 부문에서의 문화적 혼융—가령 남자들의 복장에서부터 불교종단의 한일 연계운동에까지—에 대한 거부감에 이어지는 것으로 보인다.

소오 선생은 대체적으로 여성들의 풍속의 변화에 대하여 호감을 가지지 아니하였지만, 그것은 단순히 심정적 차원의 일만은 아니었던 것 같다. 여학생이 추운 겨울날 엷은 스타킹을 신는 것도 야유의 대상이 되었지만, 여름 방학에 공부를 하거나 자연 속에서 마음을 깨끗이 하는 체험을 하는 대신, 간호부로 일하고, 번화한 길거리의 가게에 드나들고 도시의 공원에서 여흥을 찾고 하는 것을 마땅치 않게 여겼다. 그렇다고 그것이 전적으로 보수주의에서 나왔다고 하는 것은 잘못일 것이다. 명분이 알 만할 것일 때는 보수가 아니라 진보의 입장이 분명했다. 가령, 이혼이 늘어가는 것을 개탄하면서도 소오 선생은 그것이 남녀평등을 분명히 하기 위하여 불가피한 제도라는 것을 인정했다. 여러 겹의 함의를 가진 풍자의 언어로 표현한 것이기는 하지만, 소련에서의 공산당원의 수를 인용하면서, 조선에서는 불우한 처지에 있는 기생들을 사회주의자로 간주할 수 있을 것이라고 판단한 경우도 그러하다. 그리고 조금 더 적극적으로 '창기', '기생', '갈보'와 같은 직업여성들이 조합을 결성했을 때에는 조합에 남성간부들이 들어가 있어서 그것이 착취적 성격을 가질 것에 대하여 우려를 표명하였다.

연애문제에 대한 소오 선생의 편견은 궁극적으로는 연애나 풍속상의 변화 그 자체에 대한 것이라기보다 그것이 시대의 엄숙성에 비추어 삶의 경박화를 가져온다는 생각 때문이었던 것으로 짐작된다. 비슷하게 경박해 보이는 신문화운동을, 가령 "구절만 짜르면 신시요, 사랑만 넣으면 신소설"이고 "사탕 사먹던 돈을 모으면 잡지경영"이라고 야유한 것도 같은 맥락의 일일 것이다. 평가기준이 되는 것은 어떤 사항이 심각한 정치적 입장에서 어떻게 볼 수 있느냐 하는 것이었다. 여러 시평들에서 추측되는 정치적 입장은 민족주의와 사회주의적 공감을 합친 것이었던 것 같다. 조선의 독립의 상실에 대한 안타까움은 모든 글에서 느낄 수 있는 것이지만, 특이한 것은 이 글들에 드러나는 현대적 정치사상 또는 서양사상에 대한 너그러운 개방성이다. 처음부터 강한 것은 평등에 대한 느낌이다. 이것은 매우 일상적 관찰, 가령 목욕탕에서 옷을 벗으면 모든 사람이 다 같다는 것은 느끼게 된다는 소감, 서울의 길거리를 누비는 두부비지 장사의 상품에서, 두부는 상층, 비지는 하층의 식료가 되는 식품의 계급적 차별의 가소로움에 대한 언급 등에서도 엿볼 수 있는 것이지만, 조금 더 일반적으로, 굶주림과 가난에 시달리는 사람들에 대한 동정, 빈부격차에서 오는 하층민의 고통, 동척(東拓) 문제에도 들어 있는 토지제도의 모순, 무산자는 생산 없는 무산자가 아니라 무재자(無財者)라는 관찰, 또 위에서 비친 바와 같이, 남녀동등의 정당성에 대한 신념 등에서 표현된다.

이러한 생각을 보다 강하게 표출한 것으로 흥미로운 것은 한 시평에 들어 있는 산업의 사회적 의미에 대한 가벼우면서도 시사적(示唆的)인 관찰이다. 1923년 10월 26일자의 "미끄러진 이야기"라는 제목의 글에는 어느 양반이 열 냥은 개천에 떨어뜨리고 열 냥을 들여 그것을 찾았다는 — 아마 이항복(李恒福)의 글에 나오는 — 이야기로 시작하여, 다시 만 냥을 들여 바다로 내보낸 고기잡이배가 겨우 1백 냥의 고기를 잡아왔다는 이야기에 대한 만평으로 옮겨간다. 이 이야기의 교훈은 밑진 장사에도 선주는 만족했다는 것이다. 만 냥을 뱃사공, 고기그물 제조자, 조선(造船)한 목수 등이 나누어 가졌고, 백 냥 상당의 고기는 세상의 부에 새로 보탠 것이 되어, 일만 일백 냥의 재화가 세상에 퍼지고 추가되었기 때문이다. 이 글의 끝에 첨부된 평은, 이 두 이야기에 나온 기이한 투자자들을 "러시아에 출생케 하였다면, 반드시 레닌의 동지가 되었을 것이다"라는 것이다. 이러한 주석은 단적으로 소련의 사회주의 실험에 대한 긍정적 견해를 표현한 것이지만, 여기의 레닌주의에 대한 언급은 반드시 개인적 선택이라기보다는 소련의 새로운 정치실험에 대해 1920년대의 많은 지식인이 느꼈던 것을 표현한 것이라고 하는 것이 옳을는지 모른다.

그러나 서양의 민주적이고 진보적인 전통이 소오 선생에게 전체적으로 영향을 끼친 것은 틀림이 없다. 말할 것도 없이, 일본에 의한 조선통치의 부당성을 말하는 글에는 독립의 문제 이외에도 사회관계와 법의 공정성 그리고, 지금 생각해보면 매우 선구적인 일이라고 할 터인데, 인권과 같은 기본권의 당위성에 대한 주장이 되풀이하여 표현되어 있다. 동아일보가 주최하는 웅변대회에 격려를 보내는 글로 생각되는, 1924년 10월 22일의 "舌戰의 勇士들아" 하는 제목의 논설에 나오는, "'오! 신이여, 우리에게 자유를 주소서! 아니어든 죽음을 주소서!' 라는 비장(悲壯) 침통(沈痛)한 어조를 비롯하여 자유와 정의를 위한 전쟁의 필요를 역설한 윌리암 헨리〔주: 페트릭 헨리의 오기인 듯〕의 대웅변"에 대한 언급 그리고 이러한 웅변이 미국인들을 분발케 하여 독립혈전에 나아가게 하였다는 주장은 매우 선동적인 성격의 발언이라고 하겠는데, 이것은 조선독립을 위한 투쟁의 필요를 암시하는 발언이면서 미국이 이룩한 것과 같은 민주주의에 대한 공감을 드러낸 것이다.

그러나 소오 선생의 사회사상의 근본은 자주독립이나 애국의 염원 속에 있고, 다른 정치사상은 그것에 필요한 만큼만 흡수 통합되는 것이었다고 할 것이다. 또 여러 현대사상들의 씨앗은 유교전통에서도 발견할 수 있는 것이다. 해방 후의 논설들에서 느낄 수 있듯이, 이러한 것들은 다시 유교적 윤리의식에 통합된다고 할 수 있다. 1924년의 7월 초의 며칠 동안에 나온 논설들은, 마치 어떤 일관된 행동의 지침을 제시하려는 듯, 사람마다 가지고 있는 각자의 양심만이 위기상황에서의 결단의 원리이며, 사람의 사회적 삶에서, 노동의 땀만이 귀중하고 "불권불식(不倦不息)하는 성의와 노력"의 결정(結晶)으로서, 좌우를 넘어선, "'뭉침'의 건전한 완성"이 조선인의 살 길이라고 설파하고 있다. 즉 양심, 노동, 단결이 시대를 사는 조선인의 행동지침인 것이다.

3

위에서 생각해 본 것은 《花洞時代》에서 보이는 관찰과 견해들이다. 이번에 출간되는 《소오문선》의 글들의 그 다음 부분은 주로 1952년 출간된 《소오문장선》의 글들과 그 외의 글 약간이다. 여기의 글들은 《花洞時代》의 글들과는 성격이 다르다. 1930년대의 이 글들은 그 무렵의 사회상을 들여다보게 하는 글들은 아니다. 여기에서는 일상의 역사를 생각하게 하는 것보다 흔히 신문의 논설들에서 기대하는 시사적 논의가 주종을 이룬다. 시대의 변화도 관계가 없지 않을 것으로 생각된다. 소오 선생의 신변의 변화에도 원인이 있을 것이다. 선생은 1927년부터 1929년 사이에는 특파원에 임명되어 동경에 근무하게 되고, 귀국 후는 곧 편집국장 대리 그리고 다시 편집국 차장에 취임하였다. 1935년에는 편집국장에 임명된다. 그러나 이듬해에 일장기말소사건의 책임을 지고 동아일보를 그만두지 않을 수 없게 된다. 그 후로는 형님의 사업에 참여하는 일 같은 것을 하지 않았나 한다. 그러나 1946년 발간된 《解放前後》의 서문에 의하면, "조선정조(朝鮮情調)만이라도 남겨보려는 뜻으로", 조선예흥사(朝鮮藝興社)를 만들고 가극대본을 쓰기도 하면서 문필을 완전히 그만둔 것은 아니었다. 그러다가 해방 후에 동아일보의 복간과 더불어 신문사에 복귀하고 다시 새한민보를 창간하였다. 또 영동에서 국회의원에 출마하였다가 낙선하였다. 그러나 1930년대로부터 해방 후 그리고 1954년의 작고 이전까지의 글들은 수필 이외에는 망중한인(忙中閑人)의 만평과는 다른 논설류의 글로 일관하였다.

1930년대의 논설들은 그 앞의 글들에 못지않게 또는 더 강력하게 일제의 압제에 대한 분노를 표현하면서 동시에 그 후에 볼 수 있는 소오 사상의 어떤 가닥들을 알게 해준다. 그 중의 한 가닥은 인간생존에 대한 다위니즘적 해석이다. 알려진 바와 같이 다윈의 적자생존 개념을 사회현상에 적용한 사회 다위니즘(*Social Darwinism*)은 19세기 말 이후 서구에서는 물론 중국이나 일본 그리고 한국에서 중요한 영향을 미쳤다(가령 이것은, 물론 상황에 맞추어 원산지에서의 의미와는 다른 전적으로 변형된 것이기는 하였지만, 신채호의 역사관 밑에 스며 있다). 이것은 소오 선생에 있어서도 사회를 이해하고 조선의 사정을 변호하고 그것을 격려하는 근거로 그리고 인간이해의 기본적 틀로서 작용한다. 1931년의 "活力과 適者生存"은 민족의 성쇠가 생물학적 활력의 발휘에 달려 있음을 역설하는 글이다. 이 활력이 발휘되면, "외적 장애와 구속이 도리어 그 세력을 첨증(添增)시키고 변화를 촉진시키는 기연(機緣)"이 된다. 독일혼(獨逸魂)이나 대화혼(大和魂)도 언급하는 이 글이 반드시 한국민족만을 말한 것이 아니라고 할 수도 있지만, 이러한 말들이 나타내는 민족적 활력은 곧 조선의 경우에 대한 비유가 된다. 생물학적 인간론은, 사회주의적 개념들과 결부되어, 다른 사회현상의 해석에도 동원된다. 가령 형벌의 사회적 조건을 그 관점에서 해석하는 것과 같은 경우가 그러하다. "생활이 사상을 결정한다. … 생물은 환경의 지배로 좌우된다. … " 이러한 진화론을 받아들인다면, 범죄의 주요 원인은 생활구조의 모순에서 찾을 수 있다. 이것은 주로 빈곤에 관계되는 범죄의 경우를 말하는 것이지만, 이것은 일제하에서 범죄가 되는 독립운동이나 기타 정치적 범죄에도 적용될 수 있다. 범죄에 대한 진화론적 해석이 개진되어 있는 글은 "思想犯罪의 對策"이라는 글이다. 이 글은 1932년의 사설이다. 이 글에 의하면, 1년간 출옥한 사상범의 수가 947인이다. 그 중 572인은 재범이 된 사람이고 행방불명이 375인으로, 이 글의 주장으로는 사상범죄는 형벌로써 고쳐질 수 있는 것이 아니라는 것이다. 그러니까 함축된 의미는 그 원인에 변화가 있어야 그것이 없어진다는 것이다.

이러한 생각은 자연스럽게, 방금 시사한 바와 같이, 빈곤의 문제에 적용된다. 그러나 더 중요한 것은 사회 다위니즘보다도 사회주의이다.

그것은 1930년대 소오 사상의 중요한 가닥을 이룬다. 소작제도 아래에서의 자본가들의 횡포에 대한 비판, 부의 편재가 시정되어야 한다는 주장, 이를 수정하기 위하여 필요한 사회보장제도—재해보상, 실업보상, 양로연금 등 제도에 대한 호의적 언급—이러한 것들에는 사회주의가 배경이 된다고 할 수 있기 때문이다. 물론 사회보장제도와 같은 사회적 고려는 사회진화론의 적자생존의 원리에 어긋난다고 할 수 있으나, 소오 선생의 마음에는 적자생존을 위한 경쟁과 크로포트킨이 주장하던 바와 같은 사회적 고려 또는 상호부조는 반드시 서로 모순되는 것이 아니다. 개체적 관점에서는 경쟁이 진보의 원리일 수 있으나 더 넓은 차원에서는 "군단적(群團的) 상호의존의 발달한 종(種)이 가장 번성하고 진보한다". 이렇게 신동아지(新東亞誌)의 짧은 논설에서 소오 선생은 적자생존의 투쟁과 상호부조를 합치고자 한다. 아마 선생이 원하는 것은 무엇보다도 생물의 경쟁적 활력을 집단의 힘으로 전용하는 것이었을 것이다.

이러한 생각과는 관계없이 말하건대, 사회주의는 대체로 인간의 생존을, 개체적 차원에서든 집단이든(주로 계급이라는), 물질적 조건에 의하여 결정되는 것으로 본다. 그리고 이 조건은 투쟁을 통해서만 일정한 집단에—또 유추하여 현실적으로는 개인에게도—유리한 것이 될 수 있다. 여기에는 오로지 투쟁이 있을 뿐이다. 그러나 다른 한편으로 사회주의는 투쟁의 이론이면서, 모든 사람에게 공평한 물질적 조건이 보장되어야 한다는 정의와 도덕의 이론이기도 하다. 어느 쪽이 강조되느냐 하는 데에 따라서 그것은 서로 다른 성질을 띠게 된다. 소오 선생의 경우, 위에서 본 바와 같이, 이 두 가지 면을 다 인정하면서도, 아무래도 후자를 더 근본적으로 본다고 할 수 있다. 이것은 일제하의 상황에서 자연스러운 것이었을 것이다. 투쟁은 독립을 위하여 필요하지만, 내적으로는 단합이 필요하기 때문이다. 그러나 이것이 단순히 국가적 차원이 아니라 사회적 차원, 생활의 차원에서도 생각된 것이라는 점에 주의할 필요가 있다. 그리하여 사회주의가 끼어드는 것이다. 그리고 사회주의에서의 모순의 문제가 일어난다. 그러나 사회주의이든 여기에 작용하는 생각의 가닥은 이것만이 아니지 않나 한다. 흥미로운 것은 사회주의이든 사회진화론이든 거기에 들어 있는 모순의 조화가 사회진화론과 유교적 윤리철학과의 대결을 통하여 이루어진다는 점이다.

"不飮盜泉之水"라는 같은 잡지의 짧은 논설은 이러한 문제를 생각하는 데에 흥미로운 단서를 제공한다. 군자는 갈증으로 죽을 지경이 되어도 훔친 물은 마시지 않는다. 백이 숙재가 수양산에 숨어 고사리로 연명한 것이나 성삼문(成三問)이 고사리를 먹은 것까지를 나무란 것이나, 다 같은 맥락의 명분론에 입각한 것이다. 그러나 사람은 어떤 때에 그러한 명분론에 매일 수 없다. 그리고 생물학적 필요를 따라야 한다. 과학의 눈으로 볼 때, 물질의 세계는 도덕과 관계가 없다. "도천(盜泉)이라는 이름의 '나쁨'과 '샘물'의 질과는 하등의 관련이 없다." 그러나 다른 한편으로 과학의 사실의 세계, 존재의 세계만이 아니라 "당위의 세계—존재 이외〔의〕 가치의 세계"가 있고 이것을 완전히 부정하지 못하는 것이 사람의 마음이다. 이것이 조화되는 세계가 가능할 수도 있다. 그 세계에서는 명분과 공리가 하나의 점에 모이는 역사가 펼쳐질 수 있다.

이와 같이, 소오 선생은 당대의 사실과 가치의 분리를 논하는 과학적 세계관을 접하고 그것을 일제하의 혹독한 삶의 조건에 비추어 생각하면서도, 당위의 세계를 완전히 버리지 못한다. 그것은 조선의 독립만이 아니라 사회적 조화를 안목에 둔 때문이기도 하고 바탕으로서의 유교적 인간주의를 떠나지 않았기 때문이기도 하다. 궁극적으로 소오 선생의 화두는 생물학적 존재로서의 인간, 물질적 조건에 의하여 결정되는 인간의 삶, 인간 본성의 규범적 윤리성 이러한 것들이 어떻게 하나로 종합될 수 있는가 이다. 이것은 해방 후의 논설에서도 선생의 사상의 가장 큰 테두리가 된다고 할 수 있다.

4

해방은 말할 것도 없이 모든 것, "자유와 평화와 정의", "양심의 승리"와 "자주와 협조와 질서"를 약속하는 것으로 받아들여졌다. 자주독립 그리고 근대국가의 모든 것을 새로 건설해야 하는 민족적 과제가 희망보다는 낭패와 절망을 가져올 수 있다는 것은 전혀 예상되지 못한 것이었을 것이다. 모든 정치질서의 변화가 그러하듯이, 해방의 희망이 저절로 실현될 수는 없는 일이었다. 위의 희망적인 사항들은 소오 선생의 해방 이듬해의 8·15 기념사설에 나와 있는 것인데, 이 사설의 주요 내용은 오히려 시대의 어려움을 개탄하는 것이다. 시대에 두드러진 것은 "생산의 부진, 물가고에 따르는 민생의 고경(苦境), 여기에 이를 악용하는 모리배(謀利輩)의 준동, 사상의 혼란과 생계의 파탄으로 빚어내는 각종각양의 범죄"이다.

그러나 소오 선생이 강조하는 것은 일단은 사회적 문제보다도 미소의 군정이 일제의 타율을 대신하여 들어서서 자립자존에 대한 새로운 제약을 가하게 되는 정치상황이다. 그리하여 자주자립을 확실히 하는 것이 우선적 사업이 된다. 이것을 어렵게 하는 것은 외세에 의한 분단에 못지않게 민족 내에 일어나는 갈등이다. 38선의 분단이 있고는 독립은 가능하지 않다. 또는 분단된 상태에서의 개별적 독립은 바람직하지도 않다. 진정한 자주독립을 위해서는 비타협적 정치적 입장을 억제하고 대동단결을 지향하는 대아의 관점이 필요하다. 좌우는 대립이 아니라 합작을 지향하여야 한다. "공식에 사로잡히고 종파(宗派)에 굳어진 대로 음성(陰性)의 지하적 수법과 고의의 파괴적 공작을 위주(爲主)로 하는 세칭 극좌(極左)는 출발점이 다른지라 동도(同道)하기 어려운 방향이 자타간(自他間)에 있으리라"—극좌의 비타협성은 이러하다. "구각(舊殼)에 파묻히고 독선에 치우친 채 고루한 정와적(井蛙的) 소견과 저열한 목전적(目前的) 영욕에 급급하는 세칭 극우(極右)는 반려되기 어려운 국면이 피아간(彼我間)에 있으리라"—극우는 이러하다. 그러나 모두 다 조선인으로서 조선의 자주를 원하는 것일진대, 대승적 견지에서 하나가 되지 못할 것이 없다. 필요한 것은 대포용(大包容), 대희생(大犧牲), 대용맹(大勇猛)이다("三一的 三大戒名").

이 시점에서 무엇보다도 절실한 것은 정치투쟁이 아니라 새로 세울 나라의 근본을 다지는 일이다. 일제잔재의 청산 문제를 논하는 자리에서, 선생은 그 필요를 말하면서도 전후에 일본인들이 나라의 건설을 위하여 보여주는 인내와 헌신을 높이 평가한다. 이것은 해방조선에 그치지 않는 분열책동과 파업과 대조된다. 또 우리는 일본에서 좌우의 투쟁은 한국에서처럼 격렬하지 않다는 것에서 배워야 한다. "선거에 참패한 좌당(左黨)이 적당(敵黨)과 동석하여 금후의 국사를 논의하고 반대당의 승리에 경의를 표하면서도 권토중래(捲土重來)의 차기를 확신하는 유유한 태도"가 일본인들을 패전으로부터 다시 일어설 수 있게 하는 것이다("日本的 殘滓 肅淸에 대하여").

당장에 해야 할 일들에서 근본이 되는 것은 산업기반의 건설 또는 확충이다. 그러나 산업건설이 국가적 과제인 것은 분명하지만, 그것이 반드시 부국강병의 국가주의에서 발상되는 것은 아니다. 그것은 인민의 삶의 구체적 현실과의 관계에서 생각된다. 이것은 일제하에서도 소오 선생의 생각의 준거항목이었다. 산업에 대한 생각은 무엇보다도 체험적 관찰로부터 나온다. 《소오문장선》에 "기행문"으로 분류되어 있는 몇 편의 글은 피폐한 산하와 인민의 빈곤에 대한 관찰들을 많이 담고 있다. 1948년 호남으로 가는 철도의 연변에 보이는 공장의 굴뚝에는 연기가 나지 않는다. 보이는 들판에는 "오소소 떠는" 듯이 초라하게 서 있는 농가들이 있다. 근처에 소가 안 보이는 것은 식량난으로 소를 다 잡아먹었기 때문일 것이다. "수력도, 풍력도, 화력도, 전력도, 무슨 력(力)이나 부족한 이 고장"에 "축력(畜力)"까지 부족한 것이다. 1949년 영남으로 가는 여행길에서도 눈에 띄는 것은 헐벗은 산하이고 쇠락한 산업이다. 중단된 진주 남강의 방수로 공사현장에서 옛날에는 그래도 나았다는 하소연을 듣고 난 다음의 결론은 이렇다. "민정은 이와 같이 눈물겨운 호흡에 있다. 그리고 오직 '생존'을 구할 뿐이다. 민주주의도, 공산주의도, 그러한 것은 의미도 모르고 가치도 모른다." 이러한 고충에 귀기울일 때, 산업진흥은 절실한 것으로 느껴진다.

이러한 체험과 산업건설에 대한 이해는 소오 선생이 섬세한 감성의 체험적 인간임을 말하여 준다. 영남 여행기에는 잡혀온 생선들의 모습을 보고, 또 아직 목숨이 끊어지지 아니한 물고기를, 그것이 마치 재미있는 오락이라도 되는 듯, 시멘트 바닥에 내동댕이쳐 죽게 하는 일을 보고 느끼는 연민의 감정 또는 피혁공장에서 마른 소들이 나란히 누워 있는 것에 대하여 느끼게 되는 연민을 표현하는 부분들은 이것을 알게 한다. 사람의 삶의 조건에 대한 우선적 고려는 이러한 감성적 민감성에 이어져 있는 것이라 할 수 있다. 이 감성의 차원은 소오 선생을 이해하고 또 우리 선대의 지식인들의 마음을 이해하는 데에 중요한 것이 아닌가 한다. 그리고 여기에 스며 있는 것은 개인을 넘어가는 문화적 절충의 변증법이다. 사회주의에 대한 경도 그리고 그에 대한 반발도 감성적 공감이 객관적 인식으로 전환되는 과정을 나타낸다.

되풀이하건대, 새나라 건설에 산업의 중요함은 말할 필요도 없다. 그런데 이 연결은 정치체제에 따라 다르게 이해된다. 어떠한 체제가 산업을 인민의 삶의 기초로 이해하는가? 소오 선생의 여러 글에서 자주 되풀이되어 옹호되는 정치체제는 "인민에 의한, 인민을 위한, 인민의 정부"이다. 이 링컨의 말은 미국적 민주주의를 지칭하는 것으로 들린다. 그러나 1947년의 민주주의를 논한 글("전제정치와 민주정치")은 미국 민주주의를 이렇게 논평한다. "인간의 존엄이 그 자유에 있음을 어느 나라보다도 강조하는 점에서 미국적 민주주의는 명분이 있고 따라서 형식이 무난한 것이다." 그러나 이러한 대체적인 평가 후에 선생은 "오직 그 자유와 그 자유의 혜택이 유산층(有産層)에 선점되고, 농단되고 활용되는 그 실태가 여전히 자본전제(資本專制)의 범주에서 탈각(脫殼)지 못하고 있는 것"은 문제라고 한다. 이에 대하여 더 필요한 것은 사회적 고려가 있는 정치체제이다. 그러나 자본주의적 체제에 대한 비판이 그에 대한 대증적(對症的) 체제로서 사회주의나 공산주의에 이어지지는 아니한다. 오늘날 필요한 정치제도는 루소적인 "'부르'계급의 민주"주의도 아니고 "레닌적인 '프로' 계급의 민주"주의도 아니다. 그렇다면 그것은 사회민주주의인가? 새 나라가 선택하여야 할 체제를 이렇게 정의한 것은 눈에 띄지 않는다. 분명한 것은, 소오 선생이, 회색주의를 비판한 글을 쓴 일이 있음에도 불구하고 자유민주주의에 기울면서 그 단점을 의식하여 사회주의에 보다 적극적인 관심을 가진 듯하면서도 그것을 전체적으로는 수용할 수는 없었다는 사실이다.

사회주의나 공산주의를 거부한 것은 그것이 폭력에 근접해 있다는 데에 관계되는 것으로 보인다. 대체적으로 정치수단으로서의 폭력은 물론 투쟁적 대결의 거부는 소오 선생의 정치적 선택에서 결정적인 것이었다. "민주주의와 휴머니즘"이라는 글에서, 소오 선생은 일단 "상호투쟁이 있어야 혁신이 있고 진보가 있"다는 것을 인정하면서도, "투쟁만을 고집하는 것은 건설을 위한 투쟁이 아니라 투쟁을 위한 투쟁"이며, "평화를 위한 투쟁, 조화를 위한 투쟁"이 아니라고 규정한다. 투쟁은 "'무자비한 투쟁'이 아니라 '대자대비한 투쟁'이어야" 한다. 이것이 나오는 위의 글은 (사회적 책임의 테두리 안에서이기는 하지만) 개인의 자유나 사상 또는 사고의 자유를 긍정하기도 하는, 민주주의를 비교적 형식적으로 논의하는 글이다.

이러한 폭력부정, 그리고 그에 따른 사회주의적 선택의 거부에는 불가피성이 있다고 할 수 있다. 그렇다는 것은 소오 선생의 개인적 배경 또는 시대적 배경이 그러하다는 말이다. 위에서 연민의 정이 선생의 개인적 감성의 한 특징이라는 말을 했지만, 이것은 개인의 심성을 넘어 의식 깊이에 스며 있는 유교적 전통에서 나오는 것으로 볼 수도 있다. 결국 이것이 정치적 폭력이나 투쟁일변도의 정치노선 그리고 사회주의나 공산주의를 그대로 받아들이기를 거부하게 하는 것이지 않나 하는 것이다. 위에 언급한 민주주의론에서 우리는 사회민주주의적이라고 불러야 할 이상이 자연스럽게 동양적 언어로 표현되어 있는 것에 주목할 수 있다. 참으로 민주적인 사회에서는 "남녀의 구별이 없이, 빈부의 재별(財別)이 없이, 또는 교육정도의 차이 등이 없이 개인 각자가 한 개의 '권리'를 가지고 정치적으로나 경제적으로나 자유로 성장할 수 있어야 하는 것이다." 개인은 개성적인 발전을 위한 자유를 누려야 하지만, 이것은 사회적 연관 속에서 가능하여야 한다. 이것이 정치체제가 필요한 이유이다. 그러나 그 체제는 개인의 독재뿐만 아니라 어떤 집단의 전제도 허용하지 않는 것이라야 한다. 그리하여 "전 인민이 각자 자기의 자리를 맡을 수 있고('各得各所'의 원칙), 전 인민이 각각 자기의 힘으로 먹을 수 있어서(各食其力의 원칙), '병존불유'(竝存不逾) 하고 '병육불패'(竝育不悖) 하는 만민해락(萬民偕樂)의 체제가 수립되어야" 한다. 이렇게 정치이상을 정식화할 때 방금 말한 것처럼 여기에 한문투의 표현들이 나오는 것은 우연이 아니다. 위에서 영남 여행기와 관련하여 말한 물고기나 소에 대한 연민도 이미 비친 바와 같이 단순한 개인적 감성이 아니고 동양의 정치철학에서 그러한 연민의 정을 공적인 인식의 수단으로 인정한 것과 관계되어 있는 것이라고 보는 것이 옳다. 가령, 만민해락은 맹자의 양혜왕(梁惠王) 장구(章句)의 여민해락(與民偕樂)에 비슷하거니와, 위에 주목한 물고기나 소에 대한 연민은,

같은 장구에서 제선왕(齊宣王)이 제사에 끌려가는 소를 불쌍하게 여겨 놓아주게 하고 맹자가 그것을 통치자가 지녀야 할 품성을 드러내 준 것이라고 평가하는 삽화를 연상하게 한다. 위에서 미국적 민주주의에 대한 소오 선생의 비판에 언급했지만, 그것도 사회주의적 관점에서의 비판이면서 동시에 그것은 유교적 전통에 들어 있는 정치의 요체로서의 사회적 고려의 부재에 대한 인식에 이어지는 것이라고 할 수 있다.

소오 선생의 역사인식은 전체적으로 동양적 우주론에 근거한 것으로 말할 수 있다. 촌평으로 표현된 것이기는 하지만, "漢江의 順流"에서 선생은 정치적 발전의 요인으로서 갈등과 투쟁을 인정하면서도 그러한 갈등들이 종국에 가서는 마치 한강의 흐름처럼 흘러가는 자연스러운 우주적 이치에 의하여 하나가 된다고 한다. 그러니만큼 역사 속에서의 바른 행동은 오랜 시간 속에 견지되는 의지를 필요로 하고, 그것이 물이 돌을 꿰뚫듯, 바른 정치질서를 만드는 데에 이르게 되는 것이다("水穿石頭").

그것이 개인적 감성에 기초했든, 동양적 감성에 의하여 규정되는 것이었든 소오 선생의 정치이상은 궁극적으로 강압 없는 질서, 모든 것이 하나로 조화되는 정치질서였다. 그러나 바른 정치가 투쟁과 갈등 없이 앞으로 나아갈 수 없다는 것도 인정하였다. 논설들에 나타난 정서로는 조화보다는 투쟁이 선생의 심성에 맞았던 것으로 보이는 경우도 적지 않다. 그러나, 위에서 비친 바와 같이, 이상은 대화해의 질서였다. 그리고 폭력은 절대적으로 거부되어야 하였다. 모든 주저와 유보에도 불구하고, 최종적으로 폭력과 투쟁에 대한 결연한 거부를 표현한 것은 1953년의 "六·二五의 세 돌"이라는 논설이다.

단기로 4283년, 서기로 1950년, 이 해의 '6월 25일'은 민족의 혈사(血史)가 시작되는 서글픈 첫 날이다. 이날을 돌이켜 역수(曆數)를 따지면 3년 세월에 지나지 않건마는, 뼛속 깊이 갇혀진 '생각'으로는 골백년도 되는 양 싶다.

소오 선생은, 이렇게 박은식(朴殷植)의 《한국독립운동지혈사》(韓國獨立運動之血史)가 한국인의 일제하의 고통의 역사를 쓴 것이라면, 그것에 비견할 만한 민족의 고통을 또 다른 혈사로서 기록하게 되는 것이 6·25 전쟁이라고 규정한다. 이에 이어져 나오는 말들은 거의 통곡과 절규이다.

> 눈물은 말랐고 웃음은 얼었고, 한숨마저 굳어진 이 나라의 남녀와, 노소(老小)와 부모와, 형제들은 이 하늘에서 무엇을 쳐다보는가? 이 땅에서 무엇을 굽어보는가? 총포(銃砲)ㅅ 불에 구어지고 창검(槍劍)끝에 부서지는 '제 살, 제 뼈'의 비린내를 맡아 가면서 무엇을 생각하는가?

이 통곡할 비극은 무엇 때문에 일어났는가? 여기에 대한 책임은 누구에게 있는가?

> 폭력의 복음과 국쟁(國爭)의 철리(哲理)를 광신(狂信)하는 패도(悖道)의 사도(使徒)들은, 자가(自家)의 교리를 세우기에 만장(萬丈)의 기염(氣焰)을 뿜았다. 편의(偏倚)의 강작(强作)에 철저한 망자존대(妄自尊大)의 군걸(群傑)들은, 성급(性急)한 독선과

> 독공(獨功)에 자취(自醉)하여 필경 무자비의 마술에 걸렸다. 마술에 걸렸는지라, 수단과 방법에 정상이 있을 수 없어서 사도(邪途)의 일로로 저용(豬勇)을 부렸다.

투쟁과 폭력적 혁명론에 대한 일정한 동정적 이해를 가진 것이 소오 선생이었다고 할 수 있다. 그러나 6·25 이후 그는 단연코 그것을 거부한다. 이 6·25 전쟁을 기념하는 글에서 선생의 폭력에 대한 규탄은 더 강력할 수가 없다. 폭력, 즉 그 궁극적인 형태인 전쟁의 책임은 "폭력의 복음과 국쟁의 철리를 광신하는 패도의 사도", 즉 공산주의자에게 있다. 이 글은 전쟁이 아직 끝나기 전 부산의 피난지에서 쓴 것이다. 전쟁으로 인한 인명의 손실과 국토의 폐허화는 투쟁과 폭력을 타협과 대포용으로 유도하고자 했던 선생으로는 견디기 어려운 것이었을 것이다. 선생은 전쟁의 폭력의 결과를 가장 직접적으로 개인적으로 체험하였다. 전쟁으로 인하여 두 아들을 잃고 동생을 잃고 또 자신의 집이 폭격으로 재가 되는 것을 보았던 것이다. 소오 선생은 이 글을 쓰고 1년이 조금 지난 1954년 7월 21일에 별세하였다.

이제 작고하신 지도 52년이 지난 지금 무엇을 더 이야기할 것인가? 수난의 현대사 속에서 자유와 평등과 만민해락의 원리를 양심으로 살려고 한 한국인의 삶 앞에 숙연해지고 또 그 소원과 다르게 전개된 역사에 전율할 뿐이다.

소오(小梧) 설의식(薛義植) 年譜

- 1901년 음력 1월 27일 함남 단천(端川)에서 독립운동가이며 한학자인 설태희(薛泰熙) 씨의 5남매 중 2남으로 태어났다.
- 단천에서 사립유신학교 심상과(尋常科)와 공립보통학교, 협성실업학교를 마쳤다.
- 1917년 10월 서울 '중앙중학교'에 입학. 그 학교에서 교장인 고하(古下) 송진우(宋鎭禹)의 지우(知遇)를 받아서 일생동안 친밀한 관계를 유지했다.
- 중앙학교에 다니던 중 3·1운동의 학생조직에 관계되어 학교를 자퇴하지 않을 수 없게 되었다.
- 자퇴후 장성(長城)의 네거리라는 곳에서 소학교 교사로 근무.
- 니혼(日本)대학 입학.
- 1922년 5월 3일 동아일보사 내근기자로 입사.
- 1922년 10월 부여·논산 등 옛 백제유적을 둘러보고 "호남홍조"(湖南鴻爪)라는 기행문을 썼는데, 이 글은 소오가 처음으로 동아일보에 쓴 글이다.
- 1923년 4월 포항 영일만의 폭풍우 참사현장에 특파원으로 파견되어, "風禍의 迎日灣을 訪함"이라는 기사를 썼다.
- 1925년 봄 사회부장을 맡으면서, 이때부터 1936년까지 동아일보의 사고문(社告文)의 거의 전부를 작성하였다.
- 1927년 5월부터 1929년 9월까지 일본 동경특파원으로 활동.
- 1931년 11월 동아일보사에서 조선민중의 표현기관으로서의 자임, 민주주의의 지지, 문학주의의 제창발행하는 월간 종합지 《신동아》를 창간함으로써 '신문잡지시대'가 열렸다. 소오는 이때 《신동아》에 단평란인 "정시사시"(正視斜視)를 두어 한 달 동안의 시사문제를 골라 간추려 평

해 역시 인기를 집중시켰다.

- 1935년 2월 28일 편집국장.
- 1936년 8월 28일 당시 편집국장으로 있던 소오는 이 해 8월 1일 베를린 올림픽 마라톤 우승자 손기정의 기록영화 소개기사 중 손기정의 사진 속에 일장기를 지우고 신문에 실었던 것이 말썽이 되어 동아일보사를 떠났다.
- 해방 후 건준에 맞서 우익진영의 '국민대회준비회' 정부부장을 맡았으나 한민당에 참여하지 않았다.
- 1945년 12월 1일 《동아일보》가 다시 발행되어 주간 겸 편집인으로 동아일보사에 복귀하였으며, 중간사인 "主旨를 宣明함"을 썼다.
- 해방후에 생긴 신문학원에서 '문장론'과 '시사문제'를 강의하였다.
- 1947년 3월에는 오랫동안 몸담았던 동아일보사를 떠났다.
- 1947년 6월에 '신문적 잡지 잡지적 신문'을 표방하고 《새한민보》를 순간으로 창간하였다. 표지에는 '재건조선은! 자주조선 민주조선, 청년조선'이라는 표어를 넣었던 것도 이채였으며, 소오는 권두언 또는 집필을 하곤 했다.
- 1947년 8월에 《화동시대》를 발간하였다.
- 1947년 중추 《해방이전》을 발간하였다.
- 1948년 '조선언론협회'를 건설하였다.
- 1948년 10월 《통일조국》을 발간하였다.
- 1948년 12월 《금단의 자유》를 발간하였다.
- 1949년 《해방이후》를 발간하였다.
- 전시(戰時)에 신흥(현 경희) 대학에 출강하였다.
- 부산으로 피란을 왔을 때는 충무광(忠武狂)이라는 소리를 들을 정도로 충무공연구에 온갖 정력을 다하였다. 《민족의 태양》(1950), 《난중일기》(1952)를 집필하는 한편, 때로는 충무공정신 선양을 위한 강연회를 갖기도 했다.
- 1954년 7월 21일 향년 54세로 별세.

花洞時代

花洞時代

序言삼아 卷頭에

'화동시대'(花洞時代) — 이것은 동아일보의 화동시대요, 동아기자로 있었던 필자의 화동시대를 의미합니다. 동시에 필자의 붓에 그려진 수견(隨見)·수문(隨聞)·수상(隨想)의 재료가 되었던 그 당시의 사회상인 것입니다. 기미 이후의 세태를 반영한 적치(敵治)의 대정임간(大正任間)이니 지금으로부터 이십여 년 전이겠습니다. 생각으로는 어제 그제와 같습니다마는 세월로 따져보니 역시, 사반세기를 물러선 옛날입니다.

동아일보가 터를 잡았던 '화동'은 화동에서도 거의 막바지였습니다. 지금은 터마저 없으나 한말(韓末)에는 기호학교(畿湖學校)였고, 그후에는 중앙학교였던 자리였습니다. 나는 이 학교에서 공부를 했었습니다. 늙은 포플러나무가 높다랗게 버티고 서 있는 그 언저리 옆방에서, 난생 처음으로 영어를 배울 수 있는 '서울 유학생'의 자랑을 맛보았습니다. 그 후 만세운동을 치르고, 동경생활을 거치고, 전라도 장성 — 두메골 조막학교의 교원생활로부터 서울로 불리워서 주저앉은 자리가 바로 중학생시대의 그 자리인 동아일보의 그 자리였습니다. 여전히 포플러가 버티고 서 있는 그 방이었습니다. 중앙시대의 그 교실이 동아시대의 편집국이었고, 그때의 그 자리쯤이 사회부 자리였습니다. 야릇한 인연 같기도 하였습니다. 필자는 화동과 이 같은 숙연(宿緣)을 가지고 있습니다. 화동의 그 집과, 그 자리, 그리고 그 일터에 풍기는 시대적 감각에 심신이 완전히 파묻혔던 생생한 기억을 가지고 있습니다.

당시의 원제는 "보는 대로, 듣는 대로 생각나는 대로"였습니다. 아직 젖내(乳臭)나는 햇내기 부장이었고, 명색 없는 기자였던 까닭에 본명을 피하여 '망중한인'(忙中閑人)이란 별명을 썼었습니다. 진실로 백망중(百忙中)에서 일한(一閑)을 얻은 총총한 붓이었고, 겸하여 소설같이 거의 날마다 계속하여 삼사삭(三四朔)을 연재(連載)하였던 터이라, 딴은 노역이었고, 고심이었습니다. 아삼(雅三)도 없는 속사(俗四)의 편편이었습니다. 다못 당시에 있어서 중지하라는 투서가 없었음이 천만에 다행이었고, 오늘에 보아서 어느 의미의 시대적 기록을 찾을 수 있음이 일단의 자위(自慰)가 될 뿐입니다.

평문도 아니고 수필도 아닌 듯싶습니다. 보도문도 아니요 사생문(寫生文)도 아닌 듯싶습니다. 무어가 무언지 모를 문(文)이요 체(體)였으니, 이 글은 그런 식으로 써볼 작정이었든가 봅니다. 지금에 앉아서 그때의 심경을 회상하니 그저 '젊은 감흥'을 가졌던 것뿐입니다. 그리고 제목 그대로 오감도(烏瞰圖)적인 사회의 이모저모에만 충실했던가 봅니다. 사회면으로 게재(揭載)하였던 것이며 당시는 순국문이었습니다. 따라서 우리 글로 표현하기를 애써 꾀하였고, 동시에 대중적 '읽을거리'가 되어지기를 바랐던 것이니 재료의 포착(捕捉)에 있어서나 착상에 있어서 치기(稚氣)가 그득합니다. 오늘에 보아서 가감하고 싶은 구절이 적지 않으나 이미 서명이 '화동시대'라, 옛 모양 그대로 남겨둠이 명정언순(名正言順)일 듯하여 일구의 가필도 없이 인쇄에 붙이는 것입니다. 다못 고유명사와 그 밖에 한자적인 숙어와 성구만을 한자로 바꾸었을 뿐입니다. 한자폐지를 지향하는 오늘의 대세에 비치어 이는 오히려 역행적인 개악인 듯도 하나, 아직은 이같이 함이 이 시대의 독서자를 위하여 어느 의미의 실익이 있겠다고 하는 조그마한 파심(婆心)인 것입니다.

정해(丁亥) 입추 후 소오산방(小梧山房)에서

저 자

첫 인사말씀

〔적치 대정 15년(1926) 7월 4일부터 동아일보 2면 소재(所載)〕

날마다 지면에 나타나는 신문기사는 대체로 보도·소개·해설·비판의 네 가지 범위를 벗어나지 아니합니다. 그래서 '하라더라'나 '하얐다고' 등 꼬리를 붙이는 객관적 보도 소개가 원래 신문기사의 주요한 부분이지마는 지도주의(指導主義)를 가져야 할 조선에 있어서는 세상의 모든 현상에 대하여 시비의 해설과 흑백의 비판이 또한 없지 못할 필수조건이 되는 것입니다.

그래서 우리 신문에는 '이라더라'의 싱겁고 차디찬 보도·소개 이외에 우렁찬 사설을 가지고 악마의 대가리를 때리기도 하고 정의의 기운을 떠받치기도 하며 '두루뭉실'의 오장(五臟)을 해부하여 썩은 곳과 성한 곳을 가리어 놓는 이외에 뜨끔한 횡설수설(橫說竪說)로써 염통을 푹푹 찌르기도 하는 것입니다. 한 지방 한 지방에 대하여는 지방논단(論壇)과 지방단평(短評)이 있으며 독자에게는 파사(破邪)의 칼 같은 자유종(自由鐘)을 개방하얐으니 이것이 다 같은 종류의 기사입니다.

그러나 사설이나 횡설수설 같은 종류는 필치가 너무 정중하고 안목이 너무 원대하며, 재료의 취택(取擇)이 너무 엄정하고 보는 독자가 보편이 되지 못합니다. 그래서 정중할 데 정중하고 호방(豪放)할 데 호방하며 원대하기도 하고 비근(卑近)하기도 하고, 이런 것도 저런 것도 자유자재한 필치와 안목과 취택으로 많은 독자에게 보일 기사가 필요하게 됩니다. 뿐만 아니라, 보도나 소개 같은 것도 원래 '기사'란 여러 가지 조건이 붙어야 하는 까닭에 길거리에 가득한 사실도 기사로 쓰지 못하고 책상 위에 수두룩한 재료도 기사로 만들어지지 않으며 귀에 들리는 소리, 눈에 보이는 꼴들이 그저 없어지는 일이 한두 가지가 아니니 이것을 어떻게 하면 기사로써 독자에게 제공할까? 하고 생각한 것이 이 '보는 대로 듣는 대로 생각나는 대로'라는 특수한 기사를 마련하여 보는 것입니다.

내용이 무엇인가 는 지면으로 알려지려니와 채택하는 범위는 크든지 작든지 제목과 같은 범위로 비평도, 해설도, 보도도, 소개도 무엇이나 간에 붓으로 그릴 수 있는 것이면 다 수용하되, 글쓰는 태도와 문체는 정중하기보다도 건들건들하게 점잖게보다도 트집스럽게, 텁텁하기보다는 선들선들하게 하려고 합니다. 뜻대로 해보아서 뜻대로 안 되는 것은 붓대의 재조가 부족한 탓이고 '망중한자'(忙中閑者)의 허물은 아니니 독자는 미리 알아두소서.

첫인사가 길었소이다.

(敵治 大政 15년 7월 4일)

甘雨의 八面觀

하늘이 비를 주시다! 이 백성의 고통을 속 깊이 알아주시는 하늘이 때맞은 비를 주시다! 하고 삼천리 바닥에서 흙내를 마시는 백성들은 이 비를 단비(甘雨)라 하고 생명수라 하여 한방울이라도 더 떨어지기를 원한다. 구름에서 떨어지는 비가 구름같이 싱거움을 번연히 알면서도 '달다'고 함이 무슨 수작이냐 하고, 하늘이 두려운 소리를 행여나 하지 마라. 한방울 한방울 떨어질 때 방울방울이 쌀알이 되고 콩알이 되는 이 비의 한방울이 진실로 흙 속에서 생명을 구하는 백성의 피가 됨으로써다.

그러나 다같이 기뻐하는 이 백성 중에도 작인(作人)들은 배고파 죽지 않을 것을 기뻐하고 지주들은 배부른 트림소리가 더 크게 행랑방울릴 것을 반가워하는 차이가 있거든, 하물며 이 비에 울고 웃고 찡기고 펴고 하는 안타까운 세상을 무엇이라 할까? 빈 방이 남아서 한숨쉬는 요리점이나, 분값만 밑졌다고 눈살을 찌푸리는 화류계는 도리어 불쌍도 하거니와 같은 미두(米豆)쟁이로도 웃고 우는 모순을 어떻게 없이 하며 일자리 없어서 근심하는 막벌이꾼과 흥정이 좋아서 껑청 뛰는 인력거꾼을 어찌하면 조화할까?

(7월 5일)

'揮淚斬馬謖'

이야기는 쿼쿼하지마는 옛날 한(漢)나라 삼국 때에 제갈량이란 사람이 군율을 어긴 막하(幕下) 참모(參謀), 마속(馬謖)의 목을 칼로 자르면서 눈물을 흘린 일이 있었다. 제갈량의 울던 이유가 어디에 있든지는 말할 것도 없거니와, '법에 의하여 목을 자르되, 목을 자르며 우는 정경(情景)'은 참으로 기막힐 정경일 것이다.

'6 · 10 만세'(六十萬歲)가 생긴 이후로 관계학생의 처치(處置)에 대하여 총독부 당국에서는 각 학교에 처벌하기를 명령하였다. 그래서 위선 배재고보에 8명의 희생자가 나고 뒤를 이어 각 학교에 피같은 비극이 일어날 것이다. 처벌의 시비곡직(是非曲直)은 차치하고 수 년 동안 자기 손으로 기르고 가르치던 장래 많은 자기의 제자를 자기 손으로 내여 쫓을 때에, 그 선생의 가슴이 과연 어떠하였을꼬! 고개를 숙이고 교문을 나서는 제자의 머리 위에 떨어지지 아니치 못할 선생들의 암누(暗淚)를 우리는 잘 안다. 그리고 그 심정에 제갈량 이상의 빛 다른 비애가 숨어있는 것도 우리는 잘 안다.

(7월 5일)

對答못할 質問

'상해가정부'(上海假政府)란 문구에 대한 질문이 또 한 장 들어왔다. '임시'(臨時)라는 문구도 있는데 하필 '가'(假)자를 쓰는 이유가 무엇이냐고, 무식하다는 책망이다. 기가 막히는 질문이고 책망이다. 차라리 우리가 무식하여 이런 구별도 할 줄을 몰랐으면 좋으련마는 입가진 벙어리 속이라, '독립국'이란 문구를 '무장단'으로, 다시 '○○단'으로 고쳐 쓰는 이유까지를 질문하였다면 우리의 가슴은 막히다 못하여 터질 것이다.

(7월 5일)

외로운 靈魂들

재작일 단비조차 구슬피 내리는 경복궁 빗대궐, 근정전 안에서는 경관들로만 조직된 조선경찰협회 주최로 재직중에 직무를 위하여 사망한 경관들의 초혼제(招魂祭)를 지내었다 한다. 초혼의 제물을 받는 그네 중에는 전염병 예방에 종사하다가 전염되어 사망한 사람도 있고, 격검연습(擊劍練習)을 하다가 실수로 횡사한 사람도 있다. 그러나 일백예순네 명이나 되는 그들의 대부분은 경술년 합방하던 해를 비롯하여 기미년 만세운동 이후, 국경일대를 필두로 전 조선 각지에서 생긴 무수한 참극 중에서 생겨난 영혼들이다.

민중과 충돌하여 민중의 총칼에 넘어진 경관들 중에는 '사람'으로서의 잘난 사람도 못난 사람도 있을 터이며, 착한 사람도 착하지 못한 사람도 있을 것이다. 그리하여 처지와 직책을 따라서, 원인과 결과를 따라서 은원(恩怨)과 시비의 논란이 있을런지도 모를 것이다. 그러나 '주검 위에 매를 더하지 않음'이 그르지 않음을 잘 아는 우리는 시비의 논란도 하지 않거니와 '목숨 있는 사람'으로서 '목숨 잃은 사람'을 위하여 영혼을 불러주고 음혼(陰魂)을 위로하여 주는 초혼제를 인간사회의 당연한 일로 안다.

그러나 우리가 '사람'으로서 지정(至情)으로써 이 같은 생각을 되풀이할 때에, 문득 가슴이 막히고 붓대가 더듬어지는 비통(悲痛)을 금할 수 없는 일이 있으니, 민중의 총칼에 넘어진 경관의 혼을 불러주는 사람과 불러주는 사실은 있되 경·관의 총칼에 끝을 마친 민중의 영(靈)을 불러주는 사람과 불러주는 사실이 없음이다. 이 무슨 까닭이냐?

그네들을 도척(盜拓)이라고 하자! 그래도 우리와 같이 살아오던 형제가 아니냐? 그네들을 죄인이라고 하자! 그래도 잘 살라고 보내준 하느님의 아들들이 아니냐? 살아가는 세상에서 죽어지는 사실이 어찌 경찰사회에만 비창한 일이며 살아있는 사람으로서 죽어간 사람을 위하는 일이 어찌 경관초혼제만이 당연한 일이랴?

타고난 명대로 잘 살지 못하여 최후를 마친 우리의 무수한 형제의 음혼들이 만일, 비오는 그날의 옛대궐을 엿보았다 할진대 외로운 설움에 얼마나 슬펐을꼬! 단비를 주신 그날의 구름이 만일 '저생'을 거쳐왔다 할진대 그 방울방울이 단순한 빗물이 아닐 것이다. 경관도 불쌍하다. 그러나 그네는 외롭지 않구나! 민중은 불쌍하다. 그리고 또 외롭구나!

(7월 6일)

簡單한 解決策

모든 생활이 복잡하여 갈수록 '복잡'에 시달리고 지친 인간들은 '간단간단'을 주장하고 절규한다. 그래서 시간과 노력을 아끼려 한다. 그러나 아무리 '간단'을 절규하고 민첩(敏捷)을 주장하는 현대라 하더라도 전주고등보통학교 당국과 같이 가장 민속(敏速)하게, 가장 간단하게 해결을 지은 맹휴사건(盟休事件)은 전례가 드물 것이다.

쉰네 명의 학생을 대번에 퇴학시켜! 전주고보에서 취한바 맹휴의 해결책은 이같이 간단하고도 기민(機敏)하였다. 사형선고가 인간사회의 마지막 처벌인 것과 같이 퇴학명령은 학생사회의 마지막 운명이다. 법률의 조문(條文)만 따지는 사법관으로도 사형을 선고할 때에 눈을 감지 아니치 못하며 여러 가지 절차와 경로(徑路)를 밟지 아니치 못하려든, 하물며 인정(人情)과 의리(義理)로써 해결하여야 할 사제간의 갈등이 이같이 간단한 '퇴학명령'으로써 해결됨에 이르러서야 무엇이라고 비평하랴!

(7월 6일)

파리와 모기

바야흐로 여름이 깊어간다. 심상하고도 무서운 파리와 하잘 것 없고도 괘씸한 모기의 전성시대가 왔다. 밥상을 대하면 숟가락 들기 전에 먼저 밥을 빼앗는 놈은 파리란 놈이다. 심하면 똥까지 싸고도 시치미를 떼고 날아가지마는, 그보다도 무서운 것은 그 더러운 발가락 터리에 감추어둔 무서운 병균을 털어놓는 일이다. 모기는 더워서 옷만 벗으면 가렵게 하고 화나게 하지마는, 그보다도 더 괘씸한 것은 '말라리아'(학질)라는 무서운 병독을 전염시키는 것이다.

남의 '밥'을 빼앗아 먹고도 도리어 병균을 주며, 남의 '피'를 빨아먹고도 도리어 병독을 주는 괘씸한 파리와 모기! 칼로 목을 자를 수도 없고, 주먹으로 뺨을 때릴 수도 없고… 이놈들을 어떻게 하면 처치할까? 이것들이 만일 미물이 아니고 고등동물이었다면, 이것들이 만일 사람보다 약하지 않고 강한 놈이었다면, 이렇게 전성하도록 버려두지 아니할 것이다.

물(水災)과 불(火災)도 사람의 생명을 위협하며 파리와 모기까지도 사람을 괴롭게 한다. 밤새도록 방황하다가 별 좋은 담벼락 밑에서 한숨 자려는 거지에게는 이 파리의 위협이 더욱 크며 해가 지도록 날품을 팔다가 '모기장' 없이 선선하게 자려는 오막살이 살림에는 이 모기의 위협이 더욱더 클 것이다.

(7월 7일)

漢江의 孤魂들

굼실굼실 말없이 흐르는 한강수는 어제도 오늘같이, 금년도 작년같이 쉬일 새 없이 흐른다. 운수가 불길하여 실수로 죽은 사람, 인생이 괴로워서 일부러 죽은 사람들의 외로운 혼들을 실어가지고 끝없는 서해바다로, 다함 없는 영원의 나라로 흐르고 또 흐른다. 해와 달이 바뀌는 최근 10년 동안에 이 물과 함께 흐르는 삼백구십의 고혼(孤魂)들은 이리하여 우리의 기억을 떠나려 할 때에, 용산(龍山) 기자단(記者團)에서는 지난 5일 한강중류에서 위령제를 지내었다. 그리고 한강 강변에 위령비까지 세워서 그들의 일분(一分) 정령(精靈)을 위로하리라 한다. 이렇게 하고 안함이 죽어간 그들에게야 무슨 상관이 있으랴마는, 살아 있는 사람으로는 이렇게라도 하지 아니치 못할 것이다.

(7월 7일)

불속의 亡靈들

세상이 귀찮아서, 세상이 귀찮게 굴어서, 타고난 제 목숨을 제 손으로 끊어버리는 '자살'이 해마다 늘어간다. 목매어 죽는 사람, 독약 먹고 죽는 사람, 단도자살(短刀自殺), 철도자살(鐵道自殺) 등 자살방법도 여러 가지로 늘어간다. 삼면환해(三面環海)의 바다가 있고 십이대강(十二大江)의 강물이 많은 조선에서는 물 속에 몸을 던지는 자살이 유행되고, 남으로 북으로 동으로 서로 화산(火山)이 많은 일본에서는 불구넝에 몸은 던지는 자살이 점점 유행하여 천간산(淺間山) 불 속에만 최근 10년 동안 삼백여 명이 자살하였다 한다. 죽어가는 사람에게는 서늘한 물 속과 뜨거운 불 속의 구별이 있을 이치가 없다.

(7월 7일)

값싼 月桂花

요사이 전동(典洞) 거리에는 새로 야시(夜市)가 생겨서 유달리 쓸쓸하던 그 거리는 갑자기 활기를 띠었다. 모아든 장사의 대부분은 꽃장사와 채소장사다. 그리고 '꽃'과 '채소'가 남자보다도 여자와 더 가까운 관계인지, 유달리 여자손님이 버글버글하였다. 어여쁘고 귀여운 꽃 앞에는 말쑥한 양복쟁이가 아니면, 날려갈 듯이 가볍게 차린 귀부인, 여학생·기생들이고, 슴슴하고 털털하고 지저분한 무배추 앞에는 동저고리 바람으로 나선 '아범'이 아니면 치맛자락을 걷어잡은 '어멈'들이 대부분이다. 재미있는 구별이다.

봉선화(鳳仙花)·금잔화(金盞花)·석류화(石榴花)·해당화(海棠花) 등 얼른 보아도 가지가지 꽃이 가지가지 모양으로 아양을 부린다. 그 중에는 바야흐로 두 송이가 핀 월계화(月桂花)도 있다. 월계! 월계! 작년 이때에 광천교(廣川橋) 다리 위에서 보던 월계! 이름도 좋고 모양도 좋거니와 안면(眼面)도 구면(舊面)이다. 계산(桂山)의 달도 좋거니와 달 속의 계수나무가! 계수나무 정기를 받아서 생긴 월계화가 더욱 좋다. 그러나 달같이 임자 없고 계수나무 같이 값없는 보배를 괘씸한 꽃 장사는 제가 임자라고 '싸구려! 싸구려'를 함부로 부른다. 아! 불쌍한 월계화! 이삼십 전에 팔려가는 월계화! 돈과 바꿀 때에 이십 전어치밖에 안 되는 값싼 월계화!

(7월 8일)

赤露共産黨員

'메이데이'인 5월 1일 현재로 노농러시아(勞農露西亞) 당국에서 조사한 국내 공산당원 수효는 모두 이백십일만 팔천육백 명이며 당원후보자로 전형중(銓衡中)에 있는 것이 사십사만 팔천육백구십팔 인이라는데 완전한 공산당원 중에 부인당원이 십삼만 오천이백팔십구 명이라고 한다. 조선의 여자 사회주의자 수효는 얼마나 되는지, 통계가 없어서 알 수가 없지마는 '돈 있는 자본가를 파괴시키는 것은 마찬가지니까 기생도 천생(天生)으로 태어난 사회주의자다' 하는 의론을 세워본다면 조선 여자주의자도 수천 명 될 것이다.

(7월 8일)

가련한 貴族들

사백만 원의 산더미 같은 빚을 지고 조선 안에서 견디다 못하여 북경 가서 엿장사까지 한다는 소문이 들리는 윤택영(尹澤榮) 후작대감(侯爵大監)이 국상(國喪) 때에 서울로 들어왔던 사실은 누구나 다 알고 있을 것이다. 그런데 채무총액의 십분지 일인 삼십만 원으로써 채무를 정리(整理)하려고 삼십여 명이나 되는 채권자에게 애걸복걸을 하여왔으나 도무지 듣지를 않고, 또 한편으로 방금 이왕직(李王職)을 좌지우지하는 윤덕영(尹德榮) 자작대감(子爵大監)의 '형덕'을 입고자 이왕직에 애소(哀訴)를 하여 보았으나 운수가 다하얐든지 도무지 시원치 아니하므로 또다시 북경으로 뺑소니를 할 모양이라고 한다.

계동(桂洞) 일번지에 사는 이기용(李琦鎔) 자작대감은 십여만 원의 빚이 있는 까닭으로 재산전부를 이왕직에 맡기고 한 달에 육백 원씩 타다가 쓰던 중인데, 쓸 일은 많고 주머니는 듣지 않아 괴로운 중에는 근자(近者)에 채권자의 독촉이 너무도 심하여 필경 계동집을 십이만 원에 팔려고 방금 복덕방을 찾는 중이라고 한다.

가련한 귀족의 말로! 불쌍한 권력의 말로! 한 달이 크면 한 달이 작은 법이라, 고대광실(高大廣室)에 금의옥식(錦衣玉食)으로 호령을 하고 트림을 할 때에 그대들은 오늘이 있을 것을 몰랐으리라마는, 하늘은 벌써부터 그대들을 위하여 오늘을 마련하여 두었던 것이니라. 내몸만 알고 일시(一時)만 알어 양양자득(揚揚自得)하는 그대들은 오늘의 신세를 몰랐으리라 마는, 운명의 신은 미리부터 그대들의 갈 길을 위하여 오늘을 점쳐 두었든 것이니라. 옛날의 영화를 생각하고 오늘의 비참을 맛볼 때에, 그대들의 조상을 생각하고 그대들의 자손을 바라볼 때에, 그대들의 마음은 과연 어떠한고? 망중한자(忙中閑子)는 이것이 더욱 알고 싶다.

(7월 9일)

武官의 뜻과 맘

관철동(貫鐵洞)에 사는 이종건(李鍾健) 씨는 경술년 합방(合邦) 당시에 일본정부로터 받은 남작(男爵)의 작위를 기미년(己未年) 당시에 장곡천(長谷川) 총독(總督)을 거쳐 반상(返上)의 뜻을 표하고 아울러 조선은행에 맡겨두었던 은사금(恩賜金) 이만오천 원도 반납할 '수속'(手續)을 한 일이 있었다.

이것이 한동안 문제가 되어 재등(齋藤) 총독이 부임하였을 때에 '작위를 함부로 반상함은 부당한 일'이라고 하여 총독은 당시의 등파(藤波) 통역관을 자택으로 보내서 여러 번 권고를 하였으나 이종건 씨는 완강하게 거절하므로 하는 수 없이 그대로 있다가 지난 2월에는 다시 전중(田中) 통역관을 보내어 이종건 씨의 장자 이풍한(李豊漢) 씨로 하여금 습작(襲爵)을 하게 하고 은사금도 받아달라고 누차 강권하였다. 그러나 잡은 뜻을 고집하는 이종건 씨는 끝까지 거절하여 지금에 이르렀다 한다.

씨는 강직(剛直)과 과단(果斷)으로 일관한 무과출신(武科出身)의 군인이었다. 옛날의 포도대장(捕盜大將)으로 헌병대(憲兵隊) 사령관(司令官)으로, 호위대(扈衛隊) 사령관으로, 육군부장(陸軍副將)으로 승직(昇職)하였다가 군부대신(軍部大臣)까지 지낸 혁혁한 무반(武班)이었다. 씨는 예전 이완용(李完用) 후작의 학교비 감액문제에 분개하여 불공정한 경성부의 행정을 받지 않겠다고 고양군(高陽郡)으로 이사까지도 하였던 양반이다.

우리는 이 어른의 내력과 언행에 대하여 속 깊이 알지도 못하고 속

깊이 알려고도 아니한다. 그러므로 내력의 찬부(贊否)와 언행의 시비에 대하여는 붓대를 더 하려고 아니한다. 다못 이름을 팔고자 허덕거리는 작자와, 돈을 위하여는 못할 짓이 없어 하는 무리가 버글거리는 지금의 이 사회에서 영화(榮華)를 부운(浮雲) 같이 보고 금전(金錢)을 초개(草芥) 같이 여기는 그 '마음'과 그 '뜻'이 너무도 기이함에 내못 부러워할 뿐이다.

무관의 뜻은 이같이 씩씩한 법이니라. 이 같은 마음을 가진 자라야 바야흐로 군인의 자격이 있다고 할 것이니라. 일본의 무사! 일본의 군인에게는 이 같은 뜻과 이 같은 마음을 가진 자가 많았던 까닭으로 명치(明治)의 유신(維新)이 있었던 것이다. 이 인과의 대사실을 아는 자 몇이나 되었든고?

(7월 10일)

돈! 돈! 돈!

세상이 돈 세상이라 '돈타령'이 유행한다. 이 타령을 누가 지었으며 어느 때부터 부르기 시작하였든지는 알 수 없거니와 현재 부르는 사람들이 '돈이 필요'한 사람들이고 현재 유행되는 사회가 돈만 아는 사회라, 문구가 속되고 뜻이 비근(卑近)한 점도 없지 아니하나 비근한 노래 중에 중대한 사회의 현상이 드러나고 속된 타령이 문득 현실의 실정(實情)을 폭로(暴露)함이라, 듣고 보아 해로움이 없을진대 위선 한두 구절 적어보자!

> 돈! 돈! 돈!. 돈이야! 돈이로구나! 잘난 사람 못난 돈, 못난 사람 잘난 돈, 청년의 앞길을 망치는 돈, 늙은이 배ㅅ가죽 말리는 돈, 골방속에서 썩는 돈, 은행출입을 잘하는 돈, 미두장(米豆場)에 널린 돈, 요리점(料理店)에 깔린 돈, 손목 잡고 우는 돈, 키쓰하고 침빠는 돈…

돈타령이 이것뿐일 이치도 없겠고 또 이렇게 타령을 지으려면 한량도 없을 것이다. 제 조상도 모르는 돈, 공후작만 아는 돈, 지사의 뜻을 굽히는 돈, 필부의 지랄을 돕는 돈, 윤기(倫氣)도 강상(綱常)도 모르는 돈, 인정과 의리를 잘 아는 돈, 변부자(卞富者)의 좋은 돈, 이완용의 추한 돈, 광주부호의 세력 있는 돈! 광주부녀의 잔인한 돈… 이렇게 하고많은 돈타령 가운데서 망중한자(忙中閑子)가 쓰고 싶고 말하고 싶은 타령은 광주부호의 세력 있는 돈과 광주부녀의 잔인한 돈이다.

본사(本社) 특파기자의 조사로 작일 본지에 발표된 광주부녀의 폭행사건은 이제 다시 쓸 필요도 없이 일반이 다 알 것이다. 기괴한 이 사건의 자세한 내용은 오늘도 보도되고 내일까지도 보도될 것이다. 가장과 ○부(父)의 되지 못한 금력(金力)을 믿고, 호사(豪奢)와 방적(放籍)의 괘씸한 버릇을 기탄 없이 발휘하여 연약한 생명을 짓밟고 엄연한 인권을 유린(蹂躪)하여 인도상(人道上)으로 용서할 수 없는 잔인한 죄를 범한 다섯 명의 여자는 도리어 철 없고 지각 없다 하여 일분 짐작도 할 수 있으려니와 돈타령에 넋을 잃고, 돈냄새에 코가 막히어 귀중한 사명과 당연한 직책도 모른 체한 의사와 변호사가 있었음은 무엇으로 비평할까?

세상은 과연 돈세상이다. 돈! 돈! 돈세상이다. 돈세상인 줄을 우리도 잘 알고 천하사람이 다 잘 안다. 잘 아는 사람 중에도 더욱 잘 아는 사람은 ○여(女)와 기생이다. 부랑자와 노름꾼이다. 그리고 그 변호사와 같은 종류의 변호사와 그 의사와 같은 종류의 의사들이다.

(7월 11일)

鍾路警察署史

경성부 내 다섯 군데의 경찰서 중에서 '조선경찰'로서 가장 중요하고, '조선경찰'로서 가장 말썽 많고, '조선경찰'로서 가장 사건이 많은 종로서에서는 종로서사란 역사를 편찬하려고 방금 재료를 수집하는 중이라고 한다. 그리하여 '종로경찰서는 실로 피(血)와 눈물(淚)의 광영(光榮)을 품은 혁혁한 역사를 가지고 있다'는 문구로써 일본신문은 벌써부터 선전(宣傳)하고 일본통신은 연해 연방 보도를 한다.

'종로경찰서는 피와 눈물의 역사'라고 찬양한 일본신문의 태도와 의사가 어떠한지는 알기가 어렵거니와 우리도 종로경찰서의 내력이 '피와 눈물'이라고 단정하기에 조금도 주저치 아니한다. 직접 민중과 관계된 경찰서가—체포하고 취조하는 경찰서가 눈물의 역사를 가졌다 하면 그 경찰서를 중심으로 한 민중도 눈물의 역사를 가졌을 터이며, 그 경찰서가 피의 내력을 가졌다 하면 그 경찰서를 중심으로 한 민중의 활동도 피의 역사를 가졌음으로써다. 하물며 종로경찰서가 광영으로 생각하는 피와 눈물의 역사가 직접 민중으로부터 울어나온 재료임이랴?

종로경찰서는 한국시대의 북부서(北部署)로, 지금의 탑동공원(塔洞公園) 옆에 있던 경찰서의 후신이다. 이 경찰서가 피와 눈물의 광영을 가졌었다 하면 이 피와 눈물의 제물(祭物)은 누가 바친 것이던고?

팔백 장이나 될 종로서사는 과연 피와 눈물의 역사다. 조선경찰만이 역사를 기념할 것이 아니라 조선민중도 이 역사를 기념하자!

(7월 13일)

귀여운 사탕값

시내 관훈동(寬勳洞) 86번지에 사는 이정묵(李貞默, 14)이란 소년은 수송동(壽松洞) 공립소보통학교에 학적을 두고, 낮에는 공부를 하며 밤에는 성냥을 팔아서 늙은 부모 외 세 식구의 목숨을 이어가는 한편으로 학자(學資)까지 얻어 쓴다. 이 같은 소문이 지난 달 '자정후(子正後)의 경성'을 그리려고 나선 미행기자(尾行記者)의 탐방(探訪)으로 세상에 알려진 일이 있었다. 이 가련하고 기특한 '성냥팔이 소년'의 내력이 세상에 알려진 지 한 달이 되도록 세상은 모른 체하였다. 세상은 이같이 차디차고 고요하였다. 그러나 그 소년은 오늘도 어제같이 이 골목 저 골목으로 성냥 팔러 다닌다. 소년은 이같이 꾸준하고 끈기 있었다.

세상은 모르는 동안에, 세상은 생각도 아니하는 동안에, 이 소년의 정상(情狀)을 알게 된 수송공보(壽松公普)의 1학년 생도들은 저희끼리 의논하고, 저희끼리 약속하여 남모르게 모은 돈 1백 쉰 냥을 그 소년의 주머니에 넣어주었다 한다.

돈 있는 사람들아! 자식둔 어른들아! 아 간단한 소문과 이 짤막한 사실을 들을 때에 당신네의 가슴은 고요하십니까? 그들은 팔구 세 남짓한 어린애들입니다. 그들의 모은 돈은 아버지께서 받은 연필값과 어머님께서 받은 '개눈깔사탕'값입니다. 그 소년의 헐끔한 눈시울에 그렁그렁한 눈물이 있음을 보는 그 어린이들은, '사탕이 달다'는 말을 차마 못하였던 것입니다. 이 말을 들을 때에 당신네의 가슴은 고요하십니까? 기특한 소년에 귀여운 어린이! 어린이 세상은 이같이 따뜻하다. 총칼이 어우르고 살기(殺氣) 많은 이 세상에도 이 같은 구석이 남아 있다. (7월 14일)

奇怪한 指示事項

6·10 만세사건에 관계된 학생들을 일일이 처벌하라고 혹독한 명령을 하여 세론(世論)을 일으키던 학무당국(學務當局)에서는 방금 계속중인 시학관회의(視學官會議)에서 다섯 가지의 지시사항을 발표하였다.

그 중 벽두(劈頭)의 조건으로, '조선인학생의 일본유학에 관한 건'에 대하여 이러한 구절이 있다. 조선인학생으로 일본유학은 그다지 필요치 않다는 말과, 종래의 급비생(給費生)도 실업이나 의약 등 학교에 재학한 학생 중에서 전형(詮衡)하되 '엄밀'히 조사한 후 지명하라는 말이다.

일본유학이 필요치 않다 함은 조선의 교육기관이 날마다 완비된다는 까닭이며 실업교육을 받는 자만 급비생으로 채용하라 함은 조선의 실정이 그러하다는 까닭이라고 한다. 기가 막히다 못하여 코웃음 나올 '까닭'이다. 이 기괴한 '까닭'을 품고 있는 오장육부가 거울같이 환하게 보이매 구태여 해부할 필요도 없지마는 이 '까닭'이 조선의 교육에 크나큰 관계가 있는 '까닭'이므로 한두 곳 찔러주고 싶은 것이다.

과연 조선사람이 일본에 가서 '배울 것'이 없을는지도 모르겠다. 그러나 우리가 '배울 것이 없다'는 것과 당국자가 '필요 없다'는 것은 그 '까닭'이 천양(天壤)의 차이가 있을 줄로 우리는 직각(直覺)한다. 과연 조선의 실정이 실업교육이 절실히 필요하다. 그러나 우리가 느끼는 실업교육과 당국이 장려하려는 취지와는 천리(千里)의 차가 있을 것을 우리는 직각한다. 대개 '까닭'이란 당국자의 처지와 입장과 견해에 따라서 정반대의 설명이 붙음으로써니 마치 조선의 향촌사람으로 일본의 포병공창견학(砲兵工廠見學)이 우리는 필요치 않다고 생각하지마는 당국은 필요가 있어서 시찰(視察)을 시키는 것과 같은 종류다.

조선사람으로 구미유학(歐米留學)하는 것을 당국에서 그다지 환영치 않는 '까닭'을 잘 모르고 있던 우리는 이번의 '까닭'으로써 잘 알게 되었다. 그리고 이 지시사항으로서 생기는 앞날의 모든 실례를 또 한 번 보고자 한다.

(7월 15일)

빛깔좋은 개살구

×동(註=花洞)에서 ×동(註=桂洞)까지 오는 길가에는 구멍가게가 뜨금뜨금 있다. 푸성귀 전문도 있고 사탕 부스러기 전문도 있지마는 대개는 잡종이다. 그리고 철맞은 살구를 받아놓고 어린애들의 코묻은 돈을 노리는 가게도 두 군데나 된다. 두 개나 혹은 세 개씩 모아놓은 한 무데기에 동전 한 푼이다.

분홍색 항라적삼만 입고 아래를 벗은 어린아이가 가게 앞에서 기웃기웃한다. 얼굴은 거므테테하고, 눈은 크고, 나이는 여섯 살이나 되엄즉하다. 주항라 적삼은 입었어도 넉넉치 못한 집 아이다.

"살구 주세요" 하고 어린애는 입에 물고 있던 1전짜리 동전 한 푼을 판자 위에 집어던진다. 이윽고 어린애의 입에는 살구 한 개가 들어간다. 노란 바탕에 빨간 흔적이 구름같이 피여진 어여쁜 살구다. 어린애는 고사하고 곁에서 보는 내가 먹어도 맛있을 살구 같다.

한참 입 속에 넣고 우물거리는 어린애는 웬 세음인지 그 커다란 눈을 감았다 떴다 하면서 흐므러진 살구 덩어리를 손바닥에 뱉어 놓고, "아이 떨버!" 하면서 눈물이 그렁그렁한 (아마 너무 시어서 그러는 듯) 눈으로 살구를 보다가 돌아앉아 일하는 살구장사를 본다. 그리고 곁에서서 웃는 내 얼굴을 쳐다보면서 입맛을 다시다가, "이건 개살구야!" 하고 길가에 홱! 내던진다. 빛깔 좋은 개살구는 이리하여 길가에 떨어졌다. 사람의 발과 '구루마' 바퀴가 수없이 지나가는 길가에 떨어졌다.

(7월 16일)

어째서 떠드는가?

조선소년의 얼굴에다가 '도적'이란 글자를 새겨서 세론(世論)을 일으킨 미국인 허시모사건(許時模事件)에 대하여 일본사람들이 굉장하게 떠든다. 동경서는 국민대회까지 열게 된다 하며 상애회(相愛會, 註=朴春琴 主宰)에서도 대활동(大活動)으로 불철주야(不撤晝夜) 한다고 한다. 노할 때 노하고, 웃(笑)을 때 웃음이 군자의 도리임을 잘 아는 조선동포는 이제 너그러운 뜻으로 이 문제를 수습(收拾)하는 이때에 왜 이렇게 떠드는고? 정의와 인도를 위해서 떠든다 하면 참 고마운 세상이다. 이렇게 정의와 인도를 사랑하는 동무가 하나씩 둘씩 늘어가는 세상을 하느님 굽어보소서! 그리하여 영원히 영원히 이 세상이 정의와 인도의 세상이 되게 하소서! 그리하오면 정의와 인도의 탈을 쓴 악마는 영원히 없어질 것이로소이다!

아 - 멘!

(7월 16일)

하늘과 忙中忙人

하늘이 비를 주지 않았다. 그래서 콩잎이 타고 벼뿌리가 말랐다. 콩알과 쌀알에 목숨이 달린 백성들은 이리하여 하늘께 비를 빌기에 분주하였고, 산골에서 샘을 얻기에 바쁘었다.

하늘이 비를 주시다. 그래서 콩잎에 주름이 펴지고 볏포가 허리를 펴게 되었다. 백성들은 이리하여 또 다시 모내기에 분주하였고 도랑물 막기에 바쁘었다. 만금같이 아까워하는 천금같은 비가 '엣다 가져라!' 하고 자꾸 쏟아졌다. 그 넓은 하늘, 그 어마어마한 구름 속에서 끝없는 비가 멋대로 쏟아졌다. 그래서 개천이 넘치고 강물이 불었다. 이리하여 바쁘게 바쁘게 지내던 백성들은 또 다시 물에 뜬 솟(鼎)을 건지기에 분주하였고 쌀되박 잃지 말기에 바쁘었다.

웃고, 울고, 펴고, 찡기고, 하는 하늘의 장난에 백성은 이같이 바쁘었다. 이리하여 이 글쓰는 '망중한인'(忙中閑人)도 덩달아 '망중망인'(忙中忙人)이 되었다. 한동안 이 글을 쓰지 못한 까닭이 여기에 있다하면 그 허물은 하늘에 있다.

(7월 21일)

養老院 建設計劃

'지금은 청년의 세상이다' 하고 청년들은 소리친다. '이상적 나라는 젊은 주먹으로 만들어진다' 하고 젊은이들은 소리를 친다. 이렇다고 늙은이들을 없애자는 말은 아니겠지? 제 할애비를 짓밟자는 말은 아니겠지? 생활의 능률(能率)을 잃은지라 젊은 능률이 이네의 생활에 미쳐야 하며, 활동의 세력이 쇠잔한지라 젊은 세력이 이네의 여생에 미쳐야 할 것이다.

이것이 진실로 공존공영과 상호부조를 진리로 한 하늘이 젊은이로 하여금 늙은이의 뒤를 계승케 하는 호생(好生)의 덕일 것이다.

시내 필운동(弼雲洞) 이원직(李元稷) 여사의 손으로 양로원이 계획된다고 한다. 외지 가지 없이 길거리에서 헤매는 늙은이를 위하여 자리를 빌리고 밥술을 나누자는 양로원 계획! 얼마나 고마운 소식이냐? 양로원이란 문자가 들린 지 오래되 아직까지 사실의 실현이 없던 조선에서 얼마나 반가운 소식이냐? 바라건대 필운동 이 여사여! 당신은 시속 매명가(賣名家)의 꽁무니를 따르지 마르소서. 그리하여 사천여 평의 국유지 대부원(貸付願)이 행여나 협잡배(挾雜輩)의 상투수단이 되지 말게 하소서.

(7월 21일)

또 오는 작년 이때

그칠 듯하던 비는 또다시 지긋지긋하게 계속한다. 차차 줄어가든 한강은 또다시 급격하게 불어간다. 게다가 측후소(測候所)의 말을 들으면 비는 오늘까지도 개이지 않을 듯하다고 한다. 연강일대(沿江一帶)의 작년 참경(慘景)이 눈앞에 선하다.

구호단체가 움직인다. 관변에서, 민간에서, 만일을 염려하여 각종의 준비를 한다. 준비는 얼마든지 좋다마는, 너무 떠들지 말았으면 좋겠다. 작년 그때의 경험으로 보면 '이재민 구호'보다도 '자기광점'(自己廣占)에 열중하였음으로써다.

자동차(自働車) 속에 앉아서 수해구제대책을 연구하는 경성부에서는 언필칭 '사십척(四十尺)까지는 염려없다'고 한다. 이것은 한강둑을 믿고 있는 용산의 일본인촌을 전제로 하는 말이다. 이십오척만 되어도 물바다가 되는 마포(麻浦) 일대가 경성부의 관내가 아니라 하면 마야(馬野) 부윤(府尹)은 분명히 '도라홈'에 걸린 모양이다.

(7월 22일)

세월없는 白참외

초복(初伏)도 지냈다. 구멍가게에는 참외들이 보인다. 그 중에도 일찍되는 '백참외'가 더 많이 보인다. 비만 오면 물이 넘치고 물만 넘치면 세간이 말못되는 인사동(仁寺洞), 그 중에서도 제일 말못되기는 이 같은 구멍가게들이다. 그리고 가련한 것은 세월 없는 '참외'다. 판장 위에서 굴러 내리다 못하여 개천가으로 대굴대굴 굴러다니는 '백참외'다. 작년 이때에도, 세월 없는 '백참외'다.

이 '백참외'의 신세를 알아주는 사람이 누구인고? 작년 이때에 먹어본 사람과 금년 이때에 파는 사람일 것이다. 그리고 세월 없게 만든 하늘이다.

(7월 22일)

所謂 '三矢協約'

언제인가 삼시(三矢) 경무국장이 만주에까지 가서 중국당국과 비밀 협정을 한 일이 있었는데 세상에서는 이것을 가로되 '삼시협약'이라고 한다. 협정 당시에 한 번 생벼락을 맞은 일이 있으므로 그 내용의 상세(詳細)는 지금 소개할 자유가 없거니와 이 협정을 한 총독부 당국의 주요한 목적은 국경의 경비와 조선치안의 근본책을 세운다는 동만동포(東滿同胞)의 단속(團束)이었었다.

이리하여 이 협정이 한 번 생긴 이후로 동삼성당국(東三省當局)의 태도는 갈수록 가혹하여 총독부 당국의 요구를 만족케 함은 물론, 한 걸음 더 나아가서 생명재산에 절대한 협위(脅威)가 되는 일을 근본적으로 감행하는 태도를 보인다.

학교를 불허하고, 교회당을 폐쇄하며, 주민을 축출하고, 토지를 탈환(奪還)하는 등 횡포가 날마다 늘어가니 그러지 않아도 역경(逆境)에서 헤매는 이백만 동포의 안위와 설움이 과연 어떠할꼬?

원래 유리(流離)된 백성들이라, 그 땅을 밟게 하여준 것만으로도 고마웁다 할까? 당초부터 집없는 신세라, 단칸(單間) 두옥(斗屋)이나마 가지고 있게 되었던 것을 다행으로 생각할까?

고맙지도 않고, 다행치도 않은 이 '결과'에 이르러 누구를 원망할꼬? 총독부 당국을 원망할까? 중국관헌(官憲)을 원망할까? 총독부 당국은 허물이 없다고 변명하리라. 중국관헌은 정당하다고 버티리라. 이래서 우리는 원망할 곳도 알지를 못한다. 오직 중국도 굽어보고, 총독부도 굽어보고, 그리고 우리도 굽어보는 하늘이 알 뿐이다. (7월 25일)

大本教와 普天教

친일파와 친로파가 할퀴고, 사대당(事大黨)과 개화당(開化黨)이 싸우고, 민가(閔哥)와 이가(李哥)가 흘기고, 자강회(自强會)와 일진회(一進會)가 버티는 사이에 한국과 일본이 합해진 사실이 17년 전에 있었다.

총독부 박물관과 이왕직(李王職) 박물관을 합하자는 의론은 나오다가 쑥 들어가고 말았었지마는, 작금에 와서는 일본의 대본교(大本教)가 조선의 보천교(普天教)와 합동(合同)하자는 소문이 또 들린다.

조선사회는 애타주의(愛他主義)가 발발하여서 그러한지, 우리끼리는 항상 갈리면서도 남과는 '합'하기를 퍽도 즐기는 모양이다. 총무원이니 교무원이니 하고, 버티기만 하던 불교에서도 언제인가 일본불교와 합동하자는 파가 생겨서 말썽이 있었거니와 이렇게 '합'해서는 애타주의도 걱정거리가 착실히 되는 모양이다.

(7월 25일)

한껍질 벗은 人間

땀과 때를 씻으려고 파탕(巴湯)에 들어갔다. 파탕은 재동(齋洞) 네거리 순사파출소 뒷골목에 있다. 이곳은 땀과 때만 씻을 수 있는 곳이 아니라 벌거벗고 돌아다녀도 '풍속괴란'(風俗壞亂)이라는 '취체'(取締)를 받지 않는 곳이다.

'남탕'·'여탕'이라고 쓴 유리창 한 겹을 둔 내외의 두 세계는 엄청나게 다르다. 안에는 남녀 벌거숭이가 있고, 밖에는 남녀 바지저고리가 있다는 사실뿐만 아니라, 풍속과 습관은 물론이거니와 도덕의 표준까지도 훨씬 다르다.

바깥세상에서는 버선만 벗어도 실례가 된다. 홀딱 벗는 것은 원래 해괴한 일이지마는 젖가슴만 내어놓아도 추태라고 한다. 그러나 이 목욕탕 속은 그렇지 않다.

황토색 궁둥이가 보기좋게 어물거리는 속에서 혼자 의관을 정제하고 십 분 동안만 있어보라. 실례도 실례겠지마는 도리어 창피할 것이다. 은근한 나체화도 '풍속괴란'인데 이곳에서는 노골적 나체상이 염려없이 움직인다. 이렇게 서로 보이고 서로 보고 하되 파출소 순사는 취체할 생각도 아니한다.

안경 쓴 양복쟁이가 들어온다. 양복만 입어도 신사인데 안경 하나가 더 있는 신사다. '유카다' 입은 일본사람이 들어온다. 주항라 겹바지에 세모시 두루마기를 입은 40 가량의 점잖은 양반도 들어온다. 정복을 입은 학생 4명이 떼를 지어 들어온다. 그 중에 한 학생은 분명히 고학생이다. 내력은 모르되 노닥노닥 기운 양복이 그렇게 보인다.

모두를 알몸뚱이만 가지고 목욕탕 속으로 기어든다. 돈 있는 냄새, 돈 없는 냄새, 잘난 표, 못난 표를 제 각각 내어든 의복들은 모두 남 못보는 궤통속에 들어 있다.

열두 명이나 되는 벌거숭이들은 모두 비슷비슷하다. 모가지가 잘룩하고, 허리가 뻣뻣하고, 궁둥이가 뚝 삐여져 나온 모양이라든지, 팔다리가 거들거들하는 모양이 모두 그놈이 그놈이다. 나도 남 같고 남도 나와 방사(倣似)하다. 누가 신사이고, 누가 학생이었든지 알 길이 없다. 구태여 다른 점을 얼른 발견하자면 뚱뚱이와 말라깽이, 키다리와 난쟁이, 늙은이와 젊은이, 검둥이와 흰둥이 구별쯤뿐이다.

한 껍질 벗은 인간은 요만큼 비슷비슷할 뿐이다. 요만큼이라도 비슷비슷한 인간을 구경하려면 목욕탕에 올 것이다. 그리고 꼭같은 인간은 공동묘지에나 가야 볼 것이다.

(7월 28일)

돈때 묻은 '仁術'

의사는 병 고치는 사람이다. 죽어가는 사람을 구하고, 살아가는 길을 인도하는 사람이다. 그래서 옛날부터 의술을 인술(仁術)이라고, 활인술(活人術)이라고 한다.

의사는 병자에게 약을 주고 병자에게서 돈을 받는다. 그러나 병자는 의사를 가리켜 '약장사'라고 하지 않고 '선생님'이라고 한다. 의사 자신도 '선생님'인 체한다. 설혹, 돈은 주고받고 하되 뜻이 돈에 있지 아니한 까닭이다. 그러나 지금의 의사들은 '선생님' 체면에 맞지 않는 '약장사'를 너무도 잘한다. 그래서 그 좋은 '인술'에도 때가 다닥다닥 끼여서 빛깔은 고사하고 속까지 썩을까 염려될 지경이다.

그들의 유일한 방패는 '현재의 제도상 하는 수 없다'는 것이다. 물론 우리도 그런 줄을 잘 안다. 굶어가면서 '선생님' 소리를 들으라는 말도 아니다. 의사계 전체를 들어서 다 그렇다는 말도 아니다. 생활난으로 굶어가는 의사가 있을 이치도 없는 것을 잘 아는 동시에, 의사계 전체가 '약장사' 아닌 것도 우리는 잘 안다. 다만 문제는 '정도'(程度)에 있으니 구차하나마 이 제도하에서는 하는 수 없을 것이다. 약을 팔되 '장사'가 되지 말고, 돈을 벌되 돈에 취하지 말라는 말이다.

붓대의 공정을 위하여 이름은 숨기거니와 최근 어떤 의사는 시간의 절약과 병자의 부담을 적게 하려고 몸소 자전거를 타고 다닌다는 소문이 들린다. 진찰료에, 왕진료에 제가 타고 다니는 인력거 삯전까지 병자의 주머니를 터는 현재의 의사에게는 분명히 '캄플주사'가 될 것이다.

(7월 29일)

辯護士와 投書

지금 의사들은 너무도 돈만 생각한다고 어저께 '주사침' 한 대를 주었더니 '의사보다도 변호사가 더 심하다'는 투서가 독자로부터 들어왔다.

딴은 '사'자(字)의 음이 방사(倣似)하여서 그러한지는 모르되 변호사치고 돈벌이 못한 사람이 없는 듯하다. 실상 생활난에 빠졌다는 의사도 없거니와 변호사도 없다. 구태여 있다 하면 그야말로 '약장사'도 '말장사'도 할 자격이 없는 사람이거나 '돈'과는 통성명도 안하는 사람일 것이다.

의사가 돈 냄새에 비홍증(鼻紅症)이 생기면 '약장사'에 불과한 것처럼, 변호사가 돈벌이에 열변을 토하게 되면 '말장사'에 불과할 것이다. 창기(娼妓)가 웃음장사를 하는 것은 도리어 애교가 있지마는 변호사가 말장사하는 것은 야시(夜市)에도 못내놓을 창피한 장사다. 게다가 인권옹호까지 부른다 하면 이는 민중을 모욕함이다. 금전을 중심으로 한 부정사실에 뛰어든 변호사는 대개 이런 종류의 '말장사'들이다.

다행히 우리 사회에는 이런 말장사가 많다는 '증거'가 없다…?

(7월 30일)

鐵道局에 一笑

조선철도가 관영(官營)으로 된 후부터는 역부(驛夫)의 행패가 바싹 늘어간다고 한다. 철도종업원에게 경찰권을 준다는 말이 있어서 미리 연습을 하는 수작인지는 모르지마는, 조선철도의 역부들은 '조선경찰'과 거의 형제간이나 다름이 없다.

일전에도 경성역에서 말썽이 생겼지마는 되지 못한 역부들의 말씨와 행동에는 눈꼴이 시어서 못견디겠다는 투서가 전 조선 각처에서 거의 날마다 들어온다. 이런 일에까지 민중의 반감을 살 것이 무엇이냐고, 총독부당국을 공격하기는 도리어 망중한자(忙中閑子)의 본의가 아니니 차라리 대촌국장(大村局長)에게나 한 말을 전하자.

중국철도고문(鐵道顧問)이 된다는 풍설에 귀를 기울이지 말고 이런 말이라도 좀 들어두라는 말이다. 조선철도국장과 중국철도고문의 수입차이가 어떠한지는 알 수 없거니와 조선철도국장으로 있는 동안까지는 조선의 손님을 위하여 책임을 다해야 옳을 것이다.

(7월 30일)

妓生의 米豆熱

해마다 이때는 기생의 액월(厄月)이다. 요리점도 껄렁껄렁이고, 기생들도 껄렁껄렁인 모양이다. 한동안 돈벼락 맞던 기생들도 요사이 물벼락에는 분갑도 못얻는 모양이다. 그래서 그러는지, 요사이 기생 미두쟁이가 많다고 한다. 돈을 위해서는 못할 짓이 없어 하는 그들로서 미두(米豆)를 한다는 것은 도리어 남자다운 일이지마는 미두까지에 손을 대는 그 심정이 불쌍해서 하는 말이다.

지금까지 미두하던 기생은 대개 실패를 하였다. 밑천은 혀빠진 남자가 대인다.

(7월 30일)

'決議'와 '實行'

친구 세 사람과 이런 이야기, 저런 이야기를 하다가 아래와 같은 '결의'를 하여 보았다. 세 사람 중 두 사람은 '엉터리'로 유명하고 한사람은 '익살주머니'로 이름을 판다.

一. 전 세계의 인류를 망라(網羅)하여 전 세계 인류대회(人類大會)를 개최할 일, 만일 화성에도 인류가 있어서 참가하기를 원할 때에는 신중히 심리(審理)한 뒤에 허락함.
二. 전 세계의 인류를 통하여 '돈' 없이 '빵' 없이 살어갈 방법을 강구할 일.
三. 인류의 생명을 해(害)하는 호랑이 등속을 근본적으로 박멸(撲滅)할 일.
四. 이상 3개 조의 실행을 조해(阻害)하거나 반대하는 자는 대대적으로 성토(聲討)할 일.

이렇게 '결의'를 하고 네 사람은 한참 말이 없다가 일시에 '하하' 하고 웃었다. 실행 못할 공상이라고 서로 웃었다.

실행할 만한 '결의'도 실행 안하는 실례가 허다한 이 세상에서 당초부터 실행 못할 것을 실행 못하는 것이야 창피할 것이 없다. 다못 문제가 된다 하면 실행도 못할 것을 '결의'한 것일 것이다.

결의대로 실행하라는 법은 없다. 그것은 무엇보다도 조선사회가 증명한다. 실행이 없어도 결의는 얼마든지 할 수 있다. '생각'과 '붓'과 '종이'만 가지면 얼마든지 할 수 있다. 실행이 없더라도, 말로만이라도, '안 하기보다는 낫다'는 생각으로 하면 죄될 것도, 허물될 것도 없다. 다못 실행 있는 결의보다 실행 없는 결의가 창피할 것뿐이다.

(7월 31일)

드나드는 하늘

하늘은 흐렸다 개였다 한다. 수작이 미친 수작이다. "농락도 분수가 있지, 이럴 수가 있담?" 하고 사람들은 골이 나 한다.

더욱 야시에서 싸구려 부르는 장사가 더 골이 나서 한다. 비가 오면 '샛죽'하고 해만 뜨면 '햇죽'하는 사람도 있다. 하늘도 드나들고 인심도 드나든다.

하늘도 하늘대로 있고, 사람도 사람대로 있는 동안까지 '드나드는' 이 현상은 언제든지 드나든다. 이래야 이 세상은 재미가 있다.

(7월 31일)

잘 버는 전기회사

오늘이 8월 1일이다. 전차로, 전등으로, 가스로, 동력으로, 돈벼락 맞는 경성전기회사에서 전기값을 내리겠다고 시민과 약속한 날이다.

얼마나 내리는지, 방금 체신당국(遞信當局)하고 쑥덕쑥덕하는 중이니까 지나보면 알겠지마는 이번 상반기에는 지난번보다도 십만오천 원을 더 벌었다고 역원(役員)들의 상여금(賞與金)이 올라간다는 소문이 들린다.

중도 고기맛을 붙이면 소말뚝을 핥는다고, 착실하게 돈맛을 붙인 전기회사로는 오늘 일진(日辰)이 원수 같다고 하리라마는 덜된 수작으로 우물쭈물하다가는 그야말로 경치고 말 것이니 미리 알아차리기를 바란다.

(8월 1일)

볼 일 다본 戀愛

제집에서 기르는 '개'(犬)와 연애(戀愛)를 하여서 관계까지 맺고 '개자식' 삼형제를 낳았다는 이야기는 옛날 말이 아니라, 시내 용산에 있는 어떤 일본부인의 수년 전 소문이다.

자기집에서 길러 파는 '배암이'(蛇)와 연애를 하여서 이틀밤이나 동침을 하다가 배암이가 별세한 뒤로 미치기까지 실연하였다는 말은 거짓말이 아니라, 일본 하관시(下關市) 전중정(田中町) 사는 송산대조(松山大助)의 맏딸 화자(花子, 24)의 며칠 전 소문이다.

음악회에 가서 입술만 보고도 연애, 길거리에서 치맛자락만 보고도 연애, 전차에서 눈썹만 보고도 연애, 잡지 등속에서 소문만 듣고도 연애, 편지연애 · 사진연애 · 돈연애 · 밥연애 등 허다한 연애가 산더미 같은 이 세상에서 '개연애' · '배암이연애'가 그다지 괴상할 것이 없다.

담배 한 대 권하는 기생연애나 빙수 한 잔 사주는 학생연애는 연애의 초보지마는 몸파는 연애와 이름파는 연애는 가장 숙달한 연애다. '숙달'이거나 '생달'이거나 이렇게 되면 연애도 볼 일은 다본 연애들이다.

(8월 1일)

巡査의 헤엄 練習

순사가 헤엄(水泳) 배울 필요가 있다고 동경경시청(東京警視廳)에서는 순사들의 헤엄연습을 시작하였다 한다. 이따위 소문은 쓰레기통에나 집어넣을 소문이지마는, 해수욕장에 자주 다니는 청춘남녀에게는 미리 알아둘 필요가 있을 듯하여서 전하여 준다.

(8월 1일)

'鐵道 第一主義'

조선총독부 내년도 예산은 철도제일주의를 취하여 조선의 철도망을 완성할 작정이라고 한다.

무단정치(武斷政治)를 표방한 사내(寺內) 총독은 군경제일주의를 역행하였다. 그래서 경찰에 헌병을 쓰고 문관에게 칼을 채웠다. 이로써 조선민중과 조선총독부가 얻은바 '결과'는 우리보다도 총독부가 더 잘 안다.

문화정치(文化政治)를 표방한 재등(齋藤) 총독이 온 이후로 '제일'이란 문자가 생기기는 하강(下岡) 총감시대(總監時代)의 산업제일주의 그것이다. 이래 빛깔 좋은 수리조합(水利組合)의 장려, 산업조합령(產業組合令)과 농회령(農會令)의 발포, 동척(東拓)의 이민제도개정(移民制度改正)과 토지개량회사(土地改良會社)의 창립 등이 생겼다. 이로써 조선백성과 조선총독부가 얻은 '결과'가 무엇인지는 장래를 보아야 알 것이다.

군경제일, 산업제일, 철도제일…… 문구도 선선하니 부르기도 제일이다.

군경제일은 '문화정치'의 전에 있던 '제일'이다. 산업제일을 부르짖는 현재의 총독부에서도 옳지 못한 정치임을 언명(言明)한 터이라, 문제도 되지 않거니와 산업제일은 어떠한고? 조선의 산업을 개발한다는데 누가 반대하며 조선의 자원을 개척한다는데 어느 조선사람이 반대하랴? 그러나 간도(間島)로 쫓겨가고 만주로 밀려가는 조선백성이 날로 더하여 가는 이 현상을 어찌하랴?

'철도제일주의'! 산업개발과 문화보급에 절대한 관계가 있는 철도망의 완성에 노력한다는 소식이 얼마나 갸륵한고? 이 갸륵한 이상에 누가 반대할꼬? 그러나 우리는 '결과'를 본다. 우리 눈에는 결과가 너무도 잘 보인다. '약'이 좋지마는 사람을 죽이면 고약한 약이다. '칼'이 좋지마는 사람을 죽이면 고약한 칼이다. 이는 오직 '결과'가 표준됨이니 '결과'가 '악'이오 '추'(醜)일진대 표방은 그야말로 빛 좋은 개살구에 불과할 것이다.

총독부에서 철도제일을 부르짖을 때에 우리는 문득 '결과'의 여하를 위하여 불안을 느낀다. 철도연변(沿邊)일수록 조선토굴(朝鮮土窟)이 많고 일본와가(日本瓦家)가 많은 것을 볼 때마다 우리는 조선의 심산궁곡(深山窮谷)에까지 철도가 뻗치고, 그리고 일본의 사탕장사와 일본의 밀국수장사가 늘어갈 것을 상상한다.

총독부 당국자여! 약자의 생트집이라고 비웃지 마라. 색안경 쓴 편견이라고 속단하지 마라. 대국(大局)을 생각하지 않고 소소한 이해로써 잔소리를 한다고 반박하지 마라. 실상은 우리도 이런 부분문제로써 그대들과 말다툼하려고 아니한다. 다못 날마다 달마다 지긋지긋한 현실에 짜들린 붓대가 슬쩍 미끄러진 것이다.

(8월 3일)

'一事一言' 一束

불은(不隱) 한 미행(尾行) = 대판 천왕사(大阪 天王寺) 경찰서 순사(警察署 巡査)는 사회주의자의 꽁무니를 어찌도 지긋지긋하게 따라 다녔든지, 마침내 사회주의자의 감화(感化)를 받아 사회주의자가 되고 말았다. 그래서 이번 악기쟁의(樂器爭議)에도 제일선 두령(頭領)이 되었다 한다. '미행'도 이래서는 불은 이상의 불은이니 '금지'를 단골로 쓰는 조선경찰에서 미행금지도 해보는 것이 어떨는지?

민중의 압박 = 시시비비는 어찌 되었든지 조선에서는 '경찰의 압박'이라는 말이 많다. 말도 많을 뿐만 아니라, 사실도 사실 많다. 그런데 일본에서는 '민중의 압박'으로 인하여 경찰이 견디다 못하여 경관일동은 동맹퇴직을 하려고 협의중이라는 소문이 들린다. 이는 이번에 돌발한 장야현 민요사건(長野縣 民擾事件)에서 생긴 일이다. 일본과 조선은 이렇게도 다르다. 무식한 변사(辯士) = 시내에는 조선사람을 상대로 하는 활동사진관이 세 군데나 된다. 세 군데 변사가 모다 열댓 명 되는 모양이다. 수백 명 관중을 상대로 설명하는 그 변사들은 모다 의기양양하여 제각각 독특한 솜씨를 뽐낸다. '당신'을 '낭신'으로, '이때에'를 '이따에'로 하는 등속은 도리어 애교가 흐르지마는 능률(能率)을 능솔로, 추락(墜落)을 타락으로, 희생(犧牲)을 희성으로, 한번도 아니고 한 달 설흔 날을 줄곧 내려 읽는 데는 기막힐 지경이다. 모처럼 민중예술도 이렇게 되어서는 야시에나 내 놓아야 할 것이다. 더구나 상당한 영화를 영사(映寫)할 때에는 원작자에게 미안하여 차마 들을 수 없다. (일독자의 투고 중에서)

(8월 4일)

金尹 兩人의 情死

극작가 김 씨와 음악가 윤 양이 현해(玄海) 바다에서 정사(情死)를 하였다. 이 소문이 한번 세상에 알려지자 모아 앉으면 이야기는 모두 이 방면으로 쏠린다. 김씨가 얌전한 남자였고 윤양이 기걸(奇傑)한 여자인 만큼 이번 이 정사사건은 세상의 이야깃거리가 착실히 되었다.

"분명히 정신에 이상이 생겼을 것입니다. 극도로 흥분되거나 비관에 빠지면 다소간 정신에 이상이 생기는 법입니다. 원래 '극도'라는 것부터 벌써 보통 정신상태는 아닙니다. 정신에 이상이 생길 때 그 찰나에 생각하는 그 '생각'은 무엇이든지 진리같이 생각되는 법입니다. 그러기에 보통사람으로는 취(取)치 못할 행동을 손쉽게 결행하는 것입니다. 그런 때에는 '주사침' 한 대면 즉석에서 돌릴 가능성이 있습니다. …" 함은 어떤 의사의 이야기다.

낙천가요 분투가인 모 씨는 "살려고 살다가 왜 죽는단 말이야. 병들어 죽고, 늙어서 죽고, 천재지변으로 죽는 것도 분하고 원통한데 자살을 한담? 극작가로 음악가로 조선의 예술을 위하여 분투 노력하지 않고 왜 그 아까운 재주들을 물 속에 던진담?" 하고 매우 통분하게 여긴다.

"호세야, 인제는 일 없다나! 하고 잡아떼든 솜씨는 아무리 연극이라도 독살스럽데 그려" 함은 광무대에 상연되었든 '카르멘' 극 중의 윤양을 보았든 사람의 말이다.

"얼굴이야 볼 것 있나? 소리는 참 잘해! 소리가 아깝지, 자기도 아마 죽을 때에 소리가 아까운 생각이 났을걸? 인제 보세, 소리판 값도 오르네 올라!" 함은 유성기를 틀어놓고 이야기하는 인사동 어떤 빙수

장사의 말이다.

이야기는 대개 김 씨보다도 윤 양에게로부터 생긴다. 광천교(廣川橋)로부터 재동(齋洞) 네거리까지 걷는 동안에 신문 들고 앉은 사람의 이야기는 대개 그 이야기다. 낙원동 길목에서 유도(柔道) 꾼을 만났다. "제-기 참, 싱겁게! 죽을 바에는 왜 그렇게 죽어? 여자는 모르지마는 남자말이야. 모든 시비곡직(是非曲直)과 희노애락이 모두 목숨 때문인데 그런 목숨을 버리면서도 일도 못치고…" 하면서 주먹을 들고 살아 있는 나까지 때릴 듯이 서둔다.

뒤끝이 깨끗하게 잘 죽었지 하고, 찬성하는 사람도 있다. 살 재미없는 바에 죽지 않고 어째? 하고 동정하는 사람도 있다. 어쨌든 허영이야, 그리고 자기본위야 하고, 나무라는 사람도 있다.

죽어간 그들은 이 이야기를 모른다. 이렇게 시비가 분분하고 포폄(褒貶)이 구구한 세상이 싫어서 떠나간 그들의 최후심경은 그들과 함께 영원한 수수께끼다.

(8월 7일)

유행되는 '특'

당나귀(驢)와 말(馬)이 관계를 하면 당나귀도 아니고 말도 아닌 노새(騾)가 생긴다. 이것을 가로되 '특'이라고 한다. 짐승뿐만 아니라, 사람도 딴 민족 사이에 생긴 자식을 일본말로 '아이노코'라고 한다. 그래서 나귀와 말이 관계를 하거나, 흑인종과 백인종이 결혼하는 것과 방사한 사실은 모두 '특'이요 '아이노코'라고 별명을 짓게 되었다.

'약밥'에 '다쿠앙'을 섞어 먹으면 이것은 '특음식'이다. '구두'신은 채 '장판'바닥에 무릎 꿇고 앉으면 분명히 '아이노코' 생활이다. '양복'을 입고, '갓'을 쓰고, '게다'를 신고 다니는 사람이 있다 하면 이는 특중에도 상특이고 아이노코 중에도 기괴한 아이노코라 할 것이다.

"여보, 당신, 먹을 수 있겠소?", "내 마음 대단히 기뻐함이 있소" 하고 서양사람의 본을 받고 싶어하는 사람이 많다. 그리고 제딴에는 서양사람과 교제가 많은 체, 서양사람과 형제간이나 되는 체한다. 이런 것들은 실상 특도 못되는 특이다. 이런 특은 특 중에는 제일 덜익은 징글징글한 특이다.

어느 목욕탕에 들어갔더니 '유카다' 입은 청년이 '동아일보'를 들고 본다. 동아일보를 들고 보는 것을 보아서는 분명히 2천만 중의 한 사람이다. 그런데 의복차림은 현해탄 건너가서 배운 습속이다. 시비는 어쨌든지 이것도 방금 유행되는 '특'이다.

'특'의 역행이 시작된 지는 오래다. 적어도 조선이 '개화'하기 시작할 때부터 '현대적 특'이 유행된 모양이다. 그 중에도 유행과는 천생연분이 있는 화류계에도 이 특이 유행되기 시작하여 점점 발달하여 간다.

조선총독부에서 산업제일을 제창한 이래로 화류계에는 산업무라는 춤이 유행한다. 이것은 총독부에서 지은 산업가에 조선재래의 춤을 어울려 놓은 '특춤'이다.

'가레스스키'와 '가고노도리'라는 일본노래도 상당히 유행하였거니와 최근에는 '야스키부시' '나니와부시'가 전성(全盛)이다. 그 중에도 '압록강절'(鴨綠江節)이라는 노래가 대전성이다. 이 노래는 조선과 만주에 큰 포부를 가진 일본사람의 마음을 그린 노래다. 이것을 조선기생이 부른다. 그리고 조선손님이 듣는다. 이것은 특과는 좀 다르다. 얼른 보기에는 특이라고 할 것이 없다. 그러나 보고듣기에 특같지 않은 특이 실상은 단단한 특이다.

아직 생기지는 않았지마는 가야금과 삼미선(三味線)으로 되는 특은 무슨 특이라고 할꼬?

(8월 8일)

추악한 도적년

아무리 점잖은 태도로 붓대를 잡으려 하나 워낙 세상이 추악한 데는 하는 수가 없다. 제목부터 좀 심하다고 비평할 줄도 알지마는 기왕 시작한 걸음이라, 어디 한번.

작일 본지에 보도된 '고학생(苦學生)을 팔아서 십수만 원 몰식(沒食)'이란 기사를 읽어본 사람은 누구나 다 알 것이다. 평강희지(平岡喜智)라는 여자가 어떻게 생겨먹은 여자인지는 사진을 보고도 알 일이다. 눈방울이라든지, 입술이라든지, 생김생김이 고학생만 팔아먹을 년이 아니다.

무슨 융화(融和), 무슨 친선(親善) 등 익지도 않은 개살구를 팔아먹는 세상에서 '동양융화'(東洋融和)를 팔아먹는 것까지는 우리의 알 바가 아니다마는, 고국을 떠나 이역(異域)에 헤매는 가련하고 거룩한 고학생을 팔아먹는 짓은 만 번 용서하고도 또 만 번이나 용서 못할 괘씸한 짓이다.

이곳에서 저곳에서 얼마 얼마씩 모은 돈 십여만 원이 추악한 과부(寡婦)의 홍타령 노름채가 되고, 조선에서 중국에서 찾아간 고학생들이 과부의 하인이 되었다는 이 소문이 얼마나 분하고 원통한 소문이냐? 설혹 사실이 아니고 헛소문이라도 얼마나 듣기에 기막힐 소문이냐?

앞으로 이 같은 흉내를 내이는 년(女)이나 놈(男)이 또 생길지는 모르거니와 만일 생긴다 하면 사람보다도 하늘이 먼저 벌을 내릴 것이다. 고학생이 많고 고학생 단체가 많은 조선 안에서는 행여나 이 같은 사실은 고사하고 소문도 나지 말어지이다. (8월 10일)

文士의 책 본 자랑

대만(臺灣) 토인(土人)들은 사람 많이 죽인 것을 자랑한다. 사람의 백골을 많이 차고 다닐수록 훌륭하다고 한다. 일류기생들은 서방 많은 것을 자랑한다. 서방이 많을수록 일류기생이라고 한다. 조선문사의 어떤 분들은 책 많이 본 자랑을 한다. 책 본 자랑을 많이 할수록 자기가 제일 가는 높은 문사인 체한다.

자기생각을 쓴 글이 한 줄이면 끄집어 대는 책 이름과 책 지은 사람의 이름은 적어도 다섯 줄 분량이 넘는다. 첫째 읽기에 떫고 거칠어서 읽을 수 없다. 그리고 그 수작이 더 더러워서 눈을 뜰 수가 없다.

문사제씨여! 고금선배(古今先輩)네의 금옥(金玉) 같은 말과 글을 옮겨주는 것도 고맙소이다. 그러나 당신네의 가슴에서 울어 나오는 소리도 그립소이다. 당신네의 뇌장(腦漿)을 짜내인 옥즙(玉汁)을 마시고 싶소이다.

(8월 10일)

설렁탕과 뚝배기

'탕반'하면 '대구'가 따라붙는 것처럼 '설렁탕'하면 '서울'(京城)이 따라붙는다. 이만큼 설렁탕은 서울의 명물이다. 그래서 서울 큰 골목 쳐놓고 설렁탕 팔지 않는 곳이 없다. '빈대'가 없는 집이 흉가인 것처럼, 설렁탕 안파는 음식점은 껄렁껄렁한 음식점이다. 설렁탕은 이만큼 일반에게 보편된 음식이다.

설렁탕이 어느 때부터 생겼는지 연대는 자세히 알 수 없거니와, '뚝배기'와 떠날 수 없는 연분이 있는 것으로 보아 뚝배기와 연대가 비슷할 듯도 하다. 그래서 그러한지, 설렁탕은 뚝배기에 담지 않으면 설렁탕이 아니라고 한다. 금(金) 대접이나 은(銀) 대접은 가당치도 않거니와 유리그릇이나 사기그릇에 담아도 설렁탕의 체면을 유지할 수가 없다고 한다. 검붉고, 거칠고, 험상궂게 생긴 질그릇으로 밥티와 기름때가 다닥다닥 끼인 뚝배기에 담아야 설렁탕다운 설렁탕이라고 한다. 이렇게 하여야 설렁탕의 체면도 서고 맛도 난다고 한다.

"왜 맛 좋은 음식을 하필 그런 흉측한 그릇에 담느냐"고, 설렁탕집 주인에게 질문을 하였더니, "누가 아나요, 옛날부터 그래 오는 것이니까 그렇게 하지요" 하고 시체사람은 옛날일을 모른다는 듯이 도리어 비웃는다.

"옛날부터 짜오든 상투는 왜 잘라 버렸소?" 하고 비꼬아 물었드니 "그야, 남들이 다 자르는 시대니까 잘랐지요" 하고 싱거운 듯이 돌아선다.

상투는 자르는 시대로되 뚝배기는 갈지 못하는 시대다. 장옷을 벗고 '만도'는 입되 '조바귀'는 써야 하는 시대다. 조선시대는 이러하다. 시대는 다 같은 시대로되 이런 시대는 일본시대나 서양시대는 아니다.

뚝배기에 담지 않으면 맛이 없다고 하는 사람이 있거든 위선 그 사람의 입부터 고쳐가자. 이런 입은 얼마든지 고쳐야 한다. '약주' 먹든 입을 '정종' 먹는 입으로 고치는 것은 조선시대에 맞지 않는 일이지마는 이런 종류의 입은 고쳐갈수록 시대에 맞는 입이다. 그리고 음식점에서도 그릇을 고쳐가자. '막걸리' 공기 대신에 '뿌란디 곱부'를 쓰는 것은 격도 맞지 않거니와 설렁탕에 사기그릇을 쓰는 것은 조금도 격식이 틀릴 것도 없고 설렁탕 체면을 손상할 것도 없다.

뚝배기는 제발 쓰지 말아야 하겠다.

첫째, 잘 씻어지지 않아서 먹다 남은 밥티와 기름때가 들어앉아서 걱정이다. 위생에 해롭다는 것보다도 구역이 나서 못먹을 때가 많다.

둘째, 외국사람 보이기에 부끄럽다. 설렁탕의 체면과 설렁탕의 속맛을 모르는 외국사람이 뚝배기의 가치를 알아줄 리가 없다.

'먹는 일'이란 원래 무엇보다도 큰일이라, 요리법의 발달과 음식제도의 여하는 그 민족의 모든 정도를 무엇보다도 분명히 증명하는 것이다. 그러기에 그 민족의 정도를 알려면 위선 그 민족의 음식을 시찰하는 것이다.

우리의 설렁탕과 뚝배기는 우리의 무엇을 증명하는고?

(8월 11일)

'幸運片紙'의 流行

수 년 전에 한동안 돌아다니든 '행운편지'(幸運片紙)가 요즈음 또 유행된다. 너무 싱거워서 도리어 괴상한 이 행운편지의 발생지는 태평양 건너편 미국(米國)이란 나라다.

내용은 아무 별 것이 없다. 싱겁기가 끝이 없고 심심하기가 짝이 없는 편지다. 편지내용이 너무 평온(平穩)하니까 불온(不穩)하다고 보는 세음인지, 그래도 경찰은 공연히 날뛴다.

'개눈에는 똥만 보인다'는 속담처럼 경찰의 눈에는 불온만 보이는지, 덮어놓고 이 편지의 왕복을 '주의'하고 '경계'한다.

'망중한자'(忙中閑子)는 복받을 연분이 없는지, 아직 이 편지를 받지 못하였다. 받지는 못하여도 보기는 보았다. 실상 복받기보다도 글씨쓰기가 귀찮아서 이 편지가 온다고 하여도 못받은 체할 작정이다. 그러나 이 편지를 받지 못한 사람은 첫째, 보고도 싶을 것이고, 둘째 '호박'이라도 얻을 생각이 간절할는지도 모르겠다. 이런 의미에 있어서 만천하 독자에게 위선 일제히 알린다. 쓸데없는 절차를 밟을 것 없이 이렇게 대번에 알리는 것이 이 더운 여름에 수고도 덜 것이고 밤잠 못 자는 경찰의 한숨도 풀릴 것이다.

> 편지원문 = 이 행운의 편지는 친구 ○○○씨가 보낸 것인데 나는 행운의 연결(連結)을 깨트리지 않으려고 당신을 비롯하여 여덟 명의 친구에게 보냅니다. 당신도 이 편지를 등사(謄寫)하여서 24시간 안으로 아홉 명의 친구에게 보내십시오. 행운의 편지는 미국 어떤

대가의 손으로부터 시작되어 전 세계를 돌아다니도록 한 것이니, 이 연결이 중단이 되지 않도록 하십시오. 만일 이 연결을 깨트리는 때에는 당장에 악운이 이른다 합니다. 그러나 이대로 실행하면 당신은 9일 이내로 무슨 행운이든지 얻을 수 있습니다(연결되어온 片經路의 人名은 略함).

'이 편지가 이렇게 돌아다니면 얼마 동안에 얼마나 퍼질꼬?' 하고, 이 기사를 읽는 독자는 누구든지 한번 생각하여 볼 듯하다.

그러나 그렇게 쉽게 알려질 '숫자'가 아니다. 적어도 연필로 계산을 하거나 수판을 들고 따져보아야 알 일이다. 내가 독자를 위하여 이왕 수고하는 김이니까 이것까지 대신으로 풀어 볼까?

첫째 번에는 아홉 사람에게, 둘째 번에는 '구구 팔십일' 여든한 사람에게, 셋째 번에는 칠백스물아홉 사람에게 퍼져간다. 이렇게 다섯 번째만 가더라도 오만구천 사십구 명이나 되고, 열 번만에 가서는 삼십사억 팔천육백 칠십팔만 사천사백일 명이나 된다. 전 세계 인구의 두 곱도 넘는다.

열한 번째부터는 기가 막혀서 놓지 못할 숫자다. 이 이상 알고싶은 독자가 있거든 혼자 풀어보는 것도 좋겠다.

'계속'이란 이같이 무서운 것이다. 연결이란 이같이 어마어마한 것이다.

원래 편지도 받지 못한 '망중한자'는 '행복'은커녕 '호박'도 얻지 못하였지마는 이 위대한 두 가지 진리를 이 행운편지에서 발견하였다.

(8월 12일)

'여쭈어라' 타령

남의 집에 가서 주인을 찾을 때에 시골서는 보통, "주인 계십니까?" 하고 단도직입(單刀直入)으로 찾지마는, 서울서는 "이리오너라!" 하고 위선 누구든지 대문간으로 나오라고 한다. 그러면 행랑있는 집에서는 행랑 아범이나 어멈이 나간다. 아범도 없고, 어멈도 없고, 다른 심부름하는 사람도 없는 집에서는 "이리오너라"에 주인이 몸소 대령할 수 밖에는 별도리가 없다.

일본사람들과 같이 '용서하십시오'(ゴメンクダサイ)까지 할 필요는 없어도 '이리오너라'는 어떤 의미로든지 덜된 수작이다. 잘된 수작이라 할지라도 이 시대에 맞지 않는 수작이다. 설혹 나오라고 명령하는 의미가 아니고, 제가 잘난 체하는 의미가 아니고 단순하게 '주인찾는 방식'이라 하더라도 원래 말씨부터 틀렸다. 그리고 그 '방식'이 생겨난 원인으로 보더라도 그냥 새시대에 끌고올 방식이 못된다.

그러나 이보다도 더 못쓸 것이 있다. 얄밉고도 징글징글하고, 우습고도 기가 막히는 일이 있다. 그것은 바깥주인까지도 출입하고 안주인만 있을 때의 일이다. 위선 자초지종을 대강 적어 보면 이러하다.

"이리오너라!" 하고 남자가 대문간에 버티고 서서 소리를 지르면, "누구를 찾으시나 여쭈어 보아라!" 하고 주인댁 마님이나 아씨는 안방 미닫이 구녕으로 내다보면서 말대답을 한다.

"○○○씨 계시냐 여쭈어 보아라."

"안 계시다고 여쭈어라."

"어디로 가셨나 여쭈어 보아라."

"○○○골로 가셨다고 여쭈어라."

"어째서 갔느냐고 여쭈어 보아라."

"그것은 물어보실 필요가 없으실 듯하다고 여쭈어라."

"언제 들어오시느냐고 여쭈어 보아라."

"짬이 없다고 여쭈어라."

하고 대문간과 안방 사이에서 주고받고 하되, 여쭈어 보는 사람도 없고, 여쭙는 사람도 없다.

원래 '여쭐' 사람이 없어서 하는 수작이니까 있을 이치가 없다.

"어째서 대답이 그렇게 패랑패랑하냐고 여쭈어 보아라."

"당신이 실없어서 그렇다고 여쭈어라."

"내가 실없는 것이 무에냐고 여쭈어 보아라."

"그래 그게 실없지 않고 무에냐고 여쭈어라."

하고, 직접으로 말하기는 고사하고 아주 달려들어서 뜯고 할퀼 듯이 말하면서라도 연해 '여쭈어 보아라', '여쭈어라'의 끝을 달어야 점잖은 체면이라고 하리만큼 서울풍속은 이같이 야릇하다.

말라빠진 '군대감', '전참판', '노첨지'가 디굴디굴하는 서울에 무슨 야릇한 짓이 없으리오마는, 총대바지가 왔다갔다 하고, 자동차바퀴가 들들들 하는 큰길거리 쥐마당 같은 대문간에서 이같이 뱃심 좋은 '엿주어라 타령'이 나올 때에는 그만 기색하여 죽을 지경이다.

(8월 14일)

孃과 女史의 區別

'양'(孃)과 '여사'(女史)의 구별이 어떠하냐고, 하는 '함흥 소룡생'(咸興 小龍生)의 질문투서를 받은 지 며칠 전이다. 이런 투서에 일일이 대답하는 어려운 일이지마는 재료가 적절하기에 한마디 써 본다.

'양'은 시집을 가지 아니한 계집아이이니, '낭'(娘)이라고도 한다. '여사'는 시집을 간 여편네이니, 부인이라고도 한다. 이렇게 대답만 하면 그만이지마는 '소룡생'이 물은 뜻은 이것만이 아니고, 내가 이 제목을 취한 것도 이것만이 아니니까 세상은 걱정이다.

'시집'이라 하면 '남편'이 따라붙고 '남편'이라 하면 '아들딸'이 따라붙는다. 그런 까닭으로 '시집을 간 것'과 '시집을 안 간 것'과는 엄청나게 다르다. 그래서 같은 여성에게도 '양'이니 '여사'니 하고 구별을 붙이는 것이다. 그런데 모처럼 만들어 놓은 이 '구별'이 잘 들어맞지 않아서 말썽이다.

'양'이라고도 할 수 없고 '여사'라고도 할 수 없는 여성이 있는 까닭으로 문제가 된다. 시집간 여성으로 처녀 같은 사람이 있는 것은 극히 드문 일이니, 문제도 되지 않거니와 시집가지 않은 여성으로서, 여편네는 고사하고 어머니 노릇까지 하게 되는 여성이 문제가 된다. 소룡생의 통계에 의지하면 '현대 처녀'의 십중팔구는 이 같은 문제의 여성이라고 하였다. 물론 이 통계는 함부로 만든 통계지마는 어지간히 많은 것도 사실일 것이다.

이 같은 여성은 무엇이라고 할까? 자칭 '양'이라고들 많이 하는 모양인데 양이 아닌 줄을 번연히 알면서도 '시집'을 안갔으니까(?) '여사'라고도 할 수 없고, 그렇다고 '양'이라고 하기도 쑥스러우니 이 같은 여성을 무엇이라고 할까? 이따위 문제는 그네들 자신이 해결하기 전에는 알 수 없는 일이다. 그네들 자신이 적당한 '문구'를 창작하기 전에는 알 수 없는 일이다.

(8월 15일)

창피막심한 수염

어제 아침 열시경에 안동 예배당(安洞 禮拜堂) 골목 수도통 있는 길가에서는 일대활극(一大活劇)이 연출되었다. 열대여섯 살 되는 아이와 열두세 살쯤 되는 아이가 할퀴고, 뜯고, 울고, 불고 야단이었다. 시비와 곡직은 모르지마는 싸움은 한창이었다.

한참 있다가 어디로부터 달려드는지, 나이가 사십가량되는 점잖은 어른 한 분이 '귀알'같은 수염을 거사리시고 짤막한 담뱃대를 휘두르시면서 맹호(猛虎)같이 달려들어 곰같이 날뛴다. 날뛰기까지는 꽤 구경도 할만 하였지마는 그 중 큰아이와 맞붙어 싸우는 광경이란 참… 서로 붙들고, 차고, 뜯고, 할퀴고, 야단법석이었다. 그래도 그 창피한 줄도 모르는 수염은 뜯기지 않은 모양이었다. 불행 중 다행한 그 수염의 주인은 나이어린 아이의 아버지되는 양반인 듯하였다. 알고보니 아들의 역성을 든 모양이다.

다행히 뜯기지 않은 그 수염은 제똥 구린 줄을 모르는 수염이다. 그리고 창피막심한 줄도 모르는 수염이다. 이 같은 수염은 시골보다도 서울에 더 많다고 서울친구가 증명까지 한다.

(8월 15일)

女學生과 放學期

청진동(淸進洞) 어떤 병원에는 요사이 간호부(看護婦)가 새로 들어왔다. 보통 보이는 트레머리가 아니라 머리채를 느리운 나이어린 학생이다. 병자를 어루만지고, 약병을 다루고, 기계를 소독하느라고 구슬땀을 흘린다. 방울방울 솟은 땀에는 '덥다'는 것 이외에 '애쓰는' 표적도 나타난다.

얼른 보아도 구차한 집 학생은 아닌 듯싶었다. 그러고 일동일정을 보아 부모의 사랑도 넘치게 받는 학생인 듯하였다. 저같은 처지와 여유를 가진 어린 학생이 왜 벌써부터 '직업'을 가지게 되었을까? 왜 이같이 더운 여름에 아침부터 저녁까지 '땀 흘리는 사람'이 되었을까? 하는 생각으로 의사에게 물으니, 대답은 이러하다—방학이 되어서 노는 시간이 많은데, 집에서 그저 놀기보다는 경험 삼아 실지 지식을 배우는 것이 좋겠다 하여 왔다고 한다. 그 학생은 여자고등보통학교 일학년생이다.

'여학생과 방학기'—이것이 이 사실에서 얻은 바 이 글의 제목이다. 이 간단한 사실이 중대한 의미를 가지고 나의 신경을 자극한 것이다.

'방학기'는 남녀학생에게 가장 즐거운 시간인 동시에 가장 위험한 시기다. 구속과 절제의 생활을 떠나서, 자유와 방종의 기회가 많은 것만큼, 과실과 착오가 많이 생길 위험한 시기다. 더구나 남학생보다도 특수한 처지에서 특수한 감독을 받는 여학생에게는 더한층 위험한 시기다.

여름에는 산으로 바다로 가라고 한다. 이것은 그저 턱없이 날뛰며 돌아다니라는 말이 아니다. 고요한 절간(寺院)에 가서 사랑싸움이나 하고, 난잡한 해수욕장에 가서 추한 소문이나 돌리라는 말은 더구나 아니다. 참되고, 아름답고, 깨끗하고, 숭고한 자연을 사귀어 심신을 휴양하고, 풀포기 · 꽃송이 · 바윗돌 · 모래벌을 찾아다니며 글로 배운 지식을 실지로 응용하여 보라는 말이다.

산으로 가고 바다로 가기가 어렵고, 갈 기회가 적은 여학생들은 이 여름방학을 어떻게 보낼고? 어떻게 지내는고? 호열자 유행과 함께 위험한 이때를 당하여 자녀를 둔 부형의 염려와 조심은 어떠한고? 시골서 상경한 학생들은 거의 다 고향으로 돌아갔다. 그러나 서울의 밤거리에 흰옷 입은 여학생의 수효가 덜어지지 않았음은 이 무삼 현상인고? 허영심을 돋우어주는 진고개 거리에 흰치마가 어물거리고, 유혹이 많은 활동사진관에 트레머리가 아물거림은 이 무슨 소식을 전함인고?

할 일이 없다고, 새 공기를 마신다고, 남산공원에 산보가는 여학생들아! 돈푼이나 있다고, 목이 마른다고 사이길 빙수점에 드나드는 여학생들아! 행여나 이것이 '뽕따러 가는 핑계'와 같은 종류의 핑계가 되지 말게 하라. 그리고 귀여운 자녀를 둔 부형들은 이 간호부 공부하는 어린 학생의 가정을 방문하라.

(8월 17일)

젖을 만지는 취조

경찰들이 피의자(被疑者)를 조사하거나 신문(訊問)하는 취조에는 종래에 두 가지가 있었다. 한 가지는 '보통취조'고 또 한 가지는 '소위취조'다. 피의자를 경찰서에 불러다가 적당한 절차를 밟아가면서 신문하는 것을 '보통취조'라고 한다. 이는 경관의 직책이라, 공공연하게 하는 일이지마는 '소위취조'는 그렇지 못하다. 얼굴이 어여쁜 과부거나, 남편이 허수룩한 부인이 있는 집에 담벼락을 넘어 들어가거나, 문을 박차고 들어갔다가 들키는 때, 겹결에 하는 취조가 이른바 '소위취조'다. 이런 종류의 취조는 서울서는 보기 드물어도 시골서는 늘 있는 일이다.

보통취조는 대개 낮에 하지마는 소위취조는 대개 밤에 한다.

그런데 요사이에는 또 부인의 젖가슴을 만지는 취조가 시작되었다. 젖가슴을 만지는 취조가 생기는 조선경찰에 '키스'하는 취조인들 안 생길 이치가 없겠다. 이래도 이런 취조는 경관이 하는 취조인 까닭에 풍속괴란도 안되는 취조며 고발문제도 안 생기는 취조다. 아주 평온무사하게 해결되는 취조니 취조도 이같이 하여서는 너무도 정다운 취조다.

경관에게는 칼이 있다. 포승(捕繩)이 있다. 옆구리를 박차는 발길이 있고 뺨에 올라붙는 손길이 있다. '빠가'가 아니면 '이놈'·'저놈'하는 입술이 있다. 때를 따라서는 육혈포(六穴砲)도 있다. 그리고 보통취조와 소위취조와 젖가슴 만지는 취조 등이 있다. 동경 가서 한 달 동안이나 놀다가 돌아온 삼시(三矢) 국장! 노형(老兄)의 부하에게는 이 같은 가지가지 권능이 있습니다 그려!

(8월 18일)

人事消息을 自請

어떤 양복입은 신사가 편집국 '기자실'에 와서 '사무원'을 찾는다. 인사를 마친 뒤에 신사는 말을 꺼낸다.

"나는 ○○사는 사람인데 방금 금강산에 놀러가는 길입니다. 서울서 하루쯤 묵고, 곧 출발하려고 합니다. 이 뜻을 인사소식에 '기재'하여 줄 수가 없습니까?"

필자 답하여 가로되,

"네 그렇게 할 수가 어렵습니다."

"돈을 드릴 터이니…."

"돈을 내시랴거든 '광고부'에 가셔서 말씀하시지오."

"광고까지 할 것은 없습니다 마는…" 하고 그 양복입은 신사는 실망한 듯이 인사를 하고 나간다.

차라리 다른 신사네들처럼 '전화'로나 자청하였다면 모양은 창피치 않았을 것이다.

(8월 18일)

주정꾼과 학생들

비가 오락가락하는 재작일밤 화동 길바닥에서 '보고 들은' 이야기나 써 보자.

정복(正服)에 정모(正帽)를 쓴 학생 세 명이 뚜벅뚜벅 걸어간다. 어떤 주정꾼 한 분이 뒤를 따라간다. 즐벅즐벅한 길로 처벅처벅 가는 모양이 아무리 보아도 천하태평이다.

길은 바른데 걸음은 구불구불하다. '아이구 넘어지면 어쩌나!' 하고 보는 사람은 마음이 졸리는데 당자는 마음 놓고 비틀거린다. 술을 얼마나 먹었는지, 눈에서는 술이 흐를 지경이다. 그리고 입에서는 온갖 욕설이 청산유수 같이 흐른다. 욕설은 대개 앞서가는 학생들을 두고 하는 모양이다.

"흥! 빌어먹을 자식들! 학도가 다 뭐야! (이 주정꾼은 학생을 특히 학도라고 한다 = 필자 주) 개자식 같으니라구…. 글 공부해서 하는 게 뭐야! 할 일이 뭐야! 제 할애비 재산이나 없애고 하는 게 무엇 말라죽은 거야! 놈들, 참 학도랍시구, 망했어 망해! 조선이 망했어! 이놈! 학도들아! 이놈들아! 글만 배우면 제일인 줄 아니? 이놈! 틀렸어 틀려! 제-길 학도, 학도, 학도라는 게 다 뭐야! 돈만 없애는 놈들…."

커다란 입에서 욕은 자꾸 흐른다. 학생들은 킥킥 하고 웃는다. 웃어가면서 뺑소니를 한다. 주정꾼은 여전히 따라가면서 욕을 한다.

주정꾼이 왜 학생을 보고 기가 나서 욕을 하는고? 새조선을 건설할 장래의 우리 일꾼들을 왜 저렇게 욕을 하나? 죽어가는 조선을 건지어 내일 온갖 재주를 배워가는 학생을 저 주정꾼은 왜 못씹어 하는고? 이것이, 이 광경을 볼 때에 처음으로 생긴 나의 생각이다.

저 학생들이 왜 웃을꼬? 욕설을 듣고 왜 킥킥 웃을꼬? 주정꾼의 주정이라, 미상불 우습기도 우스우려니와 그저 웃어버릴 일도 못될 것 같다. 이것이 이 광경을 볼 때에 두 번째 생긴 나의 생각이다.

주정꾼의 욕한 뜻을 누가 아는고? 학생들의 웃는 뜻을 누가 아는고? 욕하고 웃고 하는 광경을 보고, 듣고, 생각한 필자의 속뜻을 누가 아는고? 이 글쓰는 이 뜻을 누가 아는고?

(8월 19일)

찌는 더위와 땀

괴롭던 장마가 즘즘하더니 찌는 듯한 더위가 또다시 괴롭게 한다. '매미'는 덥다 못하여 '맵다'고 운다. 울어도 소용없는 더위는 처서(處暑)를 앞두고 힘껏 더위를 뽐낸다.

돈 있는 친구들은 더위에 쫓기어 산골짜기로, 바위틈으로 빼소니를 한다. 한가한 작자들은 더위를 피하여 냇가로, 숲속으로 기어들 간다. 그래서 쫓기지도 않고 피할 줄도 모르는 사람만이 이 더위를 혼자 받는다. 놀러다닐 만한 돈도 없고, 흥청거릴 여유도 없는 사람만이 이 더위의 속맛을 혼자 맛본다.

이 더위는 부자의 별장에도 간다. 거지의 토굴에도 간다. 선풍기 놓은 '바둑판'가에도 가거니와 풀무질하는 대장간에도 간다. 분바른 얼굴에도 사정없이 내려 쪼이고 땀 흘리는 등허리에도 다름없이 내려 쪼인다. 그러나 받는 분량이 다 각각 다르고 맛보는 고통이 제각금 다르다.

공평무사한 하늘은 높은 데나, 낮은 데나, 너른 데나, 좁은 데나, 다름없이 똑같은 더위를 똑같이 퍼붓는다. 그러나 고르지 못한 세상에서는 하늘의 뜻을 모르기도 하려니와 하늘의 뜻대로 받지도 아니한다. 이렇게 되어야 이 괴로운 세상이 더욱 재미나고 이 괴로운 더위가 더욱 맛이 나는 모양이다.

더위는 참말 덥다. 글씨 쓰는 붓대에도 땀이 흐르거든 기음 매는 '호미'에는 흐르다 못하여 솟음슴도 칠 것이다. 노래하는 목구녕도 타는 듯하거든 쇠를 치는 마치에는 불길이라도 일 것이다.

더위에 짜들린 사람들은 가을을 기다린다. 괴로운 여름이 어서어서 지나가고 서늘한 가을이 빨리빨리 오기를 저마다 기다린다. 산골짜기로 바위틈으로, 기어간 작자들에게는 사시(四時) 장철 가을이라, 여름이 가거나 가을이 오거나 도불관언(都不關焉)이겠지마는 그렇지 못한 사람들은 그렇지도 못하다. 그렇지도 안한다.

'더위'를 쉬우랴마는 빨리 가라고 재촉하지 마라, 이 더위 가는 길에 세월까지 따라간다.

땀인들 여북하랴마는 흘리지 말려고 애쓰지 마라, 이 땀이 그치는 날에 목숨까지 그쳐간다.

(8월 20일)

從男妹 情死未遂

'동성동본(同姓同本) 간에 결혼을 안한다' 함은 우리 재래의 습관이다. 그리고 남아 있는 도덕의 일부분이다.

이것이 요사이 문제가 되는 모양이다. 결혼을 하여도 '좋다'느니 '좋지 못하다'느니 하고 묻기도 하며 대답도 하는 모양이다. 원래 좋다는 사람에게는 좋을 것이고, 좋지 못하다는 사람에게는 좋지 못할 것이다. 이렇게 해결하면 문제는 그만이지마는, 세상은 원래 제각기 제멋대로만 혼자 살아가는 법이 없는 까닭에 문제가 되는 모양이다.

'삼각산 구렁이(註 = 投書者)' 친구로부터 특청(特請)까지 있으니 나도 그 문제에 한축 끼여 보자.

'동성동본'이라 함은 '친척'을 가르침이요, '인척'을 가르침이 아니다. 그러기에 아버지 편으로는 육촌이 아니라 육백촌이라도 결혼을 못하지마는, 어머니 편으로는 육촌만 넘어도 결혼하는 일이 많다. 그래도 윤기상(倫紀上) 해괴한 일이 아닌 듯이 일반은 생각한다. 이만큼 이 도덕관념은 남자를 가장으로 하는 현재의 가족제도에서 우러나온 산물이다. 그런 까닭에 이 관념은 윤리도덕의 절대적 근거가 못된다. 실상 문제는 '현재의 가족제도'에 있다.

가까운 혈족간에 결혼해서 못쓴다 — 함에는 두 가지 이유가 있을 듯싶다. 첫째, 현재의 가족제도하에서 살아가는 이상, 동방군자(東方君子)의 양심이 절대로 허락지 않을 것이다. 둘째, 우생학상으로 증명되는 바와 같이 못생긴 자손이 늘어간다 — 한축 끼어 들어서 결론을 짓고 보니 문제는 싱겁기 한량 없다. 싱겁기도 싱거우려니와, 작일 보도한 '종남매 정사사건'(從男妹 情死事件)을 놓칠 뻔하였다. 실상 종남매간 연애사건도 혈족관계의 연애라, 벌써 결론지으나 다름이 없지마는 특히 한두마디 더하고 싶은 구절이 있어서 말이다.

정사를 하려다가 순사에게 들켜 죽지 못한 두 남녀에게 유서가 있었다. '사랑이 깊어서 죽을 지경인데, 불행하게 친척이 되어서 죽을 결심이라'고… 검은 것도 희다고 하는 세상이니까 거꾸로 붙이는 수도 있기야 할 터이지마는, 내가 보기에는 '본래부터 친척인데 불행하게도 사랑이 생긴 것' 같다.

사랑에는 국경이 없다고 한다. 계급이 없다고 한다. 그러니까 친척도 없다. 사랑은 이같이 장님이래야 완전무결한 사랑이라고 한다.

닭은 어미도 모른다. 개는 자식도 눈에 안 보이는 모양이다. 그러기에 철저한 사랑은 금수사회에 있는 모양이다.

(8월 21일)

'秋七月 旣望'

뜰 앞에 늘어선 아카시아의 반 넘어 늙은 잎사귀는 '가을이외다!' 하고 땅바닥에 떨어진다. 하나씩 둘씩 떨어진 잎사귀는 바람에 불려 유리창 가로 훨훨 날려간다.

어제가 달밝은 추칠월(秋七月) 기망(旣望)이고 오늘이 더위를 마지막 보내는 처서(處暑)다. 속일 줄 모르는 하늘은 금년도 작년같이 오늘을 보내고 이때를 보낸다. 이리하여 덧없는 세월은 춘하추동의 고리(環) 위에서 구른다. 구르는 자취를 따라가면서 인간만사는 갈리고 갈리고 한다. 억만 년을 두고 구르는 세월을 따라 억만의 인생은 얼마나 갈렸든고?

'아이스크림'장사는 '군밤'준비를 한다. 행랑어멈은 가을살이 걱정을 한다. 보통학교 아이들은 가을공부를 시작한다.

밤은 길어간다. 밤이 길어진 지는 지나간 추분(秋分)부터지마는 요사이 밤은 더 길어간다. 버러지 우는 밤이 되어서, 달 밝은 밤이 되어서 더 길어간다. 생이사별(生離死別)한 부모가 그리워서, 처자가 그리워서 잠못 이루어 하는 사람에게는 버러지 우는 이 밤이 버러지 때문에 더욱 길 것이다. 철창신세로 형제가 그리워서 친구가 그리워서 잠못 이루어 하는 사람에게는 달 밝은 이 밤이 달 때문에 더욱 길 것이다.

서늘한 밤이 길어가니 등불을 친하자 — 하는 곳에서는 글 읽는 소리가 버러지 소리와 함께 가을을 전한다. 서늘한 밤이 길어가니 술잔을 들어라 — 하는 곳에서는 분바른 얼굴이 달과 한 가지로 가을을 전한다.

가을이 익어가니 익을 곡식이 얼마나 될꼬? 한재에, 수재에, 풍재에 부닥인 곡식이 부닦이고 남은 것이 얼마나 될꼬?

가을이 닥쳐오니 생기는 '소득'이 얼마나 되는고? 보람없고 하염없는 배고픈 몸에 '나이'까지 웬일일까?

끝으로 기억나는 옛날 시조(時調)나 한 구절 적어 볼까?

> 한손에 막대 잡고 또 한손에 가시 쥐고
> 늙난길 가시로 막고 오는 백발 막대로 치려트니
> 백발이 제몬저 알고 지름길로 오더라

(8월 24일)

强請하는 寄附金

함남(咸南) 고원군청(高原郡廳)에서는 청사를 새로 지을 계획을 세우고 그 비용의 일부를 일반 백성에게서 모으기로 하였다 한다. 일부는 고사하고 원래 전체가 백성에게서 걷어가는 세금으로 써가는 것이지마는 이번의 일부분은 '세금'이란 것이 아니고 '기부금'이라는 것이다.

'기부금'이란 본대 희사금(喜捨金)이나 동정금(同情金)과 같이 기뻐서 주는 돈이다. 주고 싶어서 내는 돈이다.

"많지 못한 돈이지마는 보태어 쓰십시오."

하고 내여 놓으면,

"참 감사합니다. 많이 도와주십시오."

하고, 주고받는 돈이 '기부금'이다. 그런데 고원군청에서 받는 기부금은 같은 기부금이로되 내용이 다르다.

"돈 낼테냐? 안 낼테냐?" 하고 강도질까지는 안하는 모양이나 내이기 싫은 돈을 억지로 받으려 하며 내이기 어려운 돈을 강제로 모으려 한다.

"여보 기부금 내오! 왜 기부금 안 낸단 말이오?" 하고 모집하는 기부금은 고원군청뿐만이 아니다. 양두구육(羊頭狗肉)을 파는 따위 같은 종류의 사업가들의 기부금 모집은 대개 이런 종류의 기부금이다. 이것은 기부금이 아니라 착취금(搾取金)이다.

(8월 26일)

危險한 換節時期

일기는 환절시기(換節時期)가 제일 위험하다. 지금이 환절시기니 지금이 위험하다. 여름도 아니고 가을도 아닌 까닭에 덥지도 않고 서늘하지도 않아서 병나기 쉽다고 한다. 병이 나면 약을 먹지! 하면 그만이지마는 병 얻기 싫거든 주의하라는 말이다.

주의하는 방법이 어떠한지는 나도 자세히 모르지마는 주의하는 것이 좋은 것까지는 알기도 하고 알릴 필요도 있어서 말이다. 자세한 '주의방법'을 알고 싶은 사람은 '부인란(婦人欄) 하기위생란(夏期衛生欄)'을 보면 제일이다.

사람은 청춘시기가 제일 위험하다. 어린애도 아니고, 어른도 아닌 때가 되어서 실수가 생기기 쉽다고 한다. 실수가 생기면 고쳐가지! 하면 그만이지마는 고치기 싫거든 당초부터 실수를 하지 말라는 말이다.

주의는 회색주의(灰色主義)가 제일 위험하다. 민족주의도 아니고 사회주의도 아닌 흐리멍텅주의가 위험하다는 말이다. 친영(親英)이면 친영이고 배영(排英)이면 배영이지, '아이노꼬' 주의는 첫째 사람부터 위험하다. …

〔註 = 여기서 친영·배영은 동떨어진 문구나 실상 친일(親日)·배일(排日)의 은어로 쓴 것.〕

(8월 26일)

들러도 잘맞춘다

제목이 원래 '보는 대로 듣는 대로 생각나는 대로'니까 '뉴스' 한 가지를 '듣는 대로' 써보자. 이런 것을 세상에 알릴 필요가 있고 없는 것은 보는 독자의 비판에 일임한다.

원산(元山) 춘성권번(春城券番)이라는 기생상점에는 이단심(李丹心)이라는 기생이 있다. 산지는 평양이고 나이는 스물셋이다. 이름은 '일편단심'(一片丹心)이란 문자에서 떼어 온 모양이나 이 '단심'은 줄잡아도 '십편단심'(十片丹心)인 모양이다.

경포대로 유명한 강릉에는 원산으로 왕복하는 자동차가 있다. 원래 조선 자동차는 기생과 단골이라, 연분이 연분으로 이 자동차 운전수는 이 기생과 정이 들었다. 정든 판이라 있는 돈 없는 돈 생기는 대로 주어 섬기다 보니 주머니는 차차 껄렁껄렁되어 갔다.

뒤끝이라, 인제는 살림문제가 나온다. 기생의 조건은 이러하다.

"여보세요, 인제부터 살림을 살아야겠는데요, 자동차 운전수라는 것이 창피하니까요. 그것 그만두고 오세요."

어려운 조건일 줄 알고 속만 태우던 운전수는 호박이나 얻은 듯이 "그까짓 거야 무얼!" 하고 면허증 바치러 강릉으로 갔다. 그동안에 기생은 원산 김○○의 아들과 정이 들었다.

돈푼이나 생기던 운전수도 내어던지고 원산으로 돌아오니 광경(光景)이 틀렸었다. 분한 김에 칼을 들고 기생을 찾아가서 목까지는 못 자르고 머리채를 잘라 버렸다.

"엑기! 이 빌어먹을 괘씸한 년아!" 하고 욕도 없앤 돈만큼이나 하였던 모양이다. 목이 잘릴 뻔하다가 머리채만 없어진 기생은 놀음에도 못가고 들어앉아 김 서방 오기만 기다렸다.

"여보 이게 웬일이오? 칠같이 그 고운 머리채를 왜 잘랐소?" 하고 혀빠진 김 서방은 황황하게 물었다. 기생의 눈에는 난데없는 눈물이 비오듯 쏟아져 흘렀다.

"아이고 남의 속도 모르네! 부모들은 자꾸 기생노릇을 하라고 졸라대지마는 나는 그런 사람답지 못한 생활을 하고 싶지 않고, 그리고 또 … 당신 … 그래서 당신 때문에 내가 잘라버렸어요!"

혀빠진 김 서방은 이래서 죽을 둥 살 둥 모른다 한다. 결과가 장차 어찌나 될는지? 이것도 독자에게 일임한다.

(8월 27일)

'초산은'과 '콜탈'

미국사람 허시모(許時模)는 열네 살 먹은 조선아동의 얼굴에다가 '착산은'(錯酸銀)이라는 독약으로 '도적'이라고 새긴 일이 얼마 전에 있었다. 일본사람 등전부시(藤田富市)라는 남자와 반원의강(飯原義江)이라는 여자는 여섯 살 먹은 조선여아의 전신에다가 '콜탈'이라는 독약을 바르고 두 숟가락을 먹이기까지 한 일이 수일 전에 있었었다.

방식은 다르다. 그러나 사형(私刑)은 마찬가지다. 수단은 다르다. 그러나 목적은 마찬가지다. 사형도 마찬가지고 목적도 마찬가지일 뿐만 아니라, 그렇게 하는 소갈머리도 마찬가지다.

허시모의 한 짓을 만행이라 하면 일(日)남녀의 이 짓도 만행이 분명하다. 허시모의 한 짓을 인도상 법률상 용서치 못할 죄악이라고 하면 일남녀의 그 짓도 인도상 법률상 용서치 못할 죄악이다. 허시모는 자기의 잘못을 천하에 사죄하고 그리고 법정에서 체형(體刑)의 벌을 받았다. 오래지 않은 이 사실을 미루어 보아 이번의 일남녀도 역시 이 같은 경로를 밟으려니와 이런 사실이 이같이 생기다가는 세상도 참말 걱정이다.

허시모는 미국사람이다. 그러나 허시모가 악인이라고, 미국사람 전체가 악인인 것은 아니다. 이번의 두 남녀는 일본사람이다. 그러나 이 두 남녀가 야만 같다고 일본사람 전체가 야만인 것은 아니다. 미국사람이거나 일본사람이거나 이것은 불문이다. 오직 '사람'으로서의 '악인'이요 '만행'인 것을 지적할 뿐이다. 그러나 우리는 이런 사실을 당할 때마다 그네들에게는 종족적 감정을 초월할 만한 아량을 가질 수 있으나 '조선사람의 처지'라는 생각은 언제든지 없이 할 수가 없다.

과부의 설움은 과부가 아는 것처럼, 이러한 생각은 우리와 같은 처지에 있는 사람이 아니고는 모를 것이다.

허시모 사건에 대하여 우리보다도 더욱 꾸지람하던 일본의 여론은 이번 이 사건에 대하여 어떠한 태도를 가질꼬? 허시모의 만행사실을 보고 느끼든 일본의 정의감은 만천하에 어떠한 파문을 일으킬꼬?

(8월 28일)

問題되는 寫眞

박열(朴烈) 부처(夫妻)의 이상한 사진이 세상에 돌아다니자, 일본에서는 일대문제가 일어났다. 문제의 사진이 어떻게 생겼는지는 신문에 보도되는 범위 이상으로 알 수가 없다. 그 사진을 박힌 예심판사(豫審判事)의 뜻이 과연 어떠하였는지도 그 이상 알 수가 없다. 그러나 영리한 사람은 어림이라도 짐작할 것이다.

박열의 부처는 그네들 자신의 몸뚱이로써 일본 천지에 문제를 일으켰고 이제 다시 그네들의 사진으로 문제를 일으키게 한다. 이렇게 저렇게 어쨌든 그 두 부처는 문제의 사람이다.

(8월 28일)

抑强扶弱의 人情

본사 주최의 야구연맹전(野球聯盟戰)은 바야흐로 가경(佳境)에 들어간다. 싸우는 용사들이나 구경하는 관중이 한 가지로 흥이 나서 야단들이다. 남들이 흥나 하는 바람에 틈틈이 참석하니 흥도 흥이려니와 '붓대'의 재료도 상당하다.

재작일에는 고려와 서울의 대전(對戰)이라, 그야말로 호랑의 싸움이었다. 그래서 일반관중은 싸우는 광경을 보기 전부터 흥이 나서 몰려들었다. 몰려든 관중은 문자 그대로 일반적이라, 하후하박(何厚何薄)이 없이 잘하면 박수하고 못하면 익살 줄 뿐이었다.

그러나 싸움은 차차 고려에 이롭지 못하여 서울이 파죽(破竹)의 형세로 나갈 때에, 관중의 태도는 번개같이 변하여 전 정성(精誠)이 고려군의 득점에 있었다. 고려측에 실책이 생길 때마다 비통한 침묵이 관중을 에두르고 득점이 생길 때마다 환호의 박수가 장내를 울릴 때에 하늘과 땅에는 '억강부약'(抑强扶弱)의 비장한 인정이 차고 넘치다 못하여 부글부글 끓었다.

그러나 부인석의 대부분은 서울군을 위하여 가슴을 졸이고 발끝을 모은다. 만일 서울군을 응원할 만한 의리가 있고, 처지에 있다 하면 별문제어니와, 그렇지 않다면 이것은 분명히 잔인성이다. 넘어지는 자를 밟는 잔인성이 남자보다도 여자에게 더 많다는 것을 분명하게 증명함이다.

(8월 31일)

一滴의 눈물

운동장 이야기를 하던 끝이니 시일(時日)은 늦었지만 기념삼아 한 마디 써 두자. 저번 실태에 상반한 아름다운 태도로 조선운동계에 크나큰 귀함(龜艦)을 지은 고려군의 '눈물'이야기다. 혈기를 이기지 못하여 실태를 내이고 즉석에서 깨달은 포수(捕手) 김정식(金貞植) 군의 눈물과 자기단체의 실태를 위하여 격분(激憤)을 하고 조선운동계를 위하여 울던 주장(主將) 정인규(鄭麟奎) 군의 눈물이다.

개눈깔사탕을 먹지 못하여 우는 눈물은 어린아이의 눈물이다. 사랑하는 낭군이 그리워서 우는 눈물은 아녀자(兒女子)의 눈물이다. 공자(孔子)는 천도(天道)의 승란(乘亂)을 위하여 울었고 석가(釋迦)는 고해(苦海)의 중생을 위하여 울었다.

세상이 넓은지라, 우는 사람도 가지가지며 울 일도 가지가지다. 기막혀 우는 사람, 무서워 우는 사람이 어찌 한두 명뿐이며 기뻐서 우는 눈물, 설어서 우는 눈물이 어찌 한두 가지뿐이랴마는, 이번 김·정 양군의 눈물도 천금같은 눈물의 하나이다.

전 조선을 위하여 우는 눈물이나, 조선운동계를 위하여 우는 눈물이나, 범위는 다를지언정 '위하여 우는 눈물'은 마찬가지다. 인류의 죄를 대속(代贖)하려고 우는 눈물이나, 자신의 허물을 참회하려고 우는 눈물이나 처지는 다를지언정 '우는 심경'은 마찬가지다.

일적천금(一滴千金)의 눈물을 얻은 조선의 운동계는 장차 어떠한 광채를 나타내일꼬?

(8월 31일)

'假'字가 何其多

각처 여관으로 돌아다니면서 향객(鄕客)들의 주머니를 털어먹든 '가(假)짜 형사'가 종로서에 잡혔다. 의사에게 빌려주었던 자기 집을 이용하여 각종 환자를 속여먹던 '가짜 의사'가 종로서에 잡혔다. 뜬눈 빼는 세상이 아니면 큰코 다칠 세상이다. 형사까지는 몰라도 의사의 '가짜'는 참말 코만 다칠 '가짜'가 아니다.

얼마 전 어느 지방에서는 남의 부인을 능욕까지도 한 '가짜' 본부(本夫)가 있었거니와 서울보다도 지방에는 이런 '가짜'의 횡행(橫行)이 우심(尤甚)한 모양이다. 가짜 면서기, 가짜 군서기, 가짜 전매국원(專賣局員) 등 가짜는 대개 관리가 단골이다. 이는 원래 '진(眞)짜'가 소득이 많은 까닭이다. 그러기에 소득이 없는 가짜 거지나 가짜 아범은 횡행한 전례가 없다.

가짜 학생으로 책점(冊店)에 가서 책을 훔치거나 문구점에 가서 만년필 훔치는 도적놈도 간혹 있지마는 원래 소득이 적은지라, 그렇게 많지는 못하다. 그러나 가짜 여학생은 어림없이 많은 모양이다. 기생과 은군자는 말할 것도 없거니와 창기 소박덕이 할 것 없이 제각하면 트레머리다. 애꾸눈이·곰보딱지·어중이·떠중이 할 것 없이 너도나도 날뛰는 것으로 보아 여학생 노릇도 소득이 상당한 모양이다.

일본서는 가짜 박사, 가짜 귀족이 많이 횡행한다. 일본서는 '가짜'로 놀아도 제법 고급으로 논다. 박사 같은 것은 아직 진짜도 많지 못한 조선이니까 문제가 안되지마는 귀족부스러기는 문제되라면 문제도 되려니와 간간이 행차(行次)도 하시는 모양이다. 제 애비 주검(屍體)에서 얻어 가진 백작, 남작 따위를 '진짜'라고 하여 놓고도 '가짜'가 많다는 말이다.

엄정하게 말하면 세상만사가 모두 '가짜'로 노는 판이지마는 그 중에도 정도문제가 있으니까 이런 '가짜'타령도 생기는 것이다. 어느 때 '한 껍질 벗은 인간'이라고 쓴 일도 있거니와 진실로 '진짜'인간을 찾으려면 '목욕탕'에 가거나 한걸음 더 나아가서 '공동묘지'에 가야할 것이다. 이것이 진가(眞假)를 판단하는 '목욕탕 철학'이요 '공동묘지 철학'이다.

(9월 1일)

왜들 자꾸 죽노?

가을바람이 선들선들하더니 자살하는 사람이 늘어가는 듯하다. 작일 보도한 것만으로도 열 사람(자살미수까지)이나 된다. 이렇게 너도 나도 죽다가는 조선천지가 무인지경이 될는지도 모르겠다.

"왜들 이렇게 죽노?"

"살기 싫으니까 죽지!"

대답이 이렇게 되면 너무 간단하다. 절대의 죽음에 대한 대답이 이럴 수야 없다.

실연(失戀)으로, 가정불화로 자살하는 남녀가 있다. 생활곤란으로, 사업실패로 자살하는 남녀가 있다. 이것이 자살하는 원인의 대부분이다. 이런 까닭으로 살기가 싫어지고 살 수가 없게 되어서 죽는다 한다. 어쨌든 '생'에 대한 애착이 없고 '생'을 위하는 용기가 없는 사람들인 것은 분명하다. 여북하면 애착이 없을까? 할 때에는 죽게 되는 그 원인이 끝없이 애처럽고, 여북하면 용기가 없을까? 할 때에는 죽어가는 그 사람이 한없이 하잘 것 없이 느껴진다.

'사랑'이 인간생활의 전체가 아니며 '사업'이 사회생활의 전부가 아니다. 일부를 위하여 전부를 버림은 어리석은 인간이다. 일부의 타격으로 전부의 용기를 잃어버림은 하잘 것 없는 인간이다.

'행복된 아내'가 되지 못하여서 살 수가 없느냐? 그러나 '어머니된' 책임이 있으며 '사랑'으로의 할(爲) 일이 있지 않으냐? '행복된 남편'이 못되어서 죽고 싶으냐? 그러나 아버지로의 책임이 있으며 '사람'으로서 살(生) 일이 있지 않으냐? 제 일에 실패하였다고 사회를 잊어버리거나 제 몸만 위하여 사회일원의 책임을 모른다 하면 사회와는 관계없는 인물이니 이런 인물은 죽어도 좋다.

살자! 못살 일이 있거든 잘살 길을 개척하자. 이 길이 틀렸거든 딴 길을 잡아가자. 일부를 위하여 전체를 버리지 말자는 뜻이 단순한 이해타산이 아니라, 사람의 살아가는 도리가 그러함으로써다.

'죽음을 찬미한다'는 노래가 요즈음 유행하지마는 이따위 노래는 지옥에 가서 불러야 사리도 당연하고 처소도 적당하다. 살아가는 세상에서는 오직 '생의 찬미'가 있어야 한다. '생의 노력'이 있어야 한다. 살려고 애쓰고 살려고 기운 내어도 죽을 일이 많은 이 세상에서 이 무슨 악착한 짓이냐? '살아 생전에 먹고·놀고, 쓰고·놀고, 자고·놀고, 깨고·놀고…' 하는 노래는 '생의 찬미'가 아니라, '유흥찬미'(遊興讚美)니 이따위 노래도 이 세상 밖에 나가서 불러야 한다. 오직 살아가는 이 세상에서는 '생의 본능'을 따라서, 사는 노래, 일하는 노래를 길-게 길-게 우렁차게 불러야 한다.

이 글을 마치려 함에 항상 애독하든 모씨의 시조가 생각난다.

쓰라 주신 손톱 발톱 그저 두기 황송해라
큰일 맡은 머리와 입 묶일 줄이 있소리까
울기나 웃기나간에 힘껏 맘껏 하리라.

(9월 2일)

四年前 九月一日

작일이 9월 1일이다. 4년 전 일본 관동지방에서 세계적 대지진이 나던 날이다. 누억(累億)의 재산과 수만의 생령(生靈)이 없어진 날이다.

그리고 우리 동포도 참화를 당하였든 날이다.

(9월 2일)

(註 = 여기에 지적한 참화는 진재가 아니라, 학살사건을 가리킴이다. 그 날을 기념하는 의미로 쓴 것이나 자칫하면 압수를 당할 것이므로 이렇게 쓴 것이다.)

紀笏 看護院 監獄

전 조선에 널려 있는 보통감옥 이외에 개성(開城)과 김천(金泉)에는 소년감옥이 있다.

소년감옥은 감옥 중에서 빛다른 감옥이다. 그런데 요사이 평양(平壤)에는 간호부 감옥(看護婦 監獄)이 생기려 한다. 빛다른 중에도 빛다른 감옥이니 관영이 아니고 사영인 것만 보아도 빛다른 감옥이다.

보모배척(姆姆排斥)으로 문제의 발단을 삼은 평양 기홀간호원(紀笏看護院) 맹휴사건(盟休事件)은 사건이 발생되던 당시부터 누보(累報)하여 온 바이라, 시비와 곡직은 독자의 비판이 자재하려니와 우리가 특히 주목하는 것은 남아 있는 학생들에게서 자복서(自服書)를 받으려는 간호원 당국의 네 가지 조건이다.

소위 조건은 정당한 옷(간호원의 옷)을 입지 못할 일, 외출을 못할 일, 조(粟)밥을 먹어야 할 일, 그리고 공부도 못할 일 등 네 가지를 한 달 동안 계속하라는 것이다. 이것이 감옥의 징역살이와 다른 것이 무엇이냐? 감옥에서도 정당한 제 옷을 못입게 한다. 출입을 금하고 조밥을 먹인다. 그리고 공부를 안 시킨다. 감옥과 다른 점이 무엇인고?

그러나 우리는 이 같은 형식문제보다도 이런 형식으로 학생을 대하는 간호원 당국의 심사(心事)를 몰라 한다. 은애(恩愛)로써, 도리로써, 자복을 받지 않고 감옥살이의 위협으로써 자복을 받으려 하는 그 처사를 몰라 한다. 아지 못게라, '예수'의 가르침이 과연 이러하였던가?

(9월 3일)

돈 잘 모으는 거지

작일 오정 때쯤하여 시내 남대문통(南大門通) 상업은행에는 어떤 거지 한 명이 나타나서 현금 팔십 원을 은행환전으로 자기 고향에 부친 일이 있었다.

그는 철원(鐵原)에 가족을 둔 김인업(金仁業)이란 걸인이다. 절름발이 병신으로 노동할 수 없는 거지의 신세가 되어 서울로 돈벌이하러 왔다고 한다. 지난 5월에 올라와서 넉 달 동안에 푼푼이 모은 돈 얻은 것이 팔십 원이었다. 그는 주소도 없다. 담벼락 모퉁이나 남의 집 처마 밑이 그의 주소다.

돈 잘 모은 병신거지의 짤막한 이야기를 듣고 본 대로 독자에게 소개한다. 소개하는 이유는 독자가 더 잘 알 듯하여 그만둔다.

(9월 3일)

府와 京電의 暗鬪

남산 뒷등허리에는 잡초만 우거진 관유지(官有地)가 있다. 재정에 궁한 경성부에서는 이것을 얻어가지고 주택지를 만들어 돈푼이나 얻어 쓰려고 방금 운동중이라고 한다.

그러나 그곳이 주택지가 되려면 남산을 에두르는 큰길이 있어야 하고, 그 길 위에는 전차(電車)가 다녀야 한다. 그래서 경성부에서는 큰길 내일 계획도 세우고, 경전(京電)에 대해서 전차 놓을 것을 의논도 하여 본 모양이다. 그러나 경전에서는 '그렇게 못하겠소'하였다. 이유는 주머니 속이 맞지 않는다는 것이다.

부민(府民)의 교통보다도 자기의 이익만 위하는 경전으로서는 세음이 맞지 않는 전차를 놓을 까닭도 없겠지마는 정말 이유는 전차수입의 타산(打算)보다도 그 관유지를 자기네가 이용하려는 야심이라고 한다. 그러한 야심으로 버티는 줄을 짐작한 경성부에서도 미리 선손을 빼여 맹렬한 운동을 시작하리라 한다.

권력을 가진 경성부와 재력을 가진 경전이 앞으로 어떠한 씨름을 하여 나갈지, 둘러치나, 메여치나, 원래 조선사람에게는 그저 그럭이지마는 그래도 씨름하는 구경이나 하자고 이 소식을 들은 대로 전한다.

(9월 5일)

이름 숨긴 慈善家

동경에 있는 찬육회(贊育會)에 어떠한 신사가 찾아가서 현금 이십만 원을 내어놓고 아무 말도 없이 갔다는 소식이 들린다.

이십만 원이란 돈이 결코 적은 돈은 아니다. 더구나 소유욕을 극도로 조장하는 현재의 사회에 있어서는 더욱 적은 돈이 아니다. 이러한 돈을 무조건으로 기부하되 자기의 주소와 성명도 알리지 않는다 함은 이 어찌 범상하게 듣고 보고 생각할 일이랴?

이름을 팔다 못하여 빠득빠득 애를 쓰고, 찬양(讚揚)을 얻지 못하여 허덕허덕 기를 쓰는 친구들이 소식을 들을 때에 과연 어떠한 감상을 가질꼬? 사업을 하되 아리(我利)를 위하고, 자선을 하되 명예를 위하는 따위가 어물거리는 이 세상에서 이러한 일이 생김은 진실로 특례다.

보수(報酬)를 받기 위하여 베푸는 은혜는 은혜가 아니다. 대가(代價)를 예산하고 베푸는 자선은 자선이 아니다.

(9월 5일)

數字關係 一瞥

경복궁(景福宮) 옛 대궐 안에다가 굉장하게 지어 놓은 조선총독부 신청사 낙성식(落成式)은 오는 10월 1일에 거행한다고 한다. 시작한 때로부터 꼭 10년이라고.

낙성식을 기회로 전 조선 관공서에 15년 이상 근속(勤續)한 자를 포상하려고 조사를 하여보니까 오천여 명이나 된다고 한다. 15년 이상이나 되는 것을 보아 모두 합방 때로부터 관변에 붙은 사람들이다.

조선 안에 있는 실업방면의 교육을 주는 학교는 통틀어 오십이다. 초등정도가 스물셋, 중등정도가 스물둘, 전문정도가 다섯이다. 그런데 거의 전부가 농업이다. 왜 공업학교를 많이 설립하지 아니하는 이유는 따질 필요도 없다.

금년 일월부터 지난 칠월 말일까지 광산채굴(鑛山採掘)을 출원(出願)한 건수는 이백사십오 건이다. 금은광이 칠십육 건, 금광이 오십팔 건…. 이렇게 '조선의 땅속'에서는 금이 나오고, 은이 나오고 하지마는 '조선의 백성'들은 돈이 없어하고 배가 고파한다.

통계 이야기를 하려는 길이라, 생각나는 대로 주어 모으자. 사람(人口) 주체를 못하여서 굶주린 미친 개처럼 사방으로 헤매는 일본에서는 작년 일년 동안에 팔십칠만 오천삼백팔십오 명이 또 늘었다 한다. 가만히 따져보니 일분 동안에 한 사람 반씩이나 늘어가는 모양이다. 이런 까닭으로 남의 땅에 침을 삼키는 모양이다.

인구이야기가 났으니까 말이지, 조선에서 만일 군대의 필요가 있고, 징병령(徵兵令)을 시행한다면 군인될 만한 사람이 삼백오십오만

육천사백 이십칠 명이나 된다고 한다. 이 중에는 일본사람도 통계상 끼여들었다. 일본에는 소학교가 이만 오천육백이나 된다.

(9월 7일)

'國境없다' 타령

'돈타령', '가(假)짜타령', '연애타령' 등 타령을 하였더니 또 별다른 '타령'이 없느냐는 친구의 질문을 받았다. 질문받은 김이라, 또 하나 써보자.

요리점 문앞으로 지나라면 '홍타령', '새타령' 소리가 들린다. 광희정(光熙町) 움집(土窟) 가으로 지나려면 '신세타령', '팔자타령'이 들린다. 제일 요란스러운 타령은 야시(夜市)의 '싸구려타령'이지마는 제일 어수룩한 타령은 '국경없다 타령'이다.

예술에는 국경이 없다 한다. 미상불 옳은 말이다. 연애에는 국경이 없다 한다. 그도 그럴 듯한 말이다. 국경이 없다는 문자가 이쁜인 줄 알었더니 '좋은 약(良藥)에는 국경이 없다' 하고 약광고에도 이 문자를 쓴다. 광고는 광고일망정, 말인즉 옳은 말이다. 먹어서 병이 낫고 써보아 좋은 약일진대 독일(獨逸) 것이라고 일본서 배척할 이치가 없겠고, 일본 것이라고 해서 조선사람이 먹지 말자고 할 이유도 없겠다.

실상 연애에보다도, 예술에보다도, 약에 국경이 없다는 말이 알기 쉬운 옳은 말이다. 다못 국경이 없다는 신성하고도 엄숙한 문자가 상품화되어가는 것이 불쌍하다. 그리고 이것을 핑계삼아 남을 속이고, 저를 망치는 '연애꾼'과 '예술쟁이'가 생겨가는 것이 괘씸하다. 이 타령을 쓰는 동기와 본의가 진실로 여기에 있다.

연애에 국경이 없다는 바람에 빛다른 아내를 모시고 있는 친구가 많다. 모시고 있는 것까지는 국경이 없다는 '연애의 원리'에 어그러지지 않지마는, 일본여자를 모시고 있는 친구의 대부분은 연애 자체의 원리에 어그러지는 '일선융화'(日鮮融和)를 꽁무니에 붙이고 돌아다닌다. 연애면 연애나 할 일이지, 국경 없는 연애에 정치가 하상관(何相關)이냐?는 말이다.

예술가도 다른 예술가는 다른 '융화'를 제창하는지 아직 실례를 듣고 보지를 못하였지마는, 일본여자와 혼인한 예술가는 적어도 정치방면에 맛을 들여볼 생각이 있는 모양이다.

제멋대로 노는 세상이라, 일선융화거나 '영선융화'(英鮮融和)거나 하고 싶거든 하고 싶은 대로 하여 보아라마는, '국경없다'를 발라 마치려는 어수룩한 짓은 하지 말라는 말이다.

(9월 8일)

京城府 점심時間

어떤 통신사 기자가 부내에 있는 각 관공서의 점심먹는 시간을 조사하였다.

참말인지, 거짓말인지는 몰라도 총독부와 경기도 방면은 그다지 길지 않고, 전매국(專賣局) 체신국(遞信局) 방면도 꾸지람할 지경까지는 아닌데, 시간절약을 몸소 하여야 할 경성우편국장은 마음놓고 하품을 한다고 한다.

가장 짜른 곳은 '시간은 돈이다' 하고 어디든지 돈을 끄집어다 붙이는 은행방면과 그야말로 분초를 다투는 철도국이라고 한다. 당연한 일이니까 칭찬할 것도 없지마는 경성부는 괘씸하다.

경성부는 새 집으로 갈 생각에 정신들이 빠졌는지 서기(書記)·고원(雇員)·급사(給仕) 할 것 없이 일률로 점심 먹는 동안이 느리다. 더욱 소위 과장급에 이르러서는 오정(午正) 때부터 시작한 점심이 새로 두 시에나 가야 끝이 난다고 한다. 이 동안에 문서는 산같이 쌓인다. 그래서 소위 과장의 도장은 우편국 일부인(日附印) 찍듯이 일사천리로 후닥닥 하여 버린다.

현재의 마야(馬野) 부윤(府尹)이 예전 칼차든 시대(경기도 경찰부장 당시)에는 '시간의 절약'과 '사무의 간첩(簡捷)'을 표방하고 구두계출(口頭屆出)과 구두청원(口頭請願)을 단행하라고, 관내경찰서에 엄달(嚴達)을 하더니 부윤이 된 뒤로는 모두 까먹은 모양이다.

경성부는 삼십만 부민과 밀접한 관계를 가진 곳이다. 그리고 빈번한 연락을 맺는 곳이다. 부민은 홀홀(忽忽)한데 부청은 유유하고, 부민은 긴급한데 부청은 한가하다. 이것을 당하고도 가만히 있는 부민도 너무 점잖거니와 뱃속 편하게 그대로 줄곳 가는 부청당국도 어지간히 뱃심이 좋다.

불원(不遠)에 새 집으로 옮아간다 하니, 이왕(已往) 새 집으로 가는 길이라, 새 정신으로 일들을 하였으면 좋겠다. 그렇게 하기 싫거든 모두 내어놓고….

(9월 9일)

쌀나무 친구

'쌀나무 친구'라는 말은 서울사람을 가르쳐 조롱하는 말이다. 지금쯤이야 그러할 이치가 없지마는 옛날의 서울 양반네들은 날마다 밥지어 먹는 쌀이 어디서 어떻게 생기는 것인지, 실상 알지 못하여 쌀알이 나무에서 우박 쏟아지듯이 떨어지는 줄로 알았다 한다. 그래서 손끝이 하-얀 서울양반들을 가르쳐 '쌀나무 친구'라고 별명을 지은 것이다.

똑똑하고도 미련한 사람이 서울사람이며, 밝고도 어두운 곳이 서울이라 함은 서울사람 자신도 늘 하는 말이다. 그래서 '쌀나무 친구'도 생기는 모양이다.

쌀나무 친구가 되어서 그러한지, 서울사람은 쌀을 학대(虐待) 한다. 요즈음 시골서는 쌀알 한 개라도 얻지 못해 애쓰는 이때에 서울서는 길거리에 쌀밥, 흰죽 버리기를 그야말로 '식은 죽' 먹듯 한다. 요사이 감기가 유행하고 전염병이 유행하더니, 그 비례(比例) 로 늘어간다. 골목마다 길바닥에 버린 쌀밥 · 흰죽 · 우거지죽 · 대추 · 밤 등 속이 발에 밟히고 온갖 버러지 놀이터가 되는 것을 볼 때마다 더러운 생각보다도 두려운 생각이 난다. 저러고도 하느님의 벌을 받지 않을까 하는 걱정을 하고 보니, 몸에서 진땀이 흐른다.

약은 듯하고도 둔하고, 똑똑한 체하면서도 미련한 서울 아낙네들은 옷치레 · 얼굴치레 · 세간치레 이외에 '귀신대접'을 잘한다. 병이 들면 귀신이 붙었다 하고, 귀신이 붙은 줄 짐작하면 으레 '굿'을 한다. 하늘이 무섭지도 않게 길가에 음식버리는 이 알뜰한 짓도 대개 이 같은 종류의 미신이다. 그리고 이런 알뜰한 일에는 그 똑똑한 아낙네들이 총대장이 되는 모양이다. 이 같은 미신에 대하여는 뒷날 철저히 때려 부실 기회가 있으려니와 진실로 조선은 이 미신 까닭으로 큰일이다. 크나큰 조선의 걱정 중의 한 가지 큰 걱정이다.

(9월 11일)

'注意'와 '强制'

걸리기만 하면 대번에 죽는 '호열자'가 유행한다. 호랑이보다도 무서운 '구토설사병'이 필경 조선에도 들어오고야 말았다. 일본에도 호열자! 중국에도 호열자! 이렇게 앞으로 뒤로 위협받던 조선도 필경 사정없는 독균의 침해를 받게 되어 참혹한 소식은 국경방면의 평북지방으로부터 시작한다.

날 것을 먹지 말아라! 생선과 푸성귀 등속을 주의하여라! 하고, 관청에서는 극력(極力)으로 주의를 시킨다. 이런 '주의'는 얼마든지 좋다. 그 쓸데없는 주의(注意: 쥬-이)들을 한데 모았다가 이런 때에 통틀어 써도 일반민중은 성가시게 알지 않을 것이다.

예방주사를 넣어라! 주사증명서가 없이는 통행을 못한다! 하고, 관청에서는 강제로 예방주사를 실시한다. 이런 '강제'는 얼마든지 좋다. 사리에 당치도 않은 '강제'를 좀 절약하였다가 이런 때 한꺼번에 써도 일반민중은 넉넉히 찾을 수 있을 것이다. 그러나 '주의'와 '강제'란 원래 받기가 좋은 것이 아니다. 제 스스로 주의치 않고, 제삼자의 주의를 받는다는 것은 일종의 치욕이다. 제 자신이 하고 싶어서 하지 않고 제삼자의 강제를 받는다는 것을 일종의 모욕이다.

일반민중은 각자의 귀중한 목숨을 위하여 남의 주의를 받기 전에 주의하라. 일반민중은 공동생활의 중대한 책임을 위하여 남의 강제가 이르기 전에 할 일을 하여 나가자. 제 스스로 제 몸을 단속하지 못하고, 제 스스로 제 일을 다스리지 못하는 백성은 하잘 것 없는 백성이다. 보잘 것 없는 백성이다. 그리고 가망 없는 백성이다. (9월 14일)

時事一束

오래간만에 쓰기 시작하니 우선 개(犬)가 한 마리 걸린다.

인천 사는 송미(松尾)라는 자가 기르는 개를 시켜서 십육세 소년을 물어뜯어 중상을 당케 하였다.

경찰이 조사한다고 하니 어떻게 무엇을 조사하여 어떻게 처치(處置)할는지 알 수 없거니와 그 '개 임자'가 개를 시키지 않았다고 대답할 것은 예언자가 아닌 필자로도 짐작할 만하다마는 '시키지' 않았다고 하거든 '말리지' 않은 죄라도 처벌하여야 된다는 말이다.

이것하고는 좀 성질이 다르지마는 일전 경원선(京元線) 월정리역(月井里驛)에서 본 이야기를 한마디 하자.

월정리역 부근에는 일본사람이 경영하는 과수원이 있다. 과수원 가에는 이러한 목패가 있다.

'과일을 해롭게 하는 새나 버러지 등속을 방어하기 위하여 총(銃)놓는 '일'이 있을 터이니 사람은 가까이 오지 말라.'

이 목패를 세운 사람의 뜻은 해석해볼 필요도 없다. 만일 사람이 가까이 올 때에 총을 놓아 죽는 '일'이 있더라도 그 총은 버러지나 새를 쏘려는 것이 잘못 되었다고 변명할 것이라는 말이다. 과연 무서운 세상이다.

소문은 소문이니, 새로 생긴 소문을 하나 전하자. 지난 이십이일에 기생들의 모임이 하나 생겼다. 전 조선기생을 망라한다는 모임이다. 목적은 서로 돕고, 서로 구제를 한다는 것이다. 무엇을 돕고 어떤 것을 구제하는지는 알 수 없거니와 위선 잡지를 발행한다고 한다.

그 모임 임원들의 얼굴이 어떻게 생겼는가를 보면,

▪사장 田○○ ▪서무부장 ○○波 ▪재무부장 ○○花春 ▪광고부장(남자) ▪영업부장(남자) ▪편집인(남자) ▪발행인(남자) ▪사회부장 林○○ ▪예기부장(藝妓部長) ○○春 ▪간사장(幹事長) ○鳳○ ▪평의장(評議長) ○月○ ▪전주지방부장겸 기자 ○○珠

기생모임에 남자가 끼인 것도 괴상하지마는 영업과 광고 등 '돈 생기는 일'을 남자가 맡아보는 것도 이상하게 생각할 사람은 이상하게 생각할 것이다. 그러한 일이 세상에 많은 까닭에 필자는 이상하게 생각지도 않는다. …

(9월 25일)

公德이란 무엇?

세상은 혼자 사는 세상이 아니다. 다른 사람과 함께 살아가야 하는 세상인 까닭에 제 욕심만 채울 수 없는 세상이다. 남만 위한다고 하는 것은 원래 무리한 일이지마는 적어도 저를 위하는 동시에 남을 위해야 한다. 대다수의 남을 위하여는 자기의 욕심에 절제가 있어야 하며 어느 정도까지의 희생도 달게 받아야 한다. 이것이 이른바 공덕이다.

이 공덕에 대하여 군자국(君子國)으로 자처하는 조선사회의 현상이 과연 어떠한지는 범위가 너무 너르거니와 보고 들리는 한 가지 실례를 좀 들어보자.

앉을 자리도 빽빽한 전차에서 한 절반 드러눕는 자, 만원된 기차걸상에 짐짝을 놓는 자들은 뱃심도 좋거니와 빨리 타려고 머리로 남의 궁둥이를 두지거나, 먼저 내리려고 궁둥이로 남의 배를 떠밀치는 꼴들이란 구경하기도 기가 막힐 지경이다.

연극장, 활동사진관 같은 데서 남의 앞으로만 다가 앉는 자, 담배까지는 몰라도 가래침을 함부로 뱉는 자, 술먹고 지랄하는 자, 변소 출입을 자주 하는 여자, 방정맞게 소리를 빽빽 지르는 여자 등속은 모다 좌석의 전체를 문란케 하는 장해물(障害物)이다.

활동사진 변사가 한창 설명을 할 때에, '빙수 삽시오- 담배요 담배-' 하고 커다란 소리를 치며 돌아다니는 광경은 북촌에 있는 활동사진관 이외에는 없는 일이다. 어린애기가 빽-빽- 하고 울 때에, '아이고 요녀석아!' 하고 엉덩이를 찰석찰석 때리는 부인네는 조선손님이 많은 음악회가 아니면 보기 드문 일이다.

이것이 보고 들리는 심상한 일이라고 하지 마라. 이것이 누구나 다 하는 소소한 허물이라고 하지 마라. 항상 있는 심상(尋常)한 일인 까닭에 아주 심상하게 될 것이 걱정이며, 자기에게는 소소한 허물이라도 남에게는 크나큰 방해가 되는 까닭이다.

사람 많이 모이는 장소마다, '가래침을 함부로 뱉지 말라', '담배를 먹지 말라', '큰 소리를 내지 말고 정숙하라', '남을 밀치거나 비비거나 하지 말라', '무엇을 어찌지 말라' 하는 등 목패(木牌)가 많은 것을 보아 우리사회는 아직도 이런 목패와 연분이 많은 것을 알 수 있다.

(9월 26일)

서리같은 정표

조선총독부 경무국장(警務局長)으로 있던 삼시궁송(三矢宮松) 씨는 궁내성(宮內省) 제실임야국장(帝室林野局長)으로 영전(榮轉)을 하여 불일간으로 부임하리라 한다.

이에 일문지(日文紙)들은 경무국장으로의 씨의 공적을 일러 가로되, 첫째, 국경(國境) ○○○단의 경비와 재만(在滿) 조선인의 단속을 잘하게 된 소위 삼시협약(三矢協約)의 완성이며, 둘째, 순종황제(純宗皇帝)의 인산(因山)을 '큰일 없이' 지내게 된 일, 셋째, 최근의 모중대사건(某重大事件)을 전국적으로 검거한 일, 넷째, 종래의 고등경찰과를 도서과(圖書課)와 보안과(保安課)로 분립을 시키어 언론단속과 치안유지를 철저히 한 것 등이라고 한다.

수년 동안의 공적이 이것뿐일 이치가 없지마는 순사나 경부(警部)가 아니고 적어도 조선경찰권을 한손에 잡고 있던 씨(氏)에게 대하여 소소한 공적을 일컬음은 도리어 모욕이라, 지저분한 것은 덮어두더라도 필자가 생각한 공적도 적지 않다.

위선 필자와 처분 있는 일부터 세어보면, 조선일보의 발행정지, 동아일보의 발행정지, 개벽(開闢)잡지의 발행금지, 시대일보의 발행취소 등도 씨가 재직하는 중의 중대한 업적이며, 창기(娼妓)들의 보호(保護)에도 뜻을 썼고, 외근순사(外勤巡査)에게 언제든지 각반 치도록 한 것이라든지, 일반집회의 엄중단속이라든지, 모두 민중생활에 관계되는 불소(不少)한 공적들이다.

공적타령은 잠깐 덮어두고 상전을 보내는 조선경관과 부하를 떠나는 전 국장의 이별극이나 들리는 대로 적어볼까…?

삼시 씨는 수일 전에 이별선물로 종로경찰서장에게 날이 새파란 명도(名刀) 한 개를 주었다. 종로서장은 서리 같은 칼을 받아놓고 "칼을 보내준 전 국장의 뜻을 살피니 감격하기도 하고 책임도 더 무거워지는 듯합니다. 이 칼을 받고 나는 지기(知己)를 위하여 죽는다는 옛말을 생각합니다. 이제로부터 더욱더욱 다단(多端)한 조선의 치안을 위하여 죽기를 각오합니다" 하고 석별담을 하였다는 것이다.

주머니칼만 보아도 살기를 느끼는 마음 약한 우리 선비 따위는 도무지 보고 듣지 못할 '정표'(情表)와 '이별담'(離別談)이다. 하필 칼로 정표를 하노? 하필 죽을 각오를 하노?

삼시 씨는 정표라면 으레 칼인지, 들은즉 예전 부영(富永) 씨가 평북경찰부장으로 취임할 때에도 '칼'을 주었다 한다. 항상 칼차고 다니는 경관들의 일이라, 우리네들이 과자를 주고받는 것이나 마찬가질 터이지마는 어째 칼이란 말이….

(9월 29일)

奇拔한 주정 演說

재판소 맞은 편에서 장사하는 익살꾼 트집쟁이가 어느 주석(酒席)에서 주정연설을 하였다. 주정은 주정일망정 연설이 기발하였다. 기발한 연설은 이러하였다.

> 인류사회에 역사가 있는 이후로 민족이란 때를 따라서 갈리오. 두 파로 세파로 네파로 갈리기도 하고 들어붙기도 하오. 십구세기 이전은 모르겠소마는 최근 십여 년 전부터 일본민족은 두파로 갈리었소. 하나는 일본인이고, 또 하나는 내지인(內地人)이라고 부르오.
>
> 일본에 있는 일본민족은 일본인이고 조선에 있는 일본민족은 내지인이라고 하오. '이 까닭'으로 조선민족도 두 가지라고 하오. 하나는 조선인이고 또 하나는 선인(鮮人)이라고 한다 하오.
>
> 조선인과 선인의 우열(優劣)은 알 수 없으나 일본인과 내지인은 확실히 차이가 있다고 하오. 내지인은 일본인보다 좀 못한 편이라고 하오. 그 증거로는 사실이 증명하오. 관리로만 보더라도 내지인은 기껏 된다하여도 총독 이상이 될 수 없지마는 일본인은 총리대신도 되고, 그 이상 인물도 될 수 있다는 것이오. 여러분 제군(諸君)! 내말이 어떻소? 내 말이 틀렸거든 내 눈깔을 빼시오!

하고 주정꾼 친구는 웃었다 노했다 하였다.

필자는 그 주정꾼 친구의 연설이 틀렸는지, 안 틀렸는지, 알 수 없었던 까닭으로 그 주정꾼 친구의 눈깔을 뺄지 안 뺄지도 모르겠다.

(9월 30일)

朝鮮巡査의 素質

조선에 있는 순사(巡査)들의 소질(素質)이 어떠한지 알고 싶다. 그러나 우리는 보이고 들리는 사실 이외에는 그 소질의 여하를 알아볼 만한 재료를 얻지 못하였다. 알고 싶은 생각이 급하던 김이라, 생기는 대로 주어 놓으자.

지금 소개하는 재료는 작년 말 현재로 경찰당국에서 조사한 것이라, 참말인지 거짓말인지 필자에게는 책임이 없다.

위선 교육정도로 보면,

▪ 일본순사는 소학교 졸업생이 칠천칠백여 명이며 소학교 졸업 '할번댁'이 이백삼십여 명으로 전체의 8할이 넘고

▪ 조선순사는 보통학교 졸업생이 사천칠백여 명이며 보통학교 졸업 '할번댁'이 오백십여 명이며 '학교맛'도 보지 못한 '나으리'가 육백삼십여 명으로 역시 전체의 8할 가량이나 되는 모양이다.

이 밖에 중학교나 고등보통학교를 졸업한 순사부장도 얼마간 있다. 고등학교나 전문학교를 졸업하고도 '나으리맛'에 경관 다니는 사람도 있으니까, 순사들의 교육정도도 높은 데 가서는 높은 모양이다. 그래서 경무당국의 모 씨는 현재의 순사를 칭찬하여 가로되 십 년 전에 비교하면 진실로 격세(隔世)의 느낌이 나는구려 …

다음 순사들의 나쁜 행실을 조사하여 보면,

▪ 조선순사도 상관에게 꾸지람 들은 사람이 일백이십여 명, 월급깎인 사람이 사백삼십구여 명, 면직당한 사람이 이백삼십 명으로 모두 칠백팔십 명가량이나 되는 모양이며,

▪ 일본순사로 꾸지람 들은 사람이 구십여 명, 월급깎인 사람이 삼백이십여 명, 면직당한 사람이 일백이십 명으로 모두 오백사십 명가량이라고 한다.

어떤 행실에 꾸중을 하고 어떤 행실에 면직을 시키는지 원래 표준이 우리 생각과는 훨씬 다를 것이므로 행실의 경중은 분명히 알 수 없다.

벌을 당한 이야기를 하였으니 상타는 이야기도 하여야지.

▪ 조선순사로 말(言) 상급(賞給)을 받은 사람이 사백여 명. 돈(金) 상급을 받은 사람이 이천칠백칠십여 명.

▪ 일본순사로 말상급이 사백육십여 명, 돈상급이 이천칠백삼십여 명.

그런데 벌받는 사람은 재작년보다 줄고, 상타는 사람은 늘어간다고 당국자는 자랑을 한다. 자랑할 일이 있으면 자랑도 해야지마는, 헛자랑 잘하는 세상이라 원! 믿어져야지!

(10월 1일)

'有無産' 方程式

'유산자'·'무산자'라는 문구에 대하여 대수방정식(代數方程式) 풀듯이 방정식을 풀어 보낸 선천(宣川) 독자가 있다. 독자의 뜻을 받들어 이 난(欄)으로 발표하지마는 이 글이 원래 대수라는 수학이 아닌 까닭에 이 방정식이 꼭 들어맞는다고 보증은 할 수 없다.

유산자는 경제조건이 흡족한 자, 무산자는 그렇지 못한 자를 세상에서 가리켜 하는 말이다. 다시 말하면 모든 경제조건에 절대(?) 한 표준이 되는 '돈' 있는 자를 유산자, 돈 없는 자를 무산자라고 한다.

그런데 문구 그대로 해석하여 보면 '유산자'는 '생산함이 있는 자', '무산자'는 '생산함이 없는 자'라는 말이다. 이렇게 해석하고 전항과 후항을 종합하면 이런 답안이 생긴다.

돈 있는 자는 생산하는 자.

돈 없는 자는 생산함이 없는 자.

그런데 세상 형편을 보면 돈 있는 자는 가만히 앉아서 남이 생산한 것을 긁어모으기만 한다. 돈 없는 자는 뼈가 휘도록 생산을 하여서 남의 배를 채운다. 실상 생산은 돈 없는 사람이 한다. 그런데 왜 돈 없는 사람을 '무산하는 자'라고 하나?

'유산'·'무산'이라 함은 '유산자'·'무산자'의 약칭이 아니라, '유재산'(有財産)·'무재산'(無財産)의 약칭이라고 이 방정식에 대하여 변명하는 사람도 있을는지 모르지마는 그렇게 간략하게 할 바에는 왜 '유재자'·'무재자' 라고 하지 않고 하필 어폐(語弊)가 있는 '유산자'·'무산자' 라고 하느냐? 말이다.

돈 없는 사람을 무산자라고 함은 돈 없는 사람을 모욕함이다. 돈 없는 사람의 온갖 노력을 무시함이다. 이것이 이 방정식을 풀어놓은 답안 이외의 답안이다.

(10월 6일)

'都會'와 '虛榮'

강원도 철원 사는 계집아이가 쓸쓸한 시골생활에 싫증이 생겼다. 그래서 항상 이야기로만 듣던 서울이 그리웠다. 마침내 번화한 생활을 꿈꾸고 서울로 올라왔다.

급기야 올라와 본즉 번화한 모든 것이 '자기의 번화'가 아니였다. 번화를 찾아서 서울에 왔으나 배가 고프니까 번화도 꿈속이다. 번화를 찾기에는 배가 너무도 고팠다. 그래서 남의 집 고용살이를 시작하였다.

번화를 찾아서 번화한 서울에 왔다가 번화도 얻지 못하고 남의 집 고용을 하게 되니 가슴도 쓰리거니와 분바르고, 눈섭 짓고, 꽃신에 비단치마가 한량없이 그리웠다. 그리운 나머지에 친구의 돈을 훔쳤다.

이리하여 고향을 배척하고 번화를 찾던 어린 여자는 도적이란 이름을 얻어 가지고 경찰서를 구경하게 되었다.

이 어린 여자가 밟아 가는 이 길은 수많은 허영의 여자가 걸어가는 그 길이다.

(10월 6일)

웃어나 보아볼까

창(矛)을 만들어 파는 장사가 자기의 창을 자랑하여 가로되, 이 창은 아무리 든든한 방패라도 찌르면 들어갑니다. 이 창에 뚫어지지 않는 방패는 세상에 하나도 없습니다.

방패(盾)를 만들어 파는 장사가 자기의 방패를 자랑하여 가로되, 이 방패는 아무리 날카로운 창이라도 뚫지 못합니다. 이 방패를 뚫는 창은 세상에 하나도 없습니다.

한편에서는 무슨 '방패'라도 뚫을 수 있는 '창'이라고 자랑하고 또 한편에서는 어떠한 '창'이라도 뚫지 못하는 '방패'라고 자랑을 하니 세음이 어찌될 판인고? 이런 일이 있는 까닭으로 '모순'(矛盾)이라는 문자가 생겨난 것이다.

종로 큰길가에는 죽음에 쓰는 상구(喪具)장사와 결혼에 쓰는 혼구(婚具)장사가 사이 좋게 나란히 앉은 곳이 있다. 혼구장사는 기뻐하는 사람이 많이 오기를 고대(苦待)하고 상구장사는 슬퍼하는 손님이 들어밀리기를 고대고대한다. 아무리 보아도 익살이다.

어떤 활동사진관에서는 '남국의 테스'라는 유명한 사진을 영사(映寫)하였다. 그 사진에는 인정의 기미(機微)를 극도로 자극한 장면이 있었다. 이것을 구경하던 관중은 어떠한 자극을 받았든지, 우는 사람이 있었다. 그리고 또 웃는 사람이 있었다.

같은 사진을 보는 같은 사람으로 누구는 울고, 누구는 웃는다. 우는 사람이 '사람'이면 웃는 사람은 '사람'이 아니다. 웃는 것이 옳은 일이면 우는 것이 그른 일이다. 어쨌든 둘 중에 하나는 분명히 사람이 아니다.

궂은 비가 하염없이 뿌리더니 어제 아침부터는 날씨가 쌀쌀하였다. 얼굴에 부딪치는 바람이 쌀쌀하니 가슴에 도는 피는 더구나 따뜻하다. 같은 바람을 같이 받건마는 '봉선화'는 울고, '달리아'는 웃는다. 아무리 생각하여도 애처로운 세상이다.

쌀쌀한 가을빛은 하늘에도, 땅에도, 산에도, 들에도 나날이 짙어간다. 골목에도, 방안에도, 옷에도, 자리에도 찾으면 찾는 대로 가을빛이다.

모시장사야 슬퍼하지 마라! 하고 모물(毛物) 장사는 호기를 부린다. 어름장사야 어디로 갔느냐? 하고 군밤장사는 흥타령을 부른다. 아무리 보아도 우스운 세상이다.

(10월 7일)

이상야릇한 까닭

세상에는 말썽이 많다. 문제가 많다. 참극(慘劇)이 많다. 워낙 세상에는 별의별 인물들이 많은 까닭에 그렇다. 그러고 가지각색 사건이 잘 생기는 까닭에 더욱 그렇다.

하고많은 '말썽' 중에도 계집에게 까닭 붙은 '말썽'처럼 해괴하고, 망칙하고, 창피한 말썽은 아무리 말썽 많은 세상에라도 둘도 없을 것이다. 문제! 문제! 하여도 계집에게 까닭 붙은 문제만큼 지저분하고, 까다롭고, 추잡한 문제는 고금을 통틀어 둘도 없을 것이다.

참극 중에도 참극은 계집에게 까닭 붙은 참극이다. 계집에게 까닭 붙은 참극으로 악독치 않고, 잔인치 않고, 참혹치 않은 참극은 동서천지에 둘도 없을 것이다.

그러나 필자의 이 해석은 말썽이 있는 때, 문제가 생긴 때, 참극이 일어난 때의 해석이니 만일 말썽도 없고, 문제도 없고, 참극도 없이 여자와 까닭 붙은 사실이 있다 하면 그런 까닭의 사실이야말로 꽃 같은 까닭이며, 비둘기 같은 까닭이며, 천당 같은 까닭일 것이다.

여자와의 까닭은 이같이 극단이다. 좋으면 끝까지 좋고, 나쁘면 끝까지 나쁘다. 계집과의 까닭은 이같이도 이상야릇한 까닭이다.

(10월 8일)

뿔 많은 시속연애

계집에게 관한 이야기를 하던 끝이라, 계집과의 관계에 또 한 가지 '이상야릇한 것'이 있으니 그것은 남녀관계를 중심으로 한 '연애의 뿔'(戀愛의 角)이다.

남녀간 셋이 어우러져 시작하는 연애를 소위 삼각연애라고 한다. 넷이면 사각이고, 다섯이면 오각일 것은 물론이다. 그러기에 수효를 알 수 없는 연애는 너무도 세이기가 귀찮으니까 덮어놓고 다각연애라고들 한다.

이미 뿔이 있는지라, 그 모든 뿔에는 여러 가지 층절(層折)과 여러 가지 계급이 있을 것도 사세(事勢)에 당연할 것이다. 큰 뿔·작은 뿔·긴 뿔·짧은 뿔·열렬한 뿔·시시한 뿔·부자 뿔·구차한 뿔·잘난 뿔·못난 뿔…

친구의 애인을 가로채는 뿔은 의리 없는 뿔, 돈 있는 놈을 따라가는 뿔은 허영의 뿔, 외쪽사랑에 죽어가는 뿔은 바보 뿔, 실연하고 허덕거리는 뿔은 불쌍한 뿔, 으르고·뜯고·할퀴고·차는 뿔은 악독한 뿔, 닥치는 대로 날뛰는 뿔은 부랑자 뿔, 걸리는 대기는 뿔은 기생의 뿔…

묻노니 뿔 많은 연애에 춤추는 친구들아! 한 뿔 두 뿔 세는 그대들의 표준은 과연 어디에 있는가? 두 명이면 두 뿔이고, 세 명이면 세 뿔인가? 그 한 뿔 한 뿔에도 무수한 새끼뿔이 대롱대롱 달리었음을 무엇을 세어보랴?

(10월 8일)

보일 것, 안보일 것

요사이 조선에는 외국손님들이 잘 다녀간다. 중요한 손님 중에서 필자가 기억하는 손님만 하여도 적지 않다.

조선사람과 가장 허물없는 친구가 되어 있는 '스코필드' 박사가 다녀간 이후로 경제학자로 유명한 '루어박' 박사, 폐물이용(廢物利用)으로 유명한 '헴스' 박사도 들어 왔었고, 섬라(暹羅)의 문부대신이 다녀가자 서전(瑞典) 황태자의 입경소식이 또 들린다.

멀리 해외로부터 우리 산천을 밟는 귀한 손님들께 우리는 무엇을 보였는가? 무엇을 알렸는가?

우리 산천을 보고 우리 백성을 보고간 귀한 손님들이 우리에게 무슨 말을 남기고 갔는가, 무슨 뜻을 펴고 갔는가?

등허리만 남은 산비탈과 바닥만 드러난 가람(江)을 보인 것이 부끄러운가? 철도연변(鐵道沿邊)의 무수한 오막살이와 대도가상(大道街上)의 풀기 없는 꼴을 보인 것이 부끄러운가? 보일 것을 못 보이고, 알릴 것을 못 알린 것이 애달픈가? 안 보일 것을 보이고, 안 알릴 것을 알린 것이 기막히는가?

서울은 조선의 중심이라 하여 손님들은 모두 서울을 중심으로 시찰을 한다. 서울의 낡은 건물, 서울의 새 건물을 시찰하였다. 서울의 늙은이, 서울의 젊은이를 만나보았다. 서울의 이 모양 저 모양과 서울의 이 시설 저 시설을 살피었다. 이 모든 건물이, 이 모든 사람이, 그 모든 모양과, 그 모든 시설이 보이어 과연 부끄럽지 않을 것인가? 안 보이어 과연 애달픈 것인가?

요리점·내외주점(內外酒店)이 많고, 약장사·전당포가 많은 것은 우리의 무슨 경로를 보여주었을까? 단체는 많되 집회가 적고, 사고는 적되 순사가 많은 것은 우리의 무슨 형편을 알려주었을까?

저절로 보여진 것을 구태여 부끄러워하지 말자! 일부러 안 알려진 것을 새삼스러이 애달파 하지 말자! 다못 한두 가지라도 보이어 부끄러운 점이 있었거든 부끄럽지 말도록 힘을 써가자. 다못 한두 가지라도 알리지 못하여 애달픈 점이 있거든 애달프지 않도록 힘을 써가자.

한두 명 손님에게 보이고, 안 보임이 무슨 큰일이랴마는…

(10월 9일)

府議 選擧運動

경성부 부협의원(府協議員)은 오는 21일 개선(改選)을 한다.

경성부 협의원은 원래 정원이 30명이다. 그런데 20만이 넘는 조선인 부민측 협의원은 항상 반수도 못된다. 이와 반대로 십만도 못되는 일본인 부민측 협의원은 어느 때든지 과반수를 점령한다.

적어지는 원인은 이러하다.

첫째, 조선인 경제계가 차차 말이 못되는 까닭으로 상당한 세금 바치는 사람이 해마다 줄어서 투표해 줄 만한 유권자가 적어지는 것.

둘째, 필연적으로 현실문제에 등한하게 된 조선인측에서는 그런 허자비 노름 같은 일에 진심으로 관계하기를 꺼리어 유권자로도 기권하는 사람이 많은 것.

조선인측 협의원이 과반수를 점령한다 하더라도 별수가 있을 까닭이 없지마는 절반도 못되니까 더더군다나 하잘 것 없는 협의원이다.

원래 별수도 없는 협의원으로 게다가 반수도 못되는 하잘 것 없는 주제에 생김생김을 따져보면 기막히다 못하여 불쌍한 협의원들도 적지 않았다.

돈만 있으면 '개'도 '호랑이' 노릇하는 세상이라, 돈으로 명함(名啣) 조각이나 얻어가진 협의원, 일본말로 회의하는 석상에 '가나'도 모르는 협의원, 남들은 책상을 두드리고 입술에 거품을 무는데 코고는 협의원, 돈푼이나 얻어 쓰려고 일당(日當)타려 다니는 협의원 …

아무리 허수아비 놀음으로 보고 싶어도 이 같은 어중이떠중이가 날뛰어서는 참말 기막히지 않을 수가 없다. 결정하는 권리는 없을 망정 그래도 부민전체의 살림살이에 대하여 의논하는 이네들을 제멋대로 내버려두기는 너무도 한심스럽다.

들으니 이번에는 공인후보(公認候補)를 내세우자는 운동이 있다고 한다. 이런 일이라도 하고 안 하는 것은 원래 문제가 다르지마는 이런 일이라도 할 바에는 할 만한 일이다. 다못 문제는 '공인'이라는 그 표준과 범위가 어디 있을까? 함이다.

자! 이번에 공인으로 나설 양반들의 얼굴은 어떠한고? 뚜렷하게 보인 뒤에 기회를 보아서 한마디 더하기로 약속이나 하여두자.

(10월 13일)

아! 배가 고파서

서산군(瑞山郡)에 사는 장덕진(張德鎭)이란 사람은 남의 집에서 백미(白米) 한 섬을 훔치고 그 죄를 뉘우친 끝에 그만 자살을 하였다는 소문이 들린다.

남의 물건을 훔친 것은 어디로 보든지 잘못이다. 현대의 법률로만 보아서 그런 것이 아니라, 인류의 도덕으로 보아서도 잘못이다. 누가 잘못이 없으랴마는 잘못한 뒤에 그 잘못된 것을 깨닫고 그 잘못된 것을 고친다 하면 당초의 잘못을 보충하고도 남을 것이다.

잘못된 뒤에 잘못된 것을 깨닫고 고치기보다는 당초부터 잘못이 없는 것이 좋기가 물론이거니와 잘못을 뉘우친다는 것은 당초부터 잘못이 없기보다도 어려운 일이며, 숨까 잘난 일이며, 용기 있는 일일 것이다. 하물며 잘못을 깨달은 참회의 용기가 절대의 목지 희생하고 말었음이랴?

한번 뉘우침에 자기의 목숨까지 버리게 된 이 허물을 이 사람이 무슨 까닭으로 지었든고? 무슨 까닭으로 이같이 자각 있고 용기 있는 사람이 그 같은 잘못을 지었든고? 배가 고파서! 배가 고파서 그리하였다고 필자가 대신으로 대답을 하여주자!

배가 고파서! 배가 고파서 허리가 펴지지 않을 때, 그는 자기집 '바가지' 속과 '뚝배기' 속을 몇 번이나 몇 번이나 살피어 보았으리라. 그러나 그 바가지와 뚝배기가 자기의 고픈 배를 돌보아줄 여지가 없음을 발견할 때에, 따뜻한 동정의 손이 자기의 홀쭉한 배를 만져주지 않을 것을 짐작할 때에, 생명의 양식을 가진 구원의 신이 살만 남은 자기집

창문을 두드려 주지 않을 것을 깨달을 때에, 그가 과연 부자의 집 창고 속에서 새어 나오는 쌀냄새를 그저 맡을 수 있었을까?

견디다 견디다 못하여 주지 않으니 훔쳤으리라. 살려고 살려고 애쓰다 보니 훔칠 생각이 생겼으리라.

'훔친 사실'만 들어 그 사람을 꾸짖지만 말자! 배척하지 말자! 살려고 애쓸 때에, 배고파 참을 때에, 그 심경이 여북이나 하였으랴?

나도 살자! 너도 살자! 이것이 같이 살아가는 사람의 세상이다. 이러한 세상에서 한편에는 살아가기에 흡족한 양식이 있고, 한편에는 죽음을 재촉하는 '바가지'가 굴러다닐 때에 뜻 있는 자의 심경은 과연 어떠할꼬?

배가 고파서 사람을 죽인다. 자기 목숨을 버린다. 배가 고파서 풀뿌리를 먹는다. 양잿물을 먹는다.

(10월 14일)

그리운 秦始皇

옛날 중국 진나라 시황은 천하를 한손에 집어넣자, 위선 제일착으로 시서(詩書)를 불살라 글을 없이 하고, 선비를 죽이어 글 아는 자를 없이 하려 하였다.

글을 없이 하고 선비를 죽임은 백성으로 하여금 깨지 못하게 하여 자기의 왕업을 억만세까지 튼튼히 하려던 까닭이라고 사기(史記)는 전한다.

사기가 전하는 이 '까닭'이 확실히 시황의 마음과 같었든지, 그는 별문제여니와 힘(力)으로 일어난 시황으로는 문약의 모든 폐를 무찌르지 아니치 못하였을 것이며, 우직(愚直)으로 일관한 시황으로는 아는 데서 생기는 모든 권모술책(權謀術策)을 미워하지 아니치 못하였을 것이다.

진시황 이야기를 이같이 장황하게 쓰는 까닭은 진시황이 그립다는 말을 쓰자는 뜻이다. 진시황이 그립다는 말을 쓰려 함은 한 푼짜리도 못되는 '책'들이 많아지는 까닭과 서 푼짜리도 되다 못되는 저작자가 늘어가는 것을 보고듣는 까닭이다.

점쟁이 책, 사주쟁이 책, 오행(五行)과 육갑(六甲)에 신통이 붙은 책, 무슨 보감(寶鑑), 무슨 필지(必知) 등 너저분한 책, 우리네하고는 상관도 없고 역사에는 꼬리도 안보이는 무슨 전기(傳記), 무슨 전책(傳冊) 등 퀴덥지한 책 따위는 낡아빠진 옛날 시대의 찌꺼기라, 지금에 앉아 운위할 필요도 없지마는, 소위 새 시대에 나오는 새로운 책들이란 어떻게 생겼든고?

한동안 사랑의 무엇이니 어떠한 사랑이니 하고, 사랑에서 곰팡이가 나도록 사랑을 울려먹는 휴지덩이가 굴러다니더니, 최근에는 웬 '새끼 잡지'가 그렇게도 많은지, 활자로 박인 것, 등사판에 박힌 것 등 울긋불긋한 종이장이 이 모퉁이 저 모퉁이에서 날려다닌다.

'아! 사랑하는 당신이여!' 하고 한마디만 주어넣으면 곧 연애편지책이 나오고, 연애소설이 나온다. '애인'을 알고, '품'을 알고, '구름'만 알면 곧 '애인의 품같은 구름이여!' 하는 신시(新詩)가 나온다.

구절만 짜르면 신시요, 사랑만 넣으면 신소설이다. 이런 신시와 이런 신소설만 써놓으면 문사인 체들 한다. 눈깔사탕 사먹다 남은 돈을 모으면 곧 잡지를 경영한다. 피도 마르지 아니한 머릿속에서 동요를 쓰노라고, 동화를 짓노라고 야단들을 한다.

조선의 모든 중심인 서울의 거리를 한바퀴 돌아보라. 그리하여 많지도 못한 책점에 너저분한 책이 얼마나 되는가를 살펴보라. 진실로 책다운 책과 저술다운 저술이 새벽별 같은 주제에 '모모 선생'과 '일대걸작'이라는 아니꼬운 광고판이 얼마나 많은가를 살펴보라.

진시황까지는 모르겠다마는 '새끼 진시황'이라도 '진시황 비슷'한 사람이 있어야 하겠다. 그래서 위선 서울의 거리에 널려 있는 그 지저분한 것들을 처치하여야 하겠다.

(10월 19일)

共同墓地 問題

요사이 공동묘지 사건으로 경성부에는 문젯거리가 하나 생기였다.

부협의원 다수의 가결로 이미 내정된 동소문 밖 미아리(彌阿里)에 반대운동이 일어나서 미아리파와 수철리(水鐵里)파가 서로 뜯고 할퀴여 구경거리가 자못 가관이다.

그야말로 부민 전체의 이편(利便)을 위하여 싸운다 하면 뜯고 할퀴지 않아, 물고 차더라도 부민에게는 무해유익이겠지마는 공직자라는 허자비 탈을 쓰고 만인주시(萬人注視)하는 부정(府政)의 뒷골목에서 사리사복을 위하여 꾸물거린다는 데 이르러서는 너무도 대담함에 놀라지 않을 수 없다.

싸움은 계속되는 중이다. 수시수비(誰是誰非)는 장차 알려지려니와 어떤 협의원은 가로되, "그 같은 놈들은 아주 매장(埋葬)을 하여버린다" 하고, 경성부 당국자는 가로되, "공정무사하게 결정하겠다" 하였다.

공동묘지 문제에 '매장'이라는 말은 좀 어폐가 있지마는 앞으로 그같은 허수아비의 준동(蠢動)을 경계하기 위하여서는 어느 정도까지의 '매장'도 필요할 것이다.

(10월 20일)

所爲 公認候補

공직자의 탈을 쓴 허수아비와 빙공영사(憑公營私)하는 사리배(私利輩)들을 배척하자는 의미로 개선기(改選期, 내월 20일)를 앞에 두고 부협의원 공인후보자 추천운동이 있었다. 그리하여 '각방면유지' 20명이 '각방면유지' 15명을 추천하여 가로되 '공인후보자'라 하여 세상에 발표하였다.

그 당시 본보가 후보자를 추천한 '유지'와 후보의 추천을 받은 '유지'의 존함(尊啣)들을 일일이 발표한 까닭은 '어떤 종류의 사람들이 어떤 종류의 사람들을 추천하였나?' 하는 부민의 궁금을 풀기 위하여 '이런 유지들이 이런 유지들을 추천하였답니다' 하고 분명히 알리려 한 것이었다.

추천한 유지나 추천받은 유지 중에는 새로 듣는 성명도 있었고, 거죽은 알되 속을 모르는 유지도 있었다. 추천한 유지와 추천받은 유지들끼리야 누구보다도 더 잘 알고 더 잘 친하고 더 잘 가까운 관계가 있었겠지마는 부민의 한 사람인 필자가 위선 '알 수 없는 인물'들이 많았다.

이십만 조선인 부민의 '공인'이라는 그 같은 유지의 성명도 모르고 속도 모른다 함은 물론 필자의 문견이 넓지 못한 까닭이겠지마는 필자와 같이 모르는 부민에게는 그 후보자가 '공인'이 아니라는 말이다.

(10월 20일)

'아내를 바꾸자'(1)

어떤 청년의 이혼문제에 대하여 그 청년의 장래를 훈계하던 선배 한 분은 이러한 말을 하였다.

'그렇게들 이혼하다가는 결국 서로 바꾸어 살게 되리라.'

과연 이렇게 될까? '노리개'를 바꾸어 가지듯이, 음식을 나누어 먹듯이 남녀의 부부관계가 이같이 손쉽게 바꾸어질까?

'내 남편하고 당신 남편하고 바꾸어 삽시다' 하고 여자들끼리는 농담을 하는지는 모르거니와 남자들끼리는 흔히, '여보게! 자네 부인하고 우리 마누라하고 바꾸세' 하고 농담을 한다. 이것은 농담이다. 분명히 농담이다. 이런 진담이 있을 이치가 없다.

그러나 만일 아내와 남편을 서로 바꾸어 살자는 '진담'은 없되, '사실'이 있을진대 어찌할꼬? 금수사회가 아니고 인류사회에 있다고 하면 어찌할꼬? 금수사회는 원래 '나'와 '너'의 분명한 의식이 없는지라, 겸하여 '암년'은 천하의 '암년'이요 '숫놈'은 천하의 숫놈인 까닭으로 새삼스럽게 바꾸어 산다는 농담도, 진담도, 사실도 없거니와, 금수보다는 특수한 방면으로 발달하여 온 감정과 이성을 가진 인류사회에 있다고 하면 어찌될꼬?

현재는 두말할 것도 없거니와 앞으로 남녀양성의 관계를 최고절정까지 해방하는 시대에서라도 물건을 주고받듯이 아내와 남편을 번갈아 바꾸지는 않을 것이다. 바꾸지는 못할 것이다. 설혹 바꾸어지는 사실이 있다 하더라도 이는 전 인류의 공통한 이상이 아닐지며, 보편된 욕망이 아닐 것이다. 제도야 어떻게 변천되든지, 관념이야 어떻게 달라지든지 남녀양성의 배합이 비둘기의 속살거림과 원앙새의 살림살이를 이상으로 하지 않을 수 없을 것이다.

그러나 지금 사람의 사회는 바꾸어 살아가는 도정에 있음을 어찌하랴? '참외를 거꾸로 먹는 것'도 다 각각 제멋이라, 바꾸어 살고 싶거든 평생 아니라, 하룻동안에 열 놈(男) 스무 년(女)씩, 서로 번갈아 바꾸어도 이는 바꾸는 남녀의 바꾸는 재미라, 방관자가 운위함이 도리어 대머리될 걱정이지마는 바꾸면서도 바꾸는 것이 아니라는 이유를 붙이고 탈을 쓰려는 새로운 남녀가 늘어감을 어찌하랴?

(10월 21일)

'아내를 바꾸자'(2)

내 아내 네 아내와, 네 남편 내 남편을 서로 바꾸어 살아가는 것과 근사한 살림살이는 위선 인육시장과 화류계 방면일 것이다. 그러나 인육시장과 화류계는 원래 특수한 부락(部落)이라, 문제와 의론이 다르려니와, 그렇지 아니한 '남편과 아내'들이 서로 바꾸어 살아가나 다름없는 길 위에서 헤매니까 말이다.

낡은 제도와 낡은 습속으로 결합된 남편과 아내들은 이혼문제로부터 바꾸어 살아가는 길 위에 첫걸음을 옮긴다. 새로운 풍조와 새로운 이상으로 결합하는 아내와 남편들은 자유연애로부터 바꾸어 살아가는 길 위에 첫걸음을 옮긴다.

이혼도 하게 되면 할 듯한 일이다. 쌍방의 공통한 행복을 위하여, 쌍방의 정당한 이유 때문에 하게 되는 이혼은 물론 할 듯한 일이다. 그러나 '결합'하는 것이 양성의 진리요 이상인 이상, '떠나'는 것은 언제든지 진리가 아니요 이상이 아니다. 이런 의미로 이혼은 아무리 정당한 이혼이라도 이혼이 없기만(좋은 결합을 의미) 같지 못하려든, 하물며 정당치 못한 이혼에 이르러서야 두말할 여지도 없을 것이다.

조금만 수가 틀려도 이혼, 조금만 뜻이 맞지 않아도 이혼, 말다툼하고도 이혼, 강짜를 부리고도 이혼… 이같이 절제 없는 감정이혼과 원려(遠慮) 없는 기분이혼도 정당한 이혼이라고 할 수가 있을까?

아내는 재가하기 위해서, 남편은 재취하기 위해서, 아내는 서방질하고 싶어서, 남편은 계집질하고 싶어서, 일부러 만드는 부랑(浮浪) 이혼도 정당한 이혼이라고 할 수가 있을까?

이같이 너도나도 날뛰어 보라! 그 결과가 어떻게나 될 것인가를. 서로 갈라선 남편과 아내가 다 각각 홀로 살지 않는 이상, 또 어떤 아내와 남편과 제 이차의 부부를 지을 것이다. 만일 두쌍의 부부만 사는 곳에서 이렇게 이혼하고 이렇게 붙었다 하면 이는 분명히 '네 것과 내 것'을 바꾼 것이니 이에서 또 이혼을 한다 하면 제 삼차에는 결국 환원이 되고 말 것이다.

이 말을 필자의 궤변이라고만 하지 마라. 지금 현재의 실사회에는 부부의 짝이 하도 많고, 따라서 붙었다 떨어지고 떨어졌다 붙는 도수가 하도 많아서 그 경로와 그 전말(顚末)을 자세히 알 수도 없고 알려는 사람도 없으니 다행이지, 만일 자세히 알아본다 하면 두쌍의 부부가 서로 바꾸는 것과 그다지 멀지 않을 것이다. 이것이 필자가 이른바 너도나도 날뛰는 현대의 부정당한 이혼이 아내와 남편을 바꾸어 가는 길 위에 첫걸음을 옮겼다는 것이다.

(10월 22일)

'아내를 바꾸자'(3)

이혼문제로부터 생기는 부부교환의 경로는 그렇고 그렇거니와 자유연애로부터 얽혀 나오는 부부교환의 모양들은 어떠한고?

자유연애라는 것은 문자의 해석과 같이 자기마음에 드는 이성과 결합하기 위하여 자기 마음대로 고르는 방편이며, 자기 마음대로 골라가는 경로다. 바늘 한 개를 사거나 연필 한 개를 사도 제 뜻에 맞는 것을 제가 고르는데, 평생을 같이할 (평생을 같이 못해서 중간에 자꾸 바꾸지만) 사람을 구하는데 어찌하여서 제 눈으로, 제 입으로, 제 몸으로, 고르지 못하겠느냐? 고 부르짖는 것이 자유연애의 골자다.

조금만 수정을 하면 미상불 옳은 말이다. 그리고 당연한 부르짖음이다. 옳지도 않고 당연치도 않더라도, 제 뜻대로, 제가 고른다는 바람에 너도나도 날뛰어 볼 만한 일이거든, 하물며 옳기도 하고, 정당하기도 하다는데야 무엇을 꺼리겠느냐? 하고, 고르기는커녕 서로 덤비다 못하여 허덕거리는 상태까지도 이루는 일이 있다.

인격이 완성되고 자각이 철저하며, 경위(經緯)가 분명하고 조건이 상당한 남녀로도 '당국자미'(當局者迷)라는 의론을 벗어나지 못하여 왕왕 감정에 흐르고 주관에 붙들려 모처럼 귀중한 자유와 신성한 연애가 필경은 위험한 결과를 짓게 되거든, 하물며 '불나비'같이 날뛰고 '암말'같이 덤비는 자유연애야말로 해괴하기 끝이 없을 것이다.

이같이 절조(節操) 없이 날뛰고 덤비는 결과는 장차 어찌 될꼬? 한 여자로서, 이 남자도 맞서보고, 저 남자도 후려보며, 한 남자로서 이 여자도 핥아보고, 저 여자도 맛을 보아 재탕삼탕에 찌꺼기가 날 지경이면서도 새로운 청춘남녀의 깨끗한 사랑이요 꿀같은 사랑이라고들 하니, 옥석구분(玉石俱焚)도 분수가 있지, 이것이 과연 자유연애의 자랑인가?

재탕연애는 그래도 시간적으로 동안이나 있지마는 같은 시간에서 한데 어우러져 덤비는 삼각, 사각연애에 이르러는 그야말로 백병전이다. 친구도 없고, 의리도 없는, 분수가 여간한 재탕연애와 삼탕연애에 비길 것이 못된다. 이렇게 재탕연애와 삼각연애로써 팔죽을 쑤어 놓은 결과는 무엇이 될꼬?

'직접대면하여 서로 바꾸지는 않았소'까지로는 변명을 할 수 있을는지 모르겠다마는 '탕'이 거듭되도록, '뿔'이 착잡(錯雜)하도록 바꾸는 경로와 형식이 더욱 복잡하여 졌을 것은 분명한 일이니, 부정당한 이혼문제로써 생기는 결과를 보통상점의 매매형식에 비긴다 하면, 이 불순한 자유연애로써 생기는 결과는 분명히 경매장(競賣場)이나 야시(夜市)의 싸구려 장사와 방사(倣似)하다 할 것이다.

이것이 필자가 이른바 너도나도 날뛰는 현대의 '불순한 자유연애'가 아내와 남편을 바꾸어 가는 길 위에 첫걸음을 옮기게 하였다는 것이다.

(10월 23일)

眞理는 가까운데

작년 일년 동안에 조선 밖으로부터 조선 안에 들어온 일용잡화(日用雜貨)의 총액이 이천삼백만 원이라고 한다. 이 일용잡화의 소비자 중에는 일본사람도 있고, 서양사람도 있고, 중국사람도 있을 터이지마는 거의 전부는 아마 조선사람일 것이다.

서양사람들은 서양물건을 서양서 많이 사다가 쓴다. 일본사람들은 일본물건을 일본서 많이 사다가 쓴다. 더욱 중국사람에게 이르러서는 보통 서양사람이나 일본사람에게 비길 사람들이 아니다. 이 중에서 오직 조선사람들이 조선 것을 조선에서 만들어 쓰지 아니하고 서양물건을, 일본물건을, 중국물건을, 인천으로, 부산으로, 신의주로 꾸역꾸역 사들인다.

왜 이다지 기가 나서 기차로 기선으로 남의 물건을 사들여 없애들 주노?

조선사람은 조선사람들이 쓸 만한 조선물건을 만들지 못한다. 만들지 아니한다. 만들 수도 없으려니와 만들 생각도 아니한다. 이리하여 조선 안에는 조선사람이 쓸 만한 조선물건이 없다. 조선사람은 조선사람들이 만든 물건을 쓰지 아니한다. 쓰지도 못한다. 쓸 수도 없으려니와, 쓸 생각도 아니한다. 이리하여서 조선 안에는 조선사람이 쓸 만한 조선물건이 없다. 조선물건이 없으니까 남의 물건이 꾸역꾸역 들어밀 수밖에 없는 노릇이다.

조선사람은 쌀을 팔고, 콩을 팔고, 고치를 팔아서 '이쑤시개'를 사고 '불쏘시개'를 사고, '코풀 종이'를 사들인다. 제 조상을 팔아서 자동차를 타고, 제 자손을 전당잡혀서 '프록 코트'를 얻어 입는 작자들도 있거든 땅덩이를 팔아서 정종(正宗)을 사 마시거나 산판을 팔아서 여송연(呂宋煙) 피우기는 그야말로 식은 죽 먹기다.

조선사람은 굶주린 창자를 이끌고 바야흐로 아사의 막다른 골목으로 기어간다. 개인적으로 생활의 불안을 일으키고 민족적으로 경제의 파멸을 부르짖는다. 그러나 수입을 헤아리지 않고 지출을 함부로 하는 자에게 어찌 생활의 안정이 있으며, 생산을 돌보지 않고 소비를 계속하는 민족에게 어찌 경제의 여유가 생길까 보냐?

진리는 가까운 데 있다. 적은 데 없는 진리는 큰 데도 없다. 눈을 대국(大局)에 둘수록 손은 세부(細部)에 대여야 한다. 합리적 생활을 하고 싶으냐? 이상적 사회를 짓고 싶으냐? 모름지기 가까운 데서부터 찾으라! 적은 데서부터 시작하라!

(10월 24일)

미끄러진 이야기

오늘은 옛날 이야기를 한마디하자. 새로운 이야기라야 신기하게 듣는 지금에 앉아서 옛날 이야기는 좀 퀴덥지하지마는 이런 퀴덥지한 이야기 속에 항상 산뜻한 맛이 있는 데야 어찌할꼬.

어떤 부자양반이 엽전 열 냥을 강 속에 떨어트려서 잃어버리게 되었다. 자기 힘으로는 하는 수 없어서 그 동리 어떤 일꾼을 보고, "여보, 내가 돈 열 냥을 삯으로 줄 터이니 물 속에 들어간 열 냥을 건지어 주시오" 하고 간청하였다.

돈 열 냥을 삯전으로 줄 바에는 돈 열 냥을 건지어서 무엇하겠느냐? 고 그 일꾼은 그 양반을 미친 사람이라고 하였다. 미상불 미친 사람의 짓이다. 그때의 그 일꾼만 그렇게 생각한 것이 아니라, 지금에 이 글 보는 독자 중에도 미친 수작이라고 생각할 사람이 있을지도 모르겠다.

그러나 그 양반은 미치지도 않고 없어졌던 돈 열 냥이 생길 것을 기뻐 날뛰었다. 자기의 손에서 열 냥 돈이 없어지기는, 삯주고 건지나 그냥 내버려두나 마찬가지지마는 물 속에 들어가 영영 없어질 돈 열 냥이 자기와 같이 살아가는 사람의 손에 들어간 것이 기뻤던 것이다. 이 생각이 과연 미친 생각인가?

옛날 어떤 사람은 돈 만 냥을 가지고 해상(漁業)을 하여 고기라고는 백 냥어치밖에 못 잡았었다. 얼마나 이익을 보았느냐?고 친구가 물었더니, '만 냥 밑천을 잃기는 했지마는 그래도 백 냥어치 고기를 얻은 것은 이득이네' 하고 대답하였다.

만 냥 자본에 백 냥을 건지고 이득이라니? 이런 허수아비 장사가 어디 있느냐? 고 묻던 친구는 코웃음을 웃었다. 미상불 허수아비의 장사 노릇이다. 그때의 그 친구만 그렇게 여긴 것이 아니라, 지금의 누구라도 그렇게 여길는지도 알 수 없다.

그러나 그 사람의 생각은 이러하였다. 자기자본 만 냥은 사공이 가지고, 그물장사가 가지고, 배를 만든 목수가 가지고… 이렇게 자기가 아는 모든 사람이 나누어 가지고 있지마는 바다 속에서 끄집어 내인 백 냥어치 고기는 아직까지 세상에 없는 이득이 새로 생긴 것이니 결국 만 냥 자본으로 일만일백 냥의 소득이 세상에 남아 있다는 생각이었다. 이 생각이 과연 허수아비 장사의 생각일까?

이 미친 사람과 이 허수아비 장사로 하여금 '러시아'에 출생케 하였다면, 반드시 '레닌'의 동지가 되었을 것이다. 퀴덥지만 옛날 이야기가 제물에 여기까지 슬적 미끄러져서….

(10월 26일)

너저분한 이야기

요사이는 너무 '생각나는 대로'가 많아서 재미가 좀 덜하다. 그래서 오늘은 들리는 소문들을 듣는 대로 보는 대로 적어보자.

총소리가 사방에서 '퉁탕'하고 협박장(脅迫狀)이 이곳저곳에서 번쩍번쩍하는 뒤수선한 이때에 이런 잔소리를 쓰고 앉았으니 독자는 이 필자를 상상하기에 아마 야릇한 존재로도 생각하겠지마는 실상 '망중한'(忙中閑)이라는 문구가 이러한 때에 더욱 재미가 있는 것이다.

최근에 동경시장이 사직을 하였는데 통계기자의 조사보고에 의하면 재직일수가 전후 90일인데 출근일수는 겨우 32일간이라고.

월급은 연봉의 비례로 따져 오천팔백삼십사 원인데 그동안 날삯으로 환산하니 일금 일백팔십이 원이라고 한다. 방금 유다르게 싸우는 일본의 내년도 총예산 십칠억만 원 중에 이따위 월급이 얼마나 있는지 이런 통계도 좀 들어보았으면 좋겠다.

동경 어떤 대관의 귀부인께서는 여러 귀부인들을 초대하여 잔치를 베풀었는데 그 석차(席次)는 그 귀부인들의 남편되는 사람의 지위와 관직을 따라서 차리였다고 하여 이야깃거리가 되었다 한다.

당연한 듯하고도 당연하지 않으니까 이야기가 될밖에 없다.

여필종부(女必從夫)라는 말은 옛날 도덕에서 우러나온 인습인 줄만 알았더니 현대에서도 빛다르게 '여필종부'의 해석을 실행하는 모양이다.

경성부에서는 오는 31일에 성대한 낙성식을 거행하려고 갖은 준비를 다하여 길거리에는 약시약시하고, 골목에는 이럭저럭하고, 무엇에 무엇을 하고 풍성풍성하게 떠드는 모양이다.

그런데 폭죽(爆竹) 대신에 총소리가 일어나고 깃발 대신으로 협박장이 날리게 되니 마야(馬野) 부윤(府尹)의 신수도 어지간히 좋지 못한 모양이다. 옛날 경찰부장의 인연이 있었던 것이야 아니겠지마는 곰곰 생각하면 어째 익살 같기도 하다면 하다.

(10월 27일)

사이좋은 두 '생'

오래간만에 문 밖에 나섰더니 길바닥에서도 상당한 '쓸거리'가 생긴다.

으스름 달밤이 아니라, 햇빛도 쌀쌀한 재작일 석양에 '화개동' 큰길로는 어떤 청춘남녀 두 분이 사이좋게 걸어갔었다.

'세루' 양복에 가을외투를 받쳐 입고 사각모자를 썼으니 남자 청춘은 분명히 학생이다. 속까지는 알 수 없거니와 거죽으로 보아서는 분명히 학생이었다. 반지르르한 머리에는 금비녀, 금귀이개, 금 무엇, 보석 무엇을 수다하게 찌르고 말쑥한 소복에 꽃신을 잘잘 끄니 여자 청춘은 분명히 기생이다. 속까지는 알 도리가 없거니와 거죽으로 보아서는 분명 기생이었다.

학생이거니, 기생이거니, 참견이 무슨 참견이냐?고, 누가 곁에서 가로뛰어든다고 하면 딴은 가로뛰어들기도 가로뛰어들 만한 일이겠지마는, 필자는 참견한 것이 아니라, 방관을 하였으니까 이야기가 자꾸 나올밖에.

학생을 학생대로만 보면 구경거리도 없는 그저 학생이고, 기생을 기생대로만 보면 볼 만한 것도 없는 그저 기생이지마는, 두 '생'을 나란히 세워놓고 보니까 볼 맛도 생기고 말할 거리도 자꾸 생긴다.

한쪽이 기생이라 하여도 한쪽이 학생이니까 볼 맛도 생기고 말거리도 생기지마는, 으레 기생과 같이 다니는 남자였다면 문제도 없을 것이다. 한편이 학생이라 하여도 한편이 기생이니까 볼 맛도 생기고 말할 거리도 생기지마는, 공공연하게 학생과 같이 다니는 여자였다면 문제도 아무것도 없을 것이다.

학생인 까닭으로, 기생인 까닭으로, 그리고 큰길로 사이좋게 걸어가는 까닭으로 사람의 눈에 많이 띈 것이다. 나쁘다는 말도 아니고 좋다는 말도 아니고 어쨌든 볼 맛이 많았다는 말이다.

'학생이니까 문제된다' 하였다고, '당신이 나를 학생으로 본 것은 거죽만 보고 독단(獨斷) 한 것이오. 피상적으로 관찰한 말이오. 내가 거죽은 학생같이 보여도 속은 부랑자요' 하고 질문까지야 하지 않겠지마는, 사실 속이 그렇다 하면 과연 필자의 착오된 관찰이니 용서하라.

'기생이니까 문제된다' 하였다고, '당신이 나를 기생으로 본 것은 나의 외양과 맵시와 행동거지만 보고 하는 엉뚱한 짐작이오. 내가 거죽은 기생같이 보여도 속은 신여성이오' 하고 변명할는지도 모르지마는 사실 속이 신여성이라 하면 과연 그 행지거동이 잘못된 것이나 얼른 고치십시오.

(10월 28일)

생기는 것 없이야

부협의원 운동은 날이 갈수록 맹렬하여 간다. '공인후보', '자진후보' 등 삼십여 명 후보가 눈이 뒤집히게 덤비는 모양이다. 이름간판을 세우고, 광고명함을 박히고, 추천편지를 부치고, 호별방문을 하시고, 무엇을 어쩌고, 무엇을 어쩌노라고 불이 일어나는 모양이다.

무엇을 어쩌고 어쩌는 하는 바람에 적어도 천 원돈은 없애야 한다고, 있는 돈 없는 돈을 막 털어놓을 기세를 보인다. '생기는 것 없이야' 이렇게나 덤빌 이치가 없겠지?

미국 '캐나다' 장로파교회에 감독으로 있는 '스타지' 박사 두 양주는 일본을 거쳐 수 일 전 조선에 들어와 경성, 평양 등지에서 강연도 하리라고 한다. 그런데 이 박사는 기독교리에만 조예가 깊을 뿐만 아니라, '일선융화'(日鮮融和)에도 연구가 상당하여 조선사람과 일본사람의 잡혼을 장려하는 것이 제일 첩경이라고 위선 발표하였다.

박애주의와 인류주의를 위하여 이와 같은 연구를 한다고 하면, 배일을 심히 하는 '캐나다' 본향에서도 할 일이 많을 듯한데, 하필 조선 와서 '일선융화'를 고창(高唱)하는지, '생기는 것 없이야' 이런 여행을 할 이치가 없겠지?

처음부터 끝까지 말썽으로 일관한 박열(朴烈) 문제로 인하여 일본의 정계는 바야흐로 모닥불 싸움이다. 소위 괴사진 문제는 둘째로 하고 위선 감형(減刑) 문제가 말썽의 초점이 되어 있다.

그런데 이 문제를 가지고 정부와 제야당(諸野黨)들이 뜯고 할퀴는 틈에 최성(崔姓)가진 조선사람이 한몫 끼인 것은 진실로 기관(奇觀)

중 기관이니, 대판(大阪)의 일문지(日文紙)가 전하는 소식을 들으면 대개의 요령이 다음과 같다.

'박열 감형문제를 가지고 제야당들이 정부를 공격하는 것은 대단히 잘못된 것이오. 따라서 이같이 일선동포(日鮮同胞)를 성기게 하는 것은 조선 이천만 백성의 뜻을 몰라주는 것이오' 라는 의미로 각 정당 여러 방면을 찾아다니면서 일장의 연설을 하였다.

그러나 모두 아는 체도 아니할 뿐만 아니라, 일부에서는 '시정(市井)의 부랑배 같은 작자라'고 비평하므로 크게 분개하여, '나는 전 중추원 의관 한림(翰林) 박사 최유성(崔有聲)이 올시다' 하고 분명한 신분증명서류를 각 방면에서 얻어가지고 각 방면으로 여전히 돌아다닌다 한다.

그 사람이 돌아다니며 말하는 내용에 대하여는 여기에 운운할 문제가 아니지마는, 케케묵은 낡은 문서까지 얻어가지고 돌아다닌다 함은 실로 약간한 노력이 아닐 것이니 '생기는 것 없이야' 그럴 이치가 없겠지?

(10월 30일)

낡은 붓에 새 인사

그동안 안녕들 하셨습니까? 원래 아는 분, 친한 분, 성긴 분의 구별이 없이 일률로 하는 인사인지라, 싱겁다면 싱겁기가 미상불 싱겁지마는, 워낙 세상이 형식을 차려야 하는 세상이므로 형식인 줄을 알면서도 한 말씀 올리는 것입니다. 형식인사라고 싱겁게 받으시는 분이 있다 하더라도 이미 형식으로 인정되는 이상, 섭섭할 까닭이 하나라도 있을 이치가 없지마는 진정으로 받아주시는 분이 있다 하면 그야말로 분외(分外)의 소망이라, 형식으로 자처할 이치가 꿈엔들 있으리까?

지금에 이르러서는 '할번댁'이 되고 말았지마는 그동안 '신년호'준비도 할겸, 또한 출근(出勤)이 여일(如一)치 못한 관계로, 창기의 살림같이 들락날락하기보다는 한동안 중지하는 것이 득책(得策)이겠다는 생각으로 독자와의 직접대면(이 난으로의 대면)을 피하여 온 지가 벌써 한 달이 넘었습니다. 그리하여 중지하기를 약속한 기한이 작일이라, 오늘부터 다시금 이 붓을 잡으니 오늘부터 '토끼'의 해가 되어서 그러한지, 위선 되지 못한 인사말씀이 '토끼귀'같이 길어졌습니다.

어제까지를 낡은 해라 하고, 오늘부터를 새해라고 세상은 불러옵니다. 따라서 이 글쓰기를 중지한 약속은 어제까지이니 낡은 약속이고, 이 글쓰기를 시작한 약속은 오늘부터이니 새 약속일 것입니다. 그러나 방금 이 글쓰는 이 붓대는 한 달 전에 사들인 보미낀 낡은 철필입니다. 낡은 붓으로 새해의 새 인사를 삼아 이 글을 써도 무방할는지요?

세상이 모두 새해라 하고, 남들이 모두 새날이라고 하니 나도 덩달아 여세추이(與世推移)로 '새해'의 기분과 '새날'의 생각을 얻어보려고 하기는 하지마는, 기실 새로운 표적보다도 낡은 철필이 위선 눈에 띕니다.

서산(西山)에 지는 해가 작년과 다름이 없고, 동방에 솟는 달이 어제와 틀림이 없거늘, 어제와 오늘을 낡았다 새롭다 합니다 그려! 북악산 바위틈에 얼어붙은 구름도 어제와 오늘에 다름이 없고, 광희정(光熙町) 성벽 밑에 쪼그려 앉은 토굴도 어제와 오늘이 여전합니다 그려!

오행(五行)과 육갑(六甲)을 알지 못하는 서양친구들은 영문도 모르지마는 동양식으로 금년이 정묘년(丁卯年)이라, '토끼해'라고 합니다. 실상 동양식으로 따져보면 아직도 '토끼해'가 한 달이 남았지마는 원래 신구절충(新舊折衝)·동서절충(東西折衝), 심지어 일선절충(日鮮折衝)을 운운하는 시대인지라, 갓 쓰고 양복 입고 나막신 신은 격으로, 동떨어진 음양력(陰陽曆)을 억지로라도 붙이려는 것인가 보외다. 원래 억지인지라, 정말 토끼해가 닥치면 토끼해는 또 토끼해대로 떨어져 나가기가 물론입니다.

토끼는 남해 용왕이 구하려던 불사약의 주인이외다. 용왕은 토끼를 구하여 불사약을 얻으려 하였거니와 만천하 독자는 이 토끼해를 맞아 무슨 약을 얻으려 하십니까?

(敵治昭和 2년 1월 1일)

'淸進洞에 銃聲'

'작일 오전 아홉 시 반경, 시내 청진동(淸進洞) 부근에서 돌연히 굉장한 총소리가 나서 일시 대소동을 일으키었는데 사건의 내용인즉 어떤 어린아이가 '고무풍선'을 가지고 놀다가 터트린 것으로 판명되었더라.'

이것은 필자가 길거리에서 얻어본 사실을 '최근'에 유행하는 신문기사체로 써본 것이다. 이미 기사체로 써본 김이라, 표제까지 그 식으로 붙여 보면 아래와 같다.

작조십시경(昨朝十時頃)
청진동에 총성
고무풍선이 터져
일시는 대소동(大騷動)

고무풍선이 터졌는데 총소리가 웬 총소리냐? 어린애가 장난감을 터트렸는데 무슨 기사가 그리 수다스러우냐? 하고 비난하는 독자도 있을 듯하나, 그것은 모르는 말씀이다. 첫째, 창구멍 뚫는 소리도 총소리로 들리자면 들릴 수 있는 '이상한 이때'임을 모르는 말씀이고, 둘째, 이런 소리에도 깜짝깜짝 놀라는 '얼빠진 나으리'가 간혹 있는 것을 모르는 말씀이고, 셋째, 그런 종류의 사실을 '그런 형식'으로 보도한 신문기사의 전래가 있는 것을 모르는 말씀이다.

'고무풍선' 터진 기사에 '고딕' 5호1단(五號一段) 활자는 너무 크다고 신문편집의 기술상으로 비난할 기자가 있을는지도 모르지마는 그것도 모르는 말씀이다. 만일 자동차 고무바퀴가 터진 소리에 초호2단(初號二段) 짜리 표제를 붙였다고 가정을 하면 그 대소의 비례를 따라 자동차 고무바퀴가 터지는 데는 1호2단짜리, 마차고무바퀴에는 1호1단짜리, 인력차 고무바퀴에는 2호1단짜리, 자전차 고무바퀴에는 '고딕' 4호1단짜리를 쓰는 것이 지극히 당연하니까 고무풍선 터지는 데 5호1단은 결코 너무 크게 붙인 표제가 아니다.

팔공산 초목이 모두 사람으로 보이는 때도 있는 것처럼, 요사이는 '탕!'해도 '총소리요' '쿵!'해도 '총소리'라고 놀랄 만한 직업과 처지를 가진 사람은 공연히들 혼자 놀란다. 기침소리까지야 원래 소리가 다르니까 관계없겠지만 호젓한 골목에서는 기침소리도 함부로 내이지 못할 세상인가 보다.

(註= 揭載禁止 중에 있는 拳銃事件을 諷刺한 것)

친구사람 잠 못자

요사이 경찰당국에서는 무슨 까닭인지 중국사람의 단속이 여간이 아니다. 시내는 물론 지방에서도 중국인을 단속하느니 검속하느니 하는 소문이 뒤를 이어 들린다. 이 친구 사람들이 한동안 잠이 못자 하겠다.

(1월 3일)

無題錄

무제록(無題錄)이라는 말은 제목이 없다는 말이다. 제목이 없어도 상관이 없지마는 구태여 필요하다면 그 제목은 이 글 보는 독자가 제각각 붙여보아도 좋다. 실상 필자보다도 독자자신이 제목 붙이는 것이 일층 흥미 있을까 하여서 그러는 것이다. 이런 '무제록'은 앞으로도 있을 것을 약속한다.

대판(大阪)서 발행하는 어떤 신문에는 아래와 같은 기사가 있다. 혹 어폐가 있을까 하여 원문 그대로 번역한다.

> 해군에서는 전부가 군복에 상장(喪章)을 붙이는데 육군에서는 장교(將校)만 붙이고 하사(下士) 이하 군인들은 일제히 붙이지 않았다. 일부러 붙이지 않은 것이 아니라 경비문제로 붙이지 못한 것이라고 한다. (중략) (註=日本 大正天皇 國喪 때)

상장(喪章) 이야기가 났으니 말이지 시내(大阪市內)에서 파는 상장이 지금은 얼마 전보다 값이 훨씬 싸게 되었다. 사고파는 사람이 많고 적은 관계라 하면 상장도 역시 일종의 상품이었다.

제목 없는 글을 여기까지 쓰고 앉았는데 문득 전에 없던 전차가 눈에 선하였다. 전부터 있던 전차는 말라붙은 도야지 선지피같이 검붉은 빛이었는데 새로 생긴 전차는 무르녹은 녹음같이 암녹색(暗綠色)이다. 바싹 마른 겨울에 앉아 푸른빛을 보는 것도 나쁘지는 않지마는 푸른빛을 사용한 이유가 신시(新詩) 이상의 걸작이다.

경전(京電) 당국자 가로되, 봄철이나 여름철에는 청량리나 왕십리 등 들 밖으로 나가는 손님이 많은데 종래의 전차 빛은 파르스럼하고, 포르스럼하고, 누르스럼한 들빛(野色)과 잘 어울리지 않아서 모처럼 흐뭇지게 놀러 나가는 손님들의 흥취를 상할 염려가 있어서 녹음을 따르는 청춘의 행락을 도우려고 그런 빛을 택하였습니다 라고.

좋게 말하여 '부르주아' 전차라 하고 나쁘게 말하여 '부랑자' 전차라고 할까? 원래 이 글이 '무제록'이라 필자가 이름 지음은 천부당 만부당 하지마는 새로 세상에 나온 새 전차를 위하여 독자 제씨는 새 이름이나 지어주시지오.

(1월 2일)

사람 화상 그린다

금년이 토끼해라, 신문이란 신문, 잡지란 잡지에 토끼이야기가 실리지 않은 데가 없으며, 길거리 방구석마다 토끼이야기가 들리지 않는 곳이 없으니 진실로 세상은 왼통 토끼타령이다.

위선 옛날부터 나려오는 진짜 토끼타령의 일절을 옮겨 쓰면,

천하명산(天下名山) 승지간(勝地間)에 경개(景概)보던 눈 그리고
난초지초(蘭草芝草) 온갖향초(香草) 꽃따먹던 입 그리고
봉래방장(蓬萊方丈) 운무중(雲霧中)에 냄새맡던 코 그리고
만화방초(萬花芳草) 화림중(花林中)에 깡청뛰던 발 그리고
동지섣달 설한풍(雪寒風)에 방풍(防風)하던 털 그리고
앵무공작(鸚鵡孔雀) 지저귈때 노래듣던 귀 그리고

토끼해에 토끼화상 그리는 것도 재미있으려니와 이 역시 인간사회의 일이라, 사람의 화상을 그려보는 것도 무방할 것이다. 그리기 쉬운 여자부터 시작하여 토끼화상 그체대로 그려보자.

부호자식 호려내는 기생아씨 눈 그리고
천하잡놈 수작하던 갈보댁의 입 그리고
이놈그년 냄새맡던 뚜쟁이의 코 그리고
철피구두 옹기종기 여학생의 발 그리고
잘랐다가 길렀다가 신여성의 털(머리) 그리고
사랑방만 엿듣는다 안방마님 귀 그리고

왜 여자만 그려 주느냐?고 남자편에서 트집 잡을는지도 알 수 없으니 미리 선손을 빼어서 남자도 그려보자.

순사나리 거동보소 흘겨보는 눈 그리고
케케묵은 낡은兩班 호령하는 입 그리고
돈만아는 정탐꾼들 냄새맡는 코 그리고
꺼떡대는 유지신사 자취많은 발 그리고
상투쟁이 웃는청년 보다더긴 털 그리고
콧대높은 상관님네 報告듣는 귀 그리고

원래 체(體)도 없고 법도 없이 함부로 그리는 그림이라, 그리라면 얼마라도 더 그릴 수 있지마는 이만큼 그려둔다. 뒷날 다른 기회에 다른 형식으로 달리 그려 볼는지도 모르겠다.

(1월 4일)

길거리의 생주검

지난 2일 하루 동안에 시내에서만 세 명의 의지 없는 동포가 요란한 길거리 차디찬 바닥에서 이 세상을 떠나고 말았다. 그리하여 이들의 죽음 위에는 사정없는 삭풍(朔風)만 스치어 사납게 외치는 바람소리 이외에 이를 위하여 슬퍼하는 소리가 있을 수 없었다.

대소한(大小寒)의 혹한(酷寒)을 앞에 둔 길거리에는 이리하여 죄 없고 불쌍한 죽음이 나날이 늘어간다. 살아가는 세상에서 살려고 살다가 살지 못하여 넘어지는 참혹한 시체가 살아 있는 사람의 발길에 나날이 채워 간다.

독약 먹은 자취도 없고, 목을 맨 흔적이 없으니 이들은 죽고 싶어서 스스로 죽은 자살이 아니다. 그러므로 죽은 책임이 이네들 자신에 있지 아니하고 다른 데 있음은 너무도 분명하다. 그러나 칼에 찔린 자취가 없고, 총에 맞은 흔적이 없으니 불의(不意)의 횡사(橫死)를 당한 타살도 아니다. 그러므로 현대의 법률은 이 죽음을 위하여 원수를 갚아줄 아무러한 권력과 성의가 있을 수 없다.

스스로 죽은 자살도 아니고, 남들이 죽인 타살도 아니지마는 죽은 시체는 분명히 죽은 시체대로 설한풍(雪寒風) 차디찬 길바닥에 넘어졌으니 그러면 과연 이 죽음은 누가 죽인 죽음인고?

"죽이기는 누가 죽여요? 병으로 죽었지요! 기한(飢寒)으로 죽었지요" 하고 대답하는 친구들아! 십전대보탕을 먹다가, 식염주사(食鹽注射)를 맞다가 병으로 죽는 사람들과 다른 줄은 아느냐? 고량진미(膏粱珍味)에 창자가 썩고, 미주가효(美酒佳肴)에 위장이 상하여 소화불량으로 죽는 사람들과 다른 줄은 아는가?

다른 사람은 병으로 죽어도 이네들은 병이 죽이었느니라! 다른 사람들은 소화불량으로 죽어도 이네들은 영양부족이 죽이었느니라! 병이 들어서, 배가 고파서, 한독을 이기지 못하여 자연으로 죽은 것이다, 하고 하늘이 무서운 소리를 행여나 하지 말어라! 살아가는 사람도 가지가지어니와 죽어가는 사람도 가지가지임을 그대들은 과연 아는가? 모르는가?

이러한 생죽음을 내이고도 세상은 죽이지 않았다 하고, 이러한 생죽음을 보고도 세상은 자연으로 죽었다 하니 자연을 맡으신 하늘이시여! 당신의 나라에도 이 같은 일이 있나이까? 당신의 나라에도 이같이 개죽음을 당하는 죄 없고 불쌍한 시체가 차디찬 바닥에 넘어지는 일이 있나이까?

자비하신 하늘이시여! 자살도 아니고 타살도 아닌 까닭에 더욱 불쌍한 이 죽음을 천당으로 인도하여 주소서. 만원에 또 만원이 되었더라도 이네들만은 천당에 가게 하소서. 그리하여 이네로 하여금 '이생'에서 누리지 못한 행복을 '저생'에서 누리게 하소서.

(1월 5일)

두부나 비지드렁

오정 때까지도 햇빛을 시원하게 받지 못하는 그늘진 수송동(壽松洞) 골목으로는, "두부나 비지드렁!" 하고 두부장사가 주춤주춤 걸어 나온다. 온갖 때가 더덕더덕 발린 '두부목판'에서는 뿌연 국물이 뚝뚝 떨어진다. 수염이 난 듯 만 듯한 두부장사의 코밑에서도 뿌연 콧물이 나올 듯 나올 듯한다.

두부장사는 또 한 번, "두부나 비지드렁!" 하면서 굽어진 골목으로 들어선다. 골목으로 들어서자 쓰레기통 놓인 조막대문이 열리더니 치맛자락으로 콧물을 씻으며 나오는 젊은 부인은 거증스럽고도 힘없는 소리로, "두부장사!" 하고 주춤주춤 걸어가는 두부장사를 부른다.

'비지'도 파는 모양인데 '비지장사'라고는 부르지 않고 '두부장사'라고 부른다. 이 부인뿐만 아니라 세상도 다 그렇게 부르고 두부장사도, 자기는 '비지장사'가 아니고 '두부장사'라고 자처한다. 그러면서도 '비지'를 더 많이 파는 때가 많다.

두부장사는 연기가 무럭무럭 나오는 조막대문 쓰레기통 가에 지게를 내려놓는다. 지게는 상하 이층으로 되어 상층목판에는 두부가 있고 하층 널빤지에는 비지가 산더미같이 있다. 말하자면 두부는 상등을 타고 비지는 하등을 탄 격이니 두부는 상품이고 비지는 하품이다. 그러기에 상등만 따르고 상품만 즐기는 세상에서는 상품인 두부만 끌어다가 '두부·비지장사'를 '두부장사'라고 부른다.

두부장사를 부르던 그 부인네는 비지 두 덩이를 손에 들고 그 조막대문 안으로 들어간다. 콧물이 나올 듯 나올 듯하던 그 두부장사는 비지 두 덩이를 팔아가지고 주춤주춤 걸어간다. 그리고 또 한 번 기신이 나서, "두부나 비지드렁!" 하고 커다랗게 외친다. 지고 가는 지게에서는 여전히 뿌연 국물이 뚝뚝 떨어진다. 두부국물과 비지군물이 한데 섞여서 뚝뚝 떨어진다.

저 두부장사의 지게 상등에 있는 두부가 다 팔린 뒤에는 7만 장안의 어느 집에서는 '알루미늄 쟁갑' 속에서 두부찌개가 보글보글 끓을 것이다. 그리고 저 지게 하등에 있는 비지가 다 팔린 뒤에도 7만 장안의 어느 집에서는 '질그릇 뚝배기' 속에서 비지찌개가 북실북실 끓을 것이다.

나는 길가에서 이것을 보고 이렇게 생각하고 이 글을 쓴다. 이 글을 쓸 때에도 그 두부장사의 외치던 소리가 뒤에 남아 있다. 독자 제씨도 또 한 번 들어보십시오.

"두부나 비지드렁!"

(1월 6일)

無題錄

‘오늘은 듣는 대로나 하나 쓰시지오’ 하고 어떤 친구가 명령을 한다. 들리는 대로 쓰자면 한이 없지마는 그래도 무슨 건질 만한 재료를 얻어보자니까 덮어놓고 쓰기도 어려운 것이다.

행여나 무슨 좋은 소리가 들리나 하고 귀담아 들으니까 아닌 게 아니라 된소리 안된 소리가 들리기는 무척 들린다.

갑, 그 친구는 살이 포동포동 쪘데 그려.

을, 뼉다귀만 남도록 여윈 사람도 있겠지.

병, 같은 사람으로 어째서 살이 찌기도 하고 살이 여위기도 할꼬?

정, 노형들도 딱하지, 밥 잘먹고, 잠 잘자고, 일 잘하고, 재미있게 살아가면 살이 포동포동 찌는 법이고, 밥도 못먹고, 잠도 못자고, 일도 못하고, 재미있게 못살아가면 뼉다귀가 보이도록 여위는 법이지요.

잘 먹자면 잘 먹을 도리를 하여야 하고, 잘 자자면 잘 잘 도리, 잘 하자면 잘 할 도리, 잘 살자면 잘 살 도리를 하여야 할 터이니 문제는 그 ‘도리’에 있군. 쌀이 없네, 나무가 없네, 옷이 없네, 불쏘시개가 없네, 이쑤시개가 없네 하는 왼갖 ‘바가지’도 결국 문제는 ‘돈’없다는 말이나 마찬가지로군.

시내 수하정(水下町) 사는 하평(下平)이와 앵정정(櫻井町) 사는 황전(荒田)이는 술병, 약병 등 빈 병 팔아먹는 장사로 유명하고, 황금정(黃金町) 사는 김본(金本)이와 앵정정(櫻井町) 사는 석전(石田)이는 간장통, 된장통 등 빈통 팔아먹는 장사로 유명한데, 이번 병장사와 빈통장사가 둘이 어울려서 도박을 하다가 경찰에 잡혔다는 소문이 들린다.

'병'과 '통'은 비어도 '주머니'는 찼던 모양이다. 말은 딴말 같지마는 중국사람들은 우거지, 풀뿌리장사를 하여도 주머니 속에는 조선은행 지전이 들어 있고, 일본사람들은 빈병 빈통같이 알맹이 없는 깍쟁이 장사를 하여도 품속에는 노름 밑천이 착실히 있는 모양이다.

말이 났으니 말이지마는 조선사람은 땅장사를 하고, 집장사를 하고, 화류장농, 조개 장롱장사를 하고, 금반지 은반지 장사를 하여도 주머니 속에는 동양척식회사(東洋拓殖會社) 아니면 식산은행(殖產銀行)에서 빗진 문서를 비롯하여 전당표가 남아 있다.

'근하신년!' 하고 새해인사를 하는 소위 연하장이 금년에는 모두 작년보다 7할이나 줄었다고 한다. 이유는 독자가 마음대로 해석하여도 무방하니까 그만두기로 한다.

(1월 7일)

怪候와 風說

태양의 흑점(黑點)이 활동하는 까닭으로 세월이 뒤바뀌고 기후가 드나든다고 어떤 천문학자가 세상에 발표한 일도 있거니와 아닌 게 아니라 작년 여름에는 겨울 같이 음산한 때가 있었고 대한(大寒)을 앞에 둔 요즈음은 만화방창한 봄날이 되고 말았다. 미상불 괴변이다.

음양이 어찌어찌하고 오행이 약시약시하다고, 작년 그때에도 군대감 축들의 사랑방 이야깃거리가 상당히 꽃이 피어서 삼국지 이상의 재미들을 본 모양이었는데 요즈음도 아마 골방 속에서 케케묵던 '점쟁이'·'풍수쟁이' 축들이 때를 만났다고 나덤빌 모양이다.

이 괴상한 기후로 말미암아 독흉년 당하는 장사는 위선 얼음장사들이다. 한창 세월 좋을 여름에는 날이 차서 팔리지 않았고 한창 추수할 이때에는 얼음이 풀려서 헛물을 켜게 되었다. 그래도 속은 골면서도 거죽으로는 '체'하고 싶어서 시내 어떤 얼음회사에서는 가로되, '한강 얼음이 없으면 압록강 얼음이라도 추수하지요' 하고 기염(氣焰)을 토한다.

원래 기염이란 속이 상할 때에 토하는 법이라, 압록강은 말 말고 사시장철 얼음뿐인 북극양(北極洋)이나 남빙양(南氷洋)도 없기야 없나?

요사이 별안간 시작한 무장경관의 비상경계도 괴변이라 하여 요사이 괴후(怪候)와 인연이 있는 듯이 끌어다 붙이는 친구도 있다. 아닌 게 아니라 미상불 괴변이다.

'으레 해마다 하는 연말연시의 특별경계올시다' 하고 경찰당국에서는 일문지(日文紙)를 통하여 변명도 하고 선전도 하지마는 이것은 정말 억설이다.

해마다 연말연시의 특별경계를 하는 것은 사실이지마는 경관에게 무장까지 시키는 것도 작년 연말부터 시작한 특별경계며 동척(東拓)이나 식은(殖銀) 같은 은행회사를 비롯하여 각 관공서를 경계하는 것도 작년 말부터 시작한 특별경계다.

태양으로 말미암아 하늘에 괴변이 있고 경관으로 말미암아 땅 위에 괴변이 있어 어리석은 자의 풍설이 유행하고 약은 사람의 억설이 퍼지어 모처럼 인심의 불안과 치안의 유지를 위한다는 당국자의 '예산'이 틀려가는 이때에, 경무국장 각하! 소감이 약하(若何) 오?

원래 필자는 바쁜 가운데 한가한 사람이라, 속상하는 일도 별로 없지마는 국장각하를 위하여 참지 못해 하는 말이다.

(1월 9일)

三分의 世相

안국동(安國洞) 네거리에서 종로행 전차를 기다리기에 3분 동안이 걸렸다. 네거리 복판에 버티고 서니 전후좌우가 모두 사람의 소리다.

관훈동(寬勳洞) 골목으로부터 나무장사가 소를 끌고 나온다. 그렇게 보아서 그러한지 눈시울이 게슴츠레한 모양이 아무리 보아도 잠못 잔 눈일시 분명하다. 나무판 돈으로 아침장을 보려고 새벽바람에 나선 고양(高陽)·시흥(始興) 나무장사가 아니면 비싸게 팔려고 나무값을 다투다가 하룻밤을 길목에서 새인 광주(廣州)·양주(楊州) 나무장사가 분명하였다.

싫은 듯이 엉기엉기 걷는 소를 끌고 나무장사는 안국동 네거리 복판에 나와 같이 버티고 서서 어디로 갈지, 방향을 몰라 어름어름한다. "나무삽시다" 하고 걸리는 손님만 있으면, 홍정은 고사하고 대번에 "어덥시오" 하고 따라갈 모양이다.

안국동 순사 파출소에서는 순사 한 분이 걸어나온다. '흘기는 눈'을 가진 순사 나으리다. 그 나무장사도 순사의 눈에 대하여 경험이 착실한 모양이었든지, '어덥시오.' 생각도 잊은 듯이 슬슬 피하여 안국동 쪽으로 간다. 순사 나으리는 닭 쫓던 개 모양으로 나무 실은 황소의 뒷꽁무니만 바라본다. 저와 같은 순한 백성에게는 '눈흘기는 순사'도 일이 없는 모양이다.

전차종점 우체통가에는 엿장수가 있다. 하루 두 번씩은 늘 보는 엿장수다. 오늘 아침도 여전히 서서 커다란 '가위'를 들고 커다란 소리를 떨걱떨걱 낸다. 엿이야 팔리거나 안 팔리거나 소리는 꾸준하게 낸다. 손님이야 오거나 안 오거나 소리는 꾸준하게 낸다. 이 소리는 그 엿장사의 노력이다. 그리고 생명이다. 그래서 이 엿장사는 꾸준한 노력으로 꾸준한 생명을 유지하려고 떨걱떨걱 소리를 꾸준하게 내는 것인가 보다.

낡은 책을 사고 파는 책점 앞에는 정복 입은 학생이 문밖에 서서 책장에 실린 무수한 책을 보고 있다. 뒤만 보이는 까닭에 어느 학교 학생인지는 알 길이 없다. 학교갈 시간에 학교에도 가지 않고, 책보도 안 낀 것을 보아 학생이라면 야학생(夜學生)이다. 칠팔십 전짜리 운동화를 신은 학생이다. 책점에 들어서서 서슴 있게 책구경 할만하도록 주머니 속이 튼튼한 학생이 아닌가 싶다.

그 곁에서는 어린아이가 팽이를 돌린다. 간단없이 때리니까 간단없이 돌아간다. 간단없이 돌아가는 재미를 보기 위하여 그 어린애는 팔이 휘도록 간단없이 때린다. 아마 그 팔도 간단없이 힘들 것이다. 그러나 이렇게 간단없이 힘들이지 않고는 간단없이 돌아가는 재미를 못 보는 모양이다. 팽이는 간단없이 돌아간다! 그것은 간단없는 어린아이의 힘들인 결과다.

(1월 11일)

無題錄

연하장 하는 엽서가 팔리지 않아서 동경 체신성에서는 금년에 사백 사십만 원이나 손해를 보았다고 세음을 따져서 발표를 하였다. 민간에서 받은 손해가 얼마나 되는지는 정부에서 알은 체할 까닭이 없다.

동경 있는 어떤 단체에서는 조선에 대한 정치·경제·교육·산업 등 여러 가지 문제에 대하여 현상논문(懸賞論文)을 모집한다고 한다. 모집하는 것도 자유요 응모하는 것도 자유라, 어중이떠중이 별별 잡종들이 별별 잡설을 다 할 터이니까 나도 하나 응모하여 볼까?

팔만대장경이 어찌고어찌고 하기보다 '만법귀일'(萬法歸一)이라는 석가의 말씀처럼, 삼강오륜(三綱五倫)이 약시약시하다고 하기보다 '오도일이관지'(五道一以貫之)라는 공자의 말씀처럼, 정치·경제는 어찌어찌한다고 횡설수설하기보다 '조선문제는 일이해지(一以解之)' 라고나 응모할까?

원래 '일'(一)자란 크고·작고·넓고·좁고·깊고·얕고·길고·짜르고…… 도무지 애매하기도 하고 또 분명하기도 하며, 범상하기도 한 듯하면서 오묘(奧妙)하기 짝이 없는 글자라, 만법귀일이라는 '일(一)자'에 해석이 구구한 것처럼, 일이관지라는 '일자'에 비판이 각각인 것처럼, 내가 응모한 일이해지의 '일자'로 아마 알 듯도 하고 모를 듯도 할 것이다.

논문을 모집하고 그 논문을 꼬누는 양반들이 만일 천의(天意)를 알고, 인사를 헤아리고, 대세를 살피는 정성과 식견이 있다 하면 '일자'의 해석이 어려울 것도 없겠지마는 그렇지 못할 듯하니까 내가 몸소 해석하여 줄 수밖에 없다. 일이해지의 일자는 위선 총독부당국에서 제일 무서워하고, 질색해 하고, 기막혀 하고, 싫어하고, 꺼리고, 숨기고… 그리고 이 이상 더 쓸 수가 없는 '일자'다. (註= 一以解之는 獨立)

시내에 있는 어떤 일문지에는 아래와 같은 말이 쓰여 있다.

'세상사람들은 이민과 이주라는 문구의 구별을 못한다. 일본국민이 일본국토인 조선에 오는 것은 이주요 이민이 아니다. 동척이민(東拓移民)이라는 문자부터 틀렸다. 이주를 이민이라 함은 무식한 말이다.'

남을 무식하다고 비난을 하였으니 자기 딴은 유식한 모양이지? 유식도 이렇게 유식해서는 참말 큰 코 다칠 유식이다. 기가 막혀서!

(1월 12일)

男女의 탈쓴 괴변

여자가 남복을 입거나 남자가 여복을 입는 전례는 동서를 물론하고 고금을 물론하고 수두룩하다. 수두룩하기는 수두룩하지마는 그래도 여자가 여복하고 남자가 남복하는 사람이 더 많이 사는 세상인 까닭에 세상에서는 이따위 종류의 전례를 괴변이라고 한다.

이따위 종류의 괴변 중에도 당초부터 변장하기로 나선 연극배우나 활동사진 배우들의 남녀변장 같은 괴변은 그다지 큰 괴변이 아니다. 변장을 상습으로 하지 않을 남녀들의 변장이 괴변 중 괴변이다. 한창 조선서 유행하던 단발낭(斷髮娘)들의 남장이나 한창 일본서 생기는 색광(色狂)들의 여장 같은 것은 분명히 괴변이다.

그러나 의열단원(義烈團員)으로 있던 김상옥(金相玉)의 여장변복이나 일류기생으로 있던 현계옥(玄桂玉)의 남장변복 같은 괴변은 조금 빛다른 괴변이다. 그런 까닭에 이 같은 전례의 괴변은 '변장괴변'이고 저 같은 종류의 괴변은 '탈쓴 괴변'이라고 이름을 짓고 싶다.

이것은 의복에 관한 괴변이지마는 이름에 관한 괴변도 괴변 중의 상당한 괴변이다. 학박사(學博士)의 이름을 빌려서 책을 발행하거나 남의 논문을 제 이름으로 신문잡지에 게재하거나 하는 따위의 괴변은 '항다반'으로 일본서 유행한다. 이 괴변이 조선에도 미치어 가끔 이야깃거리가 되거니와 최근 기생잡지로 태어난 '장한'이란 잡지에도 괴변에 해당한 이야기가 상당한 모양이다. '탈쓴 괴변'의 전람회라고까지 투서한 친구가 있다.

그러나 이 전람회를 구경한 친구들의 이야기는 두 가지로, 기생들이 남자의 글을 팔아먹는다. 남자들이 기생의 이름을 팔아먹는다 하고 비평이 구구하다. 누가 누구를 팔아먹는지, 그것이야 알 까닭이 없지마는 '기생의 탈을 쓴 남자'들이 수두룩한 것은 사실이니 탈을 씌운 여자나 다 같이 괴변 속에 움직이는 '괴물'들임은 틀림없겠지?

변장 말이 났든 김이라, 실상 '탈쓴 괴변'은 이밖에도 수두룩하다. 속옷을 전당잡혀 '조바귀' 사쓴 귀부인이나, 끼니를 굶어가면서도 칠피구두를 신은 신사 등속도 모다 탈쓴 괴변이거니와 못나도 잘난 체하고 없어도 있는 체하는 종류도 미상불 여기에 속하지 않을 수 없느니라.

(1월 13일)

누가 남편일까

때아닌 줄줄비에 심란한 회포(懷抱)를 가진 마님, 아가씨들을 위하여 옛날 이야기나 하나 할까요.

어떠한 청년이 같은 동리에 사는 처녀를 그리워하였습니다. 아무리 그리워하고 애를 태워도 그 처녀는 본체만체하였습니다. 그래서 그 청년은, '부처님이시여! 만일 당신의 권능으로 그 처녀를 나의 아내로 삼아 주신다 하면 나는 당신에게 나의 목숨을 바치겠습니다' 하고 밤낮으로 부처님에게 기도(祈禱)를 올려 맹세를 하였습니다.

그리하여 마침내 그 청년은 사랑의 성공을 얻어 그 처녀와 결혼하여 행복스러운 하룻밤을 지내었습니다. 평화스러운 동쪽의 불그레한 햇발에 눈을 깨인 한 쌍의 부부는 한없이 즐거워하였습니다. 그러나 그 청년은 갑자기 부처님에게 맹세한 것을 생각하고, '부처님 덕택으로 이 같은 행복을 얻고도 이때까지 목숨을 바치지 않은 것은 크나큰 죄를 지은 것이다' 하고 자기 아내와 가장 가까운 친구와 셋이 절에 가서 부처님에게 사죄를 하려고 하였습니다.

법당 문 앞에 이르자 그 청년은 먼저 들어가서 사죄하겠다 하고 들어가서는 아무 소식이 없었습니다. 그래서 같이 갔던 친구가 들어가 보니 그 청년은 벌써 부처님 앞에서 칼로 자기 목을 잘라 맹세대로 목숨을 바치었던 것입니다. 같이 갔던 친구는 너무도 어이가 없어서, '만일 이대로 돌아간다 하면 친구의 아내를 빼앗기 위해서 친구를 죽였다'는 세상 비난을 듣기가 쉬우니 나도 죽어버린다 하고 역시 목을 잘라 죽었습니다.

밖에서 기다리고 있던 신부는 들어간 두 사람이 모두 소식이 없으므로 최후에 들어가 보니 모두 엄청난 광경이었습니다. 그래서 신부는, '나 한 사람 때문에 두 사람이 죽은 것이니 나도 혼자 살 면목이 없다' 하고 자결하려고 하였습니다. 바로 그때에 부처님은 즐거운 웃음을 띠고 자결하려는 신부를 향해서, "너의 어여쁜 마음에 감동하여 이 두 사람을 살려줄 터이니 너의 손으로 떨어진 머리들을 각각 그 몸에 붙여 놓으라" 하였습니다. 신부는 너무도 기쁜 김에 자기 남편의 머리를 친구의 몸에, 친구의 머리를 남편의 몸에다 붙여 놓았습니다.

과연 두 사람이 살아났습니다. 그러나 어느 사람이 자기의 남편인지 결단하기가 어려웠습니다. 웃고 말하는 얼굴은 자기 남편이나 그 몸집은 딴 사람입니다.

이야기는 이뿐이다. 이 같은 경우를 당한다 하면 누가 남편일까? 하는 것이 재미있는 문제다. 여자의 정조(貞操) 해석(解釋)이 구구한 이때에, 때아닌 줄줄비에 심란한 이때에, 이 같은 이야기는 단순한 심심풀이가 아닐 것이다.

(1월 16일)

時事短評一束

구세군(救世軍)에 병사로 있던 박 모로부터 꼭 이 '보고 듣는 대로'에 발표하여 달라는 장문의 투서가 들어왔다. 몰려나간 사람의 투서인 것만큼 그 내용은 전부 구세군에 대하여 좋지 못한 소식이다. 시비는 어찌 되었든지 하나님의 사업을 위하여 활동하는 구세군에서는 이 같은 투서가 우리에게 이르지 말도록 하였으면 좋겠다.

전북도청에서는 전주시가에 투서함을 만들어 두고 일반의 투서를 받기로 하였는데 얼마 전에 그 고을 용진면(龍進面) 용흥리(龍興里) 사는 양봉진(梁奉鎭, 六四)이란 늙은이가, '어린 손자 넷을 데리고 먹을 것이 없으니 살 도리를 하여 달라'는 투서를 하였다. 들어온 투서니까 그들은 보았을밖에, 보기로 한 투서니까 보기만 하면 그만일밖에!

김제(金堤)경찰서에서는 까닭 없이 통행자유를 억압하였다는 소문이 들린다. 위선 본보 김제지국장이 김제역을 떠나 전주로 가려다가 여기에 걸려서 까닭을 물으니 그 나으리는 '까닭'을 모른다고 하였다.

나으리는 까닭을 모르지마는 서장은 '까닭'을 잘 안다 하고 대답한 까닭은 이러하다. "민중운동자사건(民衆運動者事件)으로 만기출옥된 사람이 전주에 있는데, 당신이 그곳으로 가면 그 사람의 환영회에 참석할 터이니까 제발 그러지 말아 주십사고."

시내 태평통(太平通) 네거리 복판에 새집을 지어놓은 경성부에는 쓰레기통에도 집어넣을 수 없는 무용장물이 두 가지 있다고 전한다.

첫째는 새 집에 옮긴 뒤로 한 번도 맞아본 적이 없는 누십(累十) 개의 시계, 둘째는 새 집에 옮긴 뒤로 한 번도 써본 적이 없는 굉장한 승강기.

시계가 맞지 아니하는 까닭은 오는 6월 10일이 시간 선전일이므로 예년과 같이 그날의 준비를 지금부터 하노라고 부윤(府尹) 이하 청원(廳員) 일동이 매우 분주다사한 까닭인 듯하다 하며, 승강기를 쓰지 아니함은 전기대(電氣代)를 절약하자는 것이라고. 승강기 값은 얼마나 걸렸든지 묻고 싶지마는.

작년 연말 이래로 시내의 각 관공서를 비롯하여 주요한 은행회사의 문앞에는 육혈포를 휴대한 경관이 수직을 하여 보기도 험상하였더니만, 요즈음 용산 철도국에서는 경리과 부근에 몽둥이를 휴대한 수위가 복도 좌우로 왔다 — 갔다 — .

(1월 15일)

쥐의 生活費

시적(詩的)으로 잠 못자는 사람에게는 달과 바람도 원수라 하거니와 병적으로 잘못 자는 사람에게는 시계나 쥐가 여간 원수에 비길 것이 아니다. 벽에 걸린 시계의 똑딱 하는 소리가 대포소리 같다 하면 천장에서 들리는 쥐소리는 분명히 백병전(白兵戰)을 시작한 천군만마의 아우성이다.

대포소리보다도 천군만마의 아우성에 시달린 나에게는 시계보다도 위선 쥐가 원수다. 우당퉁탕 달리는 소리와 빠드득 빡빡 긁는 소리에는 사지백체(四肢百體)가 부서질 듯도 하였다. 만일 조선팔도의 쥐를 한 곳에 모아 놓고 이 소리를 듣는다 하면 당장에 기절이라도 할 것이다.

'대체 저놈의 쥐들이 얼마나 될꼬? 이놈의 쥐들이 무엇 노라고 저도 안 자고 남도 못 자게 빠드득 빡빡, 우당탕 퉁퉁거리노?' 하고 생각하다가 분풀이 삼아 쓰기로 한 글이 이 글이다.

어떤 박물학자(博物學者)의 이야기를 듣건대 섬나라인 일본종자만 하여도 설흔두 가지라고 하니 육대주의 전체는 그만두고 조선팔도만 하여도 엄청날 것이다. 한 쌍 부부가 한 번에 오육남매씩 일 년에 네다섯 번이나 순산을 한다 하니 이렇게 사 년만 지나면 일백칠십육만삼천여 마리의 서족동포(鼠族同胞)가 생길 모양이다.

조선 전체에 이 서족이 얼마나 되는지는 자세한 통계가 없거니와 영국에는 영국인구의 두곱이나 된다고 발표된 일이 있다. 영국인구의 두곱이면 영국 쥐는 대략 일억만 마리가 될 것이다. 그런데 서양사람들은 쥐라 하면 질색이다. 영국 어떤 유명한 요리점에서 죽은 쥐가 발견되자 몇 날이 못되어 문을 닫았다는 이야기는 이야기 중에도 유명하거니와 이같이 싫어하여 서족박멸에 전력을 다하는 영국조차 인구의 두 곱이 된다 하니 그렇지 않은 조선에는 줄잡아도 인구의 네곱, 팔천만 마리는 착실히 될 것이다.

서양학자의 조사발표에 의지하면 한 마리 쥐가 일주일 동안 살아가는 생활비가 4전이라고 한다. 이 통계는 돈 많은 날, '버터'나 '커틀릿'을 먹는 부자 쥐들의 생활비니까 조선같이 사람조차 말라가는 '콩자반'이나 '두부'조각을 얻어먹는 가난뱅이 쥐들의 생활비는 바싹 줄여서 한 달에 5전이라 치자. 그래도 일 년에 60전이니 조선 전체에서 일 년 동안 쥐에게 제공하는 생활비는 '육팔이 사십팔' 사천팔백만 원!

이 돈만 가지면 식산은행이나 동양척식회사 같은 것을 해마다 몇 개라도 우리 손으로 만들어낼 수도 있으련만 … 이렇게 생각하면 잠 못 자게 하는 것만이 원수가 아니다. 게다가 흑사병(黑死病)이라는 무서운 병까지 가져다주는 쥐는 분명히 인류의 원수다. 쥐잡는 약도 생겼지마는 조선서는 도리어 사람을 잡으니 기가 막힌다.

목수가 끌을 닦듯이 이빨을 닦노라고 빠드득 빡빡 긁는 소리! 밤마다 잠 못 자게 하는 이 소리는 동척(東拓)을 대항할 만한 조선의 재원을 긁어가는 뼈아픈 소리다!

(1월 20일)

향락의 그늘

백만장자로 이름 있는 동대문외(東大門外) 모 부호는 소관(所管) 경찰서장의 소개장 가진 사람이 아니면 면회를 하지 않는다 한다.

경찰서장의 소개로써 '안심'하기까지에 이른 그의 의심 중에 어느 정도까지의 불안이 있는지는 자세히 추측하기 어려웁거니와 불의(不意)의 권총이나 과격한 협박이 이르지 않을까 하는 초조한 생각에 간장(肝臟)이 콩알만하게 되는 '불안'이 있을는지도 모를 것이다. 무상한 금전의 향락 가운데도 이 같은 불안이 있는가 보다.

만주왕(滿洲王)으로 이름 있는 봉천(奉天)의 장작림(張作霖)은 강철갑(鋼鐵甲) 자동차에 기관총을 배치하지 않고는 외출을 하지 않는다 한다.

철갑 자동차에 기관총까지 설비하고야 '안심'하기까지에 이른 그네의 신변에 얼마만한 '위험'이 있는지는 자세히 예측하기 어려웁거니와 의외의 폭탄과 무서운 습격이 이르지 않을까 하는 전전(戰戰)한 생각에 사지가 우거지같이 되는 '불안'이 있을는지도 모를 것이다. 기탄없는 권력의 향락 가운데도 이 같은 불안이 있는가 보다.

찬바람 스치는 길거리에는 신여성의 안타까운 다리가 보인다. 무릎까지 보이는 가느단 다리에는 얇다란 여름양말 한 벌만이 덮였을 뿐이니 쌀쌀한 바람에 차긴들 얼마나 차며 아리긴들 얼마나 아릴 것이랴? 그러나 그들은 이것을 참고 견딘다. 어여쁘게 보이고 맵시 있게 차리는 쾌감과 만족을 얻기 위하여서는 살결을 에는 듯한 이 괴로움을 참고 견딘다.

미주가효(美酒佳肴)의 향락 뒤에는 패가망신의 비애가 따라다닌다. 화류풍정(花柳風情)의 향락 뒤에는 악병독균(惡病毒菌)의 고통이 따라다닌다. 이것이 하늘의 뜻일까? 이것이 자연의 약속일까?

향락의 그늘에 숨어다니는 불안! 이는 정비례의 관계를 가지고 있으니 향락의 정도가 크고 적음을 따라서 불안의 보수도 커지고 적어진다. 공평한 하늘은 늘 이것을 감시하고 있다.

길거리 골목에서 무심히 보이고 무심히 들리는 온갖 사실 중에서 나는 이 같은 하늘의 뜻을 늘 보고 듣는다. 그래서 그 줄을 안다.

(1월 21일)

平安道 平壤女子

'당신 같은 남자하고는 같이 살 수가 없소' 하고 톡톡 쏘다 못하여 남편을 배반하고 집을 나서는 여자, '천리라도 따라가고 백 번 죽어도 못 잊겠소' 하고 속살거리다 못하여 정부(情夫)를 따라서 도망하는 여자, 이 같은 관계로 인하여 '아내를 찾아달라'는 남편의 수효가 작년 일 년 동안에 천여 명이나 되었다 한다. 평안도 평양일이다.

이것은 좋은 뜻으로 해석하여 평양의 자랑이요, 나쁜 뜻으로 해석하여 평양의 치욕이다. 그러나 '좋고 나쁜'것이 뚜렷하게 갈라설 수 없는 까닭에 좋기는 좋으면서도 실상 나쁘고, 나쁘기는 나쁜 듯하면서도 실상 좋은 일이다. 말하자면 웃다가 울고 울다가 웃을 경향이다.

누백 년, 누천 년 동안 남자의 발 밑과 손 속에서 밟히고 쪼들린 조선의 여자계에서 '댁(宅)만 제일이오?' 하고 일종의 발악 같은 심정으로 남자에게 대하여 여권의 존재를 주장하는 여자는 진실로 평양여자가 으뜸이니 가정생활에 있어서 '내권주장'(內權主張)이 드센 것은 이것을 증명함이다.

'내권주장'은 분명히 여권의 신장이라, 진실로 당연한 일이거니와 이 심정이 문득 자각 없는 감정에 흐를 때, 비로소 가지가지의 파탄이 생겨난다. 신진 여성계에 평양여자가 많은 반면으로 남편을 초개(草芥) 같이 여기는 불량처(不良妻)와 신기(新奇)와 호기(好奇)를 일삼는 허영녀(虛榮女)와 정조(貞操)를 우거지 같이 생각하는 기생들이 또한 평양여자계에 많은 것은 이것을 증명함이다.

이같이 평양여자는 두 가지 극단으로 좋으면 썩 좋고 나쁘면 기껏 나쁘다. 이것이 울다가 웃고, 웃다가 울을 경향이라는 말이다.

평양여자의 이야기를 하던 김이라, 어떤 사람이 각도 여자의 평을 이같이 하였다.

경기도 미인은 정면으로 바라보는 미인이고, 경상도 미인은 땅을 굽어보는 미인이고, 황해도 미인은 비스듬히 서서 보는 미인이고, 평안도 미인은 하늘을 쳐다보는 미인이라고.

이 사람의 평이 내 생각과 같다. 내 생각이 이 사람의 평인지도 모르겠다. 그래서 내 뜻대로 주석(註釋)을 붙여 본다.

경기 미인은 점잖은 듯이 당돌하고, 경상도 미인은 미련한 듯이 유순하고, 황해도 미인은 가련한 듯이 방정맞고, 평안도 미인은 선뜻한 듯이 건방지다고.

(1월 22일)

娼妓와 遊興費

총독부 경무국에서 조사한 재작년(大正 14년) 일 년 동안의 예창기(藝娼妓)에 관한 통계나 하나 소개하자.

조선사람, 일본사람 할 것 없이 '부어라 먹자, 불러라 듣자' 하고 홍청거린 사람의 수효는 일 년 동안에 이백오십오만 구천팔백육십 명.

이 이백여만 명 홍청거리 패들이 술에 흘리고, 노래에 날린 돈은 일천일백 칠십일만사천여 원으로 일본의 수부(首府) 동경시의 유흥비 일천오백만 원과 비슷하다고.

창기는 삼천일백삼십사 명, 갈보는 일천오백이십구 명, 기생은 이천사백팔십일 명. 창기는 해마다 줄어가는 형편이고 기생은 해마다 늘어가는 모양인데 이것은 물론 포주의 무쌍한 압박에서 생겨나는 창기의 자유해방이다. 좋기는 좋다마는 사회에 미치는 해독은 더 있을는지도 모를 일이다. 창기로 나와서 기생이 된다고 하면 ⋯.

유흥비에 대해서 한 사람의 평균을 따져 보면, 조선사람은 삼원사십삼 전, 일본사람은 팔원십삼 전, 기타 외국인 사원십육 전.

호화로운 동경조차 한 사람 평균이 사원이십칠 전밖에 안되는데 조선에 온 일본사람은 대략 두곱을 차지하니 이것만 보아도 조선에 온 일본사람들이 얼마나 '추수'가 홍성홍성한지를 알 수 있다.

실상 일본사람의 팔원각수도 조선사람의 부담이나 다름이 없거늘, 조선사람도 삼원각수를 덩달아 굿으로 쓴다.

이상의 통계는 세월이 좋지 못한 재작년일이니 세월이 좋으면 일본보다 더할 것은 물론이다.

(1월 23일)

참말 딱한 投書

오늘은 투서나 한 장 소개하자. 시내 ×정(町)에 사는 어떤 여자에게서 들어온 투서다.

다름이 아니올시다. 저는 금년 쉬흔여섯된 늙은 여자올시다. 처음 이모(李某)에게 시집을 갔었는데 살림이 가난하여 시집가면서부터 품팔이도 하여 부부가 다같이 돈벌이를 하면서 지내었습니다.

그런데 차차 살림이 늘어서 살 만하게 되니까 남편은 자식을 못 낳는다고 첩(妾)을 얻었습니다. 첩을 얻은 뒤로부터는 첩과 함께 학대를 합니다. 첩은 나의 의복을 가위로 모조리 썰어 놓고는 쥐가 썰었다고 합니다. 그러고 남편은 때리기도 하고 별별 짓을 다하다 못하여 육십이나 되는 나를 친정으로 가라고 하여 할 수 없이 집을 떠났습니다.

그러나 친정에서는 왜 왔느냐고 또 몰아내므로 올데갈데없이 헤매다가 그래도 '시집이 내 집'이오 '남편이 내 남편'이라 죽을 힘을 내어 가지고 다시 집으로 돌아왔었지요. 그러나 남편의 학대와 첩의 모해(謀害)는 나날이 심하여서 견디다 못하여 할 수 없이 또 친정에 와 있습니다. 주야로 남편이 회심(悔心)하기만 기다리고 있으나 여태 그 모양이니 어찌 하오리까?

경찰서에 고발을 해서 재산이라도 반분을 해달라고 하는 것이 좋을는지, 죽기 전에는 먹고 입어야 할 터이온데 친정살림도 어려워서 친정덕으로 먹고 살아갈 수가 없습니다. 이 일을 어찌하면 좋겠사온지 당신들이 좀 가르쳐 주십시오.

이런 종류의 투서는 한둘이 아니다. 그러나 이 불쌍한 늙은 부인의 투서만큼 딱하고 기막히는 것이 없다. 품팔이 살림 사오십 년에 축출(逐出)이란 진실로 기막히는 일이다. 게다가 첩의 모해에 이르러서는 더 말할 나위도 없는 일이다. 경찰에 고소 아니라 염라왕께 고소하여도 통한이 풀리지 못할 것이다.

서리진 머리를 바람에 날리고 원한의 눈물이 얼음지을 이 늙은 부인의 정황도 보고 싶거니와 '쥐 대신에 가위질' 잘하는 그 첩의 모양도 보고 싶다.

(1월 25일)

無題錄

상해에서 나석주(羅錫疇) 사진을 보내준 친구가 있다. 김두봉(金枓奉) 씨가 지은 글도 동봉이 되었다. 사진은 이미 발표한 바이니 필요가 없고, 김 씨 글은 발행하여도 '깎일' 터이니 그만둔다.

나석주 사건은 아직도 금지중이라, 쓸 수가 없거니와 상해에서는 일본서 발행하는 신문들을 보고 대강 짐작들을 하였던 모양이다. 말쑥하게 깎인 네 페이지 호외(號外)를 보고 기가 막혔다니 말이지, 만들어낸 우리는 막히다 못하여 터질 뻔하였다.

조선출생인 박열(朴烈) 까닭으로 엎치락뒤치락하는 동경의회는 한창 꽃이 피다가 정회(停會)라는 된서리를 맞고 나더니 의장에서 낮잠 자는 대의사(代議士)들이 늘어간다고 한다. 불면불휴(不眠不休)하고 나덤비는 패들도 무던하지마는 잠을 자면서 떠드는 패는 더욱 무던하다.

'일본사람을 배척하려고 유명한 미국(米國) 가주(加洲)에서는 이번 가주의회(加洲議會)에, 일본사람은 가주지경(加洲地境)인 바다나 강물에서 영업적 고기잡이는 물론 오락적 낚시질도 못한다' 하는 배일법안(排日法案)을 또 제출하였다 한다. 똥개천에 있는 미꾸라지쯤이야 용서를 할 터이지?

동척이민(東拓移民) 때문에 가지가지 문제가 일어나는 조선에는 또 불이흥업(不二興業) 이민이라는 것이 수 년 이래로 바싹바싹 닥아 서는 모양이다. 금년에도 사십 호가 온다하니 늙은 이민, 젊은 이민 한 이백여 명 쓸어들 모양이다. 배일 잘하는 가주의원들이라도 이러한 조선에 와서는 소용이 물론 없다.

동경 있는 일본대학에서는 '씨름꾼'을 대학교수로 초빙을 하였다 한다. 일본서는 장기(將棋)만 잘 두어도 장기대가(將棋大家), 바둑만 잘 두어도 바둑대가하고 떠받쳐 준다. 그래서 이로써 행세도 하고 먹고 입을 것도 얻어간다. 일본사회만 하여도 제법 살아갈 만한 곳이다…?

'피아노' 잘타는 파란(波蘭) 대통령은 최근에 음악박사의 학위를 얻었다고 한다. '음악가'를 조선속어로 고치면 '광대'다. 광대가 대통령이 되고 박사가 되었다 하면 케케묵은 양반들은 '미친 놈들! 말세야 말세!'하고 장탄식을 할 것이다. 조선의 정말 광대들은 언제나 대통령이 되실는지?

(1월 26일)

時事短評一束

평양고보(平壤高普)에서는 작년의 맹휴문제(盟休問題)로 퇴학한 생도 구십여 명에 대하여 미납된 수업료를 내라고 근 이십 군데 경찰서에 설유원을 제출하였다는 소식이 들린다. 평양고보가 글을 가르치는 학교라면 기괴하기 짝이 없는 일이지만 글을 팔아먹는 상점이라고 하면 문제될 것도 없다. 외상값 받는 수단으로 경찰서에 설유원 제출하는 전례는 수두룩한 까닭이다.

'조선사람 조선 것, 내 살림 내 것으로' 하는 표어를 세우고 토산장려운동을 시작한 지도 벌써 오래 전 일이다. 시작한 지가 오래인 것만큼 시시하게 된 지도 오래거니와 선손을 빼든 서울서는 잠잠한데 평양서는 벌써 그날의 기념준비 소식이 들린다. 기운 있고 꾸준한 성격의 소유자는 그래도 평양사람이다.

충청북도 보은군청에 다니는 어떤 고원(雇員)은 화류계에 빠져서 공금을 횡령하였다. 화류계에 '빠진' 바에 '형무소'에 '갇힐' 것이 문제될 것이 없다. 계집은 꿈에 보아도 재수가 없다는데 ….

돈이야기를 하는 김이라, 총독부에서 경영하는 총독부의원에서는 돈이 없다고 독약 먹은 환자의 입원을 거절하였다 한다. 참말 같기도 하고 참말 같지 않기도 하다. 사설병원과는 '다른' 까닭이다.

종로경찰서 순사부장이 '패검'을 잃고 창황망조를 하더니 이번에는 동대문경찰서 순사가 또 패검을 잃고 쩔쩔매는 중이라고 한다. 다음에는 어느 경찰서 누구의 차례인지는 추측하기 어렵거니와 이러다가는 아무리 하여도 순사의 패검에다가 미행순사를 단단히 붙여야 할 모양이다.

경성의 건물은 단층집이 9할이나 되어서 세계적 도시로 값을 따지면 하등의 일등이라고 어떤 도시연구가는 발표하였다. 단층은 대개 조선사람의 주택이라는 말이다. 필자는 도시에 대한 연구가 없어서 도시발전의 경로를 모르지마는 동양척식회사 같은 종류의 이삼 층 건물들이 단층으로 줄어들어야 조선사람의 주택이 이삼 층으로 늘어갈 줄로 생각한다.

(1월 27일)

社會時評(三十五篇)

(敵治 大正十二年 - 西紀)

— 花洞時代의 東亞日報 社會面 社說 —

이 사회시평은 동아일보의 화개동(花開洞)시대, 필자가 제일선 기자에서 사회부장으로 옮아가는 중간기의 글이다. 당시 '사회면사설'이라고 하였다. 당시의 이 난 필자는 김형원(金炯元), 유광렬(柳光烈), 박원근(朴元根), 제씨(諸氏)와 필자였다고 기억된다. 그러므로 당시 다른 분의 글이 끼었을는지도 모른다. 오래 전 것이므로 지금에 기억은 없고, 문면(文面)을 통해서 겨우 내 글이라고 짐작할 수 있는 글이 여러 편인 까닭이다. 원문은 순국문(純國文)이나 필요하다고 생각되는 문구는 한자로 고쳤다.

이 시평이 문장으로서는 취할 점이 없을 것이다. 어린 시절이라 치기(稚氣)가 만편(滿篇)이다. 다못 그때의 '사회상'으로는 귀한 재료일 것이며 따라서 그에 부딪친 젊은 의기(意氣)는 평가할 수 있을 것이다. 대개 이 글에 흐르는 필자의 사상감정이 곧 그대로 사회의 일면을 대변하였다고 볼 수 있는 까닭이다.

(解放後 둘째 여름 筆者 附記)

生活難과 退學

'돈이 없어서 공부를 못한다!' 하는 말은 우리가 이제 처음 듣는 말이 아니다. 부형은 부형대로, 자제는 자제대로, 많은 경험을 가진 속 아픈 말이다. 그러나 우리는 작지(昨紙) 본면(本面)에 보도된 '경성부내 보통학교의 퇴학상황'을 보고서 다시 한번 새삼스럽게 놀라지 아니치 못하겠다.

'돈이 없어서 공부를 못한다!'

그러나 우리의 놀람은 다만 경성부 내에서 매년 백오십 명의 보통학교 학생이 학비곤란과 생활곤란으로 퇴학을 면치 못한다는 한 가지 사실에 대한 일시적 놀람이 아니다. 전 조선의 보통학교 학생 중에서 매년 이와 같은 운명을 당하는 아이가 얼마나 되는가? 퇴학은 고사하고 당초부터 입학도 하지 못하는 아이가 얼마나 되는가? 함을 생각할 때에 우리는 문득 온몸에 소름이 끼침을 느끼지 아니할 수가 없다.

'돈이 없어서 공부를 못한다!'

'돈이 없어서 공부를 못한다!'함은 이 사회, 이 제도 아래에서는 면키 어려운 사정일 것이다. 그러나 우리는 한 걸음 더 나아가서, '돈이 없어서 아이들이 생명을 잃는다!'는 지경까지 생각하여 보고자 한다. 현재 우리의 사회에는 매년 수많은 아이들이 생활곤란으로 영양부족으로 비명(非命)에 죽는다. 이 같은 참상(慘狀)은 단순한 조선사람만의 비참사(悲慘事)가 아니요 전 인류에 걸친 중대한 문제라고도 할 것이나 우리는 우리의 처지니까 더욱 더 쓰린 것이다.

사랑하는 형제여! 옛날 성인의 말씀에, '행하고 나머지 힘이 있거든 학문에 나아가라'고 하였거니와 이제 우리는 '살기 위하여는 먹을 꾀를 하지 아니하면 안 된다'. '먹고 남을 힘이 없으면 공부도 할 수 없다!'는 말을 다시 한번 외치지 않을 수 없는 사정이다. 그리하여 공부보다도 먹기에, 살기에 눈을 떠야 하겠다.

(敵治 大正 12년 12월 2일)

電氣府營 問題

지난 달에 선거된 경성부 협의원 중에는 경성 전기회사를 부(府)에서 매수하여 부의 자원을 늘이는 동시에 삼십만 부민의 편익을 돕고자 하는 의견이 있었다 한다.

원래 전기나 전차 등 다수한 인민(人民)의 일상생활에 직접 이해가 막대한 사업을 일개 영리회사에 맡겨 두는 것이 그릇된 일임은 이제 다시 말할 필요도 없거니와 경성부의 재정상태가 허락할 수만 있다 하면 하루바삐 실행하여야 될 일이다. 그러나 이에 대한 경성 부윤(府尹)의 말에는 '부에서 그러한 일을 경영함은 물론 좋으나, 회사편에서 팔기를 즐겨 할는지도 모르고, 설혹 판다 할지라도 현재 그 회사는 자본금만 일천오백만 원인즉 부의 재정상태로 보아서는 불가능한 일이다' 한다.

현재의 재정상태로는 불가능하다 하는 부윤의 말을 우리는 결코 그르다 하지는 아니한다. 그러나 정말 부민의 이해를 생각한다 하면 부에서 부채(府債)를 얻어서라도 하여야 할 일이 아닌가? 우리는 협의원 제군에게 이러한 중대한 문제를 해결할 권능이 있다고 믿지는 아니한다마는 그대들의 의견을 성취하기 위하여서는 힘껏 도움을 아끼지 아니하려 한다. 만약 전기회사를 매수하기가 극난(極難)하다 하면 그는 후일로 미루더라도 전등료를 내리게 할 일, 시외전차(市外電車)의 구역철폐(區域撤廢)쯤은 하루 바삐 실시되도록 노력하기를 바란다.

(敲冶 大正 12년 12월 3일)

外地와 鐵窓兄弟

진재(震災)의 동경에서 추운 겨울을 맞게 된 우리 유학생 중에는 학비의 군색으로 인하여 이역(異域) 객창(客窓)에서 무한한 고초를 당하는 사람이 많다고 한다. 우리는 이러한 소문을 들을 때마다 외지에 나가 있는 형제의 생각이 더욱 간절치 않을 수 없다.

북풍이 살을 에는 만주벌판과 '시베리아'에 있는 수백만 형제는 지금 과연 어떠한 고생을 하는가? 북경과 상해로 분주하며 우리 겨레의 구제(救濟)를 위하여 힘과 정성을 다하는 형제들은 엄동(嚴冬)을 당하여 기한(飢寒)이 얼마나 심한가? 북미(北米)를 위시하여 세계 각국에 흩어져 있는 지사와 학생과 상업가 등 우리 형제들의 외로운 이역생애가 얼마나 신산(辛酸)한가?

날이 점점 추워질수록 우리는 멀리 외지의 형제를 생각하는 동시에 또한 내지(內地)에 있으면서도 신체의 자유를 구속당한 형제, 여러 가지의 명목으로 옥중에서 겨울을 지내게 되는 형제의 안부(安否)를 생각지 아니할 수 없다. 마루ㅅ방 잠자리에 콩밥으로 연명하는 그들의 생활을 생각할 때에는 빈약한 우리의 살림으로도 미안한 생각을 금할 수 없다.

그러나 형제여! 우리는 형제를 생각하나, 그 보람을 보일 능력이 부족함을 한탄치 아니할 수 없음을 슬퍼한다. 오직 형제 사이에 거짓과 꾸밈이 없음을 믿는 우리는 홀로 맘 속에 형제의 건강을 빌 뿐이다. 지공무사(至公無私)한 하늘이 미구(未久)에 우리 형제를 위하여 따뜻한 봄을 보낼 줄을 믿고 스스로 맘을 가라앉히어 볼까 한다.

(敲治 大正 12년 12월 4일)

朝鮮蠶食會社

'동양척식회사'가 '조선잠식회사'(朝鮮蠶食會社)인 것은 이제 다시 말할 여지도 없다. 척식회사가 있는 이상에는 조선인의 생활은 언제든지 위험하다. 이따위 회사는 우리의 생명을 위하여 하루 바삐 없이하여 버려야 할 것이다.

매년 몇백 명씩 들어오는 일본이민은 매년 몇만 명 조선인의 생명을 빼앗는다. 땀으로 빼앗고 고리대금으로 집과 세간을 빼앗아 간다. 그러나 우리 농민들은 어찌하는 도리를 가지지 못하였다. 그들이 죽이면 죽기까지 할 만치 우리 농민은 유순한 천민(天民)의 처지에 있다.

천민의 순직한 성품을 이용하여 일본인의 배를 불린다는 한 가지 사실만 하여도 동양척식회사라는 곳은 우리의 공공연한 대적(對敵)이다. 우리는 참을 대로 참아 왔고 유순할 대로 유순하였으나 이제는 더 참을 수가 없고 더 유순할 수가 없다. 다시 말하면 이 위에 더 참고 유순하다 하면 곧 죽으라는 말이다. 추수가 다 되고 조(租)도 내는 철이 되자 각처에서 토지에 대한 문제가 많게 되고, 따라서 척식회사의 무도한 처사에 대한 불평의 소리가 높게 되었다. 이제 여기에는 일일이 그 사실을 적발(摘發)할 여유가 없거니와 우리는 이 회사를 무엇보다도 미워한다는 것을 공언(公言)하고자 한다.

농민들아! 가난한 형제들아! 우리가 이제 형제에게 향하여 무엇이라 말을 하랴? 오직 '그대들은 참을 대로 참았고 유순하였으니 이 위에 더 참고 유순할 수는 없다'는 말을 되풀이할 뿐이다.

(敵治 大正 12년 12월 10일)

年末賞與金

연말이 되면 월급쟁이에게는 '연말상여금'이라는 훌륭한 선물이 있다. 주는 사람은 주는 것을 자랑하며 받는 사람은 받는 것을 기뻐하는 것이다. 경성부 장미(長尾) 재무과장의 말이라 하여 신문지에 전한 바를 보면, '경성 부내에는 월급으로 생활하는 사람이 일만이천 명 내외인데 금년에도 전부(全府)의 상여금은 일백이삼십만 원에 달할 것이요 그 중 십의 칠팔은 경성 부내에서 소비될 것이므로 연말의 금융계는 이로 인하여 상당히 윤택하리라' 하였다. 그리고, 또 '빈약한 그들의 생활에 다소간 위안을 주자는 것이 연말상여의 본의(本義)라' 하였다.

거지에게 동전 한 푼을 던져주는 것도 위안이요 모르히네 중독자에게 침 한 대 주는 것도 위안이라 하면, 월급생활자에게 연말상여금 주는 것도 끔찍한 위안이 될 것이다. 그러나 우리는 동전 한 푼이나, 침 한 대로 거지와 중독자가 구제되었다는 사실을 이때까지 보지 못하였다. 상여금도 또한 월급쟁이를 구원하는 데 아무 소용이 없을 것이다. 동전 한 푼이 거지로 하여금 거지노릇을 늘 하게 하고, 침 한 대가 중독자를 더욱 중독케 함과 같이 상여금은 월급쟁이에게는 가장 독한 약이다. 월급쟁이의 정신을 빼게 하는 마취약이다. 이것을 주면서 자랑하는 것은 죄악이요, 이것을 받으며 기뻐하는 것은 노예의 가련한 본성이다.

돈 가진 사람들아! 그대들은 언제나 이 더러운 '상여금'을 폐지하려느냐? 월급쟁이들아! 그대들은 언제나 이 무서운 마취를 맏으려느냐? 혼돈한 세상아! 너는 언제나 사람의 본성을 나타내려느냐?

(敵治 大正 12년 12월 16일)

普校 經費問題

평안북도 평의회 석상에서 조선인 평의원의 입으로 '어찌하여 소수의 심상소학교(尋常小學校)보다 다수의 보통학교를 경시하느냐?' 하는 맹렬한 질문이 있었다 한다. '명년도 지방예산안을 본즉 교육보조비 중 보통학교비는 금년도에 비교하여 이만팔천여 원의 거액이 감소되고 그와 반대로 일본인 심상소학교비는 일만이천여 원이 증가되었으니 도 당국에서는 현재 3면1교제(三面一校制)의 보통학교 시설을 만족한 줄로 생각하는가? 그리고 금후 보통학교를 증설할 필요가 없는 줄로 생각하는가?' 하는 질문이 있었다. 이에 대하여 학무과장은 '압록강 상류에서 국경을 경계하는 경관들이 극히 박봉(薄俸)이므로 교육비를 많이 부담할 수가 없는 관계상 소학교비에만 보조를 하게 되었다. …'는 등 답변을 하였다 한다.

학무과장의 답변은 진실로 훌륭하다고 아니할 수 없다. 압록강 상류의 국경을 경계하는 경관이 박봉을 받으므로 조선인 아동교육비를 빼어다가 그들의 봉급을 후하게 한다? 이 얼마나 갸륵한 처사냐? 이 광경을 본 의장(도지사)은 평의원의 질문에 대하여는 대답하여 줄 필요가 없었던지, 시간이 다 되었다는 핑계로 휴회(休會)를 선언하여 흐지부지하였다.

총독부 당국자여! 우리는 이에 특청(特請)이 있다. 자기의 맡은 교육비까지 떨어다가 경찰비에 보태려는 특별한 성위를 가진 충량(忠良)한 학무과장을 그대로 현직에 두는 것은 천부당만부당한 일이니, 속히 평북 경찰부장이나 국경경계(警戒) 총사령관(總司令官)을 명함이 마땅할까 함이다. 동시에 이 다음에는 경찰비를 빼앗아다가 교육에 쓰려 하는 성심을 가진 사람으로 학무과장을 명함이 어떠할까 함이다.

(敵治 大正 12년 12월 18일)

學議員 諸氏에게

경성부 내의 명년도 보통학교비 지방비보조는 금년에 반액밖에 아니되는 육만 원으로 줄어들고, 그와 반대로 일본인 소학교보조비는 금년과 같이 십이만 원을 그대로 보조하게 되었다 한다. 이곳저곳에서 보통학교비 감액에 대한 당국자의 편벽된 처사에 대하여 물론이 높은 이때에 조선의 수부(首府)인 경성부 내에서 이와 같은 편벽된 사실이 있음은 실로 당국자의 심사를 분명히 증명하는 사실이 아니고 무엇인가?

3면1교를 내세워 총독정치의 자랑거리나 삼고 훌륭한 벽돌집이나 지어서 '조선사정소개'(朝鮮事情紹介)의 재료나 삼는 총독부 당국자에게 향하여 '어찌하여 조선인 자제의 교육을 등한히 하느냐?' 하는 질문은 원래부터 묻는 자가 실수일는지도 모른다.

그러나 그래도 소위 국고비나 지방비라 하는 것부터가 조선인의 피를 짜 모은 돈이라, 조선인의 피를 빨아서 조선인 자제의 교육은 등한히 하고, 반대로 일본인 자제의 교육만 힘써 한다 함은 아무리 뻔뻔한 당국자로도 사람이 맘이 있으면 부끄러움이 있을 것이다.

경성부에서는 미구(未久)에 소위 학교평의회라는 것을 열 터이라 한다. 이 평의회라는 것은 원래가 아무 세력이 없으니까 평의원 제군에게 무엇을 부탁할 필요도 없겠지만 그래도 제군의 일거일동(一擧一動)이 다소간이라도 효과가 있다 하면 제군은 마땅히 싸우지 아니하면 아니될 것이다. 싸우다가 아니 되거든 끝까지 '평의원'이란 명예쯤은 집어던져도 무방한 일이 아닐까 한다. (敵治 大正 12년 12월 21일)

京城府의 食言

재작일에는 바람이 몹시 불었다. 그리하여 청계천의 썩은 모래를 깔아 놓은 종로 길거리는 안개와 같은 먼지에 싸여서 그야말로 홍진세계(紅塵世界)를 이루어 문까지 닫친 점방이 있음을 불구하고, 아침 8시부터는 당연히 물을 뿌려야 할 경성부에서는 12시가 되도록 한 방울물도 뿌리지 아니하다가 나중에는 재주 있게도 소위 남부일대에만 뿌리었다는 사실이 작일 보도되었다.

만 원이라는 적지 않은 경비를 들인 위생사업을 맡아 가지고 할 일에 등한한 게으른 허물도 적지 않은 실태이나 새해의 덕분으로 팔구일 동안 놀던 터이라, 단술에 취한 몸이 늦잠도 있었을 것이며 놓았던 일을 다시 잡기에 싫증도 있었을 터인즉 '한 번 실수는 병가(兵家)의 상사(常事)'로 우리는 구태여 '궁한 토끼'를 쫓고자 아니한다. 그러나 게으른 주제에도, '남북부의 차별'이란 알미운 심법(心法)에는 정신을 차리어 노골적으로 단행한 태도에 대하여는 가만히 있을 수 없다.

경성부 당국자여, '북부의 모양을 보았습니다마는 참 미안합니다. 새해부터 북부에 전력을 다하겠습니다'고 한 위생계장의 대답이 입 밖에 나온 지 두 달도 못되어 벌써 자기가 한 말을 집어삼키기까지 하여서라도 남북부의 차별은 끝까지 하여야 한다는 용기를 가진 듯함은 너무나 얼굴이 두터운 일이 아닐 수 없다. '새해부터는…' 하여 놓고, 새해의 벽두(劈頭)에 시작하는 첫날 아침부터 알뜰히도 차별함은 좀 지나치게 민첩(敏捷)한 것이 아닐까?

우리는 까닭 없이 남을 의심하며 턱없이 비난하려는 좁은 가슴을 가지지 아니한다. 아무리 말치레를 잘하는 경성부의 말이라도 우리는 당국자의 지위와 인격을 믿고 따라서 그 말을 믿었다. 당국자여! 전체의 부민을 다같이 위한다는 공복(公僕)의 책임을 알거든 쾌연(快然)하게 반성함이 있으라. 더한층 성의를 다하라.

(敵治 大正 13년 1월 9일)

梅洞商校 廢止

경성부의 10년도 보통학교 예산은 경상부와 임시부를 합하여 작년보다 20만여 원이 줄어드는 동시에 교사(校舍)를 증축하는 것은 마포보교(麻浦普校) 이외에도 아무 시설도 없게 되었다 한다. 이뿐 아니라, 종래에 있던 기관을 없애기 위하여 매동(梅洞) 간이상업학교(簡易商業學校)는 신학기부터 생도를 모집하지 않기로 되어 이미 신학기부터는 예산까지 줄였다 한다.

우리는 이러한 소식을 들을 때마다 가슴이 답답함을 금할 수 없는 동시에 소위 당국자의 처사가 너무 무리한 것을 생각지 아니할 수가 없다. 일반적으로 예산을 줄인다 함은 예산의 대체방침이라, 이에 가부를 논란할 문제가 아니거니와 이미 있던 학교를 없이 한다 함은 무슨 이유인가?

부당국자여, 이미 있던 학교를 폐지한다 함은 대체 무슨 이유인가? 돈이 없어서 폐지하는가? 만약 돈이 없어서 폐지한다 하면 이 한 가지 사실을 보아서 금후 조선인교육이 얼마나 희망이 없을 것임을 넉넉히 추측할 수가 있다. 이미 있던 학교도 돈이 없다는 구실로 폐지하는 당국자들이니, 새로이 무슨 교육기관을 세우리라고는 믿어지지 않는 까닭이다.

경성부 학교평의원 제군, 제군은 허수아비가 아닌지라, 어찌 이러한 중대한 문제를 보고 그저 지내려 하는가? 조선인의 교육을 위하여 그대들의 직책을 다하려면 마땅히 이와 같은 문제로써 당국자에게 육박(肉迫)할 필요가 있을 것이다. (敲治 大正 13년 1월 12일)

無知全能한 警察

하나님을 형용하여 '전지전능'이라고 한다. 모르시는 것이 없고 못하시는 것이 없다는 뜻이다. 그 어른은 하나님이시니 마땅히 그러하실 것이다.

그러나 조선에는 하나님 말고 전지전능한 것이 있으니 그것은 경찰이다. 전지는 문제지마는, 적더라도 모르는 것이 없는 체하며 기실 알아야 쓸 것 — 가령 인권을 존중할 일이라든지, 경찰이란 인민의 종이라든지 하는 것은 숫제 모르고, 옳지 못한 것 — 가령 인민을 멸시(蔑視)하는 것, 남의 집에 함부로 들어가기라든가 이러한 것은 못하는 짓이 없다. 진실로 조선의 경찰은 무지전능(無知全能)의 괴물이다.

공연한 풍설만 믿고 아무 까닭도 없는 객줏집에, 밤중에 뛰어들어가서는 자는 사람들을 벗은 채로 결박을 지어서 수치를 보인다. 그러고는 아무 형적도 없으니까 애매한 어멈의 눈통을 때리고, 수색하노라고 장을 부수고, 시계를 부수고, 게다가 그저 가기는 싱거우니까 공연한 사람을 잡아가지고 간다.

이것이 무지전능한 조선경찰의 전지전능한 솜씨다. 그리고도 경찰이란 참 좋은 것이라, 가택침입죄도 안되고, 기구파손죄도 안되고, 구타죄도 안되고, 도리어 얻어맞은 사람더러 '요보 이놈아 고맙다 말해!' 이 모양이다.

부당한 욕을 당한 이들의 분풀이는 어디서 하노? 파산된 장과 시계는 누가 배상하노? 무지전능한 경찰 만세!

(敵治 大正 13년 1월 22일)

荷衣島의 悲劇

섬 셋을 통으로 빼앗기고 만여 명 도민(島民)이 일본인의 종이 되어 살아갈 길을 부르짖는다는, 소설에서나 얻어볼 수 있는 비극적 사실은 전남 무안군(務安郡) 하의면(荷衣面)에서 생긴 일이라고 작일 본지 본면에 보도되었다.

그 사실의 내력에 대하여는 작일 본지에 자세히 소개한 바이라, 이제 거듭하여 기록할 필요가 없거니와 도민대표 9명이 방금 경성에 두류하며 이 사실을 들어서 총독부에 진정을 한다 한즉 금후의 문제는 당국자의 태도에 달리었다 할 것이다.

대대로 전해 오던 땅덩이를 일부의 세도(勢道)와 간악한 수단에 어찌할 수 없이 빼앗기게 된 도민의 운명은 인도상으로 보아 참아 못할 일이거니와 억울함을 참지 못하는 도민들은 현재 지주라 하는 덕전모(德田某)에게 웃돈 오만 원을 얹어줄 터이니 그 땅을 도로 팔라 하였으나 덕전은 (일찍이 체결한 계약이 있음도 불구하고) 땅을 팔지 아니하려고 한다는 것이다.

이욕(利慾)에 눈이 붉은 덕전모의 행동으로는 인사와 체면을 돌아볼 여유가 없으려니와 소위 백성을 다스린다 하는 당국자로 앉아서는 이만한 일을 판단할 만한 두뇌가 없을 수는 없다. 이제 와서는 도민의 청구가 결코 무리한 것이 아니요 오히려 여러 가지 분한(憤恨)을 참아가며 양보에 양보를 더한 터이라, 당국자의 처지로 앉아서 이번 사건을 공평히 처단치 못한다 하면 이는 실로 덕전모 등 모리배의 행동보다도 악한 일이라 할 것이다.

우리는 이 비극적 사실에 대하여 장황한 의론을 하고자 아니하며 또 장황한 의론을 할 필요가 없을 줄도 안다. 오직 당국자의 처단 여하만 주목하고자 할 뿐이다.

(敵治 大正 13년 2월 1일)

鐵道學校의 差別

용산에 있는 철도학교에서는 도제과(徒第科)에는 조선인 아동을 반수(半數)씩 수용하되 본과에는 도무지 받지 아니한다. 오직 색채를 하기 위하여 한두 명씩을 받을 뿐이다. 이에 대하여 그 학교당국자는, '조선아동은 학력이 부치어서 떨어지는 것이지, 학교에서 고의로 차별함은 아니다'고 변명한다.

철도학교가 설립된 지 다섯 해 동안에 본과의 조선인 지원자 781명 중에 입학된 자가 겨우 6명, 도제과의 지원자 1,681명 중에 입학된 자가 170명이라는 통계숫자를 보면 말하지 아니하여도 조선인과 일본인의 차별을 어떻게 하는지를 알 수 있는 것이다.

우리는 구태여 조선인과 일본인을 차별하는 것이 그르다고 말하려 하는 것은 아니다. 말이 다르고, 풍속이 다르고, 역사가 다르고, 일상생활이 다르며, 사상과 감정이 다른 조선인과 일본인은 자연적으로 차별이 될 것이요 차별을 없이 한다 할지라도 면치 못할 구별이 있을 것은 사실이다.

그러나 우리는 철도학교뿐만 아니라 모든 일본인의 행동에 대하여 '차별 없다는 표어 아래에 차별을 짓는' 얄미운 행동을 가증(可憎)하게 여긴다. 이번 철도학교사건도 당초부터 '본과는 조선인을 받지 아니한다' 하였으면 우리는 차별이니 무엇이니 하고 '창피한 항의(抗議)'를 할 까닭도 없다. 언제나 이 창피를 면할 때가 오려는고!

(敵治 大正 13년 3월 16일)

罪人惡刑致死說

평양형무소에서는 지난 3월 1일에 독립기념만세를 부른 죄수에게 사람으로는 차마 못할 악형을 가하여 마침내 두 명의 죄수가 무참히 죽음을 당하였다 한다. 이에 대하여 당국자는 '죽은 것은 사실이나, 병으로 죽은 것이라'고 부인하였다 한다.

그럴 것이다. 동경 진재(震災) 통에 생긴 사건 같은 것은 원래 특별한 예외라, 말할 것도 없거니와 적어도 인류의 양심이 안에서 호령(號令)하고 세상의 이목이 밖에서 감시하는 청천백일(靑天白日), 사람의 무리 속에서 이같이 악독(惡毒) 무쌍(無双)한 사건이 생겼으리라고는 누구든지 믿지 아니할 것이니 당국자의 '사실부인'도 지당하다 할 것이다.

그러나 만일 이것이 풍설(風說)이 아니고 정설(正說)이면 어찌할꼬? 이것이 만일 일반의 추측이 아니고 명명백백한 사실일진대 어찌할꼬? 진실로 이것이 사실이라면, 비참한 영혼을 위하여서뿐 아니라 자불능기(自不能已)하는 인류의 공분(公憤)을 위하여 피가 끓고 살이 떨리지 않을 수 없다. 우리는 다행히 아직도 인류에게는 인류를 사랑하고 '생'(生)을 사랑하는 양심이 있음을 알고 아울러 평양형무소 당국자들도 이 같은 인류의 일분자(一分子)임을 믿고 어디까지든지 사실이 아니기를 믿으려 한다.

평양형무소 당국자가 이 사실을 '부인'하기는 고사하고, 설혹 시인한다 하더라도 우리는 우리에게 양심을 준 하늘을 두려워서 인류계의 체면을 위하여서 억지로라도 사실이 아님을 믿고자 한다. 우리는 이 같은 악독한 '풍설'과 '추측'이 한때 한 번일망정 귀에 들리는 것을 애처로워할 뿐이니 하나님이여! 사람의 세계에 없을 이따위 풍설이 다시는 들리지 말게 하소서.

(敵治 大正 13년 4월 7일)

四溟堂 神道碑

'8년 풍진(風塵) 임진왜란'에 승병으로 나섰던 금강산 표훈사(表訓寺)의 고승 사명당(四溟堂)의 정령(精靈)을 위하여 그의 고향인 밀양에 세운 신도비(神道碑)는 최근에 땀을 흘리어 주초(柱礎)에 물이 고이기까지 하였다 하여 이 같은 일은 이번뿐 아니라 멀리는 고사하고 가깝게 임오군란, 갑신정변을 비롯하여 경술년 일한합방, 기미년 독립운동 등 전 민족적으로 크나큰 변이 생길 때마다 있었다 한다.

딴딴한 마른 돌덩이에서 '땀'이 흐른다 함이 얼마나 괴이한가? 이 괴이한 사실에 여러 가지 해석을 붙이려 하는 민중의 가슴이 얼마나 애달픈가? 땀이야 흐를까마는 '눈물'은 흐르리라. 나라의 교서(敎書)와 스승의 격문(檄文)을 보고 흘렸던 그 같은 눈물은 흐르리라. 편주(扁舟) 척신(隻身)으로 남해를 건너가던 당년의 의기가 아직도 남았다 할진대 그 무수한 변을 당할 때마다 울지 않을 수 없었으리라.

선죽교(善竹橋)에 있는 붉은 점은 왕씨 고려와 함께 넘어간 정포은(鄭圃隱)의 혈흔이라 하고, 을사조약으로 가슴에 칼을 박은 민충정공(閔忠正公)의 집에서 생긴 대는 혈죽(血竹)이라 하거니와 이 비면(碑面)에서 흐르는 물을 '눈물'이라 한들 몇 푼의 잘못이랴?

조선사람은 방금 배고파 울고, 기막혀 운다. 하지 못해서 하고 울고 싶어서 운다. 강산도 울고 초목도 운다. 운다고 보면 남산의 풀포기나 북악의 바위도 울고, 독립문도 울고 광화문도 운다 하려든, 물이 흐르는 신도비를 운다고 못할 것이 무엇이랴. 신도비는 운다. 경술년 눈물과 기미년 눈물이 구태여 다르다고 구별하려는 사람이 있을는지는 모르거니와 지금에 우는 이 눈물은 기뻐서 우는지 슬퍼서 우는지 신도비 자신밖에는 알지 못할 눈물일 것이다.

(敵治 大正 13년 4월 12일)

東拓社有地 賣却

동양척식회사에서는 창설 이래로 그저 훔쳐 가지나 다름이 없는 전답(田畓)과 산판(山坂) 등을 팔기로 하고 각지에 있는 지점에 통지를 하여 방금 준비중이라 한다. 그리하여 헐값에 팔아먹고, 다시 그들의 농노(農奴)가 되어 있는 조선 소작인들은 일본인 개인에게 팔까 하여 뒷일을 걱정하고 불안하게 지낸다 한다.

파는 이유는 무엇일꼬? 원래 헐값으로 모은 땅이라 원가대로 문부(文簿)에 적히어 숫자상으로 적게 보이는 부동산을 궁(窮)하여 가는 이때에 보다 더한 알돈으로 바꾸어 놓는다는 것도 한 가지 이유려니와 싸게 산 것을 비싸게 팔아서 다시 종래보다도 더한층 광대한 토지를 휘몰아 훔칠 밑천을 장만하려는 것이 아닐는지도 모를 것이다.

원래 동척은 인도의 전 땅덩이를 모조리 훔쳐다가 정부에 바친 영국의 동인도회사와 추호도 다르지 아니한 같은 회사다. 이미 이 같은 소갈머리를 가지고 있는 이상, 동척 자신이 가지고 있거나 동척의 수많은 아들과·손자·증손자가 가지거나 빼앗긴 조선사람이 받는 바 고통은 일반일 터이며 따라서 피가 마르고 살이 깎이는 분수도 여전할 것이다.

두고 보면 알려니와 조선사람에게는 팔지 아니하리라. 샀다가 다시 싸게 팔아먹을 가능성이 충분히 보이는 조선사람에게는 팔는지 모르나 적어도 다시 팔아먹지 아니할 만한 여유를 가진 조선사람에게는 팔기를 꺼리리라. 본래의 목적과 사명을 이루기에 열열급급(熱熱急急)한 동척 자신으로는 이 같은 조선사람에게 팔아야 할 하등의 이유와 필요를 느끼지 아니할 것이니 조선사람아! 그러면 어찌할꼬! 우리의 밥을 빼앗아 가는 이 뚜렷한 적을 근본적으로 없이하는 것밖에 다른 길이 없을까 한다.

(敵治 大正 13년 4월 13일)

餓死同盟 出現

살고 싶으나 살 길이 바이 없고 죽기를 애처로워 하나 죽지 아니치 못할 처지에 있는 품팔이 노동자 여섯 명이 장충단공원에서 죽음을 기다리고 있다는 소문이 세상에 퍼지었다.

얼마나 듣기에 쓰린 소문이냐? 이 쓰린 소문이 배가 불러 흥청거리는 사람의 귀에 어떻게 울렸을까? 적어도 '사람'이면 누구나 아파하였으리라. 기름에 지지고 꿀로 비빈 고량진미(膏粱珍味)라도 이 소문을 듣는 찰나에는 다소간 깔깔하였으리라.

'아사동맹(餓死同盟)?' 세상은 놀랐다. 한 사람이 아니고 여섯 사람이라 하여 더욱 놀랐다. 제각각 흩어져 죽는 것이 아니고 한데 뭉치어 같이 죽는다 하여 더욱 놀랐다. 그리고 이 사실은 어떤 집 행랑에서나 처마 밑에서 생긴 일이 아니고 몇십만 사람이 거들거리는 놀이터에서 생겼다 하여 더욱 놀랐다. 그러나 신경이 마비된 까닭인지, 이 소문이 들리기 전까지 세상은 아무 반향(反響)도 없이 잠잠하였던 것이다.

배고파 죽음을 기다리는 가련한 목숨이 우리사회에 여섯뿐이 아니며 부내에만 있는 것도 아니다. 줄행랑 속에도 있으며, 굴뚝 밑에도 깔려 있고, 기계바퀴에도 매달려 있으며 산골짜기나, 모래벌이나, 기름진 논밭과 빳빳한 둔전(屯田)에서 허위적거리는 수많은 해쓱한 얼굴들이 모두 다 죽음을 기다리는 가련한 목숨이 아님이 없다. 사실이 드러나야만 놀랄 줄 알고 아파할 줄 알기까지 맘과 뜻이 마비된 우리사회에 이 같은 소문이 무슨 큰 느낌을 줄까 마는 '행여나!' 하는 뜻으로 이 소문을 들은 사회에 이 글을 보낸다. (敲治 大正 13년 6월 28일)

良心이 唯一標準

시내 휘문학교(徽文學校)의 맹휴사건(盟休事件)은 본지에 누보(累報)한 바와 같이 용이하게 해결되지 않고 점점 벌어지어 경찰당국의 간섭은 당초부터도 있었거니와 최근에 이르러는 일부사회에서도 간섭하게 되어 부내 중등학교 대표자로써 조직된 친화회(親和會)에서도 열두 학교 교장이 협의한 결과 아래와 같은 것을 결정하였다 한다.

교장과 학감(學監)을 동정(同情)하여 사임(辭任)치 말게 할 일, 내용을 알지 못하는 일부사회의 간섭이 있다 하더라도 괘념(掛念)치 말도록 할 일, 맹휴의 주동자는 장래의 못된 버릇을 남지 않게 하기 위하여 단연(斷然) 처치하도록 할 일 등을 그 학교 당국자에게 권고할 일.

이상의 조건을 어떠한 자리에서 무슨 표준으로 하였으며 따라서 그 조건의 시비정부(是非正否)가 어떠한지는 별 문제로 하고, 이 같은 권고에 대한 그 학교 당국자가 취할 바 태도는 자못 주목할 필요가 있다.

시비는 어찌 되었든지 원래 문제는 그 학교 당국자 자신을 중심으로 한 것이매 그로써 생기는 문제는 문제된 자신이 결정하여야 할 것이요 외부의 간섭은 받을 필요가 없으니 이는 문제의 해결에 순리일 뿐 아니라 '학교 일은 학교에서 하겠다'고 이미 언명한 바도 있었던 까닭이다.

인책(引責)하고 싶지 않아도 외부의 권고를 이기지 못하여 인책하는 것이 도리가 아닌 것과 같이 인책하고 싶어도 외부의 권고로 인하여 인책할 수 없다는 사실이 생긴다 하면 이도 또한 도리가 아니다. 오직 책임자 자신의 양심으로 처단할 뿐이니 만일 양심에 비추어 인책할 만한 근거가 없거든 외부의 천언만어(千言萬語)를 불구하고 단연한 처치로 학생을 징흡(懲治) 할 것이요 만일 인책할 만한 사실이 있거든 외부의 천언만어를 불구하고 한시 바삐 인책하여 문제의 해결을 도모하는 것이 학교를 사랑하고 학생을 사랑하는 도리일 것이다.

(敵治 大正 13년 7월 1일)

더위와 땀구슬

여름은 갈수록 무르녹아 바야흐로 구십도를 오르내리게 되었다. 그리하여 사람들은 모두다 '아이고 더워!' 하고 구슬땀, 비지땀을 흘리고는 고약한 냄새에 눈살을 찌푸리고 땀이 흘러주지 말기를 간절히 바라는 모양이다. 그러나 땀이 흐름은 '목숨'을 얻어가지고 세상에 나오던 그때부터 하늘의 뜻으로 이미 작정한 바이라, 살아 있을 동안까지는 흘리지 아니치 못하게 되매 얄미운 인생들은 부자연한 꾀를 내어 '합죽선'(合竹扇)을 만들고, '전기선'(電氣扇)을 만들고, 그리고도 견딜 수 없다 하여 그늘지고 시원한 곳을 찾아 땀이 흐르지 않게 하기 위하여 여름 한철을 보내기에 세월의 늦음을 한탄까지 한다.

아! 더위에 쫓긴 약한 자여! 더위를 이기지 못하여 산골짜기로 몰려가는 한가한 사람들아, 누가 더위를 덥다 하지 아니하며 더워서 괴로움을 누가 느끼지 아니하랴마는 가을이 빨리 오기를 바라지 아니함은 세월이 감을 애처로워함이며, 살이 타는 더위를 참고 지냄은 보다 이상의 괴로움에 몰두하는 까닭이다.

땀을 더러워하고, 싫어하고, 귀찮게 여기는 자여, 기생에게 무릎 꿇고 흘리는 땀은 더러울는지 몰라도 대장간에서 흘리는 땀은 천금 같은 구슬이다. '호미'자루에 흘리는 땀은 중생의 목숨을 건지는 감로(甘露)의 약수다.

땀! 땀! 땀을 사랑하라. 방울방울 흘리는 땀은 생명의 '엑기스'가 노력으로 화한 구슬임을 생각하라. 그리고 그대들의 이마에 흐르는 땀이 짭짤한 산성(酸性) 액체에 그치지 말게 하라. (敵治 大正 13년 7월 2일)

오직 뭉치는 길

힘이 너무도 약하고 기운이 너무도 지치어 가련한 운명이 조석(朝夕)에 있음도 불구하고 너·나가 싸우며 좌·우로 갈리던 우리 사회도 하늘이 무심치 아니하여 일치단결이 최후의 활로임을 깨닫게 하였다. 불권불식(不倦不息)하는 성의와 노력은 연맹(聯盟)으로, 연합(聯合)으로, 총동맹으로 화하여 일루(一縷)의 희망을 이 같은 '뭉침'의 건전한 완성에 붙인 이때에, 우리는 다시 평양 각 단체가 연합되었다는 소식을 듣게 되었다. 그렇다! 오직 뭉칠 뿐이니 풀잎에서 떨어지는 한 방울 물을 보고 그로써 '뭉쳐진' 우렁찬 바다를 볼 때에 누가 '뭉침'의 위대한 힘을 느끼지 아니하며, 가없는 사막의 존재가 문득 수많은 모래의 집적(集積)임을 생각할 때에 누가 그 어마어마한 힘에 놀라지 아니하랴? 힘이 억세어도 뭉치려던 힘이 약한 우리로서, 더구나 '거듭나자'는 우리로서는 최후의 운명을 오직 이 '뭉치'고 '뭉치지 아님'으로써 결단치 아니치 못할 것이니 쏟아지는 폭포에 가루 놓아도 흔들리지 아니할 만한 힘을 얻기 위하여 우리는 하나라도, 둘이라도 단단하게 뭉치어 보다 이상의 힘을 지어야 할 것이다.

그러나 흩어지기를 즐기는 우리의 과거 역사는 항상 우리의 머릿속에 불안의 씨를 품게 하며 갈라지는 재주에 능숙한 우리의 고질은 우리의 아까운 정력만 허비하게 하나니 뜻과 힘을 같이하려는 '뭉치는 동포'여, 바닷물을 위대하다 함은 그의 세력이 오대양을 둘러쌌다 함이 아니고 얼른 마르지 아니한다 함이며, 태양을 위대하다 함은 우주 전체를 밝힌다 함이 아니고 얼른 식지 아니함으로써다. (敲治 大正 13년 7월 3일)

所謂 貴族末路

썩어진 소위 귀족 중에서도 가장 냄새가 고약하기로 유명한 이완용(李完用) 후작의 손자가 선조 전래의 비법을 충실히 본받아 일본에 가서 도적질을 하다가 경찰의 손에 잡히어 추악한 풍설이 많은 저의 가문에 한 가지 이채(異彩)를 더하였다는 소문이 들린다.

원래 도적질을 하는 것이 당연 이상의 당연한 일이므로 그 사건 자체가 진기한 것도 아니며, 원래 '사람'들과는 인연이 멀어진 지 오랜 터이라, '사람'에게 대하는 태도를 가질 까닭도 없으나 우리가 구태여 이것을 되풀이함은 이 소문과 아울러 세상의 이목을 놀래던 저 유명한 대동단사건(大同團事件)의 주인공 김가진(金嘉鎭) 씨의 자제가 닥치는 가운(家運)의 불행으로 마침내 정신에 이상까지 생겼다는 소문을 동시에 듣게 되는 우리의 심경에 알지 못할 비애와 고소(苦笑)가 일어남이다.

썩어서 곰팡이 나는 '특수부대'(特殊部隊)의 더러운 사실에 천금같은 지면을 허비함은 속에서 간간이 생기는 '구더기'를 미워서가 아니라, 그 더러운 냄새가 아직도 남아 있어 맑아가는 삼천리 강산의 공기를 더럽게 하매, 회구회구(懷舊懷舊)의 느낌을 금할 수 없음으로서다.

운명의 희롱은 너무도 심하여 김 씨의 불행은 그처럼 가혹하고, 하늘의 심사는 원래가 고지식한지라, 이 가의 내력은 변통 없는 한 가지 길을 밟게 되니 아! 진리는 과연 어느 것이냐?

(敵治 大正 13년 7월 4일)

餓鬼를 坐待

'서울은 발전되어 간다. 그러나 서울의 주인인 조선사람은, 뼈도 남지 않게 말라 간다!' 이 같은 사실은 원래 새삼스러운 일이 아니나 이 소식을 들을 때마다 우리는 가슴에 맺히는 설움과 '죽음'의 애달픈 공포를 느끼지 아니치 못한다. 눈을 뜨고 분명한 사실을 볼 때에만 그러는 것이 아니라, 눈을 감고 고요히 생각할 때에는 더욱 그러하다.

작지(昨紙)에 보도된 소득액조사의 분명한 숫자는 무엇을 가르침인가? 일 년에 천 원 이상의 수입을 가진 자, 일만이천 명 중에 조선사람은 이천 명에 지나지 못하며 소득총액으로 일인(日人)에 비교하여 사분의 하나도 못 된다는 사실이 무엇을 증명하는 것인가?

땅이 있는 사람도 땅을 팔아먹었으니 땅으로 생기는 소득이 없을 것이다. 집이 있는 사람도 집을 팔아먹었으니 집으로부터 생기는 소득이 없을 것이다. 상업도 공업도 남만 못하니 그로써 생기는 소득도 없을 것이다. 쓰일 만한 자격이 없고 써줄 만한 기관이 없으니 일급(日給)·월급(月給)이나마 목숨을 부지하기에 넉넉한 수입을 얻을 수 없을 것이며 세력과 후원이 우리에게 있지 않고, 시세와 처지가 남다른 우리에게는 그로써 얻는 모든 이득이 있을 수 없다.

아! 가련하게도 아귀(餓鬼)의 참혹(慘酷)한 죽음을 기다리는 조선사람아! 생산이 없는 소비를 어떻게 하려느냐? 수입이 없는 지출을 무엇으로 하려느냐? '이쑤시개' 한 개도 남에게 구하고, '넉마' 한 폭도 외국에서 사들이는 조선사람아! '거듭나기'를 원하거든 우선 먹고 입기에 넉넉한 생산과 수입을 얻고자 범같이 날뛰어 보라. (敵治 大正 13년 7월 5일)

하늘이 斷罪하리라

세상의 이목(耳目)을 놀래고 가슴을 서늘케 하다가 마침내 참으려 하나 참을 수 없는 의분을 일으키게 한 희천서고문사건(熙川署拷問事件)이 아직도 끝이 나지 아니한 이때에 대구경찰의 고문사건이 또다시 '경북사건'의 공판정(公判廷)에서 세상에 알려지게 되었다.

고문의 정도가 어떠한지는 세상에 널리 알릴 자유를 가지지 못한 우리로는 다만 가슴속에 파묻어 둘 뿐이거니와 원래 고문이란 조선경찰과는 떠날 수 없는 관계를 가진 것이다. 경찰의 '근본정책'인 듯한 '느낌'을 주는 이 고문은 조선의 현재에 있어서 항다반(恒茶飯)으로 있는 일이라, 우리는 구태여 귀중한 시간과 노력을 허비하여 새삼스럽게 논란하고자 아니하노니 소위 '경찰사건'과 '고문'이란 떨어져 본 때가 드물었다는 전례 아래에서 '경북사건'이란 소식을 듣고 이미 그 당시에 가슴을 아파하였던 까닭이다.

조선의 경찰아! 마음대로 하여라. 무슨 짓이든지 그대들의 천부(天賦)한 능력대로, 재주대로, 마음껏 하여라. 그리하여 약한 몸에서 나오는 신음소리를 마음껏 들어보아라. 이런다 하더라도 사람 이상의 권능을 가지지 아니한 우리는 그대들에게 죄를 주지 아니할 터이다. 다만 아무것도 없는 듯한 푸른 하늘의 권능이 파사(破邪)의 칼보다도 날카로울 줄을 믿을 뿐이다.

(敵治 大正 13년 7월 11일)

强制執行 增加

원래 돈이 넉넉할 까닭이 없는 조선에서 돈이 귀하게 된 것이 떳떳한 일이며 돈이 귀하되 돈이 없으니 이로써 생기는 모든 비참(悲慘)한 사실이 끊일 사이가 없을 것도 당연한 일이다. 돈을 써야 하겠고 돈은 없으니 어찌할꼬? 목전에 먹을 것이 없으니 장래를 살펴볼 여유도 없이 고변의 빚을 내고, 빚을 갚지 못하여 집행을 당한다. 그리하여 함지박 숟가락까지 빼앗기고는 하염없이 거지의 살림을 시작한다. 이것이 말하기도 가엾은 조선사람의 살림이다.

헐벗은 살림에 최후의 철퇴(鐵槌)를 내리는 이 잔인한 강제집행! 이것이 나날이 늘어 이 달에 들어서만 십이 일 동안에 벌써 백여 건 이 넘었고, 금년 들어서는 칠백구십 건이나 된다 하니 이로써 거지가 된 사람이 얼마나 되며 이렇게라도 할퀴어 가야 하는 채귀(債鬼)의 배가 얼마나 불렀을까?

빈익빈(貧益貧), 부익부(富益富)하는 것이 떳떳한 이치라고 믿도록 병든 사회에서 부당한 착취도 마음대로 하려든, 꾸어준 돈 대신에 숟가락이나 솥을 빼앗아 가는 것이 무슨 중대한 죄악이랴마는, 죽어가는 사람을 더욱 죽게 만들며 다시 살아나려는 사람의 살아날 방도를 끊어버리는 잔악한 죄악은 벗지 못할 것이다.

그러나 이 같은 죄악을 다스릴 자가 누구냐? 다스릴 곳이 어디냐? 양심이 마비된 자는 이 같은 죄를 다스리는 곳이 없음을 기화(奇貨)로 더욱더 횡포(橫暴)에 횡포를 더하려 하리니, 이 같은 횡포에 짓밟히는 가련한 목숨들은 언제나 숨을 쉬일까? (敲治 大正 13년 7월 19일)

奇怪한 教警一致

사백여 명 학생에게 일제히 무기정학을 명한 광주고보(光州高普) 맹휴사건(盟休事件)은 지금까지 아무 해결이 없이 학교당국에서는 또다시 한층 기세를 올리어 주동자라고 인정할 만한 십여 명의 학생에게 퇴학처분을 단행하기로 하고 최후의 통지를 보내었다 한다. 이 무슨 강박한 짓인고?

이와 동시에 학교당국의 완강(頑强)한 태도에 중재(仲裁)를 하다 못하여 분기(憤起)한 학부형 일동은 도민대회까지라도 개최하여 엄정공평한 여론을 일으키려고 준비중, '조선경찰'인 광주경찰서에서는 대회를 일으키는 '취지서'(趣旨書) 전부를 압수하여 발송치 못하게 하였다 한다. 이 무슨 무지한 짓인고?

학교당국에 물으면 이유가 있다 하리라. 그러나 학생들에게도 이유가 있지 아니하랴? '교육을 시킨다'는 자세로 학교는 학생을 강압하고 '치안을 유지한다'는 구실로 경찰은 언론을 유린하니 이것이 소위 '문화정치'를 실현하는 수단이냐?

우리는 궁한 '토끼'를 쫓고자 아니하는 뜻으로 그대들의 하는 짓을 구구히 힐책(詰責)하고자 아니한다. 다못 은연히 경찰의 옹호(擁護)를 믿고, 중론(衆論)을 돌아보지 아니 하는 학교당국과, 횡포의 남은 기세를 학교 일에까지 부려 보는 경찰과의 얄미운 연락을 불쌍하게 볼 뿐이다.

(敵治 大正 13년 7월 21일)

南旱災・北水災

수십 년 이래, 처음 당하는 한재(旱災)로 상하가 물끓듯 하는 남방(南方) 소식이 아직도 그칠 사이가 없는 이때에 서도지방(西道地方)은 수해로 인하여 대소동이라는, 소식이 뒤를 이어 우리의 심사를 어지럽게 한다.

서도중(西道中)에도 황해도 일대는 더욱 심하여 해주(海州)・재령(載寧)・곡산(谷山)・봉산(鳳山) 등지는 거의 전멸되어가는 상태라 하니, 수 년 이래로 해마다 닥쳐오는 수재에 놀란 혼이 아직 가라앉지 못하고, 예전 자국이 메이기도 전에 또다시 사람의 힘으로는 어찌할 수 없는 이 같은 변을 당한 주민의 상태가 과연 어떠한 정도에 있을까?

이미 당한 일이니 부질없이 하늘을 원망치 말고, 물바다에 헤매는 노소남녀(老少男女)의 어려운 동포를 구제하여야 할 것이다. 돈 있는 사람이거든 돈을 내어라. 옷과 밥이 넉넉한 사람이거든 옷과 밥을 내어라. 그리하여 한시 바삐 그들의 곤경(困境)을 다소간이라도 풀어보자.

생명과 재산의 튼튼한 보장이 우리에게 있지 아니한 이때에 우리의 일은 우리끼리 돌보아 주지 않고 누구를 믿을까? 남도의 한재소식을 듣고 '부업(副業)을 장려하라'는 종이조각을 보내리만큼 한가한 당국자의 일은 당국자의 일대로 내버려두고 약한 힘이나마 우리는 우리의 할 수 있는 정성과 노력을 다하여 구제책을 세우자.

하늘의 무심이라면 무심이려니와 하늘이 무심할 때일수록 우리는 우리의 정성과 노력을 뜻 있게 움직이어야 할지니 이것이 진실로 우리의 반성할 점인가 한다. (敵治 大正 13년 7월 22일)

怠慢한 大邱府尹

가물에 단비를 기다리다가 불의의 수해를 당한 대구지방의 형편은 연일 보도하는 바와 같이 설상가상의 처지에 있는데 이같이 수해가 생긴 까닭은, 거리의 물이 모여든 천왕당지(天王堂池)를 메우는 한편으로 달성공원(達城公園)의 앞둑을 헐고 물 빠질 곳을 높다랗게 만들어 놓고는 물을 뺄 하수도의 설비를 하지 아니한 까닭이라 한다.

못을 메운 자도 부윤(府尹)이요, 둑을 헌 자도 부윤이요, 그리고 하수도를 설비하지 아니한 자도 대구 일원을 마음대로 다스리는 부윤이다. 이번에 생긴 수해의 책임은 단순한 이론상으로뿐만 아니라 시작하던 당시에 주민의 반대가 있었음도 불구하고 부윤이 독단한 것과, 토지를 내어놓고 하수도를 설비하여 달라는 주민의 간절한 요구가 있었음도 불구하고 못들은 체하여, 조선사람이란 안중에도 두지 아니하고 무책임하게 내버려둔 태만한 죄상으로도 이번 수해의 책임은 부윤에게 돌려보내지 않을 수 없다. 우리는 결코 길을 고치고 시장을 만드는 것을 그르다 함이 아니다. 적어도 한 지방을 다스리는 자리에 앉은 자로서는 크고 작은 일을 물론하고 건설과 파괴에 주민의 이해 휴척(休戚)을 신중히 고려하여 정중하게 결단하여야 할 것이다. 만일 그렇지 아니하고 일부의 이편(利便)을 위하거나 일시의 방편을 위하여 대다수의 이해관계를 무시한다 하면 이는 만중(萬衆)의 죄인이요 원수다.

이따위 사실은 원래 '차재두량'(車載斗量)이라, 현재의 조선사람으로서는 말할 필요까지도 없거니와 그래도 현실생활을 이기지 못하여 앞날을 경계하는 뜻으로 한 말을 허비한다. (敵治 大正 13년 7월 25일)

橫暴와 罷業

시내 서소문정(西小門町) 조선인쇄주식회사 직공들은 소위 감독이란 자의 횡포와 모욕을 견디지 못하여 회사당국에 진정까지 하였으나 형세는 더욱 이롭지 못하므로 우선 선두에 나섰던 문선공(文選工) 대표 두 명은 퇴사를 선언하고 나머지 이십팔 명은 발길을 같이하여 회사 문밖을 나섰다 한다.

일 시키는 자의 횡포! 이는 전에 없던 일이 아니요 늘 있어오는 일이며, 일하는 자의 파업! 이는 지금에 돌발(突發)한 일이 아니요 뒤를 이어 생기는 일이다. 그리하여 이 같은 일이 너무도 빈빈(頻頻)함에 일반은 싫증을 내며 이 같은 일이 뿌리째 없어질 수 없다 하여 턱없이 실망들을 한다.

자주 일어나는 일이라 하여 이것을 심상(尋常)한 일이라 하면 세상에 심상치 않을 일이 어디 있으며, 뿌리째 없이 할 수 없는 일이라 하여 실망을 한다 하면 세상에 희망 붙일 일이 어디 있으랴? 심상한 듯하고도 심상치 않은 일이 이 일이며, 뿌리가 튼튼한 듯하면서도 튼튼치 못한 것이 이 일이니 목숨을 부지하기 위하여 무한한 고통도 달게 받는 그들이 다소간이라도 얻을 수 있는 '밥벌이'를 버리고 나오게까지 된 경로가 어찌 심상한 일이며, 무리(衆)의 힘을 얻어 하는 일에 무리의 뜻을 무시하고 무리의 공로를 초개(草芥)같이 보는 횡포가 정의의 바람에 어찌 튼튼한 뿌리를 뻗을 수 있으랴?

일을 시켜야 하고 일을 해야 할 처지에서 이 같은 일이 일어남은 일 시키는 자나 하는 자나 어디로 보든지 불상사(不祥事)다. 그러나 이 같은 불상사가 일어나게 된 까닭을 없이 하지 않고 해결하려 함은 마치 먹지 않고 살기를 바라는 것과 다를 것이 없다. 회사당국자가 일개 감독의 처지를 애처롭게 여기어 무리의 목숨을 끊는다 하면 이는 진실로 일개 회사의 문제가 아니니 현명한 당국자는 눈을 대국(大局)에 두고 속히 해결하기를 바란다.

(敵治 大正 13년 7월 26일)

二村洞과 谷府尹

해마다 물 속에 잠기는 이촌동은 또다시 물 속에 들어, 지나간 쓰린 경험을 되풀이하는 중이라 한다. 그리하여 사천 주민은 마주 보이는 용산(龍山)·원정(元町)의 튼튼한 둑을 바라보고 '조선사람된 설움'을 다시금 느껴가는 중이라 한다.

사십여만 원을 들여 완성하여 놓은 용산 배수공사의 준공축하식에 참석하여 기쁨에 넘치는 축배를 들던 경성부 당국자는 자동차를 타고 피해광경을 시찰하는 중이라 한다. 얼마나 고약한 세상이냐?

목숨과 재산의 위협(危脅)을 면하려고 제방문제를 일으킨 지는 일 주년이 넘었다. 그리하여 해를 거듭한 오늘까지 주민과 당국자 사이에 끌어온 여러 가지 사실은 때마다 보도한 바이니, 일반의 기억이 아직도 새로울 것이다. 이 기억이 새로운 것만큼 그만큼 지금의 수해소식을 듣는 우리는 기막힌 나머지에 차라리 모르고자 한다.

갖은 궤변(詭辯)과 얄미운 솜씨로, 이 핑계 저 핑계 하다가 돈 만 원을 내어 던지고 큰 생색이나 한 듯이 호기를 부리던 곡부윤(谷府尹)! 피해상황을 시찰함이, 조름 오는 이때에 물구경을 함이냐? 둑을 쌓을 설계를 이제야 마련함이냐?

역대의 부윤 중에는 가장 인격자라는 곡부윤! 돈 만 원을 내어놓을 때, 우리는 그대의 인격과 신의를 믿고 홍수나기 전에 둑을 쌓기를 튼튼히 믿었던 터이다. 그러나 곡부윤! 때가 이미 늦었음을 어찌하랴.

(敵治 大正 13년 7월 27일)

貧民의 死活問題

금전으로 살아가는 세상에 금전이 없고, 권력으로 행세하는 세상에 권력이 없는 대중의 쓰린 경우와 이 같은 불합리로 생기는 여러 가지 문제가 어찌 한두 곳에만 있으며 한두 가지에만 그치랴마는 작일 보도된 마산부(馬山府) 오동동(午東洞) 빈민의 사활문제를 들은 우리는 한 말을 하지 않을 수 없다.

돈 있는 자에게 쫓기고 세력 있는 자에게 몰리어 온갖 학대를 받다 못하여 오막살이 한간도 지니지 못한 빈민들이 오동동 냇가에 토옥(土屋)을 지었다. 헐벗고 지내나마 돈 있는 자에게 돈의 횡포를 당하지 않고, 권력 있는 자에게, 권력의 쓰라림을 받지 않는 것만 불행 중 다행으로 여기며 살아왔다. 차차 이곳에 사는 사람이 늘어가는 것을 본 흡혈귀들은 지금부터 십여 년 전에 식산사(殖產社)라는 것을 조직하고 토지의 대부(貸付)를 맡은 후 불쌍한 그들에게서 한 평에 대하여 2전의 땅세를 받아왔던 것이다.

이것도 부족하여 식산사는 이 모라는 어떤 개인에게 팔아먹고, 이 모는 또 일인에게 팔아먹자 사람의 탈만 쓰고 다니는 일인은 직접 간접의 모든 권력을 믿고 악착하게도 수삼십 곱의 땅세를 받으려 하며 일편으로 '집을 헐어가라'는 명도신청(明渡申請)까지 하였다. 이 소식을 듣는 우리는 설상가상으로 죽음의 공포를 느끼고 횡포에 짓밟혀 우는 동포를 생각지 않을 수 없다.

이에 대한 진정서를 받은 관계당국자의 처치가 어떻게 될는지는 알 수 없거니와 적어도 당국자들도 사람의 뜻을 가진 사람인 이상, 우리는 별로 걱정하지 아니한다. 이는 대개 '사람으로의 생각'은 우리나 당국자나 마찬가지임을 아는 까닭이다.

(敵治 大正 13년 7월 29일)

奸惡한 大邱府

대구에서는 근래에 드문 수재로 주민은 극도의 피폐(疲廢)를 당하여 도로에 방황하는 거지의 신세까지 된 사람이 적지 않다. 이와 같은 사실은 일반의 기억이 아직도 새로울 터이며 따라서 이번 수해의 책임이 대구부에 있어 본란에서도 한번 충고(忠告)한 일도 있었던 것이다.

그러나 이제 다시 뒷소식을 듣건대 부민을 위하여 생겨난 대구부는 구제에 노력할 당연한 책임을 돌아보지 않고 안연(晏然) 자약(自若)하며 대구부의 기관지라고 일반이 인정하는 모 일문지에, '부조사에 의지하면 손해액은 이만 원가량이요 구제할 만한 자는 별로 없다'는 기사를 게재하여 은연히 구제의 책임을 벗으려는 고약한 태도를 가진다 한다. 이에 분개한 이재민들은 이재민대회까지 개최하고 철저한 대책을 결의하였다는 소식이 들린다.

다시 한번 묻노니, 대구 당국자여! 길가에 방황하는 무수한 이재민을 보고도 '구제를 받을 사람이 없다'는 말이 사람의 입으로 나올 것이냐? 경찰당국의 조사에도 육만이천여 원의 손해가 생긴 사실이 엄연함에도 불구하고 '이만 원에 불과'하다는 얄미운 수작을 감히 할 수가 있느냐?

엄연한 사실을 은폐하며 분명한 숫자를 속이기까지 하여서라도 그 더럽고, 비열하고, 좁고, 얇은, 소갈머리를 실현하기에 대담한 용기를 가진 대구부 당국자에게 대하여는 다시금 충고할 만한 대수를 삼지 않거니와, 싸우기 시작한 부민 일동은 뒷날을 위하여 철저하게 싸워 보라.

(敵治 大正 13년 8월 1일)

機關銃에 橫死

국경방면에 출몰하는 독립단원들을 경계하기 위하여 기관총을 배치하여 가지고 국경 연안(沿岸)으로 돌아다니는 위원(渭原) 경찰서 경비선은 지난 이십팔일, 위원강(渭原江) 어구에서 기관수의 과실로 기관총이 발사되어 변학선(邊學善)이란 늙은이가 참혹한 횡사를 당하였다는 소식이 들린다. 원래 기관총은 사람죽이기를 목적하고 만들어진 무기라, 이로써 사람이 죽게 된 것이 비상한 괴변이 아니며 원래 지방은 사람 많이 죽는 곳이라, 한 사람의 횡사는 그다지 중대한 일이 아니라 하리라.

그러나 사람 많이 죽여 본 경험을 가진 사람이나, 많이 죽이는 것을 방관하는 사람에게는 이 한낱 죽음이 심상(尋常)하게 보일는지도 모르나 그 같은 경험을 가지지 못한 우리로는 놀라지 않을 수 없다. 죽음을 당한 당자에게는 부모형제나 친척붕우(朋友)와 함께 죽는 것이나, 자기 홀로 죽는 것이나, 조금도 다름없이 최후의 운명을 저주(咀呪)할 것이다. 살아가는 세상에 죽어지는 사실이 인생의 비통한 모순임을 아는 우리는 이 같은 사실이 생길 때마다 그 주검의 수효를 따져 보기까지 태연한 심정을 가지지 못한다.

이번 이 불상사는 물론 과실일 것이다. 당국자의 변명이 없다 하더라도 우리로서는 과실로 믿지 않을 수 없다. 다만 고의의 죽음을 당하는 사람이 있는 동시에 또 과실의 죽음을 당하는 불쌍한 사람의 처지를 섧어할 뿐이다. 혼자 사는 세상이 아닌 이상, 총독부 당국자는 세상의 이목(耳目)을 위하여 한 번 생각하여 보는 것도 좋을까 한다.

(敵治 大正 13년 8월 4일)

警察은 反省하라

충북 청주군 현도면(賢都面) 매봉리(梅峯里) 오영성(吳泳成)의 아내 이암회(李岩回)는 그 고을 부용면(芙蓉面) 경찰관주재소에서 순사들에게 강제로 탈의(脫衣)의 모욕을 당하고 천하에 설분(雪憤)할 곳이 없어서 맺힌 원한을 그대로 품고 저 나라 사람이 되어 버리었다 한다.

아! 이천만의 조선사람들아! 이 가증가악(可憎可惡)할 사실을 들을 때에 그대들은 어떠한 말을 하고 싶은가? 무엇이라고 해석을 하려는가? 광명(光明)한 청천(靑天) 백일하(白日下)에서 부녀자의 의복을 강제로 벗기려는 경찰당국의 만행을 무엇으로써 징계를 하며, 죽은 여자의 거짓 없는 깨끗한 영혼을 무엇으로써 위로를 하려는가? 그는 이 세상에 살아 있는 것이 죽기보다도 더한 고통이기 때문에 마침내 이생을 떠나 저생으로 돌아간 것이다. 사람이 사람으로서의 할 일을 하지 않고 금수의 행동을 하는 것이 소나 도야지가 아니고 무엇이랴?

아! 철면피다운 부용면 경찰당국자야! 입이 있거든 무엇이라고 대답을 하고 마음이 있거든 사람다운 진실한 고백을 하여라! 더욱이나 인민을 보호하고 그의 행복을 도모한다는 당국자의 소위(所爲)로는 실로 참을 수 없는 절대의 죄악이다. 아! 죽은 이는 조선사람이요, 조선 여자다.

(敵治 大正 13년 1월 12일)

信教自由도 蹂躪

언론도 금지, 잡지도 금지, '금지'밖에는 모르는 듯이 염치를 불구하고 덤비는 '조선경찰'의 무지몽매한 수작에 대하여는 기회마다 충고의 수고를 아끼지 아니하였거니와 그들은 항상 듣고도 못들은 체하며, 알고도 모르는 체한다. 뿐만 아니라 원래 알아듣지도 못하며 알아보려는 성의도 가지지 아니하는 '조선경찰'이라 우리는 … 아무말도 하지 않으려 하였다.

그런데 이제 지방소식을 듣건대, 이리(裡里) 경찰은 그곳 예수교 청년회에서 교리를 선전하려고 계획한 전도강연을 금지하였다 하며, 그 금지의 이유는 '기독청년회도 청년회니까 금지하며, 전도강연이 혹시나 탈선이 될는지도 모르니까 금지한다' 는 놀라운 대답을 하였다 한다.

아무리 말하지 않으려 한들 횡포가 이에 이르러서야 잠잠히 있을 수 없지 아니하냐? 전도든지 무엇이든지 청년회에서 하는 것이니까, 또는 아직 하지도 않은 강연을 탈선이 될는지도 알 수 없으니까, 금지한다는 말이, 머리가 썩어진 정신병자가 아니고야 어떻게 할 수가 있느냐?

'청년회에서 하는 것이니까 …' 라는 전제라 하면 비단 강연이랴? '밖에 발표되지 않은 것이라도 …' 라는 전제라 할진대 비단 강연이랴? 총독부 당국자여, 만일 이 같은 횡포를 부릴 터이면 (중간삭제) 조선의 (중간삭제) 신교(信教)의 자유, 전도의 자유까지 유린당하는 동무들이여 차라리 하늘을 저주한다.

(敵治 大正 13년 8월 15일)

舌戰의 勇士들아

의사의 발표가 있으므로 개성이 창달되고 사상의 전달이 있으므로써 인문(人文)이 진보되나니 만일 사람에게서 이 의사발표의 기회를 막아보아라, 그는 음울(陰鬱)하여질 것이며, 사회에서 이 사상전달의 방편을 없애 보아라, 그 사회는 마침내 침체(沈滯)하여질 것이다.

말은 글과 함께 의사를 발표하고 사상을 전달하는 데 두 가지의 구슬이니 같은 말·같은 글이라 하더라도 그 발표하는 형식과 전달하는 방법을 따라서는 하늘을 흔들고 땅을 움직일 수도 있으며, 귀신을 놀래고 사람을 울리기도 하는 특이한 힘을 가질 수 있는 것이다.

새삼스러이 전례를 드는 것이 도리어 우스운 듯하나 '오! 신이여 우리에게 자유를 주소서! 아니어든 죽음을 주소서!' 라고 비장(悲壯) 침통(沈痛)한 어조를 비롯하여 자유와 정의를 위한 전쟁의 필요를 역설한 '월리암 헨리'의 대웅변으로써 마침내 미국 13주를 움직여 혈전(血戰) 8년의 공을 이루게 하였으니 이는 실로 웅변이 특이한 힘을 가진 활교훈(活教訓)의 일례다.

우리가 말이 없는 지 오래니, 따라서 음울한 지가 오래었고 침체한 지가 오래었다. 거듭나려는 조선에 있어서 어느 것이 급한 것이 아니고 어느 것이 중한 것이 아니랴마는 할 수 있는 범위 안에서도 하지 못하고, 하지 아니한 여러 가지 중에서 이번 본사에서 계획한 이 웅변대회가 새로 세우려는 조선의 사회에 그에 당한 모든 일꾼에게 어찌 한줌의 도움인들 없으랴.

조선서 처음으로 생겨난 이 같은 모임에 학교를 등지고 선두에 나서는 피끓는 용사들이여! 그대들을 기다리는 만도(滿都) 인사(人士)의 기대를 저버리지 말라.

(敵治 大正 13년 10월 22일)

虛榮에 뛰는 肉塊

당주동(唐珠洞) 이재숙(李載淑)이란 당년 스무 살된 처녀가 그의 조부모의 슬하에 자라나다가 돈 있는 사람의 첩으로 보내려는 외조모의 눈치를 채고 남의 첩으로 몸을 더럽히는 것보다는 깨끗하게 죽어버리는 것이 낫다 하여 자살을 꾀하였다는 기사가 보도되었다.

우리는 이에 자살의 시비를 의론코자 하지 아니하거니와 금수같은 사나이의 육욕(肉慾)을 만족시키는 기계노릇을 하는 것보다는 차라리 인생의 마지막 길인 '죽음'으로 향하려는 씩씩한 처녀의 아름다운 심정에서 일종(一種) 숭엄(崇嚴)하고 영롱(玲瓏)한 빛을 본다. 시속 첩이란 흔히 아내 있는 남자에게 간교(奸巧)한 아양을 팔고 달라붙는 더러운 여성의 대명사다. 순결한 처녀로서는 정신생활을 한다는 사람으로서는 이것을 피(避)코자 함이 당연하다 할 것이다.

그러나 백주(白晝) 큰 거리에 돈으로 살 수 있는 사람의 고기가 널린 현대의 문명(?)에 있어서 혹은 구복(口腹)을 위하여, 혹은 야비한 허영심을 위하여 더러운 색마(色魔)의 희생(犧牲)으로 뛰어들기를 주저치 않는 타락한 오늘의 사회에 있어서 생욕(生慾)을 단연히 던지고까지 순진한 양심의 명령대로 쫓고자 하는 이 처녀의 행동이 어찌 빛나지 않다 하랴? 어찌 숭엄치 않다 하랴? 길거리는 돈으로 살 수 있는 사람의 고기가 널렸다. 무지한 친권(親權)이 이것을 팔고 간악한 악마가 이것을 이용한다. 안일(安逸)을 꿈꾸고 허영에 끌리어 쓰레기같이 흔한 시속 첩으로 가려는 모든 여성아, 구실을 만들기 전에 먼저 분칠한 그대들의 얼굴을 각자 양심의 거울에 비치어 보라! (敵治 大正 14년 9월 22일)

小悟文章選

序言삼아 凡例 몇 가지

一. 이 책은 문장공부에 유의(留意) 하는 젊은 학도들에게 참고재료(參考材料) 를 제공하는 의도로 엮은 것입니다.

一. 문장생활 30년에 끼적인 글들이 분량으로는 상당히 많았습니다. 여기에는 기간(旣刊) 된 《解放以後》, 《解放以前》, 《花洞時代》, 《禁斷의 自由》, 《統一祖國》 중에서 주섬주섬 모아본 것입니다. 기간에 붙였던 《恥辱의 表情》, 《逆風期의 進路》 등 그 밖에 세 권쯤 되던 것은 6·25 덕분에 그만 원고마저 재가 되었으니, 잘 되었건 못 되었건 솜씨의 반절은 이 세상에서 없어진 폭입니다.

一. 글마다 일일이 그 출처를 밝혔으며, 동시에 일제시대·군정시대·민국시대의 구별을 분명하게 하였습니다. 시대적 배경이 문장에 있어서도 중대한 요소가 되는 까닭입니다. 그 글에 풍기는 시대적 감각, 시대적 호흡, 이것을 모르고는 문장 음미란 의의(意義) 의 일반(一半) 을 잃는 것인 까닭입니다.

一. 내 글은 대체로 '평론'이 위주였습니다. 그런데 이 책에는 그 방면이 오히려 몹시 빈약하게 되었으니 필자로서는 어찌할 수 없는 일입니다. 평론이라고 반드시 '장문'인 것은 아니나 그러나 대개는 장편이니, 한두 편만 싣는다 하더라도 많은 지면이 소요되는 것입니다. 빈약하게 된 큰 이유는 이것입니다.

一. 일제시대에는 자유로 쓸 수도 없었으니 하는 수 없었고 어느 정도 자유로 쓸 수 있었던 군정시대의 글이라 하더라도 오늘에 또 맞지 않을 수도 있을 것입니다. 이리저리로 하여서 이 책은 실상 불구와 같은 흔적이 있을 것입니다.

一. '특수문례'(特殊文例) 라는 항목에서는 위선 열한 가지를 추려 보았으나 실상 좀 더 갖추어야 좋을 뻔하였습니다. 보도문(報道文)·선전문(宣傳文)·해설문(解說文)·소개문(紹介文)·기록문(記錄文)·잡관문(雜觀文)·논박문(論駁文)·자술문(自述文)·고백문(告白文)·환영문(歡迎文)·축사문(祝詞文)·서간문(書簡文)·일기문(日記文)·경하문(慶賀文)·위문문(慰問文) 등. 평필(評筆) 중에서도 '만평'(漫評) 과 '단평'(短評) 을 제외한 것이 필자로서는 더욱 꺼림칙합니다. 앞으로 좋은 기회에 미룰 뿐입니다.

一. 쫓기는 피란(避亂) 길에서 그래도 저번에 《民族의 太陽》을 짓고, 이제 또 이 책을 엮게 되니, 문필인으로서는 즐거운 소득이 아닐 수 없습니다. 6·25 이후의 거족적 혈사를 겪으면서….

단기 4285년 4월 하순

부산 동대신동의 소오산방
著 者 識

論 說

- 파시즘의 輪廓
- 자주독립의 근원
- 전제정치와 민주정치
- 민주주의와 휴머니즘

《獨立前夜》序文

우리는 지금 독립전야에 처해 있습니다. 독립의 명일(明日)을 위하여 진통의 전야에서 무서운 고통을 받고 있습니다. 남미(南美)·북소(北蘇)의 총칼에 분단된 자신의 통합을 위하여 몸부림치는 것입니다. 좌우로 갈리어진 사상의 상극(相克)에서 벌어진 민란(泯亂)의 수정(修正)과 조화를 위하여 발버둥치는 것입니다. 이리하여 '전 민족적 통일체의 자주독립'이라는 우리의 지상적 과업을 위하여 그 전야적 진통을 겪는 것입니다. 저자도 그 중의 일분자(一分子)라, 여기에 수록(收錄)하는 것은 그 진통감(陣痛感)의 기록입니다. 평필(評筆)이거나, 수필(隨筆)이거나, 장문(長文)이거나 그 편편(片片)이 모두 진통적 일면이니 이는 사회로서도 그리하거니와 필자로서도 그러합니다. 아무 체계도 없는 잡문이나마 이 단계, 이 시기의 기록으로서 ●科적 의의는 있으리라고 믿고 일괄(一括)해 보는 것입니다. (下略) (1947년 戊子 3월)

파시즘의 輪廓

강력을 표방한 伊國의 독재주의

1

파시즘(*Fascism*)은 이태리에 군림한 애국적 단체 파시스트(*Fascist*)의 사상·강령·행동의 전부를 가리킴이다. 파시스트는 총사(總師) 베니토 무솔리니(Benito Mussolini)를 최고 지선적(至善的) 존재로 신봉하여 그의 독재 밑에서 움직인다. 그러므로 파시즘은 곧 무솔리니즘이라고 하여도 무방할 정도다. 이런 의미에서 우선 그의 약력을 일독(一督)하여 파시즘의 일면을 방불케 함이 독자를 위하여 편할까 한다.

'명령하는 사람은 나 일인(一人)뿐'이라고 호어(豪語)하는 무솔리니는 1883년 생 무정부주의자 바쿠닌의 사상에 심취하였던 대장장이의 아들이다. 처음 노동운동의 투사로 진출하여 각처로 망명하는 중에, 생디칼리슴의 대성자(大成者) 소렐을 사귀어 그의 감화도 많이 받았다. 그는 1912년경부터 이태리 사회당 간부 ● (한 줄 누락) ●는 동시, 의용병으로 출전까지 하였던 자유분방한 열혈성(熱血性)의 소유자였다. 상병(傷兵)으로 귀국한 후에는 애국사상을 들어 국가주의를 고조하는 한편, 공산주의를 표방하는 사회당의 적화운동(赤化運動)에 대하여 1919년 '폭력의 복음'을 기치로 파쇼(결속의 의미) 운동을 일으키었다. 그 후로 수년 동안 귀환군인·제대병·실직자·실의한 무산파(無産派)·불평분자·부호자제·지주 등 갖은 요소를 규합하여 승승장구의 세로 맹렬한 공포정책을 하여 사회당을 일소(一掃)하고 필경 1922년 이태리의 정권을 장악하기에 이르렀다.

이리하여 철저한 중앙집권 밑에서 독재정치를 시작하였다. 그는 지금 수상 이외에 내무·외무·육군·해군·항공 등 오성장관(五省長官)을 겸섭(兼攝)하는 동시에, 최고평의회의 감독, 중앙집행부의 지휘, 국방의병군의 통솔, 파쇼국민당(즉 파시스트) 및 파쇼조합(산업단체)의 통할 등 전 이태리 통치의 실권을 완전히 재단(裁斷)하고 있다.

2

파시즘은 원래 일개의 완전한 체계를 가진 주의가 아니므로 철학적·사상사적 근거는 찾기 어렵다. 그러나 지금 사상계를 횡류(橫流)하는 커다란 사조의 하나로서 이태리뿐만 아니라, 독일 등을 비롯하여 이 같은 경향이 각국에 퍼지어 은연히 사회사상적 존재를 가지고 있음은 은폐치 못할 사실이다. 일반으로 파시즘은 반동사상이라고 하거니와, 대체로 '일정한 방향을 따라 발전하는 역사의 진행에 대한 역행'이 곧 반동이다. 그러므로 정반(正反)의 표준은 움직이는 시대와 불가분이다. 파시즘이 이 시대에 있어서 과연 반동이냐? 아니냐?는 시대인식의 차이를 따라서, 또는 주의와 견해의 상위(相違)를 따라서 각자의 설명이 있으려니와, 지금 통칭하는 '반동적' 사상행동에는 대개 아래와 같은 특징을 들 수가 있다.

① 독재적 전제주의니 데모크라시의 부정이다.

② 국민일체적 국가지상주의니, 현존한 사회계급의 부인이다(계급 철폐가 아니고 계급묵살).

③ 국수적(國粹的) 극단의 민족주의니, 인류주의의 배격이다.

④ 무력적 강제주의, 군국주의.

⑤ 자본주의의 옹호.

3

이상에도 언급한 바와 같이 파시즘은 당초부터 체계 있는 사상이 아니고 일개(一個)와 실행형식, 일종의 행동약속에 지나지 않았던 것이므로, 필요에 따라서 경우를 따라서는 임기응변으로 변질도 하였다. 그러므로 그 중심을 파악하려 그 역사의 전과정을 일독(一督)하지 않을 수 없고, 그러자면 그 발생과 성장에 직접 간접으로 소인(素因)을 ●●●會黨史를 개설하여야 하겠고, 일보를 나아가서 적어도 이태리 통일 이후의 국정과 민풍(民風)쯤은 약술하여야 할 것이니 제한된 지면으로는 도저히 불가능이다. 그러므로 여기서는 거두절미하고 다만 1927년에 발표된 "파시스트 노동헌장"과 수시 수처에서 공언한 무솔리니의 강연, 기타 기관지의 선언 등을 통하여 흐르는 그 기조를 초록(抄錄)하면서 종합할 수밖에는 없다.

1) 국가지상주의

'국가 이외에는 아무것도 없다. 모든 것이 국가 중에 있다. 국가에 배치되는 아무러한 존재도 있을 수 없다.' '광범한 권력을 가진 정부가 흘립(屹立)하여 권위 있는 국가, 권위 있는 정치를 창설하려고 파시스트는 인민주권의 부인, 국가주권의 확인을 선명(宣明)한다.'

이같이 국가의 신성·신비·존엄·절대성을 극도로 주장하는 동시에 인민의 권리를 여지없이 말살하는 것이었다. 그러나 소방분립(小邦分立)으로 항상 서로 다투어 통일 이후에도 지방적 편견과 반목 때문에 치적(治績)이 해이(解弛)케 된 이태리의 국정으로서는 중앙집권적 국가주의가 생겨나지 않을 수도 없었던 것이다.

2) 사회계급의 부인

'협동 습관을 발양(發揚)케 하여 써 자본주와 노동자 사이의 유해한 상극을 피한다.'

본래부터 이 운동의 출발이 반공산주의적이었으므로 그들이 신봉하는 계급투쟁을 부인할 것은 당연한 일이다. 그러나 이 사회계급의 부인은 계급의 철폐를 의미하는 것이 아니고 '국가라는 일체(一體)' 중에서 '지배자의 호의'에 맡긴 계급의 묵살인 것이었다. 산업조직에 있어서는 분권주의를 채택하여 '자본가(雇主), 전문가(기술자), 노동자(被傭者)가 다 각각 협동적으로 생산에 참여할 수 있다'는 원칙을 세운 것 등 진보된 입법도 있기는 있었으나, 그러나 '국가의 이익에 배치된다고 인정될 경우'에는 동맹파업의 금지, 강제화해 등 국가의 권력을 발동하여 그 희생의 대부분이 노동자에게 전가되는 실태에 있었다.

3) 전제적 독재주의

'민중은 자발적으로 집합의사를 형성할 능력이 없다.' '정부의 문제는 결코 민중의 자각적 의사에 의할 것이 아니라, 지도자의 현명한 재정(裁定)에 의할 것이다.' '이태리는 오직 한 개의 머리(頭)밖에 없으니 그것은 곧 파시스트요, 그리고 한 개의 뇌수(腦髓)밖에 없으니 그것은 곧 통령(統領: 무솔리니)이다.'

이같이 지독한 독재가 엄연하게 존재할 수 있었다는 것은 일종의 기적이었으나 그러나 지리멸렬케 된 의회정치의 무능에 대한 국민의 실망도, 그 일인(一因)이었으며 통일전쟁의 '가리발디'나 세계대전의 '다눈치오'를 열렬하게 숭배하는 영웅주의의 민풍도 소인(素因)의 하나였던 것이다.

4) 국수적 로마 복고주의

'로마의 추억은 이태리 국민주의와 중심요소다.' '우리는 인권적으로 고귀하다. 세계로 하여금 이태리 국민의 이름을 두려워하게 하고 존경하게 하여라.' '고대 로마의 군사적 위업, 로마법의 존엄, 과거 수대에 걸친 국민의 노작(勞作)과 유업(遺業)을 잊지 말아라.'

이 같은 표어들은 설명도 필요 없을 것이다. 국가 즉 민족, 민족 즉 사회, 이 같은 등식을 안출(案出)한 파시즘은 국수적 요소의 선양(宣揚)으로써 국가 제일주의의 이상을 완성하려는 것이었다. 그러므로 가톨릭교의 시인(是認), 유물론의 배격 등은 당연한 순서였다.

'반종교적 유물론, 자유사상의 선전, 사회주의나 공화주의의 교리에 대하여는 유효 차(且) 용서 없는 적대행동을 취한다' 하는 공포정책으로써 사상의 단일화·규격화를 강제하였다.

5) 武力[illegible]御·폭력의 복음(福音)

이폭제폭(以暴制暴), 공산당의 폭력운동을 대항하여 일어난 파시스트는 제일의 강령으로 폭력의 복음을 선양하였다. 당초부터도 물론 지금까지도 이것은 그들의 유일한 강점이다.

'우리의 혁명은 곤봉으로써 완성했다는 것을 잊지 말라.'

'반항하는 놈에게 대하여는 50만 개의 곤봉이 언제든지 준비되어 있다. 필요한 경우에는 충분한 기관총과 폭탄도 있다.'

'사람을 개 죽이듯 하는 참호(塹壕) 중에서 배운 경험을 응용하면 그만이다.'

'사형(私刑)은 예계용(豫戒用)으로, 위혁용(威嚇用)으로 대단히 유효한 방법이다.'

6) 준엄한 규율·절대복종

규율과 복종은 파시즘의 생명이다. 그리고 또 최고의 도덕률이다.

'파시스트 민군(民軍)은 다만 의무만 있을 뿐이다. 그리하여 유일한 권리는 의무를 다하고, 그리고 그로써 만족해 하는 데 있다.'

'부하는 절대로 복종하고 지도자는 엄격하게 지도하지 않으면 안된다. 민군의 복종은 맹목적·절대적 그리고 공순(恭順)하지 않으면 안된다.'

7) 행동제일주의

'사상을 무시하는 사상'이라는 경구(警句)를 양언(揚言)하는 무솔리니는 백 가지 이론보다도 한 단계 실행이 귀하다고 하였다. '놈들의 생명 없는 이론은 모조리 때려부숴라' 할 때의 '생명'은 물론 실천과 행동을 가리킴일 것이다.

4

행수(行數)가 넘치어 이에 그치려 하거니와 파시즘이란 대개 이상과 같은 것이다. 이 소론(小論)은 해설을 주로 하는 것이매 주관적인 비판은 끝까지 피하려 하였으나, 그러나 저절로 그 당부(當否)의 한계들이 드러났으리라고 믿는다.

기복생멸(起伏生滅)하는 모든 현상(자연현상·사회현상)에는 원래 '우연'이 없다. 역사의 어느 일부분도 모두 인과율에 의한 '필연'이 아님이 없다. 이 파시즘도 이 우주적 범주에서 벗어나지 않은 것이니, 그러므로 이 같은 독재형태도 무솔리니의 머릿속에서 돌발적으로 튀어나온 기적도 아니며, 창조도 아니다. 이태리적 시간과 공간으로서는 이것이 생겨날 충분한 소인(素因)을 진작 내포하고 있었던 것이니 이 역시 역사진행의 과정에서 일부의 자기소임을 다하는 것으로 볼 것이다. 반동이라 하더라도 그 '시·공'(時·空)에 있어서는 그로서의 '필연'인 것이니, 그것이 장래할 보다 큰 '정동'(正動)을 위하여 복선이 아닌지도 모를 것이다.

(1932년 — 일제시대, 《동아일보》, 《解放以前》에서 抄錄)

자주독립의 근원

민족적 '자아'의 광복

'안으로 들어오고' '밖으로 나간다'하는 것이 우리 국어의 용례다. 우리가 우리 조선을 '제집'으로 인식하고 '제집'이란 자각을 가졌다 할진대, 내외출입에 있어서 당연히 '조선 안으로 들어오고' '조선 밖으로 나간다'할 것이다. 여기에 설명을 더한다 하면 그는 사족(蛇足) 이상이다.

그런데 현재 우리 관용은 어떠한가? 일본으로 들어가고, 중국으로 들어가고, 미국으로 들어간다고 한다. 상해서 나왔고, 하와이에서 나왔고, 동경서 나왔다고 한다. 어디가 '내'(內)고 어디가 '외'(外)며, 어디가 제 나라·제 고장이며, 어디가 남의 나라·남의 고장인지 알 수 없는 말이다. 이것은 분명히 '제'가 남이 되고 '남'이 제가 되어가지고 하는 말이니, 주객전도도 이 지경에 이르면 철저라는 용어도 삼사(三舍)를 피할 것이다.

용어가 이 모양이고 용례가 이 지경이되 우리는 아무러한 모순도 느끼지 않고 아무러한 자괴도 깨닫지 못한 채 가장 무난하게 항다반으로 쓰고 있다. 이만큼 우리는 '저를 잊어' 버리었고 '저를 잃어' 버리었다. '저'라는 자각이 분명하고 '저'라는 자체가 확립되었다 할진대 자타를 뒤바꾸는 이 같은 용어·용례는 절대로 있을 수 없을 것이다.

자타와 주객을 모르게 된 사례는 이것뿐이 아니다. 번잡을 피하여 일일이 전례를 들지 않거니와 언어·풍속·습관 등 너른 의미의 문화 전반에 걸치어 이같이 부끄러운 여러 면을 가졌다. 해방조선은 지금 일본적 잔재숙청을 부르짖거니와 이것은 대상이 뚜렷하고 유래가 오래지 않은 것인 만큼 용이한 일일 것이다. 그러나 근본적으로 자아를 망각하고 자아를 상실한 숙질(宿疾)의 완치는 일조일석에 될 일이 아닐까 싶으니, 그는 역사가 너무도 오래고 범역(範域)이 너무도 너른 까닭이다.

우리는 우리 역사 중에서 '신라의 삼국통일'이란 '위대'한 사업을 보았거니와 신라는 고구려 · 백제를 통합하기 위하여 당나라의 무력을 빌렸다. 그리하여 마침내 신라는 숙망(宿望)을 완성하였다. 이것이 신라의 명성을 위하여 위대한 사업이었음은 물론이나 그러나 '대당'(大唐)의 위의(威儀)를 배경으로 하였고, '대당'의 무력이 가세되었기 때문에 그 위대한 사업의 훈공(勳功)은 반분(半分) 이상이 당나라에 있을 수밖에는 없었다. 그리하여 신라에 대한 당의 발언권이 증대하는 동시에 당에 대한 신라의 외경감이 따라서 증대하지 않을 수 없었다.

이미 출발에 있어서 자아의 자력주의를 잊어버리고 던져버린 신라는 이리하여 친당(親唐)으로부터 숭당(崇唐)에, 숭당으로부터 배당(拜唐)에의 사도(邪道)를 걷기 시작하였으니 이는 세고당연(勢固當然)한 과정이었다. 그리하여 마침내 신라는 신라 자신이 동해의 일소국(一小國)이요, 대국 당나라의 일변방(一邊邦) 같은 자기착각을 가지게끔 되었다. 최면술의 암시작용 같은 심리적 환각을 한 번 받고 난 신라는 정신적으로 이미 '저'와 '남'을 구별할 만한 신념과 여유와 표준을 잃게 되었다.

신라의 통일은 위대한 사업인 동시에 진실로 자기 부인의 위대한 기초공사였다. 화랑이 없어지고 국풍이 없어지고 그 대신에 당문(唐文)이 세도하고 당률(唐律)이 등장하기 시작하여 '거서간'(居西干) · '마립간'(麻立干)으로 표현되던 왕호조차 속어라는 천시 밑에서 산골짜기로 파묻히게 되었다. 이같이 하여 '당으로 들어가서' 문물을 배우고, 제도를 본뜨고, 그리고 또 오장(五臟)을 바꾸고, 정신을 뒤집어 가지고

'신라로 나오게' 되었다. 기록에 보이는 최치원의 '입당등제'(入唐登第)도 실로 이 같은 자기말살의 편린인 것이다.

이같이 '들고·나고' 하는 사이에 신라는 병들고, 시들고, 졸아들고, 그리고 망했다. 사대사상과 배외주의(拜外主義)의 온상은 이같이 신라통일 이후부터 마련되었던 것이다.

새로 등장한 고려도 물려받은 이 유산 때문에 한토화(漢土化)의 일로(一路)를 걸었다. 이리하여 고금에 유례없는 '역사의 대개창(大改創)'〔삼국유사의 소론(所論)〕까지 단행하여, 한식화(漢式化)로 이름있는 김부식(金富軾)의 죄 많은 '삼국사기'가 만들어진 것이다. 뒤미처 기록된 일연사(一然師)의 '삼국유사'(三國遺事)가 없었다면 우리는 고대조선의 '진모'(眞貌)를 완전히 모를 뻔하였다.

이리하여 당·송으로부터 원·명·청을 거치는 동안에 우리는 문화, 우리의 역량은 반도 안으로 오그라들고, 그 반도는 자존자지(自尊自持)의 경지에 자처(自處)치 못하는 자신이 되었던 것이다. 한말 당시에 자아광복의 국민적 기운이 일어나기 시작하였으나 불행하게도 또다시 외력(外力)의 제압(制壓)에 시들었고, 그리고 필경 40년 망국의 통한을 품게 되었다.

이 비극은 캐고 따지어 구경 '자력'(自力)이 없었던 까닭이요, 자력이 없게 된 까닭은 자아를 망각한 까닭에 있었다. '연이불망자(然而不亡者)-미지유야(未之有也)'인 것이다.

남의 장처(長處)를 본뜨고 남의 우점(優點)을 배우는 것은, 그리하여 자기를 보강하고 자기를 향상시키는 것은 당연한 일일 뿐 아니라, 오히려 그리하여야 인류문화의 앙양(昻揚)을 위한 일익의 직능을 감당할 수 있는 것이다. 그러나 '자아'라는 관점을 잊어버리고 '자기'라는 주축을 잃어버리는 결과는 의타·배외(拜外)의 경지로 들어갈 뿐 아니라, 필경은 자천감(自賤感)·자멸감에 빠지어 부지불식간에 자기무시의 엄청난 세계를 만들어 놓는 것이다.

8·15 이후로 우리는 자기 강토(疆土)를 찾았다. 자기 자유를 찾았다. 그리하여 법리에 해당한 자기 국권도 찾을 수 있으며 형식이 정비된 자기 국체도 찾을 수 있게 되었다. 그러나 이미 정신적으로, 심리적으로, 너른 의미의 문화적으로 잊어버리고 잃어버린 자기를 찾기는 용이한 일이 아니다. 그러나 이번에야말로, 이 기회야말로 '자아광복'을 위하여 전지·전능을 경주하고 총의(總意)·총력(總力)을 발휘하여야 할 때다.

미·소(美·蘇)의 갈등이 바야흐로 세계적 규모에 이르고 그리고 이 대세의 압력은 우리의 물심양면을 통한 전부에 미치고 있는 실정이니, 이 아슬아슬한 이 고비에서 우리가 또 한 번 실수하면 우리 민족은 영원히 자아를 잃고 말 것이다. 지금 냉혹하게도 엄연한 38장벽을 직시하라! 이북은 어떠한 사정이며 이남은 어떠한 양상인가? 어떠한 주의주장이거나 자아란 관점을 떠나서는 하등의 의미가 없는 것이며, 무슨 공작이거나 무슨 건설이거나 자아란 주축을 떠나서는 하등의 의의가 없는 것이다.

자주독립의 기초는 민족자아의 확립에 있다. 민족자아의 광복이 선결조건이다. 국민 각개가 위선 자아라는 자각을 가지고 자아라는 존재의 실체를 파악하도록 하여야 하겠다. 그리하여 자기가 얼마나 귀하고 자신이 얼마나 중한지를 저절로 깨닫고, 느끼고, 그리고 받들고, 다듬고, 기르고, 간직하여야 할 것이다.

자존자지(自尊自持)의 기백(氣魄), 자주자율의 지조(志操), 자부자시(自負自恃)의 신념, 자조자면(自助自勉)의 노력 … 이것이 모두 자주독립의 근원이요 동력이다. 이 근원과 동력의 핵심은 '자아의 파지(把持)'다. 잊어버린 자아, 잃어버린 자아, 이 민족적 자아의 광복이 새 조선 건설의 당면한 과제다.

최후로 굳이 일언(一言)을 붙이거니와 자아의 자존자주는 독선이 아니요 배타가 아니다. 고립이 아니요 양외(攘外)가 아니다. 어디까지나 자주호혜(自主互惠)요 어디까지나 자타일여(自他一如)를 이상으로 함이니 그 길의 제일보가 자아의 진정한 자각이요 자체의 성실한 완성인 것이다.

(1946년 — 군정시대, 《國學誌》, 《解放以後》에서 초록)

전제정치와 민주정치

專制와 獨裁는 步一步 後退

1

전제(專制)라고 하면 곧 군주가 연상되도록 전제정치는 대체로 군주정체(君主政體)의 형태를 밟아왔다. 정치적·경제적·문화적 모든 권력의 발원이 유일인(唯一人)에게 있다는 전제로 출발하는 것이 군주전제였으니 중세기에 이르기까지 세계는 대개 이 같은 체제를 유지하여 온 것이다.

원시공산사회는 논외라 하더라도, 적어도 '국가'라는 한 개의 유기적 조직체를 형성하던 초기의 정체는 동서를 막론하고 모두 군주나 군주를 중심으로 한 몇 개 특권계급의 전천(專擅)에 집중되었던 것이다. 그리하여 그 국가나 사회를 구성한 인민은 다못 그 군주나 특권급에 종속된 노예적 인간이었고, 생물적 재화에 지나지 않는 존재였던 것이다. 그리하여 구성원 전체의 행·불행, 복·불복(不福)은 완전히 집권자의 방촌(方寸)에 달렸던 것이니, 현대적 이념과 실태로써 회고한다면 실로 끔찍한 경지였던 것이다. 그러기에 '짐(朕)이 곧 국가다'(불란서 루이 14세)라는 생각으로 강포(强暴)한 권력을 행사하던 동서사상의 허다한 폭군시대는 이른바 암흑세상이었던 것이다.

신민(臣民)이란 그저 그 권력을 위한 제물이었다. 그 권력을 더욱더 강대하게 하고, 신성하게 하고, 존엄하게 하는 일체의 공구(工具)였고 자료였던 것이다. '군주는 국가의 공복(公僕)이다'(독일의 프리드리히 대왕)라고, 민의의 대행자로 자처하는 현군(賢君)도 물론 없지 않았다. 그리하여 여민해락(與民偕樂)한 태평시대도 사상(史上)의 문헌으로는 동서에 허다하였다. 그러나 이는 백대(百代)에 일차, 천인에 일인이 있을 수 있는 우연 같은 요행이니, 이로써 군주전제를 긍정할 논거도 못되거니와, 설혹 지공무사(至公無私)한 현군이라 하더라도 원래 사람의 지능이란 한도가 있는 법이니, 일군(一君)의 방촌(方寸)과 만민의 의사가 합치되기를 어떻게 가기(可期)할 것인가? 그러므로 현우(賢愚)를 불구하고 일군전제(一君專制)는 그것이 민의의 자유로운 결집이 아닌 점에서, 민의와 민권의 선양(宣揚)을 대경(大經)으로 하는 현대적 이념으로는 일률(一律)로 배격치 않을 수 없는 것이다.

2

인류가 미개하고 사회생활이 단순한 시대에 있어서는 군주나 군주적인 권력의 전제가 오히려 자연이기도 하였다. 속결즉단(速決卽斷)의 필요가 생기는 경우로서는 도리어 중우(衆愚)의 무위한 시책보다도 철인전제(哲人專制)의 일도양단적(一刀兩斷的) 정치가 편리도 하였고, 인문의 진보를 따라서 인민 각자가 자가(自家)의 존엄을 자각하는 동시, 사물에 대한 과학적 비판이 자재(自在)케 됨을 따라서 신권으로 신앙케 되었던 절대의 군권은 한 개의 우상적 존재임을 깨닫게 되었고, 따라서 인민 각자의 인권이 천부(天賦)된 자재한 권리임을 발견하였을 때에 이르러서는 그 같은 군주정치의 전제가 용인될 도리가 없었다.

이리하여 불란서혁명을 도화(導火)로 세계는 드디어 군권에 대한 민권, 특권계급에 대한 인민의 자유가 절규되어 민주주의의 정치에로 붕정(鵬程)의 일보를 걷기 시작한 것이다. 신권적 존재로서의 최고표상인 군주의 말살은 물론이거니와 설혹 군주의 형식을 용인한다 하더라도 군주의 전천(專擅)을 방지하는 국헌(國憲: 헌법)을 제정하여 국권의 운영을 상규(常規)에 의거케 하고 따라서 국민의 참정, 민권의 자유 등을 국민 자신이 제정한 (의회=즉 입법부) 법률로써 보장하는 입헌제도를 채용케 되었으니 이것이 근대 민주정치의 발상이다. 각국

각자의 역사와, 문화와, 국정을 따라서 그 형식과 시책은 물론 다르나 전제주의를 일소(一掃)하는 정신과 주지(主旨)는 동일한 방법이었다.

권력의 발원을 '군주'에 두었던 과거의 전제시대에 있어서도 '민이 중(重)하고 사직이 차(次)하고 군이 경(輕)하다'(=맹자)고 하였다. '천하는 비일인지천하(非一人之天下)요 천하지천하(天下之天下)'(=太公)라 하여 천하는 그 천하에 포용된 천하만중(天下萬衆)의 천하요 일인의 군주나 기개(幾個) 집권자의 천하가 아니라 하였다. '민의 즉 천의'라는 '즉천사상'(則天思想)으로 연역(演繹)되는 왕도정치의 군왕은 단순한 천의의 대변자이자 민의의 대행자일 뿐이라 하였다.

3

군주독재의 전제정치에 있어서도 이러하였거든 군주의 말살, 군주적 권력의 부정으로부터 출발하는 현대에 있어서 이 '천하만중'일 인민 자체가 권력의 주체자로서 등장케 되는 것은 극히 자연이요 또 필연인 것이다. '국가의 주권은 인민에게 있다'(=밀턴)고 하는 것이 현대 민주주의에 의한 민주정치의 출발점이다. 즉 인민이 국가의 주체다. 국가라는 것은 자연인인 인민의 자유로운 협의와 약속에 의하여 법률적으로 조직된 한 개의 '기관'인 것이다.

그러므로 이 기관을 운영하는 최고책임자는 물론 있어야 할 것이나 그러나 그것은 군주와 같은 주권의 발원체가 아니고 인민주권의 수임체(受任體)인 대리자인 것이다. 이리하여 천하는 어디까지나 만민의 공동천하요 국가는 그 국가를 구성한 전 국민의 공동국가다. '인민에 의한, 인민을 위한, 인민의 정치'(=제퍼슨)를 최고 이상으로 하는 현대의 시인(是認)만이 아니라, 동시에 단순한 '인민'의 등장만이 아니라, 원래부터 '민이 근본'이요 '민이 주인'이라는 이념으로부터 발족하는 것이니 그러므로 단순한 '인민을 위하는 정치'만이 아니라, 인민을 위하는 그 정치는 '인민 자신에 의하여' 운영되는 그러한 정치를 목적하고 기필(期必)하여야 하는 것이다.

인민의 일부인 어떤 계급이나 어느 집단의 인민을 위하는 정치가 아니다. 전 인민의 복지를 위하는 정치만으로도 훌륭한 정치임은 틀림없으나, 그러나 이는 일인의 현군이나 기개인(幾個人)의 철인정치로서도 서기(庶幾)할 수 있는 일이다. 그러므로 진정한 민주주의의 민권정치는 '전 인민을 위하는 정치'로되 그 정치는 반드시 '전 인민'의 의사와 기능에 의한 전 인민의 총력집결로써 완수하여야 하는 것이다.

4

밀턴의 인민주권설이나 루소의 사회계약설이나 그 원핵(原核)은 모두 이 같은 '전 인민적 존재'에 있고 '전 인민적 권력'에 있다. 데모크라시(민주주의)라는 어의의 '데모'와 '크라시'가 각각 '데모스'(인민), '크라토스'(권력)라는 어원을 가졌음도 대개 이 같은 '민권'을 의미함이다. 천생(天生)의 '민'과 천부(天賦)의 '권'(權)이 단일적 개념으로 결합된 표식임을 가리키는 것이다. 이 같은 이념을 기초로 하고 이 같은 이념에 부절(符節)되는 방식으로 운영되는 정치가 즉 민주정치다. 구체적 방법으로는 보통선거에 의한 근대적 대의정치가 즉 그것이다. 개성의 자유로운 창달이 민주주의의 근본이니 그러므로 민주주의의 요체(要諦)는 인민각개의 인권이 균등으로 보장되고 이 인권행사의 기회가 보편적으로 부여되어야 하는 것이다.

남녀의 성별이 없이, 빈부의 재별(財別)이 없이, 또는 교육정도의 차이 등이 없이 인민각자가 똑같은 한 개의 '권리'를 가지고 정치적으로나 경제적으로나 자유로 신장할 수 있어야 하는 것이다. 따라서 이 권리를 행사하기 개방된 문호와 제일(齊一)한 기회를 자유로 이용할 수 있는 체제와 환경이 되어 있어야 할 것이다.

일방으로 개체는 개체로되 고립된 개체가 아니라 전체에 연환(聯環)된 개체이므로 어디까지나 전체로서의 균형이 보지(保持)되어야 하는 것이 민주정치의 이상이다. 그러기에 민주주의에 있어서는 어떤 일인의 독재가 허용되지 않을 뿐만 아니라, 일당의 제패·일집단·일계급의 전횡(專橫)을 부인하는 것이다. 이리하여 전 인민이 각각 자기의 자리를 맡을 수 있고('各得各所'의 원칙), 전 인민이 각각 자기의 힘으로 먹을 수 있어서('各食其力'의 원칙), '병존불유'(竝存不愉)하고 '병육불패'(竝育不悖)하는 만민해락(萬民偕樂)의 체제가 수립되어야 하는 것이다. 일국 내에 있어서도 이러하려니와 국제간에 있어서도 영토의 대소, 주민의 다과(多寡), 국력의 강약을 불문하고 한 국가는 다같이 한 개의 발언권을 가지고 자주호혜의 원칙하에서 세계일가적(世界一家的) 이상을 지향하려고 하는 것이니, 이는 곧 국제민주주의의 선양(宣揚)이요 금번 이차전후(二次戰後)의 대세인 것이다.

5

그러면 이 같은 민주주의가 일국 내에나 국제간에 현재 실시되어 있는가? 중세의 군주 내지 귀족전제를 말살한 루소적 혁명도 전 인민의 자유와 평등을 재래(齎來)치 못하고 필경은 '부르'급의 민주와 번영을 촉진하였을 뿐이며 계급의 청산을 목표로 자본제패를 배제한 레닌적 혁명도 전 인민의 복리와 안녕을 결과치 못하고 필경은 '프로'급의 민주와 독재를 강행하였을 뿐이다.

세계의 과거사를 뒤집어 놓은 불란서혁명도 그 결과를 우리가 일찍이 경험한 바이요, 무자비한 방식으로 실현된 러시아혁명도 그 실정을 우리가 시방 목도하는 바이다. 군주의 형태가 반드시 전제독재가 아님은 입헌치하의 영국이 증명하는 바이요, 공화정체라 하여서 반드시 민주적이 아니었음은 독일의 작일(昨日)이 증명하는 바이다. 이 같은 의미로 따질 때에, 경제부면에 있어서 민주적 과업을 실현하였다고 하는 소련도 그것이 일의(一意)의 흑철(黑鐵) 같은 독재정치인 점에서 (물론 초창기의 일시적 방편이라 할지 모르나) 진정한 의미의 민주주의국가라고 할 수 없음이 물론이다.

이 같은 관점으로는 미국이 또한 그러한 것이니 민주주의적 방식을 최고도로 활용하였다는 그 정치도 그 지배기구의 구성이나 그 시책의 발원지가 토지자본이나 금융자본의 독점인 이면(裏面)만 보아도 진정한 민주주의라 할 수 없음이 물론이다. 다못 미국은 세계의 어느 나라보다도 자유를 사랑한다.

6

인간의 존엄이 그 자유에 있음을 어느 나라보다도 강조하는 점에서 미국적 민주주의〔학술적 용어가 아니라 속칭적으로 잠용(暫用)함〕는 명분이 섰고 따라서 형식이 무난한 것이다. 오직 그 자유와 그 자유의 혜택이 유산층(有産層)에 선점되고 농단되고 활용되는 그 실태가 여전히 자본전제(資本專制)의 범주에서 탈곡(脫穀)치 못하고 있는 것이다.

예정된 지면이 부족하여 충분한 논지를 전개치 못하거니와 이상의 번언(繁言)을 일언으로 요약한다고 하면 이러하다.

첫째, 민주정치와 전제정치의 구별은 그 정치형태의 형식만에 있지 않은 것. 둘째, 정치의 기초요 생활의 토대인 경제생활의 민주·비민주로써 '전제'와 '민주'의 한계가 서질 수 있는 것.

이상의 결론으로써 금후(今後)를 논단(論斷)컨대 인류의 역사는 '인민에 의한, 인민을 위하는' 진정한 민주주의적 방향으로 보일보 발전될 것이다. 따라서 모든 전제적·독재적 형태는 보일보 후퇴할 것이다.

이것은 태양이 동에서 뜨는 것을 명단(明斷)할 수 있는 정도로 예단(豫斷)할 수 있을 것이다. 따라서 지금 미·소적(美·蘇的)이라고 속칭되는 민주주의도 서로서로 변질되어, 참다운 민주정치·민주경제·민주사회 등이 실현되고야 말 것이다.

(1947년 — 軍政時代, 《民主朝鮮誌》, 《獨立前夜》에서 抄錄)

민주주의와 휴머니즘

문화비판에 대한 한 개의 '포인트'로서

나는 민주주의를 신봉합니다. 6·25사변 이후로 거족적인 참화를 당하고 있는 이때에 있어서 조국의 오늘과 내일을 위하여 진실한 의미의 민주주의가 더욱더 염원되고 더욱더 희구되는 것입니다.

민주주의란 무엇인가? 혹은 서구적 민주주의, 동구적 민주주의라는 구별도 있습니다. 또 혹은 신민주주의, 인민민주주의라는 용어도 있습니다. 지역적이나 민족적 차이를 따라서 또 혹은 정책적이나 전술적 색채를 따라서 민주주의를 장식한다 할진대 그 관두용(冠頭用) 어구는 열 개도 가능하고 백 개도 가능타 할 것입니다. 마는, 나는 오직 '민주주의'라는 넉 자만을 취하는 것입니다. 넉 자만으로도 충분한 정도가 아니라 그 넉 자만이 본체인 것입니다. 어수룩한 수식이나 잣다로운 조건이 도무지 필요치 않은 것입니다.

내가 이해하고 내가 체득하고 그리고 내가 신봉하는 민주주의는 이러합니다. 인민 각개가 가진 개성의 자유로운 창달, 이것이 민주주의가 내포한 본질적인 핵심입니다. 개체의 존중이 곧 민주주의의 시발점인 것입니다. 한편으로 이 같은 개체는 고립된 개체가 아니라 전체의 일환중에 연계된 부분인 까닭에 개성의 자유로운 창달은 전체와의 조화 위에서 긍정되어야 한다. 이것이 민주주의가 기약하는 외연적인 발전입니다. 그러므로 사회라는 전체적 시야를 전제로 하는 것이 민주주의의 귀착점인 것입니다.

개인에서 사회로 개체에서 전체로, 이 같은 프로세스 위에서 민주주의는 그 본래의 광채를 빛낼 수 있는 것입니다. 민주주의가 가진 개체성만을 고집하여 그로써 편향할 때, 그는 독선적인 개인주의요 민주주의는 아닌 것입니다. 또 한편으로 민주주의가 가진 사회성만을 고조하여 그로써 강행할 때, 그는 독재적인 전체주의요 민주주의는 아닌 것입니다. 민주주의는 어디까지나 개체와 전체가 둘이면서도 둘이 아니고 하나인 점에서, 하나일 수 있는 경지에서 그 본연의 자태를 볼 수 있는 것입니다. 이리하여야 민주주의의 진정한 기능이 발양(發揚)될 수 있으며 따라서 민주주의의 성실한 혜택을 받을 수 있는 것입니다.

민주주의의 명목하에서 전체주의적 실태를 강행하는 정치가 세계의 도처에 있음을 보거니와 대개는 개인의 무시, 개성이나 개체의 부정이 아니면 극도로 과소평가하는 그 같은 계율을 전제로 하는 양 싶습니다. 개성의 존엄이라든가, 개체의 가치라든가를 용인하는 것은 민주주의적 발전에 지극히 유해한 것으로 규정되어 있는 양 싶습니다. 그러나 이 같은 내용으로써 민주주의를 설명하여야 할진대 거기에는 논리의 비약이 있어야 할 것입니다.

나는 자유와 평화를 사랑합니다. 자유로운 평화와 평화로운 자유를 염원하고 추구합니다. 소나 말같이 사슬과 굴레에 얽매인 가축적 평화도 바라지 않거니와 호랑이나 사자같이 상살(相殺)과 혈투를 일삼는 야수적 자유도 즐기지 아니합니다. 그것은 내가 사람인 까닭입니다.

나는 위선 돌멩이나 흙덩이 같은 무생물이 아니고 생물인 것을 자각합니다. 그리하여 스스로 자유롭게 영양을 섭취하고 스스로 자유롭게 자신을 성장시킬 수 있는 생물적 범주에서 살아가는 존재임을 즐겨합니다. 다음으로 나는 나무나 푸성귀 같은 식물이 아니고 동물인 것을 자각합니다. 그리하여 스스로 자유롭게 기동하고 스스로 자유롭게 취산(聚散)할 수 있는 동물적 범주에서 살아가는 긍지를 즐겨합니다.

끝으로 나는 새나, 물고기나, 길짐승 같은 동물이 아니고 '인간'인 것을 자각합니다. '사람'이란 무엇인가? 어떠한 동물을 가리켜 사람이라고 하는가? '사고하는 동물이, 스스로 생각할 수 있는 생각을 자유롭게 다시금 재발전시킬 수 있는 작용과 능력을 가진 동물이 사람이다.' 사고하는 자유에 자율적으로 결론되는 발표하는 자유, 이것이 다른 동물과 분기(分岐) 되는 '사람'인 특성입니다. 그리하여 나는 스스로 자유롭게 사고하고 스스로 자유롭게 발표할 수 있는 인간적 범주에서 살아가는 존엄을 크게 즐겨 하는 것입니다.

스스로 섭취하고, 스스로 성장하고, 스스로 기동하고, 스스로 사고하는… 이 일련의 특성이 기본인권의 하나로서 존중되어야 할 것임은 말할 것도 없는 것입니다. 이것은 휴머니즘(여기의 이 용어는 흔히 사용되는 인도주의가 아니라 인간주의로 이해할 것임) 이 시인되고, 보장되고 그리고 한 걸음 나아가서 존중되고 창달되어야 하는 민주사회의 원칙인 것입니다. 이것이 없이는 민주주의가 아니고 민주사회가 아닌 것입니다.

상호투쟁이 있어야 혁신이 있고 진보가 있습니다. 이것을 전적으로 부정할 아무런 이론도 사실도 없을 것입니다. 그러나 동시에 실로 순간적인 동시에 상호부조가 있어야 발전이 있고 건설이 있는 것도 또한 부정할 수 없는—부정될 수 없는 진리의 일면인 것입니다. 진실로 진보·발전과 혁신·건설이 혼연(渾然) 한 한 개의 실체로서 구현됨에는 투쟁과 부조(扶助) 가 둘이면서도 둘이 아니고 하나인 점에서—하나일 수 있는 경지에서 빚어져야만 가능할 것입니다.

투쟁만을 고집하는 투쟁은 건설을 위한 투쟁이 아니라 투쟁을 위한 투쟁입니다. 투쟁의 일로(一路) 로 편향되는 투쟁은 무한대의 투쟁을 영속함으로써 자기만족을 느끼는 그러한 투쟁인 것입니다. 그저 전쟁으로써 구아(歐亞) 를 정복한 후, 또 다시 전쟁할 지역과 상대가 없어서 통곡하였다고 전하여지는 전쟁의 최고 권화자(權化者) 알렉산더와 같은 인물과 방략(方略) 위에서 우리는 그 같은 유형을 볼 수 있는 것입니다.

우리는 투쟁의 철학을 들어옵니다. 투쟁의 원리와 투쟁의 실체를 유사 이래로 무수하게 들어옵니다. 그리하여 '무자비한 투쟁'이란 용어의 등장에 이르러서 편향된 투쟁의 극치를 보는 것입니다.

나는 투쟁을 시인합니다. 부조를 시인하는 똑같은 의미로서 투쟁의 원칙과 그 공효(功效)를 시인합니다. 그러나 우리가 의욕하는 투쟁이 단순한 생물적 투쟁이 아니고, 단순한 동물적 투쟁이 아니고, 인간적 투쟁인 점에서, 인간성으로부터 출발하고 다시 인간성으로 귀착하는 그러한 투쟁이어야 하는 것입니다. 평화를 위한 투쟁, 조화를 위한 투쟁이어야 하는 것입니다. 이 같은 투쟁이 아니고는 인간적 투쟁이 아닙니다. 인간사회로서의 합인간성적(合人間性的) 진보와 발전이 없는 것입니다. 목을 자르면서도 울면서 자르는 법이 — 울면서 자를 수 있는 법리가 실천되어야만 인간사회의 법으로서 인간사회의 행복과 번영에 기여가 있을 것입니다. '무자비한 투쟁'이 아니라 '대자대비한 투쟁'이어야 인간사회의 투쟁으로서 인간사회의 진보와 발전에 동력이 될 것입니다.

문화란 것은 — '네이처'에 대한 '컬처'라는 것은 자연 그대로의 기계관적 기복생멸(起伏生滅)에서 우발되는 것이 아니라 자연에 가공된 인간성의 구현인 것입니다. 어디까지나 휴머니즘이 그 본질인 것입니다. 광의로 말하여 인간생활의 전양식을 의미하는 '문화정책'은 사람을 사람으로서 인식하는 관점에서 추진되어야 할 것입니다.

생체로서의 사람, 독자적인 개성을 보유한 사람, 자유로운 사고를 발표하는 사람, 평화로운 향상을 의욕하는 사람 … . 이 같은 '사람'을 더욱더 '사람답게'하는 방책을 실천에 옮기는 것이 진정한 의미의 민주사회인 것이며 진실한 민주사회의 성실한 문화정책인 것입니다.

(1951년 — 民國時代, 《創造誌》에서 抄錄)

님께서 하신 말씀

님께서 하신말씀 듣자온지 몇해런고
눈감고 헤아리니 스물이요 일곱이라
불현듯 그리운정에 허둥지둥 하여라.

우러러 뵈옵는듯 돌이켜 허전할사
재우쳐 읽으려니 글씨아니 뵈일너라
더듬어 마디마디에 눈물먼저 앞서네.

어버이 이르시고 아들이 받아쓴글
가신뒤 새나라에 되박아 펴치올때
오늘도 그런성하여 더욱 쓸쓸하외다.

(註) 일제시대(大正12년 1월)에 "朝鮮及朝鮮人의 煩悶"이란 주제로 각방면 대표적 인사를 歷訪하여 특수기사를 만든 일이 있었다. 당시 民友會 대표인 선친(薛泰熙)의 말씀을 동아일보 기자인 필자가 받아썼다. 해방 후 그 글을 출간할 때의 심정을 그린 것이다.

(《禁斷의 自由》에서 抄錄)

時 評

- 活力과 適者生存
- 不飮盜泉之水
- 生存競爭과 相互扶助
- 참된 자랑과 우리
- 秋收의 悲哀
- 思想犯罪와 對策
- 救貧보다 防貧
- 새나라의 첫날
- 三一的 三大戒銘
- 戊子年 三一 記念

《解放以後》 序文

제(題)하여 '해방이후'(解放以後)라 하였습니다.

세(世) 소위(所謂) '일장기말살사건'(日章旗抹殺事件)에 책임을 지고 동아일보를 떠난 뒤로 문필계(文筆界)와는 아주 손을 끊었댔습니다. 신문·잡지계는 물론, 일체의 공식면(公式面)과는 완전히 절연(絶緣)하였으니 그는 '손댈 나위가 없었던 세상'인 까닭이었습니다.

일본의 위정(爲政)이 '조선'의 일체를 말살하여 강산이 이로써 캄캄하였을 때에, 권력이 미치지 못하는 '조선정조'(朝鮮情調)만이라도 남겨 보려는 뜻으로 '조선예흥사'(朝鮮藝興社)를 만들고, 그러고 위선 조선민요를 살리려 하여 가극대본(歌劇臺本)을 지은 일이 있었으나 이는 원래 여지(餘枝)에 불과한 노래 중심의 소품(小品)이었습니다.

역사가 뒤집힌 해방 이후에야 비로소 던졌던 붓을 다시 잡으니 그 첫글이 "국민대회준비회발기선언문"(國民大會準備會發起宣言文)이었고, 다음으로 끼적인 것이 "동아일보중간사"(東亞日報重刊辭)였습니다. 그 후로 ●●를 따라 졸문(拙文)을 난작(亂作)하기 금일(今日)에 이르러 力●이 아직은 이뿐입니다. 미숙(未熟)하품이 아직도 시작(試作)에 불과하나, 그러나 필자에게 있어서는 이것이 해방 이후로 가슴에만 두기 어려운 감흥과 소신(所信)의 솔직한 고백이니, 제명(題名)의 일반(一半)은 여기에 있습니다. 동시에 해방 후 자태(姿態)의 이모저모는 거의 전부가 취재되었으니 이는 필자의 '위인'과 '문장'을 떠나서 중요한 기록임을 자신하는 바입니다. 제명의 후반은 실상 여기에 있습니다. (下略) —解放後 다음해 첫겨울— 著者

活力과 適者生存

1

어떠한 개체나 공동체를 물론하고 그 자체의 창달과 신장(伸張)과 비약이 있으려 할진대 무엇보다도 먼저 생동하는 활력의 존재를 전제로 하지 아니치 못할 것이다. 환경의 순·역순이나 주위의 편(便)·불편 등 외적 조건도 그것의 동태에 대하여 지대한 관계가 없음이 아니나 구경은 왕성한 내재적 활력이 근본이다.

반발(反撥)이 있고 탄력이 있는 완강한 활력의 지속과 발양(發揚) 앞에는, 외적 장애와 구속이 도리어 그 세력을 첨증(添增)시키고 전환을 추진시키는 기연(機緣)을 짓는 것이니, 이것은 상식화한 생물계의 통칙(通則)이다. 적자생존이란 자연도태의 법칙도 필경은 자연을 극복한 활력의 승리 — 최후까지의 활력에 의한 최후의 승리를 의미하는 것이다.

2

인류의 생활에 있어서 혹은 덕·지·체(德·智·體)라 하고, 또 혹은 지·인·용(智·仁·勇)이라 하거니와 일언으로 요약하면 활력의 일점에 귀납할 수도 있으며, 동시에 이 일점으로써 연역할 수도 있는 것이다. 생기발랄한 활력을 모태로 하지 않은 산물은 그것이 비록 규모와 구조와 양식이 굉대(宏大)하고 찬란타 하더라도 그것은 재료의 집적에 불과한 공허적 존재일 것이며, 일시를 장식하는 채홍적(彩虹的) 생명 이외의 아무것도 아닐 것이다. '존'(存)이되 '활'(活)이 아니며, '동'(動)이되 '역'(力)이 빠진 불구적 형태일지니, 치열한 활력이 없는 곳에 건전한 창달과 영속적 비약이 있을 수 없는 것임으로써다.

3

우리는 현실을 통하여, 혹은 역사를 통하여 유족(類族)과 군단(群團)의 무수한 흥망성쇠를 바라볼 수가 있다. 그래서 이것의 원인과 결과에 대하여 정치적으로, 경제적으로, 문화적으로, 시각을 달리한 다변적인 관찰도 가능하며, 외부로 내부로, 주(主)로 객(客)으로, 입각(立脚)을 달리한 분석적 설명도 타당한 것임을 긍정한다. 그러나 이것은 궁극에 있어서 굳센 생활의욕의 소장(消長)을 반영한 것이며 원천인 활력의 학갈(涸渴)과 창일(漲溢)의 구현이라는 일언으로 족하다.

혹은 '독일혼'(獨逸魂)이라 하고 또 혹은 '대화혼'(大和魂)이라 하는 어휘를 듣거니와 이것을 민족적 활력의 표상으로써 음미할 때에 비로소 그 의의가 분명케 되는 것이니, 이것이 있음으로 하여서 시난대응(時難對應)의 방도와 자가존립(自家存立)의 선양(宣揚)이 가능케 되는 것이다. 지력(知力)과 무력(武力)과 부력(富力)만이 아니라, 진실로 그 근저에 흐르는 활력의 발현이요 방사(放射)인 것이다.

4

만근(挽近) 이래(爾來)는 지력의 항쟁으로부터 무력과 부력이 각축을 계속하여 '비상시'(非常時)라는 동일한 표어 밑에서 움직인다. 비상시라는 어구가 반드시 정치적, 경제적 변혁을 의미하거나 군사적 갈등을 지칭함이 아님은 물론이거니와 이 비상시의 어구를 주출(鑄出)한 세계적 분위기는 이 또한 활력의 상극전(相克戰)으로 생긴 요운(妖雲)에 불외(不外)한 것이다. 거세(擧世)가 비상시인 이때, 어느 국가나 어느 민족을 막론하고 이 활력 상충의 권외(圈外)에서 안한(安閑)할 수가 없을 것이다. 자체의 창달과 신장과 비약을 위하여 축적한 활력의 발양을 꾀하지 않을 수 없을 것이다. 그리하여 최후의 활력에 의한 최후의 승리로써 유족(類族)과 군단(群團)은 또 한 번 적자생존의 법칙을 체험할 것이다.

(1931년— 일제시대, 《동아일보》, 《解放以前》에서 抄錄)

不飮盜泉之水

'군자는 불음도천지수(不飮盜泉之水)'—갈증으로 죽을지언정 '도천'(盜泉)의 물은 마시지 않는다는 말이다. 대개 그 이름이 나쁜 까닭이니, 이른바 명분사상의 편린이다.

어지러운 세상이 더럽다 하여 수양산(首陽山) 산곡 속에서 천명을 마친 백이(伯夷)·숙재(叔齋)를 결백의 표상으로 삼거니와 우리의 사육신 중의 매죽헌(梅竹軒)은 이것도 나무랬었다. '초목역첨주우로(草木亦沾周雨露), 괴군유식수양미(愧君猶食首陽薇)'라고 고사리를 캐어 먹은 것도 논죄(論罪)하였다. 결백도 이에 이르면 동서사상에 그 예가 드물 것이다.

이것이 현대인으로 가능한 일일까? 현대생활에 가합(可合)한 일일까? 기성(旣成)의 논리와 형식이 붕괴의 도정을 밟고 있는 지금에 있어서 이 같은 관념으로 빚어낸 모든 덕목과 모든 제도의 존재가 가능할 것인가?

현대는 과학으로써 존재하고 과학은 객관으로써 생명을 삼는다. 도천(盜泉)이라는 이름의 '나쁨'과 '샘물'의 질과는 하등의 관련이 없다. 주나라 정권의 '더러움'과 '고사리' 사이에는 아무러한 인과도 없다. 현대의 과학은 우리에게 이것을 가르친다. 객관 위에서 엄숙한 판단을 내리는 현대의 과학은 우리의 생활의식과 양식을 이렇게 규정한다.

그러나 소독(消毒)만 하면 그만이라고 '요강'에다가 물을 따라 마실 것인가? 인정(人情)과 석회(石灰)는 하등의 관련이 없다고 하여서 제 부조의 백골을 팔아먹을 것인가? 여기에 '당위'의 세계—존재 이외에

'가치'의 세계가 인정의 일면에 가로 놓여 있음을 또한 간과치 못할 것이다.

급하면 소독여부도 없다고 하리라. 막다른 골목을 당하면 인정여부도 없다고 하리라. 그렇다! '급한 경우'에는 여부가 없다. '비상식적' 현실 앞에는 여부가 없다. 그러기에 '막다른 현대', '급박한 현실'에서는 그 같은 관념, 그 같은 덕목(德目)이 도저히 불능일 것을, 부합일 것을 우리는 수긍한다. 필연적으로 붕괴될 운명에 있는 것도 예견하는 것이다.

그러나 작일(昨日)이 있고, 금일(今日)이 있고 그러고 또 명일(明日)이 있는 것처럼 역사는 움직인다. 그래서 장래(將來)할 역사의 어느 일점(一點)에서 가치의 세계가 다시 우리의 시야에 전개될 것을 믿는다. 도의적 명분과 과학적 공리(功利)가 조화되어야 할 것을 믿는 우리는, 지금에 있어서 붕괴되는 명분의 자태를 물끄러미 응시할 뿐이다.

(1931년 — 일제시대, 《新東亞誌》, 《解放以前》에서 抄錄)

生存競爭과 相互扶助

생물은 자기보존의 본능을 가지고 있다. 그리하여 이 본능의 충족에 불가결한 생활자료의 획득을 위하여, 또는 영양물질의 부족으로 생기는 도태(陶汰)의 액(厄)을 면하기 위하여 생물은 개체 사이에 의식적·무의식적으로 경쟁을 한다. 이것이 생물학상의 '생존경쟁'이다.

이 같은 경쟁에 승리를 얻는 자는 '생존'하고 참패를 당하는 자는 '멸망'한다. 우승열패(優勝劣敗), 약육강식(弱肉强食) — 이리하여 '적자생존'을 부르짖는 것이 생존경쟁의 중심이요 결론이다. 다윈은 여기서 출발하여 생물진화의 도정을 설명하였다. 그리하여 진화의 유일한 요소는 결국 이것이라고 하였다.

그러나 여기에 크로포트킨이 있다. 다윈학파의 학설에 대하여 대척적(對蹠的) 입장에 있는 크로포트킨의 '상호부조설'(相互扶助說)이 있다. 생물 각 개체의 경쟁도 진보의 일요소가 되지마는 보다 큰 요소는 상호부조—군단적(群團的) 상호의존에 있다는 것이다. 상호부조의 습관이 최고로 발달한 '종'은 가장 번영하고 가일층 진보하며, 비사교적·비협력적 '종'은 이와 반대로 쇠망한다 하였으니 이것은 그의 명저 《상호부조론》의 결론이다.

생물 중에서 최고도의 지위에 있는 인류사회의 진화는 무엇이 최대의 요소였던가? 장래할—영속할 보다 큰 진화의 도정은 무엇이 동력이 되며, 원칙이 되며, 또 무엇으로써 동력을 삼으며 원칙을 삼을 것인가?

학설은 자유다. 주장도 자유다. 명제의 해석은 중지(衆智)에 맡기거니와 우리는 다못 다소의 의의가 있을까 하여 '전쟁시비론'(戰爭是非論)의 권두에 이 글을 붙인다.

(1932년 — 일제시대, 《新東亞誌》, 《解放以前》에서 抄錄)

참된 자랑과 우리

1

세계 올림픽에 출정하여 입상의 영예를 가지고 개선(凱旋)한 양정(養正)의 김 군(金君)을 위하여 각지각계에서 환영의 모임이 열렸다. 김 군 개인만의 영예가 아니고 김 군을 가진 조선전체의 자랑이라 하여, 직접 관계있는 체육계·교육계는 물론이려니와 일반사회에서도 이때 동감을 가지고 라디오로, 강연으로 정(情)을 다하여 환영의 뜻을 표하였다. 50여 민족이 패(覇)를 다루는 세계적 무대에서 청년조선의 기백과 자태를 중외(中外)에 선양한 김 군의 개선은 근래에 없던 쾌사(快事)가 아닐 수 없으며, 따라서 군을 위하여 환(歡)을 같이함이 또한 성사(盛事)의 하나가 아닐 수 없다.

2

혹자 가로되 체육계의 일쾌사(一快事)가 조선전체의 쾌사가 될 수 없으며 김 군의 일영예가 우리 전 민족의 영예가 될 수 없다고 하리라. 그러나 이것은 부분을 부분으로만 인식하는 편견이요, 개체를 개체로만 관찰하는 착각인 것이니, 부분은 부분이로되 전체의 부분이요, 개체는 개체로되 총체의 개체라는 전일적 관계의 입장을 무시하는 논법이다.

세계를 향하여 자랑을 가지지 못한 우리로서는 일인의 자랑이라도 훌륭한 자랑이며 자랑을 통하여 세계의 수준을 따르지 못하는 조선으로서는 일개의 자랑이라도 귀중한 자랑인 것이다. 이는 진실로 일개인·일건사(一件事)의 자랑을 자랑으로 평가하려는 천단(淺短)한 일시적 만족이 아니라 그로써 붕정(鵬程)의 제일보를 삼자는 것이며, 현재의 그로써 미래의 초석됨을 즐기자는 것이다.

3

우리는 흔히 5천 년 역사를 자랑하고 동방문화의 연원(淵源)을 자랑한다. 고구려의 회화(繪畫)를 자랑하고, 백제의 건축을 자랑하고, 신라의 조각을 자랑한다. 장경각판(藏經刻版)의 위업을 자랑하고 금속활자의 창시를 자랑한다. 현대에 있어서 자랑을 가지지 못한 우리는 사상의 문헌을 캐면서 자랑하고 조상의 업적을 들어서 자랑한다. 상하 5천재(千載)를 통하여 나타난 우리의 세계적 자랑을 들추려 할진대 실로 차재두량(車載斗量)일 것이다. 그러나 이 모든 자랑을 대대로 계승치 못한 우리로서는 한갓 왕석(往昔)을 음미하는 가보(家寶)에 지나지 않는 것이며, 이 모든 자랑을 세계에 선양치 못한 오늘에 있어서는 오직 고고적(考古的) 유물로의 가치 이외에 아무것도 아닌 것이다.

현대조선 — 현실조선에 있어서 우리에게 무슨 자랑이 있는가? 경제적으로, 문화적으로, 무슨 자랑이 있는가? 학술적으로, 기술적으로, 무슨 자랑을 세계의 무대에 남겨 놓았으며 무슨 공적으로 세계의 진운(進運)에 기여한 바가 있었는가? 그리하여 조선의 존재를 명시하고 조선의 저력을 암시하기에 그 무엇을 지니었는가? 스스로 돌이켜 우리 자신의 현상을 정관(靜觀)할 때 이번의 이 체육계의 일건사도 우리에게는 적지 않은 흥분제가 되지 않을 수 없는 것이다.

4

과거의 자랑도 물론 자랑이다. 사상(史上)의 자랑도 물론 자랑이다. 그러나 보다 나은 자랑은 현재의 자랑이다. 미래의 자랑에 초석이 되고 단서가 될 현재의 자랑이다. 현대에 있어서 자랑할 아무것도 없는 현실조선에는, 박물관의 왕좌를 차지한 정적 자랑보다도 당면한 세계의 각축장에서 생명 있는 동적 자랑의 획득이 필요하다. 그리하여 한 가지 한 가지씩이라도 우리의 자랑으로써 세계의 무대 위에 조선의 공명탑(功名塔)을 쌓아야 할 것이다.

금일 김 군의 개선에 만강(滿腔)의 환(歡)을 느끼는 소이(所以)도 여기에 있다. 구원조선(久遠朝鮮)의 건설을 위하여 분투할 청년조선의 의기(意氣)는 마땅히 이것을 기회로 새로운 흥분과 새로운 결의를 가져야 할 것이다.

(1932 — 일제시대, 《동아일보》, 《解放以前》에서 초록)

秋收의 悲哀

1

추수동장(秋收冬藏)—이것은 천자문 초두에 쓰인 글이다. 자연의 질서에 즉(則)하여 인사의 공정(功程)을 표시한 글이다. 천민(天民)에게 있어서는 이것이 진실로 자연법이오 보편적 약속이었다. 그러나 근대화한 '자본'이 무소불위의 경지에서 절대의 권력을 남용할 때에 '추수동장'의 공도(公道)는 마침내 부가(富家)의 전용에 농단되고야 말았다. 조선도 이 왜곡된 범주를 벗어나지 못한 지가 오래어 대중은 '추수'(秋收)가 없다. 추수가 있어도 '동장'(冬藏)이 없다. 이 얼마나 가탄(可嘆)할 자연법이냐?

2

입[illegible]의 차압(差押)과 예매(豫賣) 등 사나운 불법적 채권의 일난(一難)을 건던 농촌은 다시금 점잖은 합법적 채권으로 인하여 추수의 비(悲)를 맛보고 있다. 추수물의 일점(一點)을 향하여 농촌으로 농촌으로 집중되는 채권의 군학(群虐)과 함께 이득의 농단을 꾀하는 간상(奸商)이 엎치고 덮치어 농촌은 이중삼중의 고난을 겪는다. 추수의 전부를 채권에 빼앗기고 액사(縊死)하였다는 양주군하(楊州郡下)의 참사는 무엇을 말하는 것인가? 춘추의 필법이 아니라 하더라도 이것은 일개 개인의 자살사건으로 간과하기에는 사회정의가 너무도 엄연(儼然)하다.

3

급박한 농촌의 실정에 대한 우리의 고언(苦言)은 한두 번이 아니었다. 당국이 꾀하는 자력갱생의 실천을 위해서라도 농촌부채의 합리적 정리가 시급하다고 누언(累言)하였던 바이다. 그러나 방금 전 조선 각지에서 모이는 통신에 의하건대, 서장·군수 등 관공리의 강연과 훈시와 협의 이외에 이렇다할 만한 실적의 단서도 볼 수 없다. 물론 서곡(序曲)이라 앞으로 점진(漸進)이 있으리라고도 믿으려 하는 바이며 따라서 전반적인 결과는 명년(明年)을 기다려 운위(云謂)할 것이나 그러나 구제진흥(救濟振興)의 근간이 되고 토대가 될 부채정리는 유예를 불허하는 바 있는 것이다. 추수를 당면하고 결제를 앞둔 빚투성이 농촌이 방금 얼마나 부대끼고 있는지는 나날의 신문보도로도 넉넉히 짐작할 수 있는 바이니 당국은 이에 대하여 무슨 복안(腹案)을 보이려 하는가?

4

수은주 이미 영하에 이르러 동한(冬寒)을 보(報)한 지 오래다. 추수동장이 천자문 넋두리에 불과한 존재밖에 되지 않음에 직면한 농촌은 지금 동장(冬藏)도 문제 아니다. 과동(過冬)의 아득한 걱정보다도 당면한 추수의 비(悲)를 느끼고 있다. 추수의 비! 얼마나 모순된 현상이냐? 그러나 또 얼마나 분명한 사실이냐?

이 모순을 근본적으로 시정하기에 현재의 기구는 너무나 무력한 것이다. 그러나 그렇다고 하여서 이 모순과 불합리를 그대로 방치할 것이냐? 십전(十全)은 못 된다 하더라도 당면의 구급(救急)을 위하여는 일전(一全)도 가야(可也)요, 반전(半全)도 가야다. 현하(現下)의 농촌을 대할 때, 우리의 직감은 구원한 이상보다도, 정연(整然)한 이론보다도 실제의 구급(救急)이다. 부분적이라도 가능한 소득이 원(願)이다. 사회정책적 편린이라도 당국을 향하여 구하려 하는 우리의 의도는 여기에 있다. (1932년 — 일제시대, 《동아일보》, 《解放以前》에서 抄錄)

思想犯罪와 對策

1

최근 경무당국의 조사에 의하건대 작년 1년간 사상범으로 복역 출옥한 사람이 947인이며 이 중에서 다시 사상운동에 관련된 사람이 572인이라고 한다. 나머지 375인도 아직 거취가 미상(未詳)타 하니 이로써 보건대, 재범의 가능성은 실로 6할 이상이라 할 것이다. 이 간단한 계수(計數)에 복재(伏在)한 사실은 과연 무엇을 의미하는가?

시각을 따라서는 견해가 다를는지도 모르나 우리의 소견으로는 첫째, 범행이 징치(懲治)되지 않았다는 것, 둘째, 사상이 전환되지 않았다는 것, 셋째, 그리고 이 같은 범행이 세상에서 흔히 운운되는 단순한 부화뇌동이나 기분(氣分) 소치(所致)가 아니라는 것이다.

사상의 시비, 범행의 가부 등은 잠깐 논외로 하거니와 일시적 현상이 아닌 이 같은 범죄로서 '응징'(膺懲)도 되지 않고, '전환'도 되지 않았다 할진대 행형(行刑)의 의의와 실효를 어디가 찾을 것인가?

2

인정습속이 순박하고 단순하였던 태고라면 또 모르거니와 현대생활에 있어서 법의 존재는 부인치 못할 것이다.

이미 법이 존재한지라, 법치하에서 생기는 위법에 대하여 법의 발동이 있음은 당연한 결론이다. 이제 우리는 무수한 위법에 대하여 간단(間斷) 없는 법의 발동을 보거니와 엄벌주의의 일관한 목표는 물론 위법자 그 당자(當者)의 응징에 있다. 일보를 나아가서 일징십계(一懲十

戒)의 의미도 있을 것이다. 그러나 문화의 향상을 따라서 '법의 정신'에 새로운 해석과 가치를 부흥하여 엄벌로부터 감화주의로 나아가는 것이 시대사조의 대경(大經)이 되었으니 사형전폐(死刑全廢)가 원칙으로 되어가는 경향도 이것을 실증한다. 징치(懲治)의 압력도 구경은 감화의 자광(慈光)을 기조로 함이 아닐진대 입법의 정신과 행형의 효과를 보장하기가 어려울지니, 모든 범죄가 다 그렇거니와 근시(近時)에 증가의 추세를 보이는 사상범에 있어서 더욱더 그러함을 우리는 느끼는 것이다.

3

중형에 처하고 고역(苦役)을 가하는 엄벌주의의 일로(一路)만으로 죄과(罪過)를 징치(懲治)하고 사상을 전환시킬 수 없음은 이론보다도 전기(前記)의 숫자가 단적으로 명증(明證)하거니와, 그러면 감화주의는 어디로부터 출발할 것이며 사상의 전환은 어떻게 꾀할 것인가? 당국도 근래에 사상선도를 말한다. 수단과 방법 등 지엽말절(枝葉末節)에 대하여는 의견이 구구하려니와, 일언으로 요약한다면 범죄를 구성 조장하는 원인의 시정에 있을 것이다.

'생활이 사상을 결정한다' 함은 대체로 진리다. 만유(萬有)가 시공의 제약을 받는다는 우주론을 인용할 것도 없고, 생물은 환경의 지배로 좌우된다는 진화론을 운운할 것도 없다. 사상이 악화한다면 그 '악'을 조출(造出)한 생활범주의 '악'을 시정하여야 하는 것이니 사상의 선악 그것이 생활의 반영인 까닭이다.

4

'약법삼장'(約法三章)에 천하가 열복(悅服)하였다 함은 시대가 다르매 비교할 것이 못된다 하려니와, 법규와 형정(刑政)이 날로 다번(多煩)하되 위법과 범칙(犯則)이 따라서 족출(簇出)하는 현시(現時)를 의시(疑視)할 때, 뜻 있는 자, 진실로 삼사(三思)를 부금(不禁)할 것이다.

법은 행동을 다스린다. 이미 행동의 악이 있을진대 사회의 공안(公安)을 위하여 그 악의 응징이 없을 수 없거니와 행동의 악보다도 그 악의 동력이 되는 사상의 죄를 방지함이 얼마나 타당하며, 사상의 비(非)보다도 그 비의 원인이 되는 사회생활의 왜곡과 결함을 시정함이 얼마나 근본적인가? 농촌피폐(農村疲廢)로 생기는 범죄가 있다 하면 농촌진흥책으로써 이를 방지하여야 할 것이다. 빈부귀천의 알력으로써 생기는 범죄가 있다 하면 이를 구명하고 완화하는 방도로써 대책을 삼아야 할 것이다. 근본을 시정한다는 우리의 제언은 대개 이것을 의미한다. 당국의 사상선도도 착안(着眼)이 이에 있어야 할 것이며 사직(司直)의 법규운용도 구경은 이상이 여기에 있어야 할 것이다.

(1932년 — 일제시대, 《동아일보》, 《解放以前》에서 抄錄)

救貧보다 防貧

1

부의 편재가 빈곤의 격화를 누진적으로 촉성(促成)함은 수리적으로도 자명한 귀결이거니와, 이 빈곤의 존재로 말미암아 사회적 불안이 얼마나 증대하는지는 안전(眼前)의 현실이 증명하고도 남음이 있다. 공존공영이 인류의 이상이나 이 빈곤의 제거를 전제로 함이 아닐진대 그 입론(立論)부터가 무리며, 조화와 균형이 사회생활의 원칙이나 이 빈곤의 청산을 서기(庶幾)치 않고는 그 목적부터가 불순의 극(極)이라 할 것이다. 물질적 요소가 정신현상의 태반(胎盤)을 지으며 경제적 조건이 문화가치의 준칙(準則)이 되어 있음은 자연현상이나 사회현상을 일관한 약속이다. 그러므로 이 요소와 조건을 상실한 빈곤의 존재가 얼마나 인류문화의 진운(進運)에 암초가 되며 사회생활의 향상에 장해가 되는지는 번언(繁言)이 필요치 않은 것이다. 빈곤의 유래는 여하튼지, 그 빈곤의 존재 그것은 이미 사회의 불안을 의미하는 것이니, 그러므로 사회의 안녕과 복리의 증진을 위하여는 무엇보다도 이 빈곤의 해소를 제일의(第一義)로 하지 아니치 못할 것이다.

2

빈곤의 유래와 소인(素因)을 개체의 자초(自招)에 돌리는 견해가 있음을 우리는 시인한다. 방탕·나태·악벽(惡癖)·범죄·무능·허약… 등 선천 후천이나 또는 자동 타동을 막론하고 개체 자신의 관계로 생기는 이른바 개인빈(個人貧)의 존재는 분명한 사실이다. 그러므로 사회적 관점하에서 구빈법을 솔선 실시한 영국으로서도 일시는 배빈주의(排貧主義), 징빈주의(懲貧主義)를 취하여 빈곤을 일종의 범죄로까지 간주하였으며, 빈곤의 책임은 개체에 있다고 하여 민간의 자선사업을 법으로 금하기까지도 하였던 것이다. 그러나 오늘날 근대사상은 '사회'를 발견함으로부터 사회에 의존되지 않는 개체의 존재를 부인하며 따라서 개체의 일동일정(一動一靜)은 사회와 상관되지 않음이 없다고 규정하였으니, 사회적 환경이 개체의 존재를 결정한다 함이 이것을 의미한다. 어찌 홀로 빈곤이 순수한 개체의 책임일 것이냐?

더구나 천재·지변·질병·전쟁 … 등 때문에 생활의 기능을 잃음으로써 생기는 거대한 사회빈(社會貧)은 누구의 책임인가? 경작할 능력은 있되 권리가 없어서 경지를 잃은 빈곤, 노역할 기량은 있되 기회가 없어서 직장을 잃은 빈곤은 누구의 책임으로 돌려야 할 것인가? 생산수단의 변혁과 자본우시(資本優視)의 기구로부터 생기는 이윤의 불균(不均), 분배의 편의(偏倚)는 부익부·빈익빈의 경계를 가속도로 넓히었으니, 이것이 왕시(往時)와도 다른 근대적 사회빈이 생겨날 광대한 기반이다. 그러므로 재해보상·실업보험·양로연금 등 선진제국의 사회정책적 시설은 모두 사회빈을 시인한 사회적 이념 밑에서 사회전체가 공동으로 책임진다는 구빈방법의 하나인 것이다.

3

어제 듣건대 최근 조사에 의한 경성부(京城府) 내의 빈민은 8천 4백여 호에 3만 7천을 넘는다 한다. 전 조선의 궁민(窮民)에 비하여 이만한 숫자는 가경(可驚)할 바가 아니라 할는지 모르나, 십에 일인의 빈민을 가지고 있는 '번영(繁榮)의 경성'을 미루어 '영락(零落)의 지방'을 상상할 때 어찌 율연(慄然)한 느낌이 없지 않을 것이랴?

엄동을 당하였으나 의식이 막연한 4만 빈민을 위하여 경성에서는 '동정주간'(同情週間)의 준비가 진행된다. 방면(方面) 위원과 교화단체

연합회의 주최로 부민(府民)의 희사금품을 모집하며 자선음악회의 수입 등으로 연말·연시의 일시나마 그들에게 물질적 위안을 제공하자 함이 14일부터 시작하는 동정주간의 의의요 또 사업이다.

자선적 온혜(溫惠)가 실로 인정의 당연한 도의이며 고상한 미점(美點)이라, 사회적 동정이 ●然할 것을 믿고 또 바라거니와 그러나 이것은 철두철미 일시적이요, 미봉(彌縫)이요, 고식(姑息)이다. 당면의 급(急)을 위하여 '없기보다 낫다'는 일리가 있을지 모르나, 원래 소인(素因)이 깊은 그네의 궁(窮)을 구하기에는 실로 홍로점설(紅爐點雪)이요 조족지혈(鳥足之血)에 불과한 것이니, 영속적 장구책(長久策)으로는 적어도 구빈방법에 대한 법적 확립으로 국가적 사업이 있어야 할 것이다.

4

그러나 최후의 목표는 구빈에서 일진하여 방빈(防貧)에 있어야 할지니 이것은 사후의 대책보다도 사전의 방지가 어느 사물에나 근본적인 상식으로도 그러하다. 빈부의 객체인 물(物)의 사유와 한가지로 발생된 빈곤인지라, 연원이 오랜 것이매 일조일석의 방빈대책도 상도(常道)로서는 기대키 어려운 일이나 경지를 잃은 실업의 빈곤은 경작권의 확립으로도 방빈이 가능하며, 해고로 생기는 실직의 빈곤은 단결권·파업권의 법적 보장으로도 방빈을 서기(庶幾)할 수 있을 것이다. 이는 일례에 불과한 것이거니와 구빈보다도 방빈! 사후보다도 사전이 어느 때, 어디서나 사반공배(事半功倍)의 실효가 있음을 일언하여 써 당국의 일고(一考)를 촉(促)하려 하는 바이다.

(1933년 — 일제시대, 《동아일보》, 《解放以前》에서 抄錄)

새나라의 첫날

8·15 記念의 主旨와 旗幟

1

일·독·이(日·獨·伊) 3국을 주축으로 한 영웅주의의 독재와 파쇼주의의 침략으로 빚어진 2차 대전, 1차전의 참담한 기억도 잊은 듯이 또 한 번 시작한 유사 이래의 잔혹한 싸움은 작년 8월 15일, 일본천황의 무조건 항복선언을 최후로 일단 끝을 보았던 것이다. 그 시발로부터 종국에 이르는 파란중첩(波瀾重疊)한 전경과(全經過)는 사가(史家)의 서술에 맡기려니와 고가의 희생으로써 얻어진 귀중한 소득은 무엇인가? 단구(單句)로 결론짓는다 할진대, 자유와 평화와 정의를 사랑하는 인류적 양심의 승리며, 자주와 협조와 질서를 지향하는 세계적 이념의 승리라 할 것이다.

이와 같은 승리의 날인 8월 15일은 인류전체의 경일(慶日)이요, 세계공통의 가일(佳日)이다. 그러므로 이 날은 기념하여 그 의의를 다시금 새롭게 하고, 이 날을 기념함으로써 앞날의 항구평화가 약속된다고 할진대 이 얼마나 위대한 기념일 것이냐?

2

조선에서는—남조선에서는 오세창(吳世昌) 원로(元老), 하지 장군, 두 분의 통어(統御) 밑에서 한미공동으로 기념식전·기념행렬을 비롯하여 다채로운 행사로써 이날의 의의를 선양(宣揚)하기로 되었다. 그 절차 등 상세한 내용은 별개로 보도하거니와 이에 호응하여 각계각층의 각자의 소취(所趣) 대로 이 날을 기념하는 각종의 모임을 개최한다. 이리하여 장안(長安) 은 '해방 1주년기념' 일색으로 장식되었으니 위대한 승리의 날이요 통쾌한 해방의 날임을 기념하기에 행사로서의 유감은 없다. 다못 위대한 이 날을 축복하기에 흡족한 감흥을 가질 수 없는 우리의 현하 환경이 너무도 경색된 것이 한(恨) 이다. 위대한 이 날을 경하(慶賀) 하기에 명랑한 희열을 뿜을 수 없는 우리의 당면실정이 너무도 암담한 것이 한이다. 작년 이 날에 폭발되었던 그 감흥 · 그 의기를 회상하면 회상할수록 금년 이 날에 이르는 일년간 우리의 자취는 너무도 비참하였다. 문자 그대로 만감이 교지(交至) 인 것이다.

3

각종 애로(隘路) 에 기인된 생산의 부진, 물가고에 따르는 민생의 고경(苦境), 여기에 이를 악용하는 모리배(謀利輩) 의 준동, 사상의 혼란과 생계의 파탄으로 빚어내는 각종 각양의 범죄 등 이 같은 개개의 사상(事象) 은 논외에 덮어두기로 하자. 백 가지를 차치(次置) 한다 하더라도 38남북에 양단된 이 지경에 있어서 무슨 감흥으로 해방을 노래할 것인가? 일정에서 해방된 대신에 우리에게는 남미(南美) · 북소(北蘇) 의 새로운 군정이 있다. 일본식 속박 대신에 미소식 제약이 있다. 자립자존을 불허하던 낡은 강압 대신에 자주자율이 무시되는 빛다른 간여가 있다. 이 음울한 분위기 중에서 어떻게 해방의 자유를 일컬을 것인가?

우리는 '명일의 희망'에 살았다. 8 · 15 이전도 그러하였거니와 8 · 15 이후로는 더욱더 그러하였다. 그러기에 군정도 받을 수 있는 마음의 여유를 가졌던 것이다. 참을 수 없음을 참아왔고, 견딜 수 없음을 견디어 365일의 오늘에 이른 것이니, 우리가 군정을 용인하고, 신뢰하고, 협력하였음은 '명일의 희망'이 약속되었기 때문이다. 그러나 이유의 여하를 불구하고 이 '희망'의 토대도 서지지 못한 채 맞은 오늘의 이 8 · 15

기념에 환호와 노래가 어떻게 나올 것인가?

4

희망에 살자! 그리고 자력을 믿자! 8·15 첫돌을 맞이하는 우리의 신호는 이것이다. 백 개의 송문(松門)도 좋고, 천 가지 장식도 물론 좋다. 그러나 대의를 확립할 부동한 신념과 자성이 없이 그저 날뛴다 할진대 이는 '덩달아 굿'이오 '광대의 탈춤'이다. 내 쓸개의 전부를 털어서 고하노니, 동포여! 작년 이 날의 감흥을 그대로 뭉치어 소신에 직진하는 '새 나라의 첫날'을 삼으라. 작년 이 날의 의기를 그대로 다듬어 '새 나라의 첫날'을 삼으라. 이리하여야 비로소 '이 날을 기념'하는 주지(主旨)와 기치가 소명(昭明)하리니, 이는 5천 년 역사의 권위를 장(仗)하여 그러하고, 3천만 민중의 총의에 거하여 그러하다. 3천리 강산, 전토에 깔린 풀과 나무와 비금(飛禽)과, 주수(走獸)의 일체를 포괄한 '조선'의 자존자활을 위하여 그러하다.

(1946년 — 군정시대, 《동아일보》, 《解放以前》에서 抄錄)

三一的 三大戒銘

大包容·大犧牲·大勇猛

1

해방 후의 두 번째 새해다. 양광(陽光)이 비치어 지축은 이미 '신'(新)으로 시동하여 '역도'(易道)의 일점(一點)을 얻었다. 거구생신(去舊生新)의 역이요 파사현정(破邪顯正)의 역이라, 변혁의 역도가 천체의 시공상에 '신정'(新正)의 일선(一線)을 그었으니 인사의 역수(易數)는 과연 무엇인가? 무엇을 암시하며 무엇을 계시하는가? 그리하여 가위적(可爲的)이요, 당위적인 우리의 과업은 무엇이며 무엇이 되어야 하겠는가?

신구 분기(分岐)의 효두(曉頭)에 서서 걸어온 일 년을 회고하니 만사가 상심(傷心)이라. 세쇄(細鎖)한 사상(事象)은 열거할 필요가 없겠다. 부분의 업적이 없음도 아니며 지엽(枝葉)의 수확도 없음이 아니나, 그러나 일률(一律)로 따지어 자가(自家)의 주축이 서지 못한 형영(形影)인지라, 공(功)·과(過)·득(得)·실(失)의 고시(考試)는 구경에 있어서 오십보백보론에 불과한 것이다. 어느 의미로든지 이것이 우리의 무능 소치임은 물론이나, 그러나 무능한 대로라도 능동(能動)일 수 없는 외력(外力)의 제약이 우리로 하여금 더욱더 무능케 하였고 빛다른 사슬이 우리로 하여금 더욱더 운신치 못하게 하는 바 있었으니 진실로 선의의 악이요 조악(助惡)의 악이며, 호의의 마(魔)요 협사(挾私)의 마라. 사회적 독소는 심도를 더하여 민생은 전면적으로 파국의 일로를 급진할 뿐이니 무가내하(無可奈何)라 하여 그저 이대로 가야 할 것인가?

생각이 여기에 미치어 문득 안두(眼頭)에 나타나는 것은 과거의 '3·1'이다. 쾌도난마(快刀亂麻)의 세로 이 악을 제어하여 '우리의 존재'를 다시금 명시함에는 오직 기미(己未)를 진감(震撼)시킨 '3·1주의'가 있을 뿐이다. 현실적 성패를 초월하였던 3·1적 이념과 실제적 이둔(利鈍)을 무시하였던 3·1적 방식이 있을 뿐이다. 이 같은 배수일진(背水一陣)의 체제를 구상하면서 정해(丁亥)의 첫달을 맞이하는 우리는 감히 금년의 계명으로 세 가지 대강(大綱)을 세우노니, 총력의 집결을 도(圖)하여 첫째는 대포용이요, 긍지의 광영(光榮)을 위하여 둘째는 대희생이요, 소신의 필성(必成)을 기하여 셋째는 대용맹이다. 평범한 포용이 아니요, 평범한 희생이 아니요, 평범한 용맹이 아닌 것이다.

2

공식에 사로잡히고 종파(宗派)에 굳어진 대로 음성(陰性)의 지하적 수법과 고의의 파괴적 공작을 위주(爲主)하는 세칭 극좌(極左)는 출발점이 다른지라, 동도(同道)하기 어려운 방향이 자타간(自他間)에 있으리라. 구각(舊殼)에 파묻히고 독선에 치우친 채 고루한 정와적(井蛙的) 소견과 저열(低劣)한 목전적(目前的) 영욕에 급급하는 세칭 극우(極右)는 반려(伴侶)되기 어려운 국면이 피아간(彼我間)에 있으리라. 그러나 캐고 따지면 모두다 조선의 조선인이며, 조선인으로의 조선일 것이매 조선의 독자성과 조선의 특수상을 양심적으로 이해하고, 조선의 전체성과 조선의 단일체를 양심적으로 자각한다 할진대 대승적(大乘的)으로 '병진'(竝進)의 합일점이 없지 않을 것이며, 대국적으로 '병존'(竝存)의 공통률(共通律)이 없지 않을 것이다. 가능·불가능 문제가 아니라 가위(可爲)·불가위(不可爲)라는 당위적 요청하에서 불가능의 가능도 서기(庶幾)하려는 이 단계의 거족적 염원인 까닭이다. 상용키 어렵다 하는 세칭 양극의 좌우라도 이 같기를 희구하려던 하물며 척촌(尺寸)의 거리와 초록의 색차(色差)밖에 안 되는 '너'·'나'의 존재랴? 이에 '칙천거사'(則天去私)적 대도(大道)를 취하여 상호포용의 씨를 뿌리자 함이니, 오월동주(吳越同舟)의 방편적 포용만이 아니라 청탁(淸濁)을 병용(倂容)하되 호연무애(浩然無涯)한 하해(河海) 같은 대포용의 실을 얻자 함이다.

3

'주는 것 없이 오는 것 없음'은 평범한 진리다. 자락(自落)하는 숙시(熟柿)도 '집어오는' 노력은 있어야 '먹어지는' 결과가 있으려니, 천하 만사에 힘 안 들인 소득이 어디에 있으며 희생 없는 성과가 어디에 있으랴? 자력해방을 얻지 못하여 누(累)를 차대에까지 끼치게 되었음이 진작 우리의 천추한(千秋恨)이거늘 도리어 인강(隣强)의 여위(餘威)를 요행으로 의타(依他)의 득을 꿈꾸는 경향이 남북상하에 미만(彌滿)하니, 이 어찌 세계무대의 전면에 등장한 문화민족으로의 명분일 것이냐? 대세라 하여 제약을 감수함도 한도가 자재(自在)할지라, 수십고난(收拾固難)이 예상되는 전면적 파탄은 작일(昨日)이 증명하고, 금일이 증명하고, 또 명일(明日)이 증명하리니 이러고도 오히려 '쳐다보는' 백치적 존재에 자안(自安)할 것인가? 실제로 자안될 것인가?

방●(蚌●)의 고집은 자타의 양실(兩失)이요 어부의 양득(兩得)이라, 동족이 상극하는 값싼 '힘과 힘'을 외곬으로 응결하고, 형제가 상살(相殺)하는 빛 없는 '피와 피'를 외곬으로 축적하여서 정의와 인도와 공존과 공영(共榮)의 공적(公敵)을 향하여 퍼붓지 못할 것인가? 그리하여 고귀한 민족적 희생 위에 늠연(凜然)한 민족적 영예를 세울 수 없겠는가? 광복의 의미는 비로소 여기에 있을 것이며, 재건의 의의 또한 이것일 것이다. 이에 건곤일척(乾坤一擲)의 대의를 취하여 자타희생이 꽃을 피우자 함이니, 절장보단(折長補短)의 일시적 희생만이 아니라 선열에 부끄러움이 없고 후손에 뉘우침이 없을 살신성인적 대희생을 각오하자 함이다.

4

신지(信地)를 향하여 그대로 직진하자. 자주의 단일목표를 향하여 자력의 단일전선으로 일로매진(一路邁進)하자. 좌현우시(左顯右視)로 미상불 현명한 일이나 이로써 주심(主心)의 동요가 걱정이며 선고후려(先考後慮)가 진실로 지혜로우나 그로써 박력의 소모(消耗)가 근심이니, 이는 만사의 통칙(通則)이라 대난국의 대타개를 의욕하는 우리의 현재임이랴? 직선적이요 일도적(一刀的)인 유진무퇴의 저용(猪勇)을 발휘하자. 사도(邪道)로 굳어지기 쉬운 내외정세와 상하실태는 이 같은 저돌의 대용(大勇)이 아니고는 관철이 무망(無望)이리니, 이리함으로써 무모의 혐(嫌)은 받을지언정 '단행의 적(跡)'은 있을 것이며, 우직의 평은 들을지언정 '진취의 공'은 남을 것이다. 거듭 부르짖거니와 심상한 포용과, 심상한 희생과, 심상한 용맹이 아니라 대포용이요, 대희생이요, 대용맹이다. 정해(丁亥) 일 년의 민족적 계명은 이것이며, 거족적 운동은 이 계명의 실천뿐이다.

'내로다!' 하고 선두를 담당할 기백과 역량을 가진 지도자는 그 누구이며, '우리외다!' 하고 후군(後軍)에 자임하는 의열(義烈)과 성심을 가진 민중은 어디에 있는가?

해는 밝았다. 날은 밝았다. 오음(五音)의 해조(諧調)에 둥둥 북을 울려라! 백두에 부딪히고 한라(漢拏)에 부딪혀 다시금 우리의 심금(心琴)에 부딪힐 때, 그 드높은 소리소리는 전토(全土)의 굽이굽이에서 용솟음칠 것이다.

신광(新光)이 대지에 빛나고 양동(陽動)이 만심(滿心)에 일거니, 정해(丁亥)여 다행하라!

(1947년 — 군정시대, 《동아일보》, 《解放以後》에서 抄錄)

戊子年 三一 記念

해방 후 4년, 세 번째 맞는 3·1기념이다. 적치(敵治)의 10년을 부인하고 일어선 독립운동, 그날을 암축(暗祝)하여 이십유육년(二十有六年)의 고절(苦節)을 치르고, 다시금 분단남북에 반신반신(半身半身) 4년의 궁경(窮境)에 이르러서 이 경일(慶日)을 또 한 번 맞는 것이다.

기미(己未)로부터 경신·신유… 연년세세(年年歲歲)로 어느 해엔들 이 날이 없었으랴마는, 따라서 어느 해엔들 감회가 새롭지 않았으랴! '굴레'에 갇힌 기념, '사슬'에 얽힌 감격, 돌아보아 생각만 하여도 그 얼마나 느껴왔던 것인가?

민족정기의 엄존(儼存)을 자증(自證)하여 자불능기(自不能已)로 폭발되었던 3·1 운동, 자주혼의 불멸을 선시(宣示)하여 불가불위(不可不爲)로 단행하였던 3·1 운동, 이 날의 이 일을 위하여 해방강산의 기념은 한 고비 높고 높아서 만장(萬丈)으로 성대하여야 할 것이다. 과연 그러하였던가? 참으로 그럴 수 있었던가?

'오인(吾人)은 자(玆)에 아조선이 독립국임과 조선인이 자유민임을 선언하노라. 차(此)로써 세계만방에 고하여 인류평등의 대의를 극명하며, 차로써 자손만대에 고하여 민족자존의 정권을 향유(享有)케 하노라.'

자주독립을 부르짖은 선언서의 모두(冒頭)는 이러하였다. '반만 년 역사의 권위를 장(仗)하여' 선언한다 하였고, '2천만 민중의 성충(誠忠)을 합하여' 포명(佈明)한다고 하였다.

'민족의 항구여일(恒久如一)한 자유발전을 위하여 차(此)를 주장하며, 인류적 양심의 발로에 기인한 세계개조의 대기운(大機運)에 순응병진(順應竝進)하기 위하여 차를 제기(提起)한다'고 해명하고, 그리고 '천하하물(天下何物)이 이를 조지억제(阻止抑制)할 것이냐?'하여 단연코 유진무퇴(有進無退)의 민족적 결의를 표명하였다. 동시에 후속(後續)을 예단(豫斷)하여 '최후의 일인, 최후의 일각(一刻)까지'를 지촉(至囑)하였던 것이다.

위대하여라! 이 얼마나 당당한 민족적 대헌장이던가! 이 얼마나 숙숙(肅肅)한 역사적 대혁명이던가! 이것을 읽고도 뛰지 않을 '민족적 우리'가 어디에 있었을 것이며, 이러고도 주저앉을 '민족적 자기'가 어떻게 있었을 것인가! 이리하여 3천리・2천만이 한결같이 움직였다.

이 일을 생각하고 오늘을 바라볼 때, 젊은 시절의 그때를 생각하고, 오늘의 이 날을 기념할 때, 필자는 아니 울지를 못하는 것이다. 해방 후 병술(丙戌)의 3・1, 정해의 3・1, 그리고 금년 무자의 3・1을 당(當)하여 더욱더 울어 맞지 아니치 못하는 것이다. 미・소 두 군대의 남북분주(分駐)가 진작 우리의 비극이었고, 미・소 두 군정의 남북분치(分治)가 진작 우리의 통사(痛事)였거든 '남북 우리'가 구체적으로, 실질적으로, 법리적으로 자진하여 분단 각립(各立)을 도모케 되는 이 변태하(變態下)의 무자년 '3・1'을 어찌 아니 울어 맞지 않을 것인가?

실정에 직(則)한 세론(世論)은 혹야(或也) '분립으로써 통합을 기(期)한다' 하리라. 필자, 또한 이 논지를 이해치 못함이 아니다. 그러나 분립 자체는 이미 통합에의 역행인 것이니 '오늘날 같은 실정'이므로 하여서 더욱 그렇다. 이 같은 분립이 어떻게 민족적 독립이겠는가? 양개(兩個)의 엄연한 분립으로써 '양국의 독립'이라면 독립은 독립일지도 모를 것이다. 이 같은 논법으로는 사분오열(四分五裂)도, 정연한 분립으로써 각개의 독립이 허용되리니, 우리의 민족적 전일체의 자주독립이 과연 이러한 것인가? 이것이 '대의의 극명(克明)'인가? 이로써 '정권(正權)의 향유(享有)'가 가능할 것인가? '역사의 권위'가 여기에 있고, '민중의 성충(誠忠)'이 이것이던가? '항구여일(恒久如一)한 민족적 발전'을 이 중에서 구하고 '세계개조의 대운'을 과연 이 길에서 따라야 하는가? 허허! 필자, 혼암(昏暗)하여 '그러한 바'를 모르겠다.

남북의 실세라, 그 실정이 그러함을 모르지 않는다. 실태인 바에는 하는 수도 없으리라. 실제적 방책을 누가 굳이 모른 체할 것이며 집타자(執舵者)의 방촌(方寸)을 누가 감히 막는다 할 것이랴? 그러나 손을 가슴에 대고 3·1의 그 옛날을 회상하자. 합방으로 굳어진 적치(敵治), 총검으로 닫아진 적치, 그 엄존(儼存)된 실정하에서 '자유민·독립국'을 부르짖었음이 과연 공리(空理)·공론(空論)에 흐르는 잠꼬대였던가? '최후의 일인일각'을 깨우쳤음이 과연 허풍선이 덕담이었던가? 근안적(近眼的) 실정론에 국척(跼蹐)하는 한, 즉시의 실현성이 없었던 3·1 운동은 완전히 '망동'(妄動)이었던 것이니, 그러기에 그 후로 오늘에 30년이다.

3·1기념은 실정론의 기념이 아니다. 현실론자의 그릇된 공리적 기념일 수가 없는 것이다. 아지 못게라! 우리의 남북은 장차 어디로 가려하는가? 세리(勢利)는 도도(滔滔)하여 일시를 득의(得意)하리라. 이리하여 진정한 '민족정기'는 다시금 '새로운 3·1'을 위하여 와신상담(臥薪嘗膽)의 고절(苦節)을 겪으리라.

(1948년 — 군정시대, 《새한민보》, 《統一祖國》에서 抄錄)

수 필

횡설수설
三字풀이
八十五錢
우리집 梧桐
'가막소'와 刑務所
病窓月
謠言과 民情
片片想
白日夢
水穿石頭
漢江의 順流

《解放以前》序文

제(題)하여 《해방이전》이라 하였습니다.

이미 세상에 알려진 졸저(拙著) 《해방이후》는 해방후의 집필이요 해방후의 世●이었으나, 이 《해방이전》은 해방 전의 집필이요 해방 전의 世●입니다. 《이후》는 사슬이 풀린 뒤요 《이전》은 사슬에 매인 때니, '사람'으로 그려하고, '문장'으로 그려하고, '세태'로 그려한 것입니다. 그러기에 이 《해방이전》은 《해방이후》와 더불어 속칭 자매편이요 형제편을 이루는 것이니, 대조되는 두 세계의 쌍●이라 할 것입니다. 어느 것이 형이요, 어느 것이 제며, 어느 것이 자며 매인지, 이것은 따지기도 어렵고 또 따질 필요도 없는 것입니다. 다못 그 시절에나 이 시절에나, 이 고장을 생각하고 이 겨레를 생각하는 경경일념(耿耿一念)으로 그려진 명암의 양면일 뿐입니다. 그러므로 이 《이전》과 《이후》는 천생(天生)으로 떨어질 수 없는 한 넋의 형제요 한 피의 자매니, 때로는 일경(一景)에 양정(兩情)이요 때로는 일정(一情) 양경(兩景)인 것입니다.

《해방이후》와 마찬가지로 이 《이전》도 대개는 동아일보를 통하여 발표되었던 잡문지(雜文旨)의 수록(收錄)입니다. 그러므로 신미(新味)가 없음이 물론이나 그러나 이 '이전'에 이어서는 그것이 오히려 생명인 것입니다. 지금에 앉아서 듣고, 생각하는 그러한 《이전》이 아니라, 《이전》 그대로의 《이전》을 《이전》 그대로 재현시키고 재등장시켜 재음미의 ●科를 삼자 함이 이 《이전》의 뜻이니 이 《이전》으로는 이 점만에 의의가 있겠습니다. 따라서 얼마의 가치를 갖는다 하면 그 관점은 이것뿐일 것입니다. (下略)

丁亥 仲秋 所梧山房에서 著者

횡설수설

안두(案頭)에 앉아서 꿈을 꾸오. 윤전기 소리에 조각이 나요. 주섬주섬 모아서 이 글을 쓰오.

맑은 하늘, 쾌청한 하늘이 시원하고 아름답기가 두말이 가당하오? 그러나 파아란 청천(靑天)도 하루 이틀이지, 3백에 65일을 줄창이야 초색(草色)의 단조(單調)를 누구라 좋다겠소. 노을이 없었다면, 구름이 없었다면 하늘도 싱거울 뻔, 조화의 배려도 어지간히 기특하오.

사는 일도 큰 일이나, 죽는 일도 큰 일이오. 생도 천태(千態)에 만상(萬象)이나 사(死)도 천태에 만상이오. 그런데 사람들은 어떻게 살아야 할 것만 캐고 파되, 어떻게 죽어야 할 것은 생각지 않는구려! 이런 부실한 세상이 또 어디 있단 말이오? 명색 없는 개주검이 그래서 흔한가 보오.

생의 종국은 무엇이냐? 천고(千古)의 의문으로 만인의 만령(萬靈)을 안정시킬 명답이 아직은 없소. 모르고 가는 길이라, 오죽이나 답답하랴? 여북이나 괴로우랴? 그러나 아니가도 모르는 일, 그래도 가 보아야 하지를 않겠소? 모르고 가는 '생'이 의의가 없다거든 그러니까 있게 하는 것이 이 길의 의의지요.

'희망'은 '사상'의 부(父)라고, 어느 서철(西哲)이 말했소. 무슨 뜻인지 몰라서 희망이 없다면? 하고 생각해 보았소. 그랬더니만 그 순간에 생각이 없구려! 내가 죽었다면? 하고 생각하는 그 순간에 생각이 없는 것처럼 ….

한 여자를 상정해 놓고 '수염'을 붙여 보았소. 위선 트레머리와 조화가 되지 않아서 다시 단발을 시켰소. 그래도 또 치마가 어색하여 두루마기로 바꾸어 보았소. 그래도 그래도…. 필경 '수염'이 당치않은 것인 것을 발견하였소. 공상이 신의 영역을 침범하다가 실소할 발견을 한 세음이오.

사랑이 둥글더냐, 모나더냐, 길더냐, 짜르더냐… 하는 옛날 시조가 있소. 눈물이 맵더냐, 짜더냐, 달더냐, 쓰더냐… 하는 노래는 왜 없는지 모르겠소. 또 있었는지도 모르겠소. 사랑의 노래 이상으로 눈물의 노래도 있어야 싶어서 하는 말이오.

수극화(水克火), 불은 물로 끄오. 그러나 불도 나름이지 끌 수 없는 불이 오직 많소?

胸中에 불이 나니 五臟이 다 타 간다.
神農氏 꿈에 뵈와 불 끌 藥 물어 보니,
忠節과 慷慨로 난 불이니 끌 藥 없다 하더라.

고인(古人)의 시조도 있거니와 도대체 '심화'(心火)란 끄기 어려운 불인가 보오.

허언(虛言)·풍설(風說) 등 실체 없는 말이란 발이 없소. 그러니까 똑바로 서지를 못하오. 그러나 나래가 있어서 훨-훨 날아다니오. 6주(六洲)·5양(五洋)도 좁다고 퍼지오. 딱한 일이오.

황금은 빛이 나오. 빛이 있거니, 열도 있던가? 선비의 마음도 부딪히면 까맣게 타는구려! 선비가 타면 탈수록 황금은 더욱더 빛나오.

인정이 빛을 잃을 때, 정의가 빛을 잃을 때, 황금은 더욱더 빛나오. 황금이 빛나니까 선비가 빛을 잃는다고, 인정이 정의가 빛을 잃는다고는 말하고 싶지를 않소.

山外에 有山하니 넘도록 山이로다.
路中에 多路하니 예도록 길이로다.

산불진(山不盡)·노무궁(路無窮)하니, 자꾸 가라고만 하였소. 옳은 말이오. 진(盡)이요 궁(窮)일진대 애초부터 가지를 말게?…

(1935년 7월 11일,《동아일보》,《解放以前》에서 抄錄)

三字풀이

삼수록(三隨錄)의 삼자를 떼어서 계속 첫날의 제목을 삼는다. 태극의 사괘(四卦) 중에서 첫째의 건(乾)은 전삼획(全三畫)이다. 중단이 없는 3개의 전획이다. 억세고, 튼튼하고, 완전한 것을 상징한 것이니 주역(周易)에 이른바 '건(乾)은 건(健)'으로 통한다 함이 이런 뜻이다. 노자는 우주생성의 원리를 '일생이(一生二)·이생삼(二生三)·삼성만물(三成萬物)'이라고 수로써 표현하되 '삼'이라는 부진수(不盡數)의 기수(奇數)를 들어서 기본을 삼았다. 무궁무진하다는 조화의 묘리(妙理)를 우의(寓意)함인가?

환인(桓因)·환웅(桓雄)·환검(桓儉)은 우리의 삼신이오, 천황·지황·인황은 한토(漢土)의 삼황(三皇)이다. 일본의 삼종신기(三種神器)도 우리의 천부삼인(天符三印)을 개작한 것이려니와, 건국설화의 벽두는 대개 삼자로 시작되었다. 수·육·공 삼계를 둘로 가르면 공간이 뒤죽박죽이 될 것이며, 거(去)·차(此)·내(來) 삼세를 넷으로 나누면 시간은 흐리멍덩할 것이다. '삼'이란 재미있게도 현묘(玄妙)한 수다.

삼생(三生) 구사(九死)하더라도 삼강(三綱)을 잊으리까, 삼광(三光) 같이 빛난 마음 삼종지의(三從之義) 품었으니, 삼생 가약(佳約) 중한 몸을 삼월 화류(花柳) 알지 마오—이것은 춘향전에 나오는 집장가(執杖歌)의 넋두리다. 삼각산 준령(峻嶺)에 경복궁 애원성이요 삼거리 천안에 흥타령 능수버들이다. 삼수(三水)라 하면 갑산이 덩달아 붙고 삼촌(三寸) 하면 으레 조카가 있을 게다. 38도 교수선(絞首線)은 삼재(三災) 팔난(八難) 이상이요 38원 미공가(米公價)는 삼순구식(三

旬九食)이 제격이다. 미·영·소 3국외상이 불화하면 3차대전은 떼놓은 당상이고, 좌·우·중 3개 정파가 합작하면 3천만은 행복이겠다.

마(馬)·변(弁)·진(辰)은 고대의 삼한(三韓)이요 구(句)·나(羅)·제(濟)는 중세의 3국이다. 논법에 3단이 있고 시조에 3장이 있다. 송(松)·죽(竹)·매(梅)는 세한(歲寒)의 3우(三友)요 지(智)·인(仁)·용(勇)은 군자의 3덕(三德)이다. 전·후·중 3군(三軍)은 행군법(行軍法)의 상도(常道)요 정·반·합 3칙(三則)은 변증법의 궤범(軌範)이다. 고려의 3은(三隱)은 포은(圃隱)·목은(牧隱)·야은(冶隱)이요, 조선의 3계(三溪)는 퇴계(退溪)·사계(沙溪)·반계(磻溪)다. 일삼성(日三省)은 공부자(孔夫子)의 학법이요 삼토포(三吐哺)는 주문왕(周文王)의 예절이다. … 이렇게 열거만 하니 품바품바의 장타령 같아서 속되기 짝이 없다. 필치(筆致)를 달리하여 윤색을 더해 볼까?

하늘과 땅과 사람을 천·지·인 3재(三才)라 하거니와 어감이 남성적이라 3형제라 할까? 해와 달과 별을 일·월·성 3광(三光)이라 하거니와 실감이 여성적이라 3자매라 할까?

해를 번화(繁華)하고도 요염(妖艶)한 미인이라면, 달은 청초(淸楚)하고도 가련한 미인이요, 별은 영롱하고도 당돌한 미인이다. 해는 삼복(三伏) 염천(炎天)에 작작(灼灼)한 만수향(萬壽香)이요, 달은 3경(三更) 사창(紗窓)에 은은한 옥매화(玉梅花)요, 별은 3면(三面) 해빈(海濱)에 반개(半開)한 해당화(海棠花)다.

3자의 묘리에 끌리어 시작한 '풀이'는 대우주의 태극으로부터 소우주의 꽃으로 끝을 맺는다. 위로 33尺, 아래로 3천세계, 모두 다 자연이다.

(1946년 3월 17일, 《동아일보》, 《解放以後》에서 抄錄)

八十五錢

8·15 이후로 '85전'(八十五錢)이라는 새로운 유행어가 생겼다. 인물에나 물품에나 사상에나 행동에나 어디나 두루춘풍으로 통용하는 재미있는 유행어가 등장하였다. 8·15 이후에 생겨진 만반(萬般) 사상(事象)에 통용할 수 있는 은어적 유행어다.

○○씨? 그는 85전이야! ××회? 그게 모두 85전이거든! 85전짜리 강연이라는 둥, 85전짜리 선언이라는 둥 해방으로 생겨난 이 신어(新語)는 이같이 자유자재로 활용된다.

85전이란 원래 1원이 못되는 돈이다. 1원 되기에는 아직도 15전이 부족되는 돈이다. 따라서 1원을 표준으로 한다면 85전짜리는 어디나 결함이 있는 미성품(未成品)으로 공인되는 그 '무엇'이다. 말하자면 팔삭둥이와 방사한 의미로 해석해 무방하다. 8·15 이후의 졸작(猝作)으로 겸하여 팔삭둥이 같은 존재를 가리킴이니 이 '85전'이란 이같이 이중의 별미(別味)를 표현한 말이다.

조선천지는 8·15를 계기로 하여서 만사가 뒤집혀지기를 시작하였다. 따라서 각 방면으로 곤두박질 공작(工作)이 생겨났다. 좋은 의미로 환골탈태(換骨脫胎)도 하였고, 나쁜 의미로 탈피환장(脫皮換腸)도 하였다. 혹은 의장(擬裝)에 가식(假飾)에 또 혹은 위조에 차용에…등. 이리하여 수지조지자웅(誰知鳥之雌雄)의 세태가 되었다.

친일자가 애국자로 활약하고, 모리자(謀利者)가 우국자로 등장하였다. 진정한 환골탈태라면 여북이나 경사일까? 구골(狗骨)이 호골(虎骨)로 환골한다면 제법이려니와 고작해야 산고양이니 85전이다. 우피

(右皮)에서 좌피(左皮)로 탈피하면 즉석에서 경국미인(傾國美人)이 될 줄로 자인(自認)했더니 피육불관(皮肉不關)이 알려져서 85전이다.

8·15 이후 노방(路傍)에 족출(簇出)한 음식점이나 문화사(文化社)들, 85전 아닌 것이 몇이나 되는가? 8·15 이후 불이야 불이야로 졸작(猝作)된 정치가나 어여차 어여차로 급조된 사상가들, 85전 아닌 사람이 얼마나 되는가?

혹은 어중이떠중이라 하고, 또 혹은 알숭이달숭이라고 하는 용어가 범람하는 이면에는 형안(炯眼)을 가졌어도 그야말로 어노(魚魯)를 불변(不辨)할 지경이니, 총이언지(總而言之)하여 85전이라 함도 그럴듯한 표현이다.

개심(改心)이 부족하여 85전이요 환장(換腸)이 잘못되어 85전이다. 차용이 드러나고 위조가 발각되어서 85전이다. 가식도 하는 바에는 철저히 할 것이요 의장(擬裝)도 하려거든 신통하게 할 것이다. 그러나 철저치 못하니 85전이요 신통치 못하니 더구나 85전이다.

스스로 돌아보아 1원이 못 되거든 고요히 물러가서 다시금 노력할 것이다. 양심에 물어보아서 85전이 자인(自認)되거든 나머지 15전을 획득하기에 전심을 다하고 전력을 기울일 것이다. 그리하여 뒤집혀진 '해방조선'의 충실한 일꾼이 되기를 힘써야 할 것이다. 너도나도 1원이 되어 가지고 일심으로 매진하자! 최후의 일인, 최후의 일각까지!

(1946년 4월 3일, 《동아일보》, 《解放以後》에서 抄錄)

우리집 梧桐

벽오동 심은 뜻은 봉황을 보려터니
내 심은 탓인지 기다려도 아니 오고
밤중만 一片明月이 빈 가지에 걸렸세라
(고시조 — 歌曲源流에서)

'봉황(鳳凰)은 비오불서(非梧不棲)' — 그러기에 이 시조의 작자도 봉황을 보려고 오동을 심었던 모양이오. 심고 기다리기를 몇 해나 하였던지, 작자 말 없이 고인되니 알 길이 바이 없소. 다만 기다리다가 기다리다가 명월(明月)을 바라보고 시조 한 편을 남겼을 뿐이구려!

우리집 오동은 심은 지 8년이라, 피었다 떨어진 잎사귀에 천하의 가을은 여덟 번 저물었소. 여덟 번 저무는 동안에 오동은 세 길로 지났고 나는 삼십도 넘었소. 그래도 오지 않는 봉황새를 낸들 어찌하나요.

봉은 신조(神鳥)라, '유도칙현'(有道則見)이라고 태평성대가 아니고는 출세를 아니한다오. '신비오색(身備五色)이요 명중오음(鳴中五音)', 그래서 '우충삼백육십'(羽虫三百六十)에 왕좌(王座)를 차지한 봉황새가 세도(世道) 인심이 혼란한 말세에 웬걸 나오겠소!

어지러운 세상에 심기가 잘못이든가? 기다리기가 잘못이든가? 바람에 서리에 우리집 오동은 나날이 여위어 가오. 여위는 오동과 함께 가을은 또 한번 저물려 하되 기다리는 봉황은 올둥말둥하오. 세월이 수선한데 웬걸 나오겠소!

벽오동 심은 뜻은 황봉을 보렸더니
봄이오 가을이오 어제런듯 八年이라,
그래도 오는 양하여 내 못 잊어 하노라.

(1931년 11월, 《신동아》 창간호)

〔解放後 附言〕 이 글은 우리 어문의 종지사(終止詞)에 '소'와 '오'를 써 보려고 처음으로 시작(試作)한 소품문(小品文)의 일례. 문보다도 당시의 심경을 취하여 이 《해방이후》의 권두에 쓰는 것입니다.

작년 8월 15일에 '천하유도'(天下有道)하여 세상은 바로잡혔다고 볼 수 있을 것입니다. 그리하여 '신비오색'(身備五色)한 봉황새도 나타났(見)을 듯합니다. 나타났어야 할 것입니다. 그러나 필자는 아직도 이 신조를 보지 못하였습니다. 해방 후 일년이 넘어도 '명중오음'(鳴中五音)하는 그 소리를 듣지 못하였습니다. 이리저리 하여 쓸쓸한 정회(情懷)의 일수(一首)가 또 한번 없을 수 없습니다. 구작(舊作)에 뜻을 달아 또 졸작 한 편을 붙입니다.

大道가 트였으매 天下가 밝았거늘
神鳥 어이하여 날르기 더디른고
재 넘어 夕陽이 지니 쓸쓸 더욱 하여라.

(1946년 11월 21일, 《解放以後》에서 抄錄)

'가막소'와 刑務所

옛날 포도청을 지금 경찰서라고 한다. 이 포도(捕盜)와 경찰이라는 용어는 용어 자체의 어감도 다르지마는 그 내용도 다른 것이다. 내용을 달리하려고 하여서 명목을 달리한 것이다. 따라서 그 내용과 명목에는 각각 그 시대의 색채가 있는 것이다. 시대적 요구, 혹은 사회적 요구를 반영하는 것이다. 그러므로 갱신되는 사물에 구칭(舊稱)을 그대로 두는 전례가 드문 것이다.

감옥을 형무소로 고쳤다. 이는 적치시대(敵治時代)의 개칭이다. 감옥보다 형무소가 위선 어감이 다르다. 그 명목에 대한 어감만이 다른 것이 아니라 그 내용도 감옥과 형무소 때와는 훨씬 달랐던 것이다.

옛날의 감옥은 속칭 '가막소'라고 하여서 이생의 지옥으로 알았다. 그곳은 '법을 범한 사람'을 구금(拘禁)·계호(戒護)하는 곳이 아니라 '사람적인 동물'을 '잡아 가두는 곳'으로 되어 있었다. 동물 이상이었을지는 모르나 대체로 '사람 이하'의 존재였던 것만은 사실이었으니 그러기에 생지옥이라고 인식되었던 것이다. 사람 이하의 동물적 존재이었으므로 '인권'이라는 통념은 있어질 도리가 없었다.

이 같은 감옥에서 형무소라고 개명된 것이다. 적치(敵治)의 초기 10년간은 이른바 무단정치라 하여 학교교원까지도 대검(帶劍)하고 강당에 서던 시절이라, 감옥이 생지옥쯤으로 되어 있는 것은 항다반(恒茶飯)의 자연이었다.

기미년 독립운동이 삼천리를 흔들자 그 후로는 이른바 문화정치라 하여 언론·집회·결사에 대하여 어느 정도의 자유가 허여되었으며 동시에 '인권'이라는 술어(述語)의 존재가 가능케 되었다. 이 같은 시대의 움직임과 사회의 통념을 반영하여서 감옥도 형무소로 개명된 것이다. 명목이 달라지는 동시에 죄수의 처우에도 개선이 운위(云謂)되어 동물적 계열에서 '사람계(界)'에로 일계(一階)를 승진하였다. 그러나 이 시대의 특색은 일본적인 황민만이 자유인이요 조선적인 사람은 일률로 자유민이 아니었던 까닭에, 보통 세상과 한 층계 떨어진 이 형무소 세상에서의 '조선사람'의 지위가 따라서 한 계급 떨어져 있었을 것도 자연이다.

이같이 수십 년을 내려오다가 재작년 8월 15일에 해방이 된 것이다. 삼천리가 '제 고장'으로 돌아오고 삼천만이 '제 겨레'에로 돌아왔다. 그리하여 각 방면으로부터 혹은 환원작용(還元作用) 혹은 개신운동(改新運動)이 불길처럼 일어났다. 구관(舊慣)이 숙청(肅淸)되고 구칭(舊稱)이 말살되었다. 형식에서 질량으로, 내용에서 명목으로, 변역(變易)과 광정(匡正)이 날로 달로 뒤를 이어서 오늘에 이른 것이다. 재판소도 심판소로 변했고, 검사국도 검찰청으로 변했다. 아무튼 반가운 일이고 통쾌한 일인 동시에 그는 또 당연한 일이다.

이름이 개칭되었으니 질도 변했을 것이고 또 변해야 사리에 당연하다. 명목만의 개신은 개신의 의미만이 없을 뿐 아니라, 세소위(世所謂) '양두구육'(羊頭狗肉)의 지탄을 받기도 쉬운 것이다.

그런데 이같이 모든 명목과 물색(物色)이 달라지는 중에서 달라지지 않는 것 중의 하나로 '형무소'란 이름도 그대로 있다. 20여 년의 관록 있는 내력을 그대로 표시하는 듯한 그 이름을 그대로 가지고 해방 두 돌을 지냈다. 여러 가지 의미로 탐탐치 못한 일이다. 감옥이 형무소로 시대색을 따르듯이, 이 형무소도 변혁적인 해방후의 시대색과 사회상에 호흡을 맞추어서 무엇으로나 이름을 고쳤으면 좋겠다. 경찰서를 북에서는 보안서라고 한다 하거니와 경찰서보다는 훨씬 부드러운 맛이 있어서 민중과의 접촉에 친근미를 줄 수 있을 것이다. 형무소는 '죄인을 구속'하는 곳인 까닭에 인정과 친애에 흘러서도 안될 일이겠지마는, 여하간 세상이 바뀌었으니까 이름도 바꾸었으면 좋겠다. 더구나 그 형무소라는 이름 밑에서 우리의 수많은 지사와 양민이 희생되었던 것을 생각하면 생각할수록 몸에 소름이 끼치는 일이다.

이름을 개신한다면 내용도 개신하여야 할 것이 물론이다. 행형(行刑)·계호(戒護) 등 제도·방식으로부터 죄수들에게 대한 일반적 처우 등에 있어서도 시대적 호흡으로 무슨 쇄신(刷新)이 있었으면 좋겠다. 필자는 이 방면에 전연 문외자(門外者)라, 구체적 방법은 알 까닭이 없다. 다못 예전보다 다른 이념과 방식으로 달라지기를 바랄 뿐이다. 특히 사상범에 대하여는 일단의 고려가 있어야 할 것을 기대하는 것이다. 같은 위법자라 하더라도 정치범은 다른 파렴치범과는 근본적으로 다른 것이다. 물욕이나 사리 때문에 범행하는 강도·절도·사기·횡령 등은 어느 때·어디서나 수기(唾棄)를 받아야 할 죄악이요 죄인이나 사상범·정치범은 시간과 공간의 여하를 따라서는 전연 논법이 달라져야 하는 까닭이다. 방금 북쪽 죄인이 남쪽 양민이요, 남방 죄인이 북방의 충민(忠民)이 될 수 있다는 사실도 끔찍한 명증(明證)이 되려니와 만사가 혼란상태에 있는 우리의 오늘이므로 하여서 더욱더 이 점은 특별히 치의(致意)하여야 할 것이다.

민주주의의 핵심은 인권의 존중에 있다. 인권은 '사람'인 권리인 까닭에 '죄인'에게도 있어야 마땅하다. 정치범에 있어서 더욱 그렇다. 물론 어느 한계의 질서유지에 대하여 범칙(犯則)하는 이상, 그 죄과(罪過)에 대한 벌은 더해야 하려니와 그 이상의 아무것도 아니어야 할 것을 잊지 말아야 할 일이겠다. 정치범에 대한 처우는 그저 기거(起居)·동작·노역 등에 있어서 '자유의사의 제한'이면 그만이 아닐까 생각한다. 시대적 요구는 우리의 형무관에서 이 같은 호흡이 있어지기를 기대하는 것이다. 이 이상은 사람을 미워함이거나 독선적 감정에 빠짐이니, 이는 행형의 본의도 아니려니와 주마등같이 변전하는 사회적 실태에 적응하는 방책도 아닐 것이다. (1947년, 《刑政誌》, 《統一祖國》에서 抄錄)

病窓月

병에 붙들려서 사흘 동안이나 자리에 누었었소. 그러니까 소중하게 지켜오던 일터에도 나가지 못할밖에 없었소. 이리하여 몸소 누워 보기는 해방 후 3년 만에 이번이 처음인가 보오.

본디 병체(病體)나 다름없는 약질이 되어서 이모저모로 늘상 고달픈 신세였소. 그래도 타고난 팔자라, 복대기는 세상물결에 내 홀로 윤한(倫閑)할 수가 없어서 내리 억지로 버티고 버티었던 것이오. 버티다 버티다 필경 오늘에 넘어진 것이오.

때도 때, 공교롭게도 한가위 추석날을 누워서 맞았으니 형체(形體)의 괴롬보다도 형외(形外)의 쓸쓸이 또한 애상(哀傷)이 아닐 수 없었소. 가을이오, 또 첫 서슬이라, 느껴지는 경물(景物)이 한 고비 스며드오.

두석 달 장마에 줄곧 씻긴 산소에 성묘도 가리라. 아이들, 조카들, 어른·아이 한데들 뒤섞여서 어머님 곁에 모이리라. 모여서 떠들고, 떠들어 분주한 것으로 나머지 낙을 삼으시는 어머님께는 이것이 유일한 봉양(奉養)이다 하고, 서둘렀던 마련도 '와병(臥病)에 인사절(人事絶)'로 가슴에만 남았소.

병이란 진실로 좋지 못한 것이오. 낙엽지는 가을철 병이란 더구나 좋지 못한 것이오. 하물며 명절 때랴? 하물며 늙으신 편모(片母)가 계신 터랴? 내, 차손(次孫)이 되어 가볍기도 하려니와, 그래서 또 무거운 마디마디가 유달리 사무치오. 홀로 느끼고, 홀로가 아는 이 심회(心懷)

를 품어 안고 37도 3, 4분의 미열에 노곤히 누워 있었소. 아내와 아이들은 큰댁으로 보내놓고 내 홀로 누워서 병과 더불어 가윗날을 맞는 것이오. 창밖으로 보이는 하늘가의 점점한 구름장을 세어 보는 것이오.

조석(朝夕) 생량(生凉)으로 깊어가는 가을이라, 해가 지자 언저리는 한겹 서늘하였소. 그러기에 몸을 움츠리면 쌀쌀하였소. 고요한 방, 고요한 자리, 고요한 밤, 휑뎅그렁 빈 듯한 머리 속에는 아득하게 높푸른 휑뎅그렁 하늘과, 그 드높은 하늘 한복판에 떨어질 듯이 박혀 있는 드밝은 달만이 들어 있소.

삭풍설월(朔風雪月)도 차고 맑아서 밝았으려니와 이 가을 이 하늘의 '가윗달'은 맑아서 찬 듯이 더 한층 밝았소. 전선고장으로 불 없는 밤이라, 더 한고비 밝았던 것이오. 열두 자 넓이의 남창(南窓)에 꽉 들어찬 천심월(天心月)은 차고 넘치어 방 안에 흘렀소. 방안에 흐르고 남은 빛은 다시금 자리에 깔리고 내 몸을 덮었소. 이리하여 내 둘레에는 오직 한 개의 달이 뚜렷하게 있을 뿐이오. 나와 달과의 저 나가 가물가물거리는 계선(界線) 위에서 나는 그만 나를 잃었소. 나 자신을 잃었거니, 병을 어디가 찾을 것이오! 그저 몸과 맘이 아울러 태허(太虛)로 귀일(歸一)되니, '무아'의 경지란 이런 것이던가? 신선이란 이런 것인가?

'달아 달아 밝은 달아 이태백이 노던 달아…' 어린 시절에 부르던 노래가 홀떡 생각났소. 38선 넘어 그리운 고향과 함께, 어린 그때에 부르던 노래가 묵은 기억에 섞이어 한마디 두마디 생각났소.

'내 마음 베어 내어 저 달을 맨들과저…' 송강(松江) 정공(鄭公)의 시조도 생각났소. '성단효잠잔월백(聲斷曉岑殘月白), 혈류춘곡낙화홍(血流春谷落花紅)…' 어린 단종(端宗)의 애끓는 시도 생각났소. 이충무공의 '한산술누'(閑山戍樓)의 달도 그리어 보았고, 김삿갓의 '오갱등루'(五更登樓)의 달도 그리어 보았소.

마음의 실마리는 이렇게저렇게 가로세로 뻗었소. 뻗은 실마리가 다시금 되돌아 가슴에 뭉칠 때, 나는 그만 선경(仙境)에서 속계로 떨어진 병든 내 몸을 발견하였소.

몸을 뒤치니 백 리나 걸은 듯이 팔과 다리는 몹시도 뻐근하오. 신음 소리와 함께 퍼지는 입김은 크게 비인 방안에 무늬를 짓는 듯, 이불 밖은 그렇게도 써늘했던가 보오.

달은 여전하게 중천(中天)에 솟아서 팔천세계(八千世界)를 내려다보오. 빛 다른 팔천세계를 한결같이 내려다보오. '즈믄 가람의 달이 한빛'(千江月一色)이라니, 그러면 즈믄 뫼부리의 달도 한빛일까? 즈믄 바다의 달도 한빛일까?

생장구 소리에 솟는 달과 다듬이 소리에 지는 달이 같을 상싶지를 않소. 사창(紗窓)에 비낀 달과 봉문(蓬門)에 새는 달이 정녕코 같을 상싶지 않소. 삼각산(三角山) 밑으로 흐르는 한강의 달빛은 과연 어떠한고? 모란봉(牧丹峰) 기슭으로 내리는 패강(浿江)의 달빛은 과연 어드런고? 좀처럼 좀처럼 같을 상싶지를 않아서 서글프오. 남북으로 동떨어진 3년 세월에 지치고 지친 생각은, 하나의 하늘에 뚜렷한 하나의 달과 더불어 한빛을 꿈꾸어 더욱더 고달프오.

산산이 부서지고, 바숴지고, 쪼개지고, 갈라진 조각달 그림자를 담아가지고 스르르 눈을 감았소. 한숨 자고 깨어 보니, 피로에 지친 탓인가? … 광대뼈 언저리에는 물 흐른 자취가 가느다랗게 말라붙었소.

층층대 아랫집 닭장 속에서는 첫새벽 수탉 소리가 조용한 대기(大氣)를 울리오. 슬프게도 들리고 즐겁게도 들리오. 차츰 날이 밝는가 보오. 새날이 밝으려고 먼동이 트이나 보오.

(1948년, 《새한민보》에서 抄錄)

謠言과 民情

세태가 어지러워지면 유언비어가 돌아다닌다. 민정(民情)이 정로(正路)로 흐르지 못하면 잡담 망설(妄說)이 퍼지는 법이다. 변전기(變轉期)에 따르는 이요(俚謠)라든가 속요(俗謠)라고 하는 것이 모두 이 같은 현상이니 이를테면 자연발생적으로 발로되는 민의의 일면인 것이다. 그러기에 허무맹랑한 듯한 횡설수설도 때로는 그것이 차대의 예언도 되는 것이며, 의미 없는 듯한 도청 도설도 가다가는 그것이 무시무시한 선고(宣告)도 되는 것이다.

사회기강의 상률(常律)로서 오륜(五倫)이 있다. 군신유의(君臣有義)요, 부자유친(父子有親)이요, 부부유별(夫婦有別)이요, 장유유서(長幼有序)요, 붕우유신(朋友有信)이다. 그런데 요즈음 '오륜절'(五倫絶)이라는 시문체(詩文體)의 경구(警句)가 생겼다. 가로되 군신유의는 민주절(民主絶)이요, 부자유친은 사상절(思想絶)이요, 부부유별은 평등절(平等絶)이요, 장유유서는 자유절(自由絶)이요, 붕우유신은 삼팔절(三八絶)이라고.

재담(才談)은 재담이나 세태를 그대로 그려낸 격담(格談)인 데는 놀라지 않을 수 없다.

"군정(軍政)이 실시(實施)된 지 얼마 되지 않아서 청천(靑天) 하늘엔 별도 많고 군정관리엔 과장도 많다 쾌지나 칭-칭 나-네-."

이 같은 속요가 들리더니, 군정말기부터는 "먹고 보자 상무부, 덮어놓고 수도청. 흐지부지 재판소, 다짜고짜 경찰서. 내일 보자 시-청,

엄벙덤벙 군-청." 이 같은 덕담이 들리기 시작하였다.

아무러한 분식(粉飾)도 없이, 그저 흙 속에서 튀어나온 듯한 이 질탁한 덕담은 그저 그대로 천민(天民)의 소리요 지민(地民)의 소리다. 어떤 개인의 창작일지도 모르나 그것이 널리 퍼질 만한 타당성을 가지는 한, 그것은 바로 중민(衆民)의 소리다.

천변(天變) 지리(地異)에 따르는 비과학적 요언(謠言)은 더 한층 심각한 바가 있음을 본다. 달(月)가에 샛별(金星)이 달라붙은 현상이 한 달 전에 있었다. 총총한 별이 깔려 있는 하늘가를 지나가는 달인지라, 달가에 별이 붙어 있는 듯이 보일 수는 어느 때나 있을 수 있는 일이다. 다만 보통 별은 월광에 빛을 잃었을 뿐이고 샛별은 월광보다 더 밝았던 까닭뿐이다. 그러하거늘, 이것을 유별하게 해석하여 '월변(月邊)에 성(星)'이니 글자로 따지면 '비린내 성(腥)', 그러니까 살륙지변(殺戮之變)이 생겨날 징조라고 하였다.

비린내로 이를테면 생선 물고기가 으뜸이니, 삼면(三面) 환해(環海)인 이 나라의 어업이 잘 될 고조(古兆)라고는 어찌하여서 해석치 않는 것인가? 이것이 바로, 그때와 그 환경이 빚어 주는 민심의 정직한 고백인 것이다.

며칠 전에는 대낮에 샛별이 보였다. 별이란 원래 암야(暗夜)를 지키는 존재인데 백주(白晝)에 나타나는 것은 주야가 뒤집어지는—세상이 뒤집어질 전조(前兆)라고 하였다. 백일하(白日下)에 성광(星光)이 비침은 실로 명중지명(明中之明)이요 광중지광(光中之光)이니 말하자면 금상첨화(錦上添花)의 길상(吉祥)이라고도 볼 수 있으련마는, 어찌하여서 변혁으로 억단(臆斷)하는가? 이것이 바로 민원(民願)의 솔직한 표현인 것이다.

요언이란 진실로 비과학적이요 비합리적이면서도, 그러면서도 또 진실로 어마어마하게 진실성을 품은 것이다. 왕석(往昔)의 제왕들이 이

요언의 출현을 두려워하였음도 이 일면이 실증됨을 체험한 까닭이겠다.

남대한(南大韓)의 최고집권자는 이승만 대통령, 이시영 부통령, 이범석 총리니 왈 '3이집정'(三李執政)이요, 북조선 최고집권자는 김과봉 의장, 김일성 위원장, 김책 부위원장이니 왈 '3김집정'(三金執政)이다. 이렇게 따져 놓고, 그러고 5행상극(五行相克)에 '김극목'(金克木)이니 북방이 제승(制勝)한다고 점괘를 내린다.

공교하다면 미상불 공교한 5행이려니와, 방위로 이를진대 김은 서방이요 목은 동방이라. 서산의 낙일(落日)과 동령(東嶺)의 욱일(旭日)은 대비가 어떠한가? 절후(節侯)로 가릴진대 목은 봄이요 금은 가을이라, 춘생(春生)의 화창과 추살(秋殺)의 영락(零落)이 어느 편이 길상(吉祥)인가? 5행의 이치풀이가 이같이 자유자재하거늘 하필 왈 '김극목'으로 불온한 가설(架設)을 일컫는 것인가?

이것이 요언이다. 요언인 소이가 여기에 있고, 이 점이 또한 요언으로서 두려운 점이다. 여자가 꾸는 '파경(破鏡)의 꿈'은 생리사별(生離死別)이 정해(正解)거니와 춘향(春香)의 파경몽(破鏡夢)은 '경파(鏡破)하니 기무성(豈無聲)'이라 하여서 길조(吉兆)로 되어 있다. 이것은 아마 그 사태의 본질과 그때와 그 환경으로써 예료(豫料)한 해몽자(解夢者) 자신의 '염원'(念願)인가 보다.

가두(街頭)의 민의를 '옥하사담'(屋下私談)이라고 깔보는 위정자가 옛날에도 있었고 지금에도 있다. 항간(巷間)의 공론(公論)을 '쑥덕공론'이라고 얕보는 집권자가 옛날에도 있었고 지금에도 있는 양 싶다. 그러나 홍경래의 일란도 이 옥하사담의 응결이었으며 전봉준의 일거도 이 쑥덕공론의 폭발이었던 것이다.

민의의 일표현이요 민원의 일상징인 요언을 요언이라고 하여서 그대로 묵살하기가 어려움은 고래(古來)의 흥망사가 알려 주는 전감(前

鑑) 이다. 그러기에 위정자는 항상 전전긍긍하여야 하는 것이다. 난세일수록 — 요언이 생길수록, 부단한 자책과 자성이 있어야 하는 것이다. 이것이 '수인사'(修人事) 다. 인사를 닦고 그리고 천명을 기다려야 하는 것이다. 연후에라야 만(萬), 유한(遺恨) 이 없을 것이다.

(1948년 8월 30일, 《새한민보》에서 抄錄)

片片想

'만물이 유전한다'—이것이 누구의 말임을 따질 필요가 없겠다. 이 말은 누구나 수긍할 수 있는 말인 이상, 이는 진리다. 진리란 압축하면 깨알같은 소우주에도 들어 있을 수 있고 펼치면 육합(六合)의 대우주에도 미만(瀰滿)될 수가 있는 것이다.

'유'(流) 요 '전'(轉) 인지라, 그러므로 우주는 '동'이요 '정'이 아니다. 그러기에 인세(人世)는 상주(常主)를 불허한다. 역사는 고정일 수가 없다. 불권(不倦)·불식(不息)이라 함도 이것이며 일신·우일신(日新·又日新)이라 함도 이것이다. '역도'(易道)의 본의(本意)가 진작 여기에 있고 '역성혁명'(易姓革命)의 입론(立論)도 원핵(原核)은 이것이다.

'역류'도 있을 수 있으나 '순류'가 정상이며 '반전'도 있을 수 있으나 '정전'(正轉)이 자연이다. 그러므로 '동'은 항상 전진을 의미함이요 후퇴를 의미하지 않는다. 진보 발전이라 함은 이것을 가리킴이니 우주생성의 대원리요, 생물진화의 대정률(大定律)이요, 사회향상의 대법칙이다. 어젯날에 '상투'를 자르고 '장옷'을 벗었다. 오늘 낮에 환원(還元)될 수 없음이 '진보'다.

'좌'라고 하고 '우'라고 하는 어휘의 구별이 있다. 좌적 존재는 진보적이요 우적 존재는 보수적이라고 한다. 좌는 민주적이고 우는 봉건적이라고 한다. 우리의 실정이 과연 그러한가? 우는 정상적이요 좌는 변태적이라고 한다. 우는 건설적이요 좌는 파괴적이라고 한다. 우리의 실제가 과연 그러한가?

지금 우리의 좌우는 서로 서로 혼란상태에 있는 듯싶다. 따라서 서로서로 심외(心外)의 상처를 받은 동시에 또 서로서로 의외(意外)의 영예도 가지게 된다. 선악간에 공분(共分)되는 혼선인 것이다. 반발이 격성(激成)될 요소도 여기에 있거니와 합일을 서기(庶幾)할 인자(因子)도 여기에 있을 상싶은 것이다. 이러니까 안타깝기가 짝이 없다.

좌우라고 갈라서도 우리는 본질적으로 허다한 공배수를 가졌다. 혈연체의 단일적 민족성도 그것의 하나일 수가 있다. 좌우라는 질적 상대치가 자별(自別)하여도 우리에게는 후천적으로 허다한 절대치를 가졌다. 사대(事大)·의타(依他)의 노예에서 탈곡(脫穀)하려는 전일적 자주욕(自主慾)도 그것의 하나일 수가 있다. 그러되 우리의 좌우는 '너를 죽여야 내가 산다'의 일로(一路)만을 취하는 양(樣), 상거(相距)는 자꾸만 멀어진다. 서로 서로의 역효(逆效)는 서로서로의 암흑면만을 조장하여 '시일해상'(是日害喪)의 역사를 짓는다.

한로(寒露)도 지나서 가을도 한창이다. 수은주 내리어 날씨도 쌀쌀하다. 바람도 쌀쌀하다. 천·지·인 삼계가 일률(一律)로 가을이다.

울타리의 황국(黃菊)을 보는 자, 골짜기의 단풍을 보는 자, 청흥(淸興)의 가을이라 하여서 이 철을 즐긴다. 높푸른 하늘과 드맑은 시내, 청추(淸秋)의 일면이 아닐 수 없으니 이렇게 보고 이렇게 느낌이 당연타 할 것이다.

차가운 바람에 날리는 낙엽을 보는 자, 시든 잡초 속에 버러지 울음을 듣는 자, 영락(零落)의 가을이라 하여서 이 철을 섧어한다. 높낮은 거친 언덕에 길쩌른 성긴 가지, 황량(荒凉)의 일면이 아닐 수 없으니 그렇게 보고 그렇게 느낌이 또한 당연타 할 것이다.

그러나 또한 오곡(五穀)이 익고 백과(百果)가 여물어서 추수동장(秋收冬藏)의 즐김을 얻는 자, 성숙의 가을이라 하여서 이 철을 노래하리라.

천하는 일양(一樣)의 가을이되 일경(一景)에 삼정(三情)…, 사정(四情) 오정(五情)에 백정(百情)도 다르리니 이는 관점이 다른 까닭이다. 시야가 다른 까닭이다. 관망자 자신의 자아적 소견·소감이 자재(自在)한 까닭이며, 당사자 자체의 자주적 소취(所取)·소호(所好)가 자별(自別)한 까닭이다. 천·지·인 삼계의 만반(萬般) 사물이 일체로 일리(一理)다.

천고마비(天高馬肥)! 상투적으로 쓰는 가을의 표상(表象)은 '말이 살찐다' 하였다. '거둠'이 있는 가을이 되어서 마소 먹이도 흔한 까닭인가? 말은 살쪄도 사람이 여윌가 걱정되어서 고인(古人)은 이를 경계하였다—'野遊餓孚 廐有肥馬', 길가에는 굶주린 사람이 있고 외양간에는 살찐 말이 있다 할진대 이는 '솔수이식인'(率獸以食人)이라고. 옳거니! 짐승을 위하여 사람을 죽인 것이다. 짐승을 이끌어서 사람을 잡아먹게 한 것이다. 이 같은 정(政)·교(敎)가 고대(古代)에 있었던 까닭으로 고인(古人)이 이것을 설파하였거니와 금대(今代)의 세정(世情)은 어떠한가? 금세의 민정(民情)은 과연 어떠한가?

말도 살이 쪄야 하겠고 소도 살이 쪄야 하겠다. 그러나 위선 사람이 살이 쪄야 할 것이다. 시대는 바뀌어 마소 대신에 자동차·트럭이 생겨도 뜻은 마찬가지다. '기계'가 풍성풍성하더라도 그 기계에 뜯기우고, 할퀴우고, 지질리우고, 볶이우는 사람이 많아서는 '솔기이식인'(率機以食人)이다.

음극즉 양동(陰極則 陽動)이라니, 양극즉 음동(陽極則 陰動)일 것도 분명하다. 복염(伏炎)이 극한에 이르더니 생량(生凉)이 되고 말았다. 한 달이 크면 한 달이 적다는 속담도 이 같은 뜻인가 보다. 고진감래(苦盡甘來)에 흥진비래(興盡悲來), 부귀와 영화가 피일시(彼一時)·차일시(此一時)라 함도 이런 뜻인가 싶다. 오늘의 제왕도 내일의 서민, 넘어지는 양상은 일순간이다. 찰라간이다. 권문세도(權門勢道) 일수록 전전긍긍하는 겸양이 있어야 하고, 소심(小心) 익익(翼翼) 하는 근신이 있어야 함은 역사의 교훈이 뚜렷한 까닭이다.

이제 금풍(金風) 에 검기(劍氣), 저절로 방성(方盛) 하니 종차로 숙살(肅殺) 의 역풍이 일 것이다. 그리하여 만상(萬象) 이 동면에 들 것이다. 사나운 바람, 차디찬 얼음장 밑에서 가사(假死) 의 인고를 치를 것이다. 그리고 다음은 양춘(陽春) 이라 — 세서(歲序) 바뀌어 다음은 새봄이다.

(1948년 10월 14일, 《새한민보》, 《統一祖國》에서 抄錄)

白日夢

꿈, 꿈이란 것은 밤에 꾸는 것이다. 자면서 꾸는 것이다. 자면서 보고, 듣고, 먹고, 놀고, 울고, 웃고… 하는 것이 꿈이요 꿈세상이다.

꿈 아닌 깬 때의 안(眼)·이(耳)·비(鼻)·설(舌)·신(身)·의(意)가 '진상'(眞相)이라면 꿈속의 안·이·비·설·신·의도 꿈대로의 '진상'이다. 꿈 속의 일체상(一切相)을 가상(假相)으로 꿈꾸는 사람은 좀처럼 없을 게다. 깬 때의 일체상을 가상으로 여기는 사람이 좀처럼 없는 것과 같다. 꿈을 허무맹랑한 허사(虛事)로 여김은 깬 때의 생각이요, 깬 때의 희노애락을 허무로 돌림은 자는 때의 그때뿐이다. 그러니까 자나, 깨나 그 허허실실은 마찬가지다 라고 말할 수도 있을 법한 일이다.

내, 지금 꿈을 꾼다. 자면서 꾸는 것이 아니라 깨어서 꾼다. 그리고 또 밤이 아니고 낮이다. 백일하(白日下)에 앉아서 꾸는 것이다. 색(色)·성(聲)·향(香)·미(味)·촉(觸)·법(法)의 육식(六識)을 고루고루 갖춘 채 꾸는 것이다. 육근(六根)을 지닌 채 꾸는 것이다. 그러기에 꾸는 양상(樣相)이 꿈 아닌 깰 때의 속상(俗相)과 마찬가지다.

생육신의 김시습은 양광(佯狂)을 하였다. 미쳐서 산수간(山水間)으로 헤매었고, 헤매면서 낙엽에 시를 써서 간수(澗水)에 흘렸다. 솟아오르는 촉회(觸懷)를 붙일 길 바이 없어서 가는 물결에 흘리는 것이었다. 돌아올 줄도 모르는 물결에 잠겨서 바다로 바다로 흘려 보내는 것이었다. 그 바다물결이 모래언덕을 다시금 적시는 것은 그것은 그 바다의 자유다. 우리의 매월당은 그저 보내고 보내고 할 뿐이었다.

나는 지금 가몽(假夢)을 꾼다. 양광(陽光)이 대지를 비치는 백주(白晝)에, 누워서도 아니고 앉아서 꾼다. 서서 꾸는지도 모르겠다. 걸으면서도 꾸리라.

하늘의 '아들'이시고 땅의 '님'이신 '예수 그리스도'는 나를 부르다.

'너는 무엇이뇨?' '사람이올시다.'

'구하라 얻으리라! 그대 무엇을 바라느뇨?'

'떳떳한 사람이 되어지이다.'

'어여쁜 생각이여, 내 너를 위하여 복음을 전하리라.'

'그대는 하나님의 아들이다. 그대의 조상이나 그대의 자손이나 그대의 이웃이나 모두 하나님의 똑같은 아들이니 하나님을 따르라. 하나님 앞에서는 똑같은 떳떳한 사람으로서 복을 받으리라.'

예배당에서는 아름다운 노래가 흐른다. 아름다운 말씀이 들린다. 어질고 착한 눈들이 어질고 착한 눈들을 어여삐 보리라. '너'도 '나'같고, '나'도 '너'같이 서로 받들고 서로 사랑하리라. 웃음을 같이 즐기고 울음에 같이 젖으리라.

영화롭구나 하나님의 은덕이여! 성스러운 예배당은 하나의 세계로서 천당에 통하는 것이다. 만백성이 똑같은 행복을 누리는 것이다.

그러나 잠깐! 일순(一瞬)에 막이 갈리는 예배당 문전은 어떠한고? 예배당을 둘러싼 광대무변한 삼천세계는 과연 어떠한고? '요단강' 벌판의 모래알같이, 수많은 수많은 불평등 부자유 때문에 독사가 굼틀거리고 맹수가 날뛰는 것이다.

하나님의 뜻을 배반하는 이 짐승의 무리들은 '법'으로 다스리자고, 루소의 후손들은 똑같은 '투표'를 만들어 가지고, 하나님 앞에서보다도 '법률 앞'에서 복음을 구하였다.

옳거니, 법률 앞에서!

그러나 차문(借問)하노니, 경제(經濟) 앞에서는?

루소는 이미 전 세대의 고인이라, 대답할 나위가 없다. 해답을 듣기 위하여 다른 세대의 꿈을 빚으리라.

(1948년 11월 10일, 《새한민보》에서 초록)

水穿石頭

중학시대의 도화(圖畵)·습자(習字)는 으레 을(乙)이었다. 그만큼 나는 그림과 글씨에 능(能)이 없었다. 능은 없었으나 취(趣)는 또 무던하여서 서(書)·화(畵)를 즐긴다. 기능의 부족을 감상으로써 보충하려는 심산인지도 모른다.

하여간 이 같은 심경으로 그림도 모았고 글씨도 모았다. 원래 역부족이라 고급품은 생염도 못하였고 그저 너저분한 고물상을 뒤졌을 뿐이다. 그것나마도 만만한 것은 또 구복(口腹)을 위해서 팔기도 하였다. 두제(頭題)의 문구는 남아 있는 현판 중의 하나이니 추사(秋史)의 글씨다. 이것만은 팔 수가 없어서 서재(書齋)에 간직하고 있는 것이다. 글씨 때문만이 아니라, 그 내력에 있어서 심금에 울리는 귀중한 마디가 있는 까닭이다. 한문(閑文)이나마 이 글을 쓰는 핑계로 여기에 있다.

수천석두(水穿石頭)—물이 돌머리를 뚫는다. 이 문구의 출현은 함경도가 본향(本鄕)이 아닐까 싶다. 내 조상과도 관련이 있는 듯싶어서 유다른 감흥을 느끼는 것이다. 이유는? 그 유래를 풀기 위하여 이야기는 옛날로 올라간다.

'문불과(文不過) 장의(掌議)요, 무불과(武不過) 첨사(僉使)'—서북인에 대한 이 같은 악정(惡政)을 뒤집기 위해서 일어선 홍경래란은 누구나 다 아는 이조사상(李朝史上)의 뚜렷한 자취다. 옛날에는 역적으로 몰았거니와, 오늘에 있어서는 시대적 감각에 피가 통하는 혁명의 선구적 의의를 가지는 것이니 번거롭게 따질 필요도 없겠다.

이 혁명의 풍운아가 동지를 얻으려고 서북을 유력(遊歷)하여 관북(關北)에 이르렀다. 함북과 함남 경계선에는 마천령(摩天嶺)이란 산이 있었다. 그 산상에서 지었다고 전하는 시에 '摩天嶺上披雲坐, 萬壑千峰次第朝'— 마천령 꼭대기에 구름을 헤치고 앉았으니 만학천봉이 차제로 조회한다.

시구에 나타난 그의 심혼(心魂)에는 이미 제왕적 기백이 보였던 것이다. 그는 무용뿐이 아니라 시문에도 이같이 능숙하여 처처에 심회(心懷)를 남겼던 것이다.

함남의 수부(首府), 함흥에는 반룡산(盤龍山) 기슭으로 흐르는 성천강(成川江)이 있으니 '함흥차사'(咸興差使)로 이름 있는 함남의 대강이다. 이 반룡산 꼭대기에 앉아서 지은 시, 山欲跳江江頭立, 水難穿石石頭廻— 산은 강을 뛰려고 강머리에 섰는데, 물은 돌을 뚫기 어려워 돌머리를 돌더라.

제일구는 붕정(鵬程)을 달리는 의취(意趣)가 있으나 제이구의 '난'(難)자에 이르러 이미 지기(志氣)가 부족하였다. 이는 실패가 암시된 일종의 언참(言讖)이기도 하였다. '수난(水難)…' 대신에 '수장천석(水將穿石)— 물이 장차 돌을 뚫으려고…' 이렇게 되었다면 그 같은 시가 튀어나올 수 있도록 그의 저력이 절대하였다면 성공하였을 것이라고 후세의 평은 애달파 하는 것이다.

이 사실의 확·불확(確·不確)은 모르겠다. 그러나 함남 주읍(州邑)에는 널리 퍼진 전설이니, 관북지방에서 유배생활을 겪은 추사는 이 글을 따서 이 글씨를 썼는지도 모른다. 그것이 굴러서 오늘에 내 서재를 단속하고 그리고 나로 하여금 이 글을 쓰게 하는 것이다.

수천석두(水穿石頭)— 물이 돌을 뚫는다. 아마 이것은 '불능'(不能)에 속할 것이다. 맹자는 '협태산이초북해'(挾泰山以超北海)를 불능의 일례로 들었다. 난중의 난사를 가리켜 '하늘에 별따기'라고, 우리의 속언(俗言)은 전하여 온다. 수천석두도 그만 못지않게 지난사(至難事)요 불능사(不能事)다. 그러므로 그 같은 '일'은 있을 수 없다. 그러나 그 같은 '말'은 있을 수 있다. 그 같은 '의욕'과 그 같은 '신념'과 그 같은 '용기'는 있을 수 있고 또 있어야 하는 것이다.

'氣含東西球, 脚蹴五大洲'— 이 같은 일이 있을 수 없으나, 이 같은 노래가 있었기 때문에 중국의 일차혁명은 '동자군'(童子軍)의 피로써 계승될 수가 있었던 것이다. 의욕이 있어도 되기가 어려운 것이 세상사거든, 하물며 당초부터 의욕도 없음이랴? 가능·불가능의 '수판'만 따져 가지고야 어디서 용기가 생길 것이냐? 가능하면 하고 가능치 못하면 그만둔다— 이 같은 심법(心法)으로야 무엇이 얻어질 것이냐? 얻어진들 몇 푼짜리가 될 것이냐?

수천석두(水穿石頭)! '수난천석석두회'(水難穿石石頭廻)가 아니라 '수장천석석두회'(水將穿石石頭廻)! 그렇다! 의욕과 신념과 용기를 가지자. 희망으로 맞아야 할 신춘(新春)에 이 같은 희망을 가지자. 수천석두의 희망을 가지자.

얼마나 어려운 일인고! 그러나 또 얼마나 보람있는 일일 것인고! 수천석두! 아침 저녁으로 이것을 바라보는 나는 저절로 젊어지는 것이다. 늙어질 수가 없는 것이다.

(1949년 1월 7일, 《새한민보》에서 抄錄)

漢江의 順流

'서울신문'에서 '백인백상'(百人百想)을 쓰라고 졸라서 '한강의 순류(順流)'를 썼다. 오대산(五臺山) 쪽에서 인천 쪽으로 흐른다는 싱거운 글을 썼다. 그 글의 원문은 아래와 같았다.

> 한강은 오대산 꼭대기에서 발원되어 인천 바다로 흐른다. 이것이 순류다. 어떻게 아느냐? 지세의 고저로도 알았고, 부동물(浮動物)의 향방으로도 알았고…. 실증적으로, 과학적으로 분명히 따져진 것이다. 그러나 이것이 분명치 않을 경우가 있을 법하다.
>
> 첫째, 한강의 어느 부분에만 범위를 좁혀서 보면 누구라도 모를 것이다. 좁히면 좁힐수록 상하류의 구별은 고사하고 '움직이는' 존재조차도 인식하지 못할 것이다. 일시적 역풍으로 파두(波頭)가 오대산 쪽으로 향할 때, 또는 주기적 만조(滿潮)에 밀려서 수면에 역류가 생겨날 때, 피상(皮相)에 국척(跼蹐)하는 근안(近眼)들에는 대단한 착각을 일으킬 것이다. '한강은 인천 쪽에서 강원도 쪽으로 흐른다'고!
>
> 역풍이 불거나 말거나 역조가 일거나 말거나 과학적으로 실증된 한강의 저류는 촌시(寸時)도 간단없이 서해안으로 서해안으로 흐르는 것이다.

반야경

4백 자 이내라는 제한이 있어서 4백 자 이내로 압축하였다. 대반야경(大盤若經)도 260여 글자로 압축하여 '심경'(心經)을 만들었으니 4백 자쯤이면 못할 말이 없을 법도 한 것이다. 그러기에 팔만대장경도

줄이면 '만법귀일'(萬法歸一)의 넉자로 족하다 하였고, 천하를 유세(遊說)하던 공자도 '오도(吾道)는 일이관지(一以貫之)'라고 일구로 결말을 지었던 것이다. '방지칙미만육합'(放之則瀰滿六合) — 압축을 터뜨리면 상하사방에도 펴질 수 있다는 논법이니, 그러므로 '일리(一理)는 중산위만리(衆散爲萬理)' — 한 가지 진리로써 만 가지를 유추할 수도 있고 또 만 가지에 응용할 수도 있는 것이다.

'한강의 순류'는 무엇을 의미하는 '일리'인가? 무엇을 압축하여 무엇을 표현하려고 한 것인가? 실상 깊은 의미는 아무것도 없었다. '철학적'이니, '의미심장'(意味深長)이니 하는 등 독후평(讀後評)이 있음을 듣거니와 내, 본디 철학을 모른다. 또 표시된 단문 그대로 '심장'이 있을 글도 아니었다. 다못 가장 알기 쉬운 사상(事象)을, 가장 알기 쉬운 '사리'(事理)로서, 가장 평범하게 썼을 뿐이다.

언덕은 깎이어 낮아지는 것이요, 웅덩이는 메워져 높아지는 것이다. 인위(人爲)가 아니라도 이것은 그렇게 마련된 자연율(自然律)이니 '평형성'(平衡性)을 본질로 삼은 우주적 '움직임'인가 보다. 세의 균형, 역의 균형, 질의 균형을 향하여 필연적으로 움직여지는 것이 우주의 본체니, 평등은 순류요 불평등은 역류다.

인류사회의 모든 움직임도 우주현상의 하나이니 우주적 범주를 벗어나지 못하는 것이다. 인권의 제일(齊一)을 구하여 민주주의를 신봉하는 것도 이것이며, 무계급을 기하여 대동세계(大同世界)를 지향하는 것도 원도(原道)의 뿌리는 여기에 있는 것이니 이것이 모두 역사의 순류다. 소수에서 다수로, 개인에서 사회로, 관권에서 민권으로, 이것이 모두 사회의 순류다. 역풍이 불어도 순류는 그대로 순류인 것이다.

석기에서 금속기로 인문(人文)은 진보되었다. 그러므로 석기에의 환원(還元)은 역류를 의미한다. 유등(油燈)에서 전등으로 조명은 발전되었다. 그러므로 유등에의 후퇴는 역류를 의미한다.

영감·대감은 관존(官尊)에로의 역류적 타성이요 서방님·도령님은 남존에로의 역류적 습벽(習癖)이다. 그 옛날에 '상투'를 자르고 '장옷'을 벗었다. 그러고도 또 상투적 세계의 상투적 허울을 차리는 '양반'이 있다 할진대, 이는 물론 시대의 역류다. 장옷적 생활의 장옷적 맵시를 꾸미는 '마님'도 매한가지 시대의 역류다.

자주의 순류에 대하여 타주(他主)는 역류요, 민주의 순류에 대하여 관주(官主)는 역류다. 국토관으로 출발하는 것이 토지개혁의 순류인데 그러지 말자는 것은 역류다. 계획경제가 민주경제의 순류인데 그러지 말자는 것은 역류다.

순천자(順天者)는 흥하고 역천자(逆天者)는 망한다 하였다. '하늘'이란 무엇이뇨? 천문·지문이라고 말하는 자연적 '천'으로도 설명할 수 있으리라. 천당·지옥이라고 말하는 종교적 '천'으로도 설명할 수 있으리라. 진리적 천, 지선적(至善的) 천, 학문적으로 캐고 따지어 설명이 얼마든지 있으리라. 그러나 나는 우리의 '격언'을 들어서 '하늘'을 단정(斷定)하리라. 알기 어려운 학설보다도 알아듣기 쉬운 속담으로써 단정하리라.

'민심이 천심'이라고 그러니까 '민즉천'이다! '천즉민'이다!

순민자(順民者)는 흥하고 역민자(逆民者)는 망한다. 군왕 주권시대에도 '민이 중하다' 하였거니, 인민주권이 천리로 단안(斷案)된 오늘에랴? 민심을 얻는 자, 민의를 받드는 자, 그는 흥한다. 이론보다도 인방(隣邦) 중국이 실증하였다.

금력으로도, 물력으로도, 병력으로도 우세한 국민정부가 무슨 까닭으로 그 모양인가? 한마디로 따지어 인심을 잃었기 때문이다. 민의를 거슬렀기 때문이다. '인화력'(人和力)이란 기초가 없었기 때문이다. 지도자의 귀감은 여기에 있다. 위정(爲政)의 대도는 여기에 있다.

'인민에 의한, 인민을 위한, 인민의 정치'! 이것이 누구의 말이든고? 그렇다 천리다! 곤곤(滾滾) 장류(長流)의 순로(順路)는 이것이다.

(1949년 2월 1일, 《새한민보》에서 抄錄)

小 品

성벽을 사이에 둔 봄
헐려짓는 光化門
新秋 二題
장마에 젖은 斷想

성벽을 사이에 둔 봄

장충단(奬忠壇)…

볕 잘 드는 남산 마루에 기어오를 듯이 발돋움하는 장충단 놀이터에도 새봄을 실은 신풍(信風)의 멍에가 이른 지 오래다. 그리하여 생명의 감주(甘酒)로 알맞게 취한 진달래는 바야흐로 붉었다.

벌릴 듯이 다문 버찌의 입술에도 움키면 잡힐 듯한 신춘(新春)의 미소가 흘렀다. 찰찰 넘쳐서 졸졸 흐르는 개천가에 빨래하는 방망이 소리, 구름다리의 그늘 밑에서 조으는 듯이 지저귀는 오리떼의 합창, 비단 물결에 꼬리치는 금붕어와 푸른 잔디에 나물캐는 어린 처녀가 한데 어우르는 활화(活畫)의 한 폭도 한 조각 봄이다.

굽이진 언덕마다 만발한 개나리의 얕은 웃음과 가벼운 바람에 휘늘어진 버들의 능청맞은 춤, 소리 없는 노래와 향기 없는 냄새를 탐내어 모여드는 수천 명 인생의 질탕한 노름놀이는 실로 천 년 만 년의 봄을 한 곳에 모은 듯하였다.

송림(松林) 사이로 들리는 젊은이의 속살거림이나 주점과 다점(茶店)에 낭자한 술상들은 모두 다 봄을 맞이한 '생'의 자랑이니, 방금 죽은 고기를 태워 버리는 화장장(火葬場)과 성벽을 사이로 한 장충단 놀이터는 그야말로 구십춘광(九十春光)의 독무대다.

화장장(火葬場)…

장충단 놀이터에 차다 못하여 넘치는 봄빛도 무정하게 가로막은 광희정(光熙町) 성벽 — 저물어 가는 석양의 쇠잔한 볕발마저 받지도 못하게 하는 이 심술궂은 성벽, 그 성벽 그늘 밑에서 검푸른 연기를 뿜고 있는 거구(巨軀) 장신은 화장터의 굴뚝이다. 날마다 날마다 사오명 인생의 육신을 태워 버리는 저승길의 제일관(第一關)이다.

검고도 다시 검은 양철지붕의 험상한 모양과 우중충한 노송 사이에 해쓱한 비석! 꽃 한 송이 풀 한 포기도 없이, 선지피가 흐를 듯이 사태(沙汰)진 붉은 언덕에 굼틀굼틀한 수많은 뼈다귀의 높·낮은 무덤에는 '살아나거라! 즐겨하여라!'하는 봄의 감로(甘露)도 이르지 못하였다.

지난번 화재에 뼈만 남은 천장의 가름대에도 과거의 누천(累千) 유령이 거꾸로 달린 듯하거든, 방금 거듭 닫힌 철문의 가마 속에서 일곱 갈래의 불길에 부글부글 끓어가는 사람의 고깃덩이를 보고서야 제아무리 화창(和暢)의 봄이라 한들 멈출 수 있으랴?

이리하여 봄을 모르는 '귀불귀'(歸不歸)의 무수한 주검들은 불고개·칼고개를 넘을 뿐이요, 우거진 개나리 동산은 영원히 등지는 것이다. 방금 가마 속에서 기름이 마르고 살이 빠진 저 백골들도 어저께·그저께는 봄을 누리어 장충단 주점에서, 송림 사이에서 청춘을 즐겼으리라. 그러나 오늘의 저 백골들은 만유(萬有)를 잊었다.

살을 태워 연기를 만드는 지금의 이 화장터에는 무너진 성벽 틈으로 새어오는 장충단의 봄소식조차 검푸른 연기에 사라질 뿐이다. 애오라지 제단에 세운 두어 대의 시들은 꽃이 제 홀로 마른 향기를 풍길 뿐이다.

(1924년 3월 19일, 《동아일보》, 《解放以前》에서 抄錄)

헐려짓는 光化門

헐린다 헐린다 하던 광화문은 마침내 헐리기 시작한다. 총독부 청사 까닭으로 헐리고 다시 총독부 정책 덕택으로 짓게 된다.

광화문은 원래 물건이다. 울 줄도 알고 웃을 줄도 알며, 노할 줄도 알고 기뻐할 줄도 아는 '사람'이 아니다. 밟히면 꾸물거리고 죽이면 소리치는 생물이 아니라 돌과 나무로 만들어진 건물이다. 의식 없는 물건이오 말 못하는 건물이라 헐고, 부수고, 끌고, 옮기고 하되 반항도, 회피도, 기뻐도, 설어도 아니한다. 다못 조선의 하늘과 조선의 땅을 같이한 조선의 백성들이 그를 위하여 아까와하고 못 잊어할 뿐이다. 오랫동안 풍우(風雨)를 같이한 조선의 자손들이 그를 위하여 울어도 보고 설어도 할 뿐이다.

석공의 마치가 네 가슴을 두드릴 때, 너는 알음이 없으리라마는 뚜닥닥 하는 소리를 듣는 사람이 가슴을 아파한다. 역군(役軍)의 둔장이 네 허리를 들출 때, 너는 괴롬이 없으리라마는 우지끈하는 소리를 듣는 사람이 허리를 질려 한다. 과연 네가 이것을 아느냐? 모르느냐?

팔도강산의 석재와 목재와 인재의 정수(精粹)를 뽑아 지은 광화문아! 돌덩이 하나 옮기기에 억만 방울의 피가 흘렀고, 기왓장 한 개 덮기에 억만 줄기의 눈물이 흘렀던 광화문아! 청태(青苔) 끼인 돌 틈에 이 흔적이 남아 있고 풍우 맞은 기둥에 그 자취가 어렸다 할진대, 너는 옛 모양 그대로 있어야 네 생명이 있으며 너는 그 신세 그대로 무너져야 네 일생을 마친 것이다.

비바람 오랜 동안에 충신도 드나들고 역적도 드나들며, 수구당도 드나들고 개화당도 드나들던 광화문아! 평화의 사자도 지나고 살벌(殺伐)의 총검(銃劍)도 지나며, 일로(日露)의 사절도 지나고 청국의 국빈도 지나던 광화문아! 그들을 맞고 그들을 보냄이 너의 타고 난 천직이며, 그 길을 인도하고 그 길을 가리킴이 너의 타고난 천명이었다 할진대, 너는 그 자리 그곳을 떠나지 말아야 네 생명이 있으며 그 방향 그 터전을 옮기지 말아야 네 일생을 마친 것이다.

너의 천명과 너의 천직은 이미 없어진 지 오랬거니와 너의 생명과 너의 일생은 오늘날 헐리는 그 순간에, 오늘날 옮기는 그 찰나에 마지막으로 없어지고 말았다. 너의 마지막 운명을 우리는 알되 너는 모르니, 모르는 너는 모르고 지내려니와 아는 우리는 어떻게 하라는 것이냐?

총독부에서 헐기는 헐되, 총독부에서 다시 지어 놓는다 한다. 그러나 다시 짓는 그 사람은 상투 짠 옛날의 그 사람이 아니며, 다시 짓는 그 솜씨는 옛날의 그 솜씨가 아니다. 하물며 이시(伊時)·이인(伊人)의 감정과 기백과 이상이야 말하야 무엇하랴? 다시 옮기는 그곳은 북악을 등진 옛날의 그곳이 아니며, 다시 옮기는 그 방향은 경복궁을 정면으로 한 옛날의 그 방향이 아니다.

서로 보지도 못한 지가 벌써 수 년이나 된 경복궁 옛 대궐에는 장림(長霖)에 남은 궂은 비가 오락가락한다. 광화문 지붕에서 뚝딱하는 마치 소리는 장안(長安)을 건치어 북악에 부딪친다. 남산에도 부딪친다. 그리고 애달파하는 백의인(白衣人)의 가슴에도 부딪친다. …

(1926년 8월 9일 桂山에서, 《동아일보》, 《解放以前》에서 抄錄)

新秋 二題

입추가 지난 지도 어느덧 일 주, 처서(處暑)의 임기도 앞으로 일주, 이리하여 노염(老炎)의 최후발악도 조석 생량(生凉)에 한풀이 꺾이었소. 100도를 넘던 혹서(酷暑)도 살인적이란 기록을 남기고 비거석양풍(飛去夕陽風) 하였소.

일제의 등극(登極)을 기다림인가? 하늘은 맑아지오. 맑으니 높고, 높으니 환하오. 상하에 사방, 육합(六合)이 일시에 터져서 빈 듯이 휑한 공간의 밑바닥에서는 남한(南旱)·북림(北霖)에 지질린 천민(天民)들이 아우성을 치오. 소리야 적으랴마는 워낙 태허(太虛)라, 소리, 제향(帝鄕)에 미칠 리 없어서 그대로 사라지오. 하늘은 점점 높아서 천민을 경원(敬遠)하오. 천고마비라니 축류(畜類)들이나 살찔 것인가? 어허! 덧없이 가을인지라 제(題)하여 신추(新秋) 이제(二題).

■ 가을밤 …

추야장(秋夜長)이라, 밤은 차츰 길어 가오. 시골의 밤이나 서울의 밤이나 한가지로 깊어 가는 가을밤은, 숙수(熟睡)의 밤이나 불면의 밤이나 다 같이 길어 가오. 병창(病窓)의 달밤이나 객창(客窓)의 기러기 밤이나 다 같이 길어 가오.

신곡(新穀)에 배부른 추수의 환희와 구채(舊債)에 쪼들린 추수의 비애, 일경(一景) 양정(兩情)을 한데 몰아 가지고 향촌의 밤도 길게 새거니와 유흥과 환락의 노래, 실직과 오뇌(懊惱)의 한숨, 갈피 없는 혼선을 그대로 뭉쳐 가지고 도시의 밤도 길게길게 새어 가오.

밤이라 등하(燈下), 어디는 글 소리요 또 어디는 다듬이 소리, 소리가 소리에 인(因)하여 생각이 되고, 생각이 생각에 인하여 꿈이 되면 꿈인들 안 길어질 것인가? 길어가는 밤 꿈이라 안 길어질 것인가?

길어 가는 가을밤에 길어 새는 온갖 소리와, 온갖 생각과, 온갖 꿈은 춘생(春生)이 아니고 추살(秋殺)인지라, 금풍(金風)에 부딪혀 애상(哀傷)이 아닐 수 없소.

■ 버러지 …

버러지들이 울기를 시작하오. 유명 무명의 버러지들이 목을 놓아서 울기를 시작하오. 속 타는 불길에 눈물은 말랐던가? 울기는 울어도 눈물이 없소. 눈물은 없어도 울음은 울음이오. '하하' 해야 웃는 줄 알고 눈물을 흘려야 우는 줄 아는 인간사회와는 근본이 다른가 보오.

어째서 우는지 알 길이 없소. 서늘한 가을, 서늘한 밤, 서늘한 달 밑에서 청흥(淸興)의 일곡(一曲)도 없지 않으련마는, 기나긴 밤을 울어 새니 까닭을 누가 아오? 눈물을 흘려야 우는 줄 알고 호소를 해야 정곡(情曲)을 아는 인간의 경험으로야 버러지의 심정을 어떻게 촌도(忖度)하오? 눈물조차 흘리지 않는 버러지네의 울음은 알 길이 없는 것이오.

일생이 고작 한두 달이니 장수를 못하여서 이것이 서러운가? 흙속·숲속에서 초목과 동부(同腐)하니 부귀를 못하여서 이것이 슬프던가? 부모도 있고 형제도 있으련만 공락(共樂)이 없어서 상심되는가? 알 수 없는 울음이라 듣기에 허무할 뿐이오. 기나긴 가을밤을 길게 울어 새는 버러지의 울음은 그저 무상할 뿐이오.

(1935년 8월 20일, 《동아일보》, 《解放以前》에서 抄錄)

장마에 젖은 斷想

장마도 장마, 요즈음 같은 장마는 정말 지루하오. 추군추군하게 내리는 장맛비는 아마 반 달도 넘었나 보오. 단양(端陽)의 5월이 구름에 가리운 채 그대로 넘어가고 인제 벌써 6월도 한 고비 아니오?

녹음방초(綠陰芳草)도 '승화'(勝花)라는 꺼림칙한 명성만 가지고, 스며드는 잦은 비에 그만 풀이 꺾이고 신이 죽었소. 이리하여 양광(陽光)도 반딧불 같은 기억이고, 염천(炎天)도 역상(曆上)의 기억이 되고 말았소.

남쪽의 하늘 땅이 이러한지라, 북쪽의 하늘 땅은 어찌나 되었는지, 이 편 일을 미루어 그 편 일이 궁금하오. 남북이 같은 한 장의 하늘이고, 남북이 같은 한 폭의 땅인지라, 다를 배 있기가 없을 상싶소마는, '약지삼천리'(弱地三千里)에 청조(靑鳥)새 날지 못하여 알 길이 없구려! 진실로 답답한 하늘 땅이자 답답한 남북이구려!

우중충한 하늘도 찌푸린 궁상이고 질벅진 땅바닥도 으깨진 화상이고, 텁텁직한 인심도 찡그린 울상이오. 좌우로 설레고 상하로 치닫는 민정(民情)은 음산한 바람에 젖어서 납덩이 같이 무거워졌소. 가두(街頭)가 그러하고, 점두(店頭)가 그러하오. 옥내(屋內)가 그러하고 청내(廳內)가 그러하오. 그런지라, '장'(莊)이고 '궁'(宮)이고 매한가지 다를 바 없소. 그래서 그러한지, 덕수(德壽) 고궁(古宮)의 하늘을 덮은 구름은 유달리 칙칙해서 유달리 답답하오. 늘어진 버들에 흐르는 장마는 유달리 끈끈해서 유달리 답답하오.

이러구러 천지인 삼재가 한 가지로 침울하기 짝이 없소. 금년은 세차 정해(丁亥)라, 돼지의 태음적 기질을 타고나서 이렇게 음우(陰雨)가 지리한가? 음양술수를 모르거니와 대체로 '음극즉양동'(陰極卽陽動)이라 하거니, 장마도 인제 그 극에 이른 폭이니 양동(陽動)의 볕발은 어느 날에나 쪼일 것인가? 저 심술궂은 구름은 어느 때나 걷힐 것인가?

장마에는 사람이 휘진다 하거니와 사람만이 아니라 날짐승·길버러지도 모두다 휘질 것이오. 곰팡이나 달팽이 족속들은 오히려 제철인 양 축축한 구석과 그늘진 푸새(草) 중에서 제 세상을 즐길지 모르나, 버젓한 생물이야 그럴 리 있겠소? 빛을 즐기는 생명들이야 그럴 리 천만에 없지요.

장마는 그칠 것이오. 그리고 볕은 쪼일 것이오. 그 두터운 구름도 선득 사라질 것이오. 빛은 동방에서! 해는 동쪽에서 뜨는 법이오. 이 햇발에 장마는 스러지고 말 것이오.

(1947년 7월 30일 美·蘇共委 때, 《새한민보》, 《統一祖國》에서 抄錄)

年頭頌

半萬年 오랜 터에 이 겨레 있소이다.
할줄기 퍼진 꽃이 고소란히 폈소이다.
한검님 뜻이옵거니 어이진다 하오리.

먼동이 트노매라 첫닭우리 새이것다.
새빛 나리시라 머리 숙여 비옵거니,
이 나라 굽이진 터에 고루고루 펴소서.

거문고 되오리까 둥둥 북이 되오리까
즈믄해 길이길이 홍에 듬뻑 울리리까
왼누리 드높은 소리 외쳐 볼까 하노라.

(1947년, 《동아일보》)

紀 行

光州로 가는 길

嶺南路 여기저기

楊洲ㅅ 길 38선

慶北 기행

《統一祖國》 序文

자주국가요, 민주국가요, 그리고 청년국가로 재건되어야 하는 조국은 지금 '통일독립'이라는 새로운 과제를 앞에 두고 뼈아픈 고민(苦悶)을 맛보고 있습니다(中略).

통일은 되어야 하는 것이요 또 반드시 되어질 것입니다. 되지 아니치 못할 본연의 자태를 우리 민족의 본원으로써 믿을 수 있겠고, 우리 역사의 방향으로써 알 수 있는 것입니다. 이것이 없이는 자주도, 민주도, 무슨 주의 일체를 들여서 안상(案上)의 공론이리니, '논'을 부고(不顧)하는 '실'(實)은 그 실체의 본질대로, 그 역사의 본류대로 한 치 두 치씩이라도 꾸준하게 줄기차게 문단(問斷)없이 피안(彼岸)을 향하여 전진할 것입니다. 고요하듯이 흐르는 이 장강(長江)의 저류를 누가 감히 모른 체할 것입니까? 삐걱삐걱 움직이는 巨●을 막아낼 어떤 ●●이 있을 것입니까? 내, 이것을 믿는 까닭에 이 글들을 써온 것입니다. 모아서 이 책을 만드는 것입니다. 그리고 제(題)하여 가로되, '통일조국'이라고 일컫는 것입니다.

체계도 없는 조각글이나 그 조각조각에 일관한 피는 통하였으리다. 편편히 부서지고 을을이 찢어진 생각이나마 그 마디마디에 얽히고 설킨 넋은 매한가지 '제 넋'일 것입니다. 이 넋을 부둥켜 안고, 그로써 세태를 보았고 인정을 보았습니다. 과거를 회상하고, 미래를 전망하고, 그리고 '시일'에 고민하는 것입니다. (下略)

무자년 양 10월 7일 석(夕) 저자

光州로 가는 길

10월 22일.

광주로 가는 나그네 길. 먹다 남은 물약 한 병, 요즈음 새로 얻은 반야심경(般若心經) 한 권, 잇솔 비누 수건 등 그리고 죽장 한 개로 가벼운 행장(行狀)이다. 갑자기 소란하여진 남방(南方)을 생각하면서 집을 나섰다. 아이들만 맡기고 떠나는 걸음, 몸은 가벼우나 맘은 무거웠다.

서울역 시발(始發)은 9시 30분, 착(着)은 미지(未知)에 속하나 발은 정각이다. 차명은 '서부(西部) 해방자(解放者) 호(號)', 목포행이 어째서 서부가 되는지 알아낼 지식이 없다. 깽단 서부활극이 연상되어서 그러한지, 서부라는 이름에는 버터 냄새가 풍기는 듯싶었다. 도대체 해방자라는 게 신통치 못하다. 명명(命名) 당시는 해방 직후가 되어서 감흥도 없지 않아 있었지마는, 지지리 시달린 오늘에 이르러서는 그 '이름'마저에 능구렁이가 스며 있는 듯하여 염증이 난다. 장관이 갈린 김에 차명도 갈았으면 좋겠다. 이것쯤은 대통령 재결이 필요치 않을 상 믿어진다.

도심지대의 온갖 홍진(紅塵)에 흐려진 오관(五官)인지라 노량진 언저리만 하여도 청교(淸郊)인 양, 서늘한 맛이 무던하였다. 워낙 흙탕 같은 세파에 질리고 젖은 심경이 되어서 실제 이상으로 시원하게 느껴졌다.

하늘은 맑았다. 그리고 높았다. '마비'(馬肥)는 알 수 없으나 '천고'는 천고(天高)였다. 마소들이 살찌자면 위선 사람들이 살찌고 남음이 있어야 할 게다. 말만 살이 쪄서야 그게 될 말인가! 사람이거나 마소

거나 살은 찌지 못하여도 마르지는 말아야 하겠다. 이른바 민생문제도 이것이 알속이다.

옛날 같으면 영등포 하늘은 4시 담천(曇天)으로 우중충했을 게다. 그래야만 실상 영등포다운 하늘일 것이다. 그런데 지금 눈앞에 보이는 가을 하늘은 맑기가 거울 같다. 말쑥한 하늘 밑에 임립(林立)한 굴뚝들이 아침 양광(陽光)에 해쓱할 뿐이다. 저 수많은 굴뚝들이 저렇게 해쓱하고도 생산이 되는가? 생산이 안 되고도 민생이 안도(安堵)되는가? 민생이 안도되지 않고도 국력이 충실해지는가? 그 해답을 얻지 못하여 깨고 따지는 동안에 차는 벌써 안양·군포를 지나서 수원이다. (중략)

삼거리 천안도 어느덧 지난 듯, 군용기 한 대가 남천(南天)으로 난다. 설마 폭격이야 하랴마는 여수(麗水)의 골육전(骨肉戰)에 동원된 공군임은 틀림이 없으리라.

하늘도 푸르게 맑거니와 산용(山容)도 맑다고 표현하여야 알맞을 풍경이다. 키다리 소나무도 없거니와 가지가 굼틀굼틀한 잡목도 없다. 어떻게 그렇게도 면도질을 잘 했는지 사람의 솜씨란 실로 매서운 것이다. 그대로 잔디와 함께 남아 있는 잡초들은 단풍이 들어서 제법 가을을 풍긴다. 군데군데 살아 있는 애송이 포기들의 푸른 점점이 까닭 모를 애수를 자아낸다.

봉오리와 언덕 가에 흐르는 설움 밑으로 훈훈한 김이 도는 것은 그래도 들판이다. 탁 트인 논배미에 줄줄이 쌓여 있는 나락더미와 나락더미, 보기만 하여도 배가 부르다.

성숙의 가을이요 추수의 가을인지라, 대지 위에는 바야흐로 기름이 흘렀다. 저 대지의 기름이, 기름 그대로 농가의 부엌도 과연 윤택하게 하는가? 그럴 듯이 안 그럴 듯이 단안(斷案)이 못 되어서 도리어 막막하였다. 대지를 기름지게 하는 그 여부의 성·패는 절반 이상이 자연에 있다. 그러나 농가를 기름지게 만드는 그 여부의 공(功)·죄(罪)는 완전히 인위에 달렸다. 정치에 있다. 동장(冬藏)을 앞둔 우리의 민정은 장차 어떻게 할 것인고?

농민들은 일변 나락을 나르고 일변 추경(秋耕)을 시작한다. 연년세세(年年歲歲)로 춘궁(春窮)을 겪는 그들은 거두기가 무섭게 또다시 명춘(明春) 살이의 보리를 심는 것이다. 벌써 싹이 나와서 푸른 곳도 여기저기다. 백성들은 저렇게 분주하고 저렇게 부지런하다. 저러고도 뼈가 휘도록 저렇게 애쓰고도, 헐벗고 굶주리니 사람보다도 하늘이 통곡할 노릇이다. 아니라고 부인할 사람이 있거든 단두대 위로 선뜩 나서라, 내 천민(天民)의 이름으로써 수죄(數罪)하리라!

엉뚱한 생각으로 혼자 흥분한 탓인지, 헐떡거리며 달리는 기차도 흥분한 듯이 느껴졌다. 각사의 기자들은 각사의 기자대로 끔찍한 사변(事變)의 보도전(報道戰)에 흥분을 느끼는 듯하였다. 그럴사 보면 볼수록 차내의 남녀노소는 온통으로 흥분에 잠긴 듯하였다. 맞은편에 앉은 경관은 경관대로의 경관적 흥분, 실내로 왔다갔다 하는 국군은 국군대로의 국군적 흥분을 품은 듯, 이 흥분 저 흥분을 실어 가지고 차는 조치원을 향하여 구르는 것이다.

지평선 두레에 보이는 산들이 계룡산(鷄龍山) 줄거린가? 저 산골 군데군데가 정 도령 천하의 주읍(州邑)들인가? 고금을 씻어 흐르는 금강(錦江)의 줄거리는 어디쯤인고! 공주산성의 공북루(拱北樓)는 그대로 있는가? 27년 전 강원·논산을 거쳐서 계룡을 찾던 그때가 눈앞에 밟힌다.

서고청(徐孤靑)의 후손인 연천봉(連川蜂) 갑사(甲寺)의 서롱산(徐弄山) 스님도 인제는 입적했을지 모르겠다. 일본 '옥상'이 도교세(渡橋稅)를 받아먹던 강경의 송영교(送迎橋)는 어찌되었을지, 일인(日人)의 사설(私設) 사영(私營)이었으니 지금쯤은 어느 세도양반이 '접수' 관리할지도 모르겠다. 청(靑) 고사리, 백(白) 도라지 … 반야산(般若山)

고사리 숲 속에 하늘 닿은 논산 은진(恩津)의 미륵석상을 그려보면서 심경(心經)을 심송(心誦) —

관자재보살행심(觀自在菩薩行深) 반야바라밀다시(般若波羅密多時) … 조견오온개공(照見五蘊皆空) … 시제법공상(是諸法空相) 불생불멸(不生不滅) 불구불정(不垢不淨) 불증불감(不增不減) …

마디가 여기에 이를 때, 갑자기 옆구리에서 속세의 색성(色聲)이 들렸다. 육식(六識)의 하나다. (중략)

경부본선(京釜本線)과 갈리니 이로부터 앞길은 호남선, 우리의 곡창지대로 들어서는 것이다. 산이 있었대야 나무가 없을 게니 볼 맛도 없으려니와 이 연선(沿線)은 대체로 평야다. 산은 겸손하게 제이선(第二線)으로 물러선 폭으로 이 굽이 저 굽이가 그저 들이요 들이다. 지평선 위로 크·넓게 드러누운 태연한 들판에 색챔 삼아 이따금 일어선 언덕고개의 이 모롱 저 모롱에는 여윈 농가들이 초가을 바람에 오소소 떠는 양 싶었다. 지붕에는 둥글박이 하나씩 둘씩, 빨간 고추가 한 군데 두 군데 …, 그것들도 그리 흔하게는 보이지 않았다.

사람들이 나락을 지어 나른다. 그리고 또 사람들이 삽과 괭이로 밭갈이를 한다. 아무리 보아도 어울리지 않는 풍경이다. 어딘지 모르나 한 구석 비인 듯한 그림이다. 한 이빨 빠진 듯도 하였고 한두 쪽 모자라는 듯도 하였다.

옳지, 소(牛)가 없구나! 하고 나는 대발견이나 한 듯이 좋아하려다가 그만 슬펐다. 그러고 보니 지금까지 지내온 수백 리 연선에서 소 본 기억이 없다. 마땅히 있어야 할 소들이 어찌하여서 보이지 않는가? 이같이 바쁜 때, 이같이 풀이 아쉬운 때에 오양간에서 한유(閑遊)할 이치는 천만에 없으리라.

대개는 잡아먹은 탓일 게다. 농가에서도 먹었겠으나 대부분은 도회지의 흥겨운 놀이를 위해서 알맞은 술안주가 되었으리라. 수력도, 풍력도, 화력도, 전력도, 무슨 력(力)이나 부족한 이 고장에서 축력(畜

力)까지 이 모양으로 부족하고는 진실로 앞날이 걱정이다. 딱하고 딱한 노릇이다. 등과 어깨로 나르는 모양, 팔과 다리로 밭가는 모양만 딱한 게 아니라, 그 뒤로 생길 무수한 일체의 사태가 딱하게 느껴지는 것이다.

해는 서천(西天)에 누워서 하오로 세시 반, 차는 수평동(水平動)을 하면서 연산(連山)역을 지냈다. 차체의 동요(動搖)는 사뭇 배와도 같았다. 수평 동요가 이렇게 심한 까닭은 선로가 고르지 못한 까닭이요, 선로가 그렇게 고르지 못한 까닭은 침목(枕木)이 썩은 까닭이다.

생각하면 진땀이 솟을 아슬아슬한 여행 같기도 하였다. 또 한 번 내판사건(內坂事件)을 치른 뒤에야 개수(改修)할 모양인가? 침목도 미국 제공을 받아야 한다 하니, 한 개에 1,800원짜리를 쓰자면 짊어질 빚도 어지간히 무거울 것이다. 목포항을 활용한다면 담보는 넉넉하겠지만 자손대에 미칠 상환(償還)이 걱정이다. (하략)

(1948년, 《새한민보》)

嶺南路 여기저기

부산-마산-진주-삼천포-통영

진주(晋州)는 옛날의 대도호부(大都護府)요 팔목(八牧)의 하나로서 근세에 이르기까지 영남수부(首府)였으니 관록이 상당한 곳이다. '색향'(色鄕)으로 이름 있는 가인적(佳人的) 진주는 동시에 선비적이요 부자적이었으니 그러기에 여지승람(輿地勝覽)에는 '속상시서부려'(俗尙詩書富麗)라 하였다. 과거적 유산이 많은 것만큼 따라서 보수적 경향도 드센 모양이나 동시에 반발하는 신흥세력도 대단한 것으로 느끼어졌다.

인구는 1만 호 남짓에 9만 2천, 여성이 많음도 진주적인 일면일까? 공장수효는 1백 하고도 3십인데 종업원 총수는 1천 3백이라니 공업은 아직도 까마아득한 폭이다. 그러므로 생업은 역시 농사가 대종(大宗)인데 산에 나무가 없고, 강에 물이 없고, 비료가 부족하고, 축력(畜力)이 부족하고, 그리고 세태를 반영하여 농촌민정도 불안이라니 전도의 낙관(樂觀)은 보증이 어려운 모양이다. 위치로 보아서 서부영남의 중심지인 만큼 진·삼철도(晋·三鐵道)의 개통이 실현된다면 해륙로 사통오달(四通五達)에 활황이 있으려니와 아직은 화중지병(畵中之餠)이다.

진산(鎭山)은 이름 좋은 용봉산(龍鳳山)이니 반도 오대산의 하나인 지리산의 여맥(餘脈)이다. 부내(府內)의 복판을 흐르는 남강과 더불어 명승도 많다고 하나, 동지가 구속당한 즉후의 심경으로는 볼 맛이 적었다. 좌우의 제지 때문에 내가 몸소 교섭도 못하고 신교장(愼校長)께 일임한 후 촉석루(矗石樓)에 올랐다.

세칭 남장대(南將臺)로서 서장대·북장대와 아울러 촉석 옛 성중(城中)의 성루였으니 절벽인 직하(直下)는 남강의 한 굽이다. 아름되는 괴목은 단애(斷崖)에 늙었고, 튀어난 바위 가에는 자그마한 사당이 잠자고 있으니 이것이 논개의 유적이다. 임진란 싸움터에 떨어진 일점홍(一點紅)! 그 후로 오늘에도 단심(丹心)이 흘렀던지, 흐무러진 바위 틈에는 한 포기의 영산홍이 석양에 붉었다.

가깝게 남강 다리는 백사장 벌판에 길게 누웠고, 멀리 망진산(望晋山) 봉오리는 찢어진 운표(雲表)에 우뚝하였다. 사위(四圍)는 준산(峻山)인지라 나무만 우거졌어도 일경(一景)이었을 것이고, 안하(眼下)는 대강(大江)인지라 물결만 일었어도 일흥(一興)이었으련마는 이도저도 구실(俱失)한 진주 풍광은 쓸쓸도 하였다. 게다가 비린내 스미는 기류중(氣流中)의 민생(民生)!

이모저모로 어지러워진 과객의 심회(心懷)는 승지강산(勝地江山)에 뜻이 없어서 발길을 돌렸다. 농대(農大)가 기우(寄寓)한 금산하(錦山下)의 농중(農中)을 잠깐 보고 일로(一路)로 귀숙(歸宿)하니 이름은 복산관(福山館), 진주 언저리에는 승니(僧尼)의 도관(道觀)이 몇 군데나 되는지, 눈에 밟히는 '그 분'의 모습과 한가지로 목석소리가 들릴 듯 들릴 듯하여서 잠이 멀었다.

■ 17일 혹청(或晴) 혹담(或曇)

오늘은 진주를 떠나서 삼천포로. 아침결에 부부윤(副府尹) 이상석(李相錫)씨 내방, 인사를 마친 뒤에 동도(同道)로 부청(府廳)에 들러서 남강(南江) 방수로 공사계획을 들었다. 삼천포로 가는 길목이라 현장을 구경하기로 하였다. (中略)

공사의 중심은 진양군(晋陽郡) 내동면(奈洞面) 유수리(柳樹里) 부근이니 물론 산중이다. 연변 일대에는 미리 누르러진 보리밭이 여기저기, 돌무덤이 변두리에는 엎드린 농막(農幕)이 뜨금뜨금, 어디로 훑어보든지 배부른 정경이 아니려니와 산기슭에서 쑥 캐는 동남동녀(童男童女)의 모습도 4월 난풍(暖風)의 아늑한 풍경일 수는 없는 듯이 보여졌다. 현장은 이미 6~7년 세월이 흘러간 고허(古墟), 일시는 주막까지 벌어졌던 신개지(新開地)였으나 지금은 완전히 천연으로 환원되었다.

승용차의 왕래를 달갑게 보지 않는 것이 요즈음 농촌의 실정인 양인데 이 부근에서는 도리어 대환영이다. 까닭은 간단하였다. 고급차의 왕래는 관공(官公) 요로(要路)의 '시찰'을 의미하고, 시찰의 빈번은 실현의 '불원'(不遠)을 의미하고, 그리고 공사만 시작되면 막걸리도 생기고 고무신도 생길 수 있다고 믿는 까닭이다.

민정은 이같이 눈물겨운 호흡에 있다. 그리고 오직 '생존'을 구할 뿐이다. 민주주의도, 공산주의도, 그러한 것은 의미도 모르고 가치도 모른다. 그저 아는 것은—뼈에 스미도록 아는 것은 '생명의 존속'이다. 목숨을 부지하려는 강렬한 의욕이 있을 뿐이다. 그래서 구하는 것은 '의'(衣)와 식(食)'이다. 의식을 보장하는 체제면 그로써 태평일 심산들이다. (下略)

■ 18일 우(雨)

새벽부터 오는 비는 그칠 줄을 모른다. 보리에도 해로운 비려니와 강연에도 도움될 수가 만무한 비다. 구두를 아껴 주는 뜻으로 사주는 고무신을 받아 신고 점심 먹으러 떠났다. 양복에 고무신도 의젓한 멋이다.

삼천포는 생선 고장이라 반찬은 90%가 생선이다. 비린내와 담장을 쌓고 있는 구미(口味)로서는 걱정이 태산 같았으나 다행히 심하지는 않았다. 뱅어·전어·문어·삼치·노래미·가오리·호래기·반지래기 … 생선을 점고(點考)하니 거의 다 생소한 이름이다. 이름은 생소하나 듣기에 음악적이다. 불어를 음악적이라 하거니와 '우리말'도 불어에 지지 않을 상싶었다. 지독한 한취(漢臭) 때문에 시들고 병들었거니와 그러기에 지방 사투릴수록 '리듬'이 자연스러운 것이다. 생선보다도 생선 이름으로 배를 불리고 그 길로 삼천포 극장, 때는 2시 40분.

연제(演題)는 '우리의 민족성과 국가의 질량'. 진주와 대동소이한 내용이었으나 여기서는 '중지'(中止)라는 주기적(酒氣的) 들뜬 명령이 없었다. 비오는 옥외는 음산하였으려니와 강연이란 일점(一點)에 얽혀진 장내의 분위기는 여러 면으로 훈훈하였다. 비는 비요, 말은 말, 이리하여 1시 반 넘어서 한회(閑會).

미범장(美帆莊)으로 숙사를 옮겼다. 이름도 멋지거니와 실체도 좋았다. 일제시대의 고관들 '어용'이었다니 그럴 것이다. 3층에 자리를 잡으니 포구의 전경이 일망(一望)에 들어온다. 주인 따님의 화촉연(花燭宴) 직후인 양하여서 2층에서는 여인들만의 별연(別宴)이 벌어질 듯 노래소리도 한가락 들렸다.

밤에는 좌담회. 기자단을 중심으로 각계의 유지들, 20명도 안 되는 모임이었으나 오붓한 자리였다. 화제는 전례대로 출석자에게 일임.

① 3차 전쟁론, ② 인화력에 대한 구체적 예시, ③ 중국문제의 전망, ④ 중앙언론계의 동향, ⑤ 38선 해결안, ⑥ 국내의 정치동향, ⑦ 유심론과 유물론의 비판, ⑧ 민족성과 교육정책, ⑨ 성인교육의 의의, ⑩ 일본 재무장문제의 해설 등.

백과사전이 아닌 바에 이같이 광범한 문제를 진선(盡善) 진설(盡說)할 수는 없는 노릇이다. 그러나 또 어느 것이나 평소에 생각하던 문제들인 만큼 어느 정도로 설명할 수는 있었다. 혹장(或長) 혹단(或短)으로 두 시간쯤 이야기하고 나니 11시.

일본식 이부자리가 일본식으로 깔려진다. 주선하는 여인(麗人)도 일본식 훈련을 받은 경험인지, 좌작(坐作) 진퇴가 틀에 박힌 일본식 '규격'이었다. '촌'스럽지도 않고 '잡'스럽지도 않은 말씨와 맵씨가 한데 어울려서 '나그네' 방은 '김'이 돌았다. 상냥하고 아늑한 운김이 돌았다. 오래간만에 가정적인 며느리적 '시봉'을 받은 심경이었다.

온길, 갈길이 심두(心頭)에 걸린다. 아이들만 남겨진 집안 일이 꿈길에 밟힐 듯하여서 조심조심 잠을 비는 것이다.

■ 19일 청(晴)

오늘은 통영행. 비는 활짝 개어서 아침은 밝았다. 출발은 상오 10시 반. 그때까지의 틈을 타서 부두 일대를 구경하기로 하였다. 부두라 하여도 아직은 어항에 지나지 않는 포구였다. 앞으로 진삼(晋三)철도가 개통되고 그리고 무역항으로 등장된다고 하면 삼천포의 지체나 풍채도 육천(六千), 구천(九千)으로 비약할 팔자다. (中略)

항내의 원경(遠景)에는 이거제(二巨濟: 一濟州)의 장대한 등허리가 황소같이 누워있고, 근경에는 삼남해(三南海)의 크·작은 섬들이 혹은 겹겹이, 혹은 점점이 늘어앉았다. 그러니까 바다는 고요한 못이다.

'소탕전'(掃蕩戰) 때문에 거제와의 교통은 끊어졌으나 부근에 있는 여러 섬과의 왕래는 상당히 빈번하여 바다는 분주하기도 하였다. 물 없는 앞섬에서 물 길러 오고가는 아낙네, 가시내 머리 위에 얹혀진 '물동이'도 태고연(太古然)한 정취(情趣)의 하나로서 평화의 상징인 양 싶었다.

선창에는 뒤늦게 들어온 어선 한 척, 아직도 살아서 뛰는 놈도 있었다. 뛸 힘은 없어도 목숨은 있어서 입맛 다시는 놈도 있었다. 으레 잡아먹을 생선들이지마는 죽어가는 모양은 목도할 일이 아니다.

어떤 왁살스런 친구는 재미삼아 시멘트 바닥에 동댕이까지 쳤다. 터진 허리에서는 창자가 나오고, 으깨진 머리쪽에서는 선지피가 흐르고… 그러면서도 이따금씩 입을 벌리는 생명의 고민! 두 번 다시 볼 일이 결코 아니다.

물고기나 사람이나 생명은 대동(大同)이다. 심장에 피가 도는 똑같은 '생물'이다. 저 생선 물고기가 만일, 만일에 사람을 저같이 시멘트 바닥에 동댕이를 친다고 할진대, 그리하여 배가 터지고 머리가 으깨어진다고 할진대, 그리하여 입을 넙적거린다 할진대, 그리하여 선지피를 흘린다 할진대, 죽어가는 그 생명의 고민을 어떻게 보아야 할 것인가? 환상과 연상이 이에 미치어 나는 그만, 심장이 정지되는 일순(一瞬)을 느꼈다. 감았다 다시 뜬 시야에는 아까와 다름없이 이거제·삼남해의 산용(山容)이 보이는 것이다.

서쪽으로는 발동선 한 척이 부두를 향하여 일직선으로 들어온다. 여수로부터 통영으로 가는 정기선이니 내가 기다리는 바로 그 배다.

나는 배에 오르고 유지들은 선창에서 손을 흔든다. 삼천포여 무양(無恙)하라. 그리고 물고기는 잡더라도 시멘트 바닥에 동댕이치는 '재미'는 제발 보지 말아지이다. (下略)

(1949년, 《새한민보》)

楊洲ㅅ 길 38선

양주로 갔던 길에 포천군(抱川郡) 초성리(哨城里)의 38선을 밟아 보았다. 그래서 '양주ㅅ길 38선'이라고 하는 것이다. 양주라 하면 먼길 같으나 실상은 서울서 백리정(百里程)인 의정부(議政府)다.

1월 15일 토요, 청(晴) 초한(稍寒).

금년 들어서 오래간만에 추운 날이다. 동소문 턱으로 돈암동 고개를 넘어서니 벌써 시골 맛이다. 깔린 눈 위에 바람은 매웠다. 매운 바람에 행인들은 움츠린 표정이다. 서글픈 미아리 공동묘지를 지나니 인가는 차츰 드물어진다. 우이동 못 미쳐서 볕 잘 드는 산비탈 언덕 옆에는 가죽만 남은 황소 십수 마리가 납죽하게 나란히 누워 있었다. 소바리 끌고 지나가기는 다소 거북한 곳이다. 난생 처음으로 보아서 그러한지, 풀바닥에나 널빤지에 달라붙은 가죽 소는 보기에 흉겨운 풍경이 아니다. 그래도 이 제혁(製革) 때문에 양주는 연산(年産) 1천만 원 정도의 수입을 얻는다 한다.

우이동 지나서부터는 고양에서 양주 땅이다. 양주는 도성의 외곽지대로서 말하자면 육복지지(六服之地)다. 뿐만 아니라 옛날 양주는 지금 서울의 태반을 경역(境域)으로 하였던 만큼 지체 있는 주읍(州邑)으로 도호부(都護府) '목'(牧)이었다. 파주·고양도 양주목의 진관(鎭管)이었으며 속현(屬縣)만 하여도 포천(抱川)·가평(加平)·영평(永平)·적성(積城)·교하(交河) 등 다섯 군데나 있었다. 더구나 태조의 건원릉(健元陵)을 비롯하여 역대 제왕의 능침(陵寢)이 많은 곳이 되어서 양주목사라면 대단한 세도였다. 그러기에 목사행차에는 상감님도 용상에서 내려앉았다는 전설이다. 지금의 군수도 그 같은 세도를 부리지는 않는지, 하여간 그 같은 양주 땅에 들어선 것이다. (중략)

강연을 끝내자 그 길로 청풍관, 저녁을 겸하여 유지들과의 좌담회다. 모인 분들은 현재 의정부를 움직이는 각계각층의 중추적 인사들이다. (중략)

주흥(酒興)이 돌자 각자의 양주 소개도 나오고 특기도 나왔다. 노청년으로 자타가 공인하는 신목사(申牧師)의 '징둥당' 거문고 소리도 이채였거니와, 기자단 총무 고인태(高仁泰) 씨의 '개구리 일생'은 아마 세계적 음곡일 것이었다. 여기서 음곡이라고 특별히 지적하는 것은 가사가 없기 때문이다. 가사가 없는 까닭은 고씨의 무식이 아니라 원래 개구리가 무식한 탓이다. 만좌(滿座)는 웃음으로 꽃이 피었다. 박교장의 '성불사의 밤'도 구성졌거니와 주읍장(朱邑長)의 수심가(愁心歌)는 더 한층 멋지게 구슬펐다. 삼팔선이 가까운 지리적·심리적 정조일 수도 있었을 것이다. 나도 '농민의 노래'를 한 자루 불렀다.

대면은 이번에 처음이나 20여 년 전부터의 심교(心交)였던 노(盧) 사장(社長)은 옛날 옛적의 '횡설견설'(橫說堅說)을 끌어다가 소개연설을 한바탕하고, 고향의 구지(舊知)인 박(朴) 의사(醫師)는 선친 마디를 들추어 나로 하여금 울게 하였다.

내, 해방 이후로 이 같은 고비고비에 얼마나 울었던고! 아니 울지를 못할 심회(心懷)기 때문에 어느 때나, 어디서나 부딪히면 울고울고 하였거니와 만 번을 울어도 풀릴 길 바이없는 맺혀진 심회인 것이다. 우는 까닭을 좌중은 모를 것이다. 비틀어진 이 강산도 모르는 일이다. 하물며 초탁(草澤)의 구의(舊誼)를 잊어버린 현관(顯官)들이랴? 진실로 아는 분은 위창(葦滄) 선생이요 그리고 위당(爲堂)이다.

좌석이 파흥(破興)될까 조심되어서 입술을 깨물었다. 약주는 대배(大盃)로 일순(一巡), 모두들 거음(巨飮)인 모양이나 양(量) 없는 나는 당초부터 불감당이다. 이리하여 소이(小異)의 한 토막도 찾을 수 없는 대동적 분위기 중에서 좌담은 끝났다.

숙소는 동향인 박의사의 사택, 죽마(竹馬)에 정들였던 우의의 호의다. 삼팔선 넘어요, 북관(北關)의 하나, 마천령(摩天嶺) 남쪽이요, 운가산(雲佳山) 기슭, 남·북 대천의 장류(長流)를 끼고 산해간에 진좌(鎭坐)한 복주(福州: 端川) 강산이 내 고향이다. 30여 년이나 격조하였던 향우(鄕友)를 오늘에 이같이 만났으니 회구(懷舊)의 감이 새롭지 않을 수 없었다. 어릴 때의 은사 고 석가(石可) 선생이 지으신 김곡정기(金谷亭記)의 한 토막—

> 背錦峰 而面滄海 狹玉女 而控銀湖… 鶴樓之芳草淸川 騰閣之落霞孤鶩 奚獨專美於古 岳陽樓之氣象萬千 醉翁亭之與聲上下 今復壯觀于此…

완전히 잊었던 옛글이 어렴풋이 생각난다. 어렴풋이 떠오른 생각에 나타난 고향산천은 안개같이 아득하였다. '이날'의 회상인지라 더 더구나 짙었다. 짙은 안개중에서 격동을 치르는 고향은 상당하게 변모하였을 것이다.… 자정이 지나건마는 향토를 그리는 두 마음은 옛날을 오늘에 잇대어 끝을 몰랐다. 역시 공배수적(公倍數的) 정서의 일단이니 세리적(勢利的) 규격하고는 세계가 다른 것이다.

목은(牧隱)의 시에도 '절연삼령삽청천(截然三嶺揷靑天), 준로장빙마불전(峻路長氷馬不前)'이라고, 양주는 버젓한 이름을 가질 수 있는 명산이 많다. 산이 많으니 절이 많다. 동으로 천보산(天寶山)에 회암사(檜岩寺)요 주엽산(注葉山)에 봉선사(奉先寺), 남으로 도봉산(道峰山)에 청용사(靑龍寺)·망월사(望月寺)·회룡사(回龍寺)·원통사(圓通寺) 등 이 밖에도 처처의 산명을 따라서 소요사(逍遙寺)·고령사(高嶺寺)·묘적사(妙寂寺)·불곡사(佛谷寺)·수락사(水落寺)·불암사

(佛岩寺) 등 소요산(逍遙山)만 하여도 소금강이란 아호를 얻도록 수석이 좋아서 명찰인 것이다. 풍수설로 이를진대 '명당'이요 신식으로 말할진대 승지(勝地)다. 그러기에 옛날의 폭군 연산주(燕山主)는 주읍(州邑)을 폐하여 이곳을 유람지로 하였고, 지금도 일요일이면 고관들의 '산양놀이'에 해가 저무는 곳이다. (중략)

설월(雪月)이 창에 비치어 새벽잠이 설었다. 친구를 뜻뜻하게 재우려고 박형(朴兄)은 몸소 새벽불을 지핀다. 아궁지 속에서 타는 불길이 가슴에 닿아서 심장은 후끈후끈하였다. 편안하게 누워서 세태인정을 그려보았다. 날이 밝으면 38선으로 가는 것이다. (하략)

(1949년, 《새한민보》)

慶北 紀行

대구·안동을 거쳐서 영주로 가는 길, 용무는 강연이다. 기행이라면 대체로 고적과 경승(景勝)을 주재로 함이 격식같이 되어 있으나 나는 그때, 그 길에서 보고 듣고 생각한 세태를 중심으로 이 시기의 '일면'을 기록하려는 것이다. 무대가 옮겨지는 일기체의 신변잡기다.

12월 17일, 금요 청(晴)

서울-영주행은 경경선(京慶線)이 직로다. 그러나 '직'(直)이 도리어 불편한 세상이 되어서 경부선 굽잇길을 취하니 서울역 시발은 상오 여덟시요, 동행은 효민(曉民), 만사는 그의 선두를 따르기로 하고 전례대로 비누, 잇솔, 수건만으로 등정(登程)하였다. 칼라 한 개를 덤으로 준비한 것은 제법 세속을 짐작하는 딸의 억지 때문이었다. (중략)

추풍령상춘화개(秋風嶺上春花開), 직지사전곡로다(直持寺前曲路多). 김삿갓의 시구를 인용하면서 동차(同車)한 오재동(吳在東) 씨는 담론이 풍발(風發)이다. 오씨는 대구공보(大邱公報)를 주재하는 당대의 노기자, 원래 좌담 잘하기로 유명하거니와 심심한 차중이 되어서 더 한층 뚜렷하였다. 스탈린이 나오고, 트루먼이 나오고, 모택동이 나오고, 곽말약(郭沫若)이 나오고 … 줄줄이 이은 인명과 함께 이야기는 동서고금으로 뻗는다.

'산무도적'(山無盜賊)이래야 '선산'(善山)이요, '도불십유'(道不拾遺)래야 '청도'(淸道)라고, 역시 김삿갓을 끌어다가 지명을 설명한다. '대도지행야(大道之行也)에 천하위공(天下爲公)…' 하여야 '도불십유(道

不拾遺)에 야불폐호(夜不閉戶)'가 될 터인데 요즈음 세상은 '불탈불염'(不奪不厭)이니 탁난할 수밖에 없다고 나도 한마디 참석하였다.

차중은 지극히 평범하였다. 오 씨만 없었더면 아주 적연(寂然)할 뻔하였다. 하루 운명을 해방자호(解放者號)에 일임한 대소인원(大小人員)은 주의주장도, 사상감정도, 일체의 아집을 일률로 포기한 듯이, 그저 나도 그 같고 그도 나 같은 표정으로 동도(同道)하는 것이다. 상대연(上代然)한 대동세계의 일면이 보이는듯, 팔도강산이 차중 같았으면 구족(九族)이 화목할 것이다. 오씨의 견문담(見聞談)에 의하면 그러지 않아도 요즈음 남방풍습은 자꾸만 태고 옛날로 굴러간다는 것이다.

묵립(墨笠)과 장죽(長竹)이 차츰 행세를 하고 풍수설이 득세하여서 묘지이동이 굉장하다는 것이다. 당대에 만석꾼은 떼놓은 당상이라고, 지관의 예언대로 부조(父祖)의 백골을 들고 다니는 효자, 현손(賢孫)이 여기저기라는 이야기다. 물론 가산을 탕진하는 정성이나 금후 불출기년(不出幾年)에 만석꾼이 될 터이니까 그까짓 탕진쯤은 문제도 아니라는 심경들이요 심산들인 모양이다. 민지(民知)가 이러한지라, 민주도 딱하게 되었거니와 '토지개혁'이 위선 통소(痛笑)할 노릇이다.

'김천'이라고 발음하는 김천(金泉)도 지났다. 입술에서 쏟아지는 오씨의 이야기를 듣노라고 연선(沿線) 풍경은 시이불견격(視而不見格)으로 대구에 닿았다.

새한지국장 백학기(白鶴基) 씨의 주선으로 '동양호텔'에 들었다. 이름도 크거니와 적산(敵産)으로 집채도 그럴 듯이 컸다. 정면 바람벽에는 '전매국 지정여관'이니, '철도국 지정여관'이니 하는 등 대문짝 같은 예전 광고패가 붙어 있었다. '교통부'로 버젓하게 등장한 대한민국 시대에도 일제의 '다쿠왕' 냄새를 버젓하게 풍기는 것이다. 참 좋은 세상이다.

지국장의 호의로 저녁은 외식, 을종(乙種)요정이니 시체어로 말하자면 접대부 있는 음식점이다. 주지반정(酒至半程)에 돌연, 가야금을 안은 여인이 불문곡직하고 들어선다. 그리고 자원(自願) 출도(出道)로 한 곡조 타는 것이다. 타고 나서는 청곡료(聽曲料)를 달라는 것이다. 정정당당하게 늙은 옥수(玉手)를 내미는 것이다. 생후로 처음 보는 풍류다. 직업전선도 이만 하면 꽤 진보적이나 다못 퇴보한 노기(老妓)의 성색(聲色)이 애처로웠다.

알맞게 돌아오니 침대 위에는 자리가 하얗게 깔렸다. 화로 속에서 숯불은 발갛게 탄다. 몽글몽글 오르는 김과 한가지로 다향(茶香)은 방안에 스민다. 나그네의 제일야(第一夜)는 위선 이로써 아늑한 꿈을 빚으려는 것이다. (중략)

대구 시내를 떠나니 첫눈에 띄는 것이 팔달교(八達橋), 금호강(琴湖江)이란 이름은 시적이나 물이 없어서 속이 비었다. 이로부터 안동이 260리, 대체로 산 길이다. 아홉시반 경에 칠곡경(漆谷境)이요 열시반 경에 선산경(善山境)이다. 칠곡은 명불허전(名不虛傳)으로 답답한 산곡이나 수림이 없었기에 다행(?)으로 전후좌우가 환-하였다. 밭에는 물론, 논에까지 기암(奇岩)이 군데군데요, 괴석(怪石)이 여기저기다. 훌떡 벗겨진 산비탈에도 돌부리요 옹기종기 숨은 인가에도 돌무더기다. 그저 돌, 돌, 돌이다.

곶감으로 이름 있는 상주ㅅ길과 갈라져서부터는 길도 좋아서 두 바퀴짜리 달구지가 오고 간다. 말은 으레 노리개 같은 재래종이고 실은 짐은 99%가 장작! 장작이다. 붉은 산·마른 강의 유래를 달구지가 설명하는 폭이다.

'경(警) 606, … 1947년'이란 새 전주(電柱)가 눈에 선득 뜨인다. 7·8·9…로 줄줄이 뜨인다. 10·1 사건 이후로 오늘까지 물정이 소연한 치안을 유지하려고 성급하게 세운 경비선(警備線)이다. 철선을 통하여 오고가는 지시와 보고에 민심은 뜨기로 하고 잠기기도 하리라. 웃기도 하고 울기도 하리라. 민생의 휴척(休戚)이 달렸다고도 볼 수 있는 저 철선(鐵線)은 그러므로 하여서 빛다른 존재다. (하략)

제 2신 안동(安東) 치는 실고(失稿) 되었고 제 3신 영주(榮州) 치 중에서 한 토막—

(전략) 21일 일요 청(晴).

밤새도록 오던 비는 아침에 개었다. 겨울을 완전히 무시한 비, 나그네의 새벽잠을 짓궂게 적시던 비는 그쳤다.

군수 권중효(權重孝) 씨, 서장 김기현(金琪鉉) 씨 등 여러분의 내방이 있었다. 군수는 전형적으로 영남인 타입의 중후인(重厚人), 나이로보다도 인품으로 노성(老成)에 틀이 박혔다. 서장은 신인(新人)은 아니나 신인적으로 느껴지는 분이다. 흔히 상상되는 서장적 냄새가 없는 분이다.

신장관(申長官)의 제일 표어는 '인사쇄신'으로 들었거니와 인심의 수습여부는 실상 지방인사에 달렸다. 중에서도 중요한 자리가 백성과 접촉이 많은 군수와 서장이다. 영주의 두 분은 과연 어떠한가, 주마간산(走馬看山)이라 속단이 원래 당치않거니와 중론(衆論)을 듣건대 호감인 양이다. '낮에는 대한민국이요 밤에는 인민공화국'이라는 농담이 유행하리만큼 인심의 동향은 평탄치 않은 배 있는 듯하였다. 더구나 험하기로 이름 있는 봉화군이 이웃인 까닭에 영주는 또 빛다른 난관을 겪는 모양이다.

강연까지의 시간을 이용하여 시가를 구경하기로 하였다. 거리의 한글현판들이 위선 유쾌하였다.

영주는 경북에서도 북쪽이니 태백산맥의 등허리 지대요 낙동강 줄기인 내성강(乃城江)의 상류다. 진산(鎭山)인 철암산(鐵岩山)에는 해방 전까지도 호랑이가 나올 듯이 수림이 깊었다 하나 지금은 흔적도 없다. 밤 사이의 비(非) 철비에 씻기어서 말쑥한 산복(山腹)에는 바위만 뚜렷하였다.

첫 견학은 박애원(博愛園), 역시 김씨가 창설 주관하는 고아원이다. 선생겸 부모겸 동무겸으로 윤좌린(尹佐粦) 씨의 젊은 부부가 40여

명의 어린이들과 동고(同苦)를 동락(同樂)하는 곳이다. 자고 깨는 범절, 먹고 노는 범절, 일하고 배우고 하는 일이 똑같은 제복과 한가지로 일체를 공동(公同)이다. 만사가 규칙적이요 대체로 자치적이다.

부모도 모르고 고향도 모르는 천애(天涯)의 고아들은 자기들의 과거를 일체로 모른다. 그러기에 이 박애원으로부터 신생(新生)의 첫걸음을 떼는 것이다. 원장 김씨의 성을 따라서 성도 '김'으로 동성이요 생일도 개원일을 따서 동월동일이다.

여기는 그들의 가정이자 학교요 그리고 또 직장일 수도 있기로 마련되었다. 영양도 좋은 양 싶었고 얼굴들도 명랑하였다. 한창 노래를 배우던 무렵이 되어서 실내에는 화기가 돌았다. 크리스천인 윤씨 부부의 알뜰한 성심은 여러 면으로 나타난다. 천국은 윤씨의 심변(心邊)에 있는 것이다. 원장 김씨의 공덕도 뒷날이 증명하리라.

서쪽으로 가까이 구산(龜山)이요 동남쪽으로 멀리 학가산(鶴駕山)이다. 이 사이에 탁 트인 남쪽은 질편한 옥토(沃土) 양전(良田)이었으나 작년 수재로 태반이 백사장이다. 두 자 이상이나 하상(河床)이 높아진 낙동강 연변은 금년이 또한 걱정이 아닐 수 없는 계제다.

붉은 산·마른 강에 백사지(白沙地) 논! 30년 이전으로 완전히 후퇴한 이 거대한 상처는 연기 없는 굴뚝의 비(比)가 아니다. 동면(冬眠)하는 공장의 비가 아니다. 이러고도 국력을 운운하니 실로 꿈같은 노릇이다.

낙강(洛江) 줄기에 끊어진 구산(龜山)의 일부가 영주공원으로 되었고 그 중의 놀이터로 가학누(駕鶴樓)가 있다. 이름도 좋거니와, 지대도 좋거니와, 조망도 실상 좋다. 그러기에 항례(恒例)대로 경승(景勝)을 노래한 시구의 각판(刻版)들이 즐비하게 붙어 있다. 그러나 나는 그보다도 사방팔방에 빈틈없이 난서(亂書)된 '낙서'에 흥미를 느끼었다. 대개 시국을 반영한 표어와 단구(短句)들이 눈에 띄었기 때문이다. 그대로 옮기어 쓰면 불온하기가 물론이다. (하략) (1949년, 《새한민보》)

마라톤 制覇頌

1. 이 나라 아들의 줄기찬 얼과 힘
세계를 흔들어 날리는 太極旗.
북을 울려라 빛나는 勝利
드높은 이 나라 마라톤 나라.

2. 五色에 타오른 우리의 그 횃불
온누리 빛내리 다시금 밝으리
북을 울려라 우뚝한 자랑
드높은 이 나라 마라톤 나라.

3. 한줄기 핏줄에 뻗어난 봉오리
영겁에 피리라 月桂의 꽃송이.
북을 울려라 거룩한 이름
드높은 이 나라 마라톤 나라.

(註) 1947년 6월, 보스턴 마라톤 대회에 출정한 우리의 서윤복(徐潤福) 선수는 일착(一着)으로 해방강산의 역량을 떨쳤습니다. 바로 10년 전 손기정(孫基禎) 선수의 뒤를 계승한 두 번째의 세계제패였던 것입니다. 당시에 "마라톤 제패송(制覇頌)"이란 일문과 함께 동아일보에 발표되었던 '노래'.

(《獨立前夜》에서 抄錄)

特殊文例

三成金鑛 探訪記

마라톤 世界 制覇 10주년 記念式辭

故 古下先生 遺蹟顯彰會 趣旨

故 洪震 先生을 弔함

兄弟의 가슴에 呼訴함

도야지의 大德

言論協會 宣言·綱領

殉國少女 柳寬順

새한민보 창간 2주년에 題함

忠武精神 宣揚文

‘身亡國活’의 날

《禁斷의 自由》序文

제(題)하여 '금단의 자유'—일제(日帝) 금단 가운데서 형영(形影)을 갖추지 못한 자유혼의 일면입니다. 총알에 부딪혀 알알이 부서졌어도 그 알알이 자유혼의 일립(一粒)일 수 있었습니다. 칼날에 찍히어 조각조각 갈라졌어도 그 조각조각이 또한 그대로 자유혼의 일편일 수가 있었습니다. 민족을 대변한 동아일보가 그리하였고 동아일보에 봉직하였던 저자자신도 그리하였다고 자처(自處)하는 것입니다. 동아를 통하여 드러난 저자의 이 조각글들은 이 같은 관점에서 과거를 음미하는 자료로서 허용되리라고 믿는 바입니다. (中略)

삼십대로부터 시작한 기자생활을 스스로 회고할 때, 물론 저자 개인의 반생을 음미하는 개체의 족적(足跡)에 지나지 못합니다마는, 그 자욱자욱에는 그 시대 시대의 사회적 먼지나, 티끌이 앉히지 않은 데가 없을 것입니다. 눈물인들 없을 것입니까? 땀인들 고이지 않았을 것입니까? 강산의 일체가 일제의 탄압하에 있었으니 시달린 개개의 사상(事象)은 구태여 거론할 필요가 없겠습니다 마는 그 개개의 사상에 스며든 그 시대·그 사회의 자태 또 저절로 ●사(●寫)되지 않음이 없을 것입니다. (中略)

이·삼십대를 동아와 같이 걸어온 저자는 이제 이것들을 엮음으로써 저자자신의 '청년'을 기록하고, 동아 자체의 '청년'을 기록하려는 것입니다. 동시에 굴레를 집어썼던 '조선'을 기록하여 '새나라'의 젊은이들에게 눈물겹던 '우리의 고담(古談)'을 제공하려는 것입니다. (下略)

무자(戊子) 12월 8일 저자

三成金鑛 探訪記

대정(大正) 13년 ○○團(독립단)의 습격을 받은 사건으로 세상에 널리 알려진 평북 귀성(龜城)의 삼성금광은 조선 3대 금광의 하나입니다. 미국사람이 경영하는 운산(雲山)의 북진(北鎭) 금광보다도, 불국(佛國) 사람이 차지한 창성(昌城)의 대유동(大楡洞) 금광보다도 3·4배의 산액(産額)을 가진 큰 금광이라고 합니다. 산액도 많고, 광부도 많으며, 따라서 소문도 많고 말썽도 많아서 대체 어떤 곳인가? 하고 떠난 것이 이 탐방행입니다. 본 대로, 들은 대로, 느낀 대로 적어봅니다. (3월 11일 忙中閑人)

선천(宣川) 정거장에서 북으로 110여 리, 산길을 따라 이 굽이 저 굽이 감돌아 들어가면 천마산(天摩山) 줄기의 가래봉(楸峰) 밑에 막다른 산골이 있으니 이곳이 금덩이 잘 나오기로 이름 있는 귀성(龜城)의 조악동(造岳洞)입니다. 황금의 유혹에 끌리어 너도나도 모아드는 조악동의 별천지입니다.

선천읍에서 자동차로 세 시간—울뚝불뚝한 북도정조(北道情調)를 그대로 그려낸 산길이니 자동차가 가엾어서 타기가 미안할 정도로 험상한 길입니다. (중략)

소바리도 왕래하고 말 방울소리, 당나귀 방울소리도 요란합니다. 늙은이의 지팡이도 오르내리고, 젊은이의 껑충다리도 지나갑니다. 그렇게 보아서 그러한지, 오고가는 사람들이 온통 황금의 윙크에 끌리고 지친 듯이 보여집니다. 돈꼴이 흐르는 사람도 보염즉 하련만, 일체로

돈때가 반들반들한 얼굴뿐입니다. (중략)

황금나라인 미국태생으로서 가난한 조선에 밀려나온 이 불쌍한 자동차는 돈때가 반들반들한 황금촌의 백성을 위해서 이 험상한 산길을 허덕거리며 달아납니다. 가다가는 멈추고, 멈추다가는 가기를 몇 번이나 하였던지, 기울어진 햇빛을 등지고 동구(洞口)에 다다르니 위선 눈에 뜨이는 것은 돌무더기들입니다. 산기슭에도 돌무더기, 개천골짜기에도 돌무더기, 언덕과 굴헝에도 쌓이고 흩어져 엉성하고 거친 품이 미상불 산골이요 또 광산골입니다. (중략)

예전 같으면 얽혀진 머루·다래의 넝쿨 밑에서 여우·다람쥐가 놀았으련만 지금은 돈때 묻은 5천3백의 정주민들이 와글거리고 있습니다. 백마력(百馬力) 발동기의 쿵쿵소리와 타고 남은 중유(重油)의 뿌연 연기가 하늘에 흩어집니다. (중략)

산이란 산은 모두 '얽'었습니다. 좁은 구멍, 넓은 구멍, 벌집같이 뚫린 구멍이 말 못할 참상입니다. 이 산 저 산이 모두 곰보딱지니, 이 산 저 산이 모두 이 구멍 저 구멍입니다. 캐어 먹고 버린 구멍, 파다가 터진 구멍, 이리 뚫고, 저리 뚫고, 함부로 뚫은 구멍이 함부로 남아 있습니다. 아마 이 구멍 저 구멍에서는 울고 웃는 희비극이 상당히 벌어졌을 겝니다. (중략)

이곳은 산이나, 들이나, 언덕이나, 전부가 광주(鑛主) 최씨(崔氏)의 개인소유로 되어 있습니다. 그러므로 최씨의 일동일정(一動 一靜)에는 이곳을 터전으로 살아가는 주민의 생사가 달렸습니다. 금광 본영(本營)으로부터 마르가져 나오는 모든 계획과 제도와 약속은 그대로 율법이 되어서 하루 세 번씩 울리는 고동소리와 함께 조악동 천하를 지배하고 있습니다. 풀포기 한 그루, 자갈돌 한 알이라도 '사무소'의 승낙 없이는 꼼작도 못한다는 철령(鐵令)이 상식으로 되어 있습니다. (중략)

"한 짐에 서돈 오 푼(3전 5리) 받쉐다. 날내(빨리) 단네야 하루 닐굽 냥(70전) 받디요. 그러니 멜합넷까, 밥 사먹고 남는 게 있어야디요!'

이것은 홀몸으로 있는 건강한 광부의 대답입니다. 자기 땀으로 살고, 자기 뼈로 살아가는 사람들의 '땀값'과 '뼈값'은 이렇게 쌉니다. 쌀알 나는 들판이나 황금 나는 산골이나 매한가지로 싸기도 싸기가 이같이 헐값입니다.

목적지에 다다르니 갱구(坑口) 부근은 온통 수라장입니다. 굴 속의 광석을 나르는 패, 흙에 섞인 광석을 물에 씻는 패, 금분(金分) 있는 돌과 없는 돌을 고르는 패, 쇳돌을 제련소로 나르는 패, 버럭을 구렁에 버리는 패, 이 패 저 패가 뒤섞여서 떠들썩합니다.

"데, 데, 데놈의 자식이 영 별하게 구누나!"

떡 떡 으르는 소리, 왈그락달그락하는 소리가 좁은 골목을 찢을 듯합니다. 감독인 듯한 사람은 공연히 성낸 얼굴에 눈알을 들들 굴리면서 거추장스럽게 왔다가갔다가, 갔다가왔다가 합니다.

바위구멍에서 핏기 없는 얼굴이 나옵니다. 혹은 쇠창을 들고, 혹은 가스등을 들고 끌려나오는 듯이 나옵니다. 구멍 어구에 서서 지키고 있던 감독은 "인제는 나와!" 하면서 "하나 · 둘 · 셋 · 넷…" 하고, 물건짝 세듯이 나오는 사람을 셉니다. 교대하는 사람의 수효를 맞추어 보는 것이랍니다. 이렇게 나오면 어구에서 조금 떨어진 곳에서 또 다시 심술궂게 생긴 양반이 광부들의 몸을 뒤져봅니다. 갈퀴 같은 손으로 두건을 벗기고, 상투 밑을 헤치고, 위아래 바지 · 저고리 · 겨드랑 · 옆구리를 함부로 뒤적거립니다. 수가 틀리면 손길과 발길이 함부로 나가기가 물론 예사로 되어 있습니다. 이것은 금싸라기를 훔쳐가지고 나올까 보아서 검사하는 것이랍니다.

이렇게 나오는 사람이 끝나면 "자! 인제 들어들 가!"하면서 또 "하나 · 둘 · 셋 · 넷…" 하고, 짐승 몰아넣듯이 캄캄한 굴 속으로 몰아넣습니다. 이렇게 들고나고 하는 광경이 하루 스물네 시 동안 간단없이 계속됩니다. 그리하여 이 한 구멍에만 매어 달려서 살아가는 (못사는 사람도 많지마는) 광부가 날마다 5백 명을 넘는다 합니다.

들고나는 광부들은 그저 하라는 대로, 시키는 대로 들고나고 할 뿐입니다. 그 해쓱하고도 검은 얼굴에는 비애나, 고통이나, 환희나, 희망이나, 이 같은 속세의 표정은 아무것도 없는 듯이 보여집니다. 그 뚝뚝한 듯이 축 늘어진 팔다리에는 아무러한 생기도 없이 그저 기계와 같이 움직여지는 듯 보여집니다. 그 중에서도 간간이 하하! 하고 웃는 사람이 있습니다. 그러나 결코 우스워서 좋아서 웃는 것 같이는 보이지를 아니합니다. 그 웃음을 만일 맛본다 하면 차디차고, 짜디짜고, 쓰디쓸 것같이 느끼어지는 것입니다. 이 같은 맛과 이 같은 느낌은 감독이나 십장이나 그네들 자신까지도 아마 모를 것 같습니다. 오직 제3자만이 느낄 수 있으니 이와 같이 그네의 '나고드는 이 생활'은 완전히 자아의 의식을 잃은 듯합니다.

나는 모자를 벗고, 장갑을 벗고, 목도리를 풀었습니다. 외투를 벗고 저고리·바지·조끼 죄다 벗어버리고 광부의 옷을 빌려 입었습니다. 손수건으로 코를 막고 가스등 한 개를 얻어 들고 '하나·둘·셋·넷…' 하는 광부를 틈에 끼니 나도 한목 보는 광부의 신입생격입니다. 하얀 손수건 들고 말쑥한 구두 신은 광부는 아마 이 광산이 개척된 이래의 처음일 것입니다.

밤이나 낮이나 캄캄한 굴 속이라, 어구에 들어서니 위선 음침한 공기와 지독한 가스냄새에 위선 숨이 막힙니다. 그리고 울뚝불뚝하고 즐벅즐벅한 바닥이 새로 나선 광부로는 걷기가 좀처럼 어렵습니다. 그리고 위험합니다.

쇳돌만 따라서 쥐구멍같이 이리저리 파들어간 구멍이라, 함부로 구불구불하고 되는 대로 비틀비틀합니다. 독기 하나만 가지고 다듬은 소나무·참나무로 내려앉을 듯한 천장과 무너질 듯한 바람벽을 받치고 벋치고 한 원시적 설비, 이 구비 저 구비 무너진 잔해! 그만 소름이 쭉 쭉 끼칩니다.

굴 속에 또 굴이 있고 구멍 속에 또 구멍이 있는 폭입니다. 골목 뒤에 또 골목이요, 층계 밑에 또 층계가 있습니다. 위로, 아래로, 바른쪽, 왼쪽 할 것 없이 모두 굴이요, 구멍이요, 골목이요, 층계입니다. 내가 더듬거리는 굴 속은 위로부터 넷째 번 굴이니, 이 굴에 달린 골목만 하여도 1호로부터 9호까지에 오르내리는 상하 층계는 이루 셀 수도 없는 형편입니다.

2백여 척(尺) 갱장(坑長)과 4백여 척 갱심(坑深)을 가진 이 구렁 속에서는 한 번에 백여 명 광부가 부글거립니다. 오고가는 사람이 비비고 다니리만큼 좁은 굴 속에서 궁둥이를 비틀고 감돌아드는 골목에는 진땀이 흐릅니다. 게다가 4백 척 땅 속으로 내려가는 층계 사이를 연락한 사닥다리는 거의 전부가 수직(垂直)으로 되어서 까닥만 하면 그만일 사정입니다. 잘못하여 돌덩이 하나만 굴려 놓아도 깨어질 머리가 수두룩하거든, 하물며 어느 층계가 하나만 무너진다 하더라도…? 참으로 끔찍한 일입니다.

"아직은 죽은 사람이 없습니다"하는 감독자의 대답은 마치 이 앞으로는 장차 죽을 사람이 있을 듯하다는 예언같이도 들립니다. 장차는 고사하고 지금 당장에라도 바위에 지질려 선지피를 흘리고 넘어지는 사람이 생기는 듯합니다. 그리고 그 죽은 영혼이 쇠창을 들고, 가스등을 들고, 이(齒)를 악물고… 음침한 구렁 속에서 떠오르는 듯합니다. 구멍 속에서는 사갈(蛇蝎)의 혀끝이 날름거리고 골목 뒤에서는 귀졸(鬼卒)들의 너털웃음이 들리는 듯합니다.

3백 척 땅 속까지 이르러서 나는 그만 발길을 돌렸습니다. 보지도 못한 지옥이 연상되어서 더 내려갈 수가 없었던 것입니다. 들어갈 때보다도 돌아나오는 길은 더 한층 무서웠습니다. 지옥이라는 환상에 이미 지질렸던 까닭입니다.

음침한 구렁에는 가스냄새가 꽉 들어찼습니다. 험상궂은 바람벽에서 촬촬 흐르고 쏴쏴 뻗치는 물이 발을 적시고 얼굴에 부딪힙니다. 군데군데 켜 놓은 석유등 불은 시꺼먼 연기를 세우고 컴컴한 속에서 껌벅껌벅합니다.

이 같은 장면을 배경하고 움직이는 광부의 모습—뚝 부러진 팔뚝에 철창을 들고 바위에 구멍을 뚫은 광경, 괭이로 바닥을 훔치는 광부의 구부린 허리에 드러난 갈빗대, 독기를 들고 멀거니 앉은 목수, 지게를 지고 비스듬히 버틴 총각, 칼을 들고 가스재료를 써는 사람, 화약을 들고 폭파준비를 하는 사람… 이 처참하고도 무서운 광경은 그저 지옥, 지옥입니다.

이러한 지옥에서 가엾은 광부들은 금덩이를 캐어 주고 푼돈을 받습니다. 팔린 줄도 모르게 전 생명이 팔린 광부들은 이 속에서 자기도 합니다. 놀기도 합니다. 먹기도 하고 또 눕기도 합니다. 이렇게 하여서 캐어낸 쇳돌이 금덩이가 되어서, 덕대의 손을 거쳐서, 광주(鑛主)의 손을 거쳐서, 조선은행의 금고 속으로 들어가는 경로를 생각하면서 나는 굴 밖으로 나왔습니다.

해는 서산에 기울어진 지가 오랬습니다. 돋는 해 지는 해가 도무지 상관없는 이 생지옥의 황금터에서는 여전하게 왈그락달그락 합니다. (하략)

(1927년, 《동아일보》, 《禁斷의 自由》에서 抄錄)

마라톤 世界 制覇 10주년 記念式辭

지도자 각위(各位)의 임석하(臨席下)에서 마라톤 세계제패 10주년 기념식전을 거행케 된 것은 주최자로서 무상(無上)의 광영을 느끼는 바입니다.

돌아보건대, 54개국 20수억 민을 배경으로 한 전 세계의 대표적 건아들을 상대로 싸워서 마침내 우리 민족으로 하여금 세계제패의 광영을 얻게 한 손(孫)·남(南) 두 선수의 공적은 민족의 생명과 한 가지로 영원히 빛날 것입니다. 10년 전 당시의 감격을 회상하면 회상할수록 그렇습니다.

일본의 결박(結縛) 가운데서 전취(戰取)하였던 괴로운 승리였던 까닭에 그 승리는 더 한층 영예로웠고, 자유로 뿜을 수 없었던 외로운 감흥이었던 까닭에 그 감흥은 한 고비 침통(沈痛)하였던 것입니다. 민족의 표현기관으로 자임하여 철두철미 반일로 일관하던 동아일보가 손 선수의 가슴에 붙은 '일장 마크'를 차마 우리 민족의 안전(眼前)에 보일 수 없어서 말살하였던 저 유명한 '일장기 사건'도 백절불굴(百折不屈)하는 우리 민족혼의 건재를 의미하는 열렬한 감격의 일면이었던 것입니다.

연연세세, 해마다 돌아오는 이 민족적 승리의 감흥이 그대로 묵살되던 과거 10년을 회상하면서 자유의 해방 첫돌을 맞이하는 이 해에 처음으로 거식(擧式)하는 이 마당은 이중삼중으로 감격의 절정이 아닐 수 없습니다.

이제 이 자리에서 10년간 파묻히었던 세 선수의 공적을 표창하려고 합니다마는, 이것은 선수 자신들만의 영광이 아니라 실로 '자력조선'의 영광이며, 동시에 장차 일어설 '자주조선'의 상징인 것입니다. 괴롭게 간직하였던 감격을 새로이 폭발시킴으로써 '자강조선'의 동력을 삼는다 할진대 오늘, 이 식전(式典)의 의의는 다했다 할 것입니다.

끝으로 오늘 이 식전을 이같이 성대하게 하도록 격려해 주신 지도자 각위(各位)와 참회(參會) 제씨(諸氏)께 충심으로 사의를 표하는 바이며, 또 이 계획을 성원해 주신 군정청 문교부와 조선육상경기연맹 당국에 아울러 감사한 뜻을 표하는 바입니다.

4279년 8월 20일 동아일보사 대표

(1946년, 《동아일보》, 《解放以後》에서 抄錄)

故 古下先生 遺蹟顯彰會 趣旨

우리의 거인 고 고하선생(古下先生)께서 흉탄을 받으시고 독립전선에 청혈(淸血)을 뿌리신 지도 이미 반 년을 넘었습니다. 그 동안 봄이 가고, 여름이 가고, 가을이 닥친 이때에 선생은 천하만사를 대망(大忘)하신듯, 망우리(忘憂里)의 산비탈에 말없이 누워 계십니다. 시비와 흑백과 영고(榮枯)와 성쇠의 일체에서 해탈하신 양 그저 고요히 고요히 누워 계신 것입니다.

선생은 오직 경경(耿耿) 일념을 해방조선의 구현과 자유조선의 건설에 썩히었던지라, 그러기에 육영(育英)의 낙에 자처하시면서도 삼일운동의 거역(巨役)을 주책(籌策)하여 심로(心勞)를 다하시었고, 보필(報筆)의 책(責)을 자처하시면서도 조선의 오늘을 예복(豫卜)하시어 종으로 횡으로 동지의 유대를 만드시기에 정혼(精魂)을 기울였던 것입니다.

공인(公人)으로서의 전면에 드러난 선생의 거대한 족적은 거세(擧世)가 주지(周知)하는 바라, 새삼스러이 운위(云謂)할 필요가 없겠습니다마는, 해방직후에 있어서 갈●(葛●)가 대도에 얽히고 요운(妖雲)이 민심을 어지럽게 할 때, 그리하여 후욕(詬辱)과 악매(惡罵)가 일신에 집중될 때, 파사현정(破邪顯正)의 선두를 자담(自擔)하여 간당(奸黨)의 음해를 자취(自取)하신 성인(成仁)의 공은 이 민족의 이름과 한가지로 길이 천추(千秋)에 남을 것입니다.

부의(扶義)와 광정(匡正)이 오직 선생의 염원이었으매 성패리둔(成敗利鈍)을 초월하신 선생에게는 훼예포폄(毁譽褒貶)이 또한 초개(草

芥)였거든, 하물며 만유(萬有)의 전부를 잃으신 오늘에야 자신을 위하여 무엇을 바라실 것이겠습니까?

선생이 만일 알음이 계시다 할진대, 오매(悟昧)에 그리시던 조국의 독립을 위하여 오히려 당신의 뜻과 힘이 미칠 수 없는 유명(幽明)의 격절(隔絶)을 슬퍼하실지언정 추호의 말(末)이라도 달리 바라심이 있을 이치가 없을 것입니다. 그러나 선배를 추모하는 후진의 도리로서, 동지를 추억하는 동지의 정의(情誼)로서, 국가 민족을 위하여 제물이 되신 선생의 훈공에 어찌 범연할 수가 있을 것이겠습니까?

이에 유적현창(遺蹟顯彰)의 모임을 발의하고 유지자(有志者)의 정재(淨財)로써 유집간행(遺集刊行), 유택수보(幽宅修保) 등 적절한 응분의 제역(諸役)을 마련할까 하는 바입니다. 써, 정적(靜寂)의 구원야태(九原夜台)에 외로이 누워 계신 선생의 영령을 받들어 위로하고 아울러 민족 만대의 성업(聖業)을 위하여 동지의 역량을 일점에 응집하는 기연(機緣)을 삼을까 하는 바입니다.

단기 4279년 9월 고 고하선생 유적현창회 발기인

(1946년, 《동아일보》, 《解放以後》에서 抄錄)

故 洪震先生을 弔함

선생의 일념이신 조국의 광복이 아직도 완성을 보지 못한 이때에 떠나신 선생을 슬퍼하옵니다. 선생의 단심(丹心)에 엉키어 거역(巨役)을 이룩하려던 겨레는 오늘에 허전함을 내일에 미루어 슬퍼하옵니다.

국치와 민욕의 통한을 기미 당년에 뿜으시고, 자유와 해방의 영광을 망명객창(亡命客窓)에서 꿈꾸실 때, 선생의 뜻이 그대로 겨레의 뜻이 되어 수십 년 풍상(風霜)에 내리 한줄기로 뻗치었사옵거늘, 이제 허무하게도 체연(遞然)히 끊어지오니 아무리 곡지통지(哭之痛之) 하온들 무슨 보람이 있사오리까?

창천(蒼天)이 굽어 살피시거늘, 강내(疆內)와 역외(域外)에 남기신 가지가지의 자취는 겨레의 생명과 함께 길이 빛날 것이오매 선생의 뒤를 이으려는 후진(後陣)은 오직 이 빛을 따를 뿐이옵니다. 종차(從此)로 유명(幽明)의 길이 영겁에 다르올지라, 선생의 모습이 유달리 암암하와 비회(悲懷) 한고비 애절하옵니다.

이제 공사(公私) 만단(萬端)의 심사를 가슴에 스며서 분향(焚香)하오니 재천(在天)의 영령(英靈)이시어 바라옵건대 피세(彼世)의 낙(樂)이 무궁하소서.

단기 4279년 9월 13일 동아일보사대표 모(某) 근조

(1946년, 《동아일보》, 《解放以後》에서 抄錄)

兄弟의 가슴에 呼訴함

적치(敵治)의 학정(虐政)에 몰리어 만주로 만주로 갔던 동포가 경무(庚戊) 이후로 30여 년에 150만도 넘었댔습니다. 가고 싶어서 간 것이 아니었고 살기 좋아서 살아왔던 그들이 아니었던 것은 고토(故土)에 남아 있던 우리들이 더 잘 알던 일이었습니다.

망국의 설움도 설움이었거니와, 유랑의 쓰림도 쓰림이었거니와, 일제의 부강을 위하여 강요된 그 지독한 견마적(犬馬的) 노역. 황야에 갖아든 채, 그대로 쫓기는 오늘의 실정을 그 누가 알아주어야 할 것입니까? 뒤를 이어서 엎치고 덮치는 외전(外戰)과 내쟁(內爭)의 포연중에서 옥석이 구분(俱焚)된 통한을 누구에게 향하여 풀 것이겠습니까?

조국은 해방이 되었다 하여도 지척(咫尺)이 천 리로, 고국로(故國路) 수륙에는 중중한 국경이 앞을 막아서 환국(還國)이 또한 순탄치 못하여 처진 동포가 아직도 반수 이상입니다. 작금 사태로 보아서 이들의 안위도 일체로 풍전의 등화 같으려니와 그 중에서도 현지적으로 구제의 길이 막연한 이재(罹災) 동포가 9만을 넘는다 합니다. 더구나 이 중의 만여 명은 완전히 거리에 넘어진 폭이니, 그들은 그저 백두의 구름 너머로 남천(南天)을 바라볼 뿐이고, 그리고 '시일해상'(是日害喪)을 기다릴 뿐이라 합니다.

상강(霜降)도 지나서 입동이 닥쳤습니다. 북국 만주는 이미 숙살(肅殺)의 삭풍이 일었습니다. 그리하여 무자비한 전화(戰禍)의 여독에 다시금 천한(天寒)이 덮치게 되니 정주민(定住民)으로 생도(生途)의 협위(脅威)에 영일(寧日)이 있을 수 없으려든 하물며 주축(主軸)

을 잡지 못한 교민의 처지리까? 역외(域外)의 풍상에 부대끼고 역여(逆旅)의 궁로(窮路)에 헤매는 신세리까? 폭도의 손아귀에 뜯기우고 악당의 발길에 짓밟히는 어육(魚肉)의 정경(情景)이리까?

이들이 누구의 형제들이며 이들이 누구의 자매들입니까? 중국정부가 비록 선린의 의(誼)를 잊지 않는다 하더라도 이들을 살펴주기에는 자가(自家)의 불이 더 급한 사정이며, 소련군대가 설혹 부약(扶弱)의 의를 모르지 않는다 하더라도 이들을 돌보아주기에는 자신의 할 일이 더 긴(緊)할 것입니다. 이리하여 '우리의 그들'은 주권 없는 나라의 명색 없는 기민(棄民)으로서 어제를 보내고 오늘을 맞는 것입니다.

김지(金之)·이지(李之)의 각성·각명일지도 모릅니다마는, 따지고 캐면 다 같은 우리의 한줄기요 똑같은 우리의 혈육인 것입니다. '저 피'와 '저 살'이 저같이 시들고 말라도 '이 피'는 그대로 모른 체 보아야 하겠습니까? '이 살'은 그대로 모른 체 살아야 하겠습니까?

이에 우리는 동족의 의를 위하여, 동기(同氣)의 정(情)을 위하여, 짐승이 아닌 '사람'으로서의 인도를 위하여 '우리의 그들'을 구출하는 방도를 마련하려고 총총하게 이 같은 모임을 발기하고 국내동포의 협동을 구하는 바이니, 형제여, 물·심 양면으로 응분(應分)의 도리를 다하시라! 일수(日收)·월수(月收)의 기백분(幾百分)의 하나이나 기천분(幾千分)의 하나인들 뉘가 적다고 하리까? 입다가 벗어 놓은 옷자락이나 신다가 걷어 둔 신발 하나인들 뉘가 마다고 하리까? 오직 정성(精誠)의 일편을 다하여 소기(所期)의 뜻을 이룸으로써 족한 것이니, 이리하므로써 내(內)로는 화란상구(禍亂相救)의 돈독을 자증(自證)하고, 외(外)로는 동족결친(同族結親)의 기범(紀範)을 의시(宜示)할 것입니다. 써, 전동포의 자긍(自矜)을 빌면서 피 있는 가슴에 호소하는 바입니다.

재중국 동북동포구제회 발기인

(1947년, 在滿同胞救濟會, 《統一祖國》에서 抄錄)

도야지의 大德

금년은 세차(歲次) 간지로 정해(丁亥)니 풀어서 '도야지 해'다. 부르기가 거북한 이름이다. 더럽고, 못나고, 먹기만 하고, 놀기만 하는 일체의 악명을 온통 도야지에게 돌리어 '돼지 같은 놈, 돼지 같은 놈' 하고 거세(擧世)가 일치하여 나무라는 관계상, 어감만으로도 불쾌한 이름으로 정론(定論)이 되어 있다.

그렇게 불쾌하거든 애초에 쓰지 말 일이다. 쓴다고 할진대, 자(自) 갑자(甲子) · 을축(乙丑)으로부터 임술(壬戌) · 계해(癸亥)에 이르는 육갑(六甲)의 노선은 수미일관(首尾一貫)이니 하는 수 없다. 요즈음 세태처럼 방편대로 뜯어고치는 '뒤범벅'일 수는 없다. 성립이 급하다고 기정(旣定)된 수의 법문(法文)을 즉석에서 고치는 '입법의원'처럼 그렇게 간단하게 '정인'(丁寅)의 호랑이로 고칠 수는 도저히 없는 노릇이다.

작년은 병술(丙戌)이니 '개'요, 재작년은 을유(乙酉)니 '닭'이다. 닭이라 하면 새벽을 연상하여 서광(曙光)을 의미하고, 각성을 우의(寓意)하여 태동을 의미한다. 그래서 그랬는지 을유의 재작년에 해방의 서광을 보았고 대업의 태동을 보았다. 새날이 밝는다고 닭은 울었지만 아직도 새벽이었던지라, 강산은 얼빤한 어둠 속에서 갈피를 못 찾았고 민중은 늦잠이 풀리지 못한 채 허둥지둥하였다. '닭'으로 표현하기에 거의 알맞은 정도의 동태였음은 묘한 일이었다.

'개'는 영역감(領域感)에 민첩한 동물이요 영지욕(領地慾)에 탐람(貪婪)한 동물이다. 그러므로 자령(自領)을 편수(偏守)하기에 사력을 다하며 덮어놓고 배타를 일삼아 짖(吠)기를 잘 한다. 침경(侵境)은 고사하고 접경도 못할 정도로 날뛰고 야단이다. 그리고 뼈다귀만 만나면 으르렁거리고 싸움을 잘 한다. 냄새도 잘 맡지만 꼬리도 잘 흔든다. 한술 밥에도 꼬리를 흔들고 한덩이 고기에도 아양을 부린다. … 이렇게 쓰다가 보니 '개' 이야기가 아니라 작년 일년간 걸어온 우리 자신의 자화상 같아서 붓이 저절로 멈추어진다. 자괴와 자책을 느끼는 까닭이다.

을유가 그렇고, 병술이 그런지라, 정해의 금년은 무엇을 암시하는가? 혹은 무엇을 계시하는가? 엉터리없는 '해'(亥) 자에다 연(緣)을 달아서 도야지의 대덕을 일컬어 보자.

도야지라고 더러운 것은 자진하여 즐겨할 이치는 천만에 없겠다. 집이거나 자리거나 사람들이 더럽게 하여 주니까 그저 순수(順受) 할 뿐이겠다. 매사에 까다롭지 않은 태음적 기질이 유달리 드셀 뿐이다. 미추(美醜) 와 편부(便否) 에 대한 둔감(鈍感) 이라 하기보다도 그를 초월한 태연자약이니 말하자면 포용 중에도 대포용이다.

'하해(河海) 는 불관(不關) 오독지수(汚瀆之水)' 라 하여 하해가 가진 관용의 지덕(至德) 을 일컫거니와 이 같은 논법으로는 도야지의 그 점이 실상 도야지의 미덕인 것이다. 그런고로 나무라기보다도 차라리 이 잡을 나위도 없이 광막(廣漠) 한 도야지의 대덕을 우리도 본떠서 금년 일년은 태음적으로 나갈 수 없을까? 숙시(孰是) 라 할 것 없이 숙비(孰非) 라 할 것 없이 대포용 · 대둔감으로 거세정조(巨細精粗) 를 한 입에 집어삼키고 상하좌우를 한 팔에 끼어 품는, 그러되 태연자약하는 그러한 지도자가 과연 없을 것인가? 해년을 위하여 우리는 이것을 대망한다.

먹기만 하고 놀기만 하는 도야지의 살림을 '악'으로 지목하여 모두들 나무라기만 한다. '제똥 구린 줄 모른다'는 속담도 있지마는 책기(責己) 엔 불충이요 책인(責人) 엔 충인 식으로 책돈(責豚) 에는 어찌도 그리 충실한가? 먹기만 하고 놀기만 하여서 그야말로 도야지같이 살찐 사람이 인세(人世) 에는 과연 없는가?

도야지는 놀고 먹을지언정 그래도 최후는 '살신성인'의 대희생을 천생으로 각오한 짐승이다. 사람에게 이 각오가 있는가? 중생의 번영을 위하여 자신의 일명을 버리는 희생, 그를 감수하는 대덕을 가진 자 과연 몇이나 되는가? 글 아는 도야지가 있어서 만일 이 수록(隨錄)을 읽는다면 독파(讀破) 지차(至此)에 빙그레 웃을 것이다. 그리고 다시 한 번 방성(放聲)하여 대곡(大哭)할 것이다.

도야지를 못났다고 하는 것은 아마 그 체국(體局)을 가리킴이리라. 특히 없는 듯한 쩌른 목과 명목만의 그 꼬리를 가리킴이리라. 미상불 '볼품'으로는 낙제(落第)다. 거듭 말하거니와 오직 '볼품이 없을 뿐'이다. 이 볼품 때문에 못났다고 하는 것은 볼품만으로 발라 마치려는 덜 익은 사람들의 덜 익은 말이다.

볼품 있는 꼬리로서는 금류(禽類)에 공작(孔雀)이 있고 수족(獸族)에 여우가 있다. 필자는 공작의 꼬리를 미워한다. 그 오만불손한 꼬리! 유한마담의 부화(浮華)와 같은 그 잡색의 어지러운 꼬리, 시대가 시대인 만큼 형식의 장식에 흐르는 값싼 무지개적 환몽(幻夢)의 상징 같은 그 꼬리를 필자는 즐기지 않는다. 더구나 간사하고 요망한 여우적 꼬리, 하늘 거느리고 날름거리고, 이리로 알랑, 저리로 달랑거리는 그 환술적(幻術的) 꼬리는 애초에 불취(不取)다.

도야지에게 있어서는 볼품 있는 꼬리가 본질적으로 필요치 않았다. 볼품보다도 '속품'으로 살아가는 도야지의 처세관으로도 그러하거니와, 청빈에 자안(自安)하고 누옥(陋屋)에 자적(自適)하는 그 심법상(心法上)으로도 아도(阿諂)에 필요한 흔드는 꼬리의 소유가 필요치 않았다. 배추동물(背推動物)로서의 지체(地體)와 명분(名分)을 확보하기 위하여 꼬리의 명목만 세우면 그만이다. 이로써 못났다 할진대, 차라리 명분 있는 속품의 못난이가 될지언정 신기루(蜃氣樓) 같은 볼품의 잘난 이는 안 되겠다! 하는 것이 도야지의 소신이요 또 본회(本懷)인 것이다. 사람으로서 도야지의 이 같은 심경에 공명(共鳴)하는 자 그 얼마나 될 것인고!

도야지는 목이 짜르다. 사뭇 없다고 하여도 과언이 아닐 정도로 짧다. 없기론 생선이 1위요 포유족(哺乳族)엔 아마 도야지가 상석일 것이다. 그러나 목이 짧으니까 반드시 못난 것이요 길어서 잘났다는 논법은 어디에 있는가? 목이 길기론 기린이 수석이다. 그러나 실상 길어서 흠이다. 그 길다란 목을 늘이어 좌로 우로, 혹은 전후로 상하로, 이리 돌리고 저리 돌리는 그 줏대 없는 겁쟁이 태도는 보기에 어떠한가? 이리 살피고 저리 살피면서 어슬렁어슬렁 걸어가는 그 보조(步調)는 풍신 좋은 체구(體軀)와는 전연 딴판이다. 이로써 기린 자신에 욕은 될지언정 자랑될 이치, 천만에 없겠다.

도야지는 다행으로 짧아서 곧은목이다. 고집은 세일지 모르나 좌고우시(左顧右視)의 추태는 있을 수 없다. 목표를 향하여 일직선으로 직진할 뿐이다. 그러기에 '저돌지용'(猪突之勇)이라 하여 부탕도화(赴湯蹈火)의 용(勇)과 검산(劍山) 도수(刀樹)를 초개같이 보는 유진무퇴(有進無退)의 용은 오직 도야지에게 있는 것이다.

정해의 금년은 도야지의 대덕을 본뜨자. 대포용·대희생·대용맹으로 신지(信地)를 향하여 일로로 직진하자!

(1947년, 《동아일보》)

言論協會 宣言·綱領

의사발표의 자유는 '사고하는 인류'의 자율적 기능이다. 공기를 마시고 물을 마실 수 있는 자유와 함께 천부(天賦)된 기본인권의 하나다. 그러기에 민주체제로 나아가는 세계의 질서는 다같이 이를 보장하기에 헌법으로써 하는 것이니, 권력의 패도(覇道)가 유시호(有時乎) 굴종(屈從)을 강요한다 하더라도 엄연한 지표는 그로써 상실되는 것이 아니며, 전환기의 응련(應變)으로 일시적 자제가 수긍(首肯)된다 하더라도 병호(炳乎)한 이념이 그로써 포기될 바가 아니다. 이는 실로 만대를 일관할 불변의 원칙이니 언론의 생명이 여기에 있고 생명의 존재가 이로써 표상되는 것이다. 그러므로 언론진(言論陣) 자체의 결속은 그를 위한 자위(自衛)의 일보(一步)인 것이요, 다시금 강화를 꾀함은 그 선양(宣揚)의 일석(一石)인 것이다. 40년간 일제의 사슬에 매였던 우리의 언론계는 돌아보아서 오늘에, 이 회천(回天)의 노력과 자강의 정열을 가졌는가?

폭력을 부인(否認)하는 것이 필력의 존엄이요 총검에 맞서는 것이 필검(筆劍)의 위광(威光)이니, 이것이 곧 정필(正筆)이 가진 본연의 자태다. 이로써 칙천거사(則天去私)를 신조(信條)로 할 때, 왕사적(王師的) 정필(正筆)의 대도는 탕탕(蕩蕩)타 할 것이며, 이로써 억강부약(抑强扶弱)을 책무로 할 때 기사적(騎士的) 정필의 기치(旗幟)는 당당타 할 것이니, 인류적 통념으로 진전되는 세계사적 공전(公轉)에 순응하고 민족적 공감으로 빚어지는 자가율적(自家律的) 자전(自轉)에 성충(誠忠)함으로써 혁신의 동력을 삼아야 할 필요는 '이 나라의 오늘'이므로 하여서 더욱더 핍진(逼眞)한 바가 있는 것이다.

사회적 호흡을 호흡으로 하고 시대적 감각을 감각으로 하는 언론도(言論道)의 자재(自在)한 직능은 일전 우일전(日轉 又日轉)하는 사회의 반영에 있고 일진 우일진(日進 又日進)하는 사회의 추진에 있는 것이니, 인문의 자취가 명증(明證)하는 순사(順史)의 순류(順流)를 향하여 그 집타(執舵)의 주축을 확보하고 그 선도(先導)의 긍지를 발양하여야 할 것이다. 각축(角逐)과 파쟁(派爭)에 중심을 잃었던 우리의 언론계는 돌아보아서 오늘에, 이 당위(當爲)의 수련과 자존의 의기(意氣)를 가졌는가?

자주국가요, 민주국가요, 그리고 또 청년국가로 재건될 조국의 당면한 과제는 정치적으로 응결될 통일체의 완수가 기본이다. 첫째도 통일독립이요, 둘째도 통일독립이요 그리고 셋째로 또 통일독립인 거족적 염원은 때와 곳을 따라서 동요될 수가 본질적으로 없는 것이니, 가능 불가능적 방편이 아니라 당위의 목적인 까닭이다. 민의의 대변자로 자임하는 우리의 언론계는 돌아보아서 오늘에, 이 올바른 신념과 자약(自若)한 지조(志操)를 가졌는가?

빛다른 제약에 굳어진 허울 좋은 해방은 인종(忍從) 4년에 양강(兩强)의 외상(外傷)과 양극(兩極)의 내환으로 지치고 지쳤다. 그리하여 민족의 위기는 이제 바로 백척(百尺)의 간두(竿頭)에 있거늘, 외세의 농단에 아부하고 통일에의 역행을 조장하는 무문곡필(舞文曲筆)이 오히려 개재(介在)함을 보게 되니, 민족의 존재와 더불어 존재한 민족의 정필이 과연 그럴 수 있을 것인가?

이에 진통감(陣痛感)으로서 동우(同憂)의 책(責)을 자부하는 이 나라의 언론인은 자가(自家)의 건재(健在)를 위하여 새로운 진두(陣頭)에 집결하는 것이니, 국론(國論)의 귀일(歸一)이 절대로 요청되는 지금에 있어서 천하의 붓이여, 각 길로 한 신지(信地)! 공배수적(公倍數的) 지표를 향하여 일제히 심혼을 퍼부으라!

강령 3장(綱領 三章)

一. 의사발표의 자유가 보장된 기본인권의 창달을 위하여 우리는, 조국과 더불어 존재한 언론진(言論陣)의 결속과 강화를 도모한다.

二. 인류적 이념과 민족적 도의에 즉(則)한 사회혁신의 구현을 위하여 우리는, 조국과 더불어 존재한 언론도(言論道)의 존엄과 긍지를 발양(發揚)한다.

三. 통일된 자주국가를 재건될 새나라의 민주적 발전을 위하여 우리는, 조국과 더불어 존재한 언론인의 사명과 임무에 성충(誠忠)한다.

(1948년 — 군정시대, 《새한민보》, 《統一祖國》에서 抄錄)

殉國少女 柳寬順

성은 유(柳)요 이름은 관순(寬順)이니 이 나라의 딸이다.

도적의 사슬에 얽매인 이 고장에 태어나서, 총과 칼에 시달린 채 비와 바람에 부대끼기 열이요 여섯, 천생으로 타고난 맵고도 붉은 맘에 잦아든 겨레의 설움을 그대로 품고, 기미년 그달·그날에 천안(天安)도 '안내'를 뒤흔든 자유군(自由軍)의 선두를 가로맡았으니 이 곧 '순국의 처녀'… 샛별같이 빛나는 우리의 꽃이었다.

신명(神明)도 두려울사, 청혈(淸血)을 빨고 생육(生肉)을 뜯던 귀축(鬼畜)의 무리들은 우리 아기의 아버지를 총살하였고, 우리 아기의 어머님을 총살하였고, 그리고 다시 우리 아기가 자라나던 오막에 불까지 질렀다. 하늘이 무너지고 땅이 꺼질 때, 우리의 관순 아기는 한고비 단단하게 '민족'을 부둥켜안았고, 더 한층 든든하게 '조국'을 짊어업었다. 그리하여 영욕(榮辱)을 벗어난 초인이 되었고 물불이 범치 못하는 생신(生神)이 되었던 것이다.

7년의 형기를 받았으나 그는 오히려 100년의 생명에 자약(自若)하였고, 마귀의 철옥(鐵獄)에 갇힌 배 되었으나 그는 '저'대로 자유를 일컬어 날마다 밤마다 '독립'을 부르고 '만세'를 불렀다. 소리 한 번에 악형이 두 번이요, 소리 두 번에 난장(亂杖)이 열 번이라, 이리하여 우리의 거룩한 '나라의 딸'은 필경 오랑캐의 갈퀴에 찍히어 '육시'(六屍)로 갈래되니, 원통도 하여라. 17의 봉오리! 피와 살과 뼈가 송두리째 아귀(餓鬼)의 밥이 되고 말았다.

'일본은 망한다! 절대로 절대로 망하고야 만다!' … 피문은 한마디를 남기고 눈을 감은 우리의 유관순, 그렇게 순국한 지 30년 오늘에, 일본은 자즈러지고 조국은 일어섰다. 무수한 선열의 무덤 위에 조국은 일어섰다. 일어선 조국은 이제 그때를 생각하고, 그날을 생각하고, 그리고 우리의 그 님을 생각하면서 이렇게 모였다. 이렇게 모여서 마음에 새기어 느끼고, 다시금 느끼어 그리운 정성을 남기고자 보람있는 '기념사업'을 마련하는 것이다.

짜른 일생을 나라에 바친 한 떨기의 무궁화! 사나운 된서리에 피지도 못하였던 봉오리는 이제 자유에 느껴운 삼천만 개의 가슴에서 피어날 것이다.

오늘을 즐기는 형제여, 오늘의 광영을 기리는 자매여, 재천(在天)의 영령(英靈)들과 함께 길이 영겁에 뚜렷할 관순 아기의 충혼을 위하여 다같이 머리 숙여 합장하시라. 그리고 그 거룩한 방향(芳香)이 이 고장의 굽이굽이에 풍기게 하시라.

기미(己未) 후 29년 8월 유관순기념회 발기인

(1948년, 《새한민보》, 《통일조국》에서 초록)

새한민보 창간 2주년에 題함

'새한'이라는 생소한 이름으로 출세하였던 우리의 '민보'는 이제 지령(誌齡)이 51, 그 두 돌을 맞이하는 것이다. 월 3회라는 '순간지'(旬刊誌)의 순로(順路)를 예정대로 밟지 못한 상처는 이미 그로써 눈물의 흔적이요 고투(苦鬪)의 기록인 것이니 오늘에 돌아보아서 심회(心懷), 한고비 깊어짐을 느끼지 않을 수 없다. 공·사간으로, 물·심간으로 받아온 역풍의 티끌! 이로써 시대적 호흡이 얼마나 괴로웠던가? 이로써 사회적 감각이 얼마나 무디었던가? '까닭'을 '남'에게 붙이어 책임을 3자에 미루기보다도 고요히 내성(內省)하여 재약(再躍)을 기필(期必)함이 오히려 타당한 것이니 그러므로 내, 오늘에 앉아서 스스로 역량의 미흡을 한 깊이 더 느끼는 것이다.

흘러간 3년 세월에 세상은 무던히도 아우성을 쳤다. 군정시대로부터 5·10 선거에 의한 대한민국의 수립에 이르기까지 세태의 이모저모는 엄청나게 몸부림을 쳤다. 밖으로 국제간의 각축은 정궤(正軌)를 떠나서 파문(波文)이 광범하였고 안으로 민족간의 마찰은 상도(常道)를 잃어서 양상이 심각하였다. 이리하여 이합과, 집산과, 기복과 부침의 혼선. 시비와, 곡직과, 훼예(毁譽)와 보폄(褒貶)의 혼선. 희비와, 고락과, 명암과 선악의 혼선. 그 무수한 혼선의 반발 가운데서 뼈아픈 진통을 겪은 것이다. 오늘도 어제같이 그대로 겪는 것이다. 이념상으로, 실천상으로 형(形)과 질(質)을 통하여 한 개의 '생성'을 의욕하는 한, 그것은 바로 변역(變易)의 진통이요, 대사(代謝)의 진통이요, 탈곡(脫穀)의 진통일 수가 있는 것이다. 이 같은 진통이 아니고는 진보와 발전이 있을 수 없는 것이다. 이 같은 의미에서 오늘의 진통을 미루어 명일의 대성을 예단할 수도 있는 것이다.

암흑에서 광명으로 옮아가는 샐녘, 새날이 밝아오는 통트는 새벽, 빛난 샛별, 맑은 샛물, 통틀어 동방(동방, 새) 천민(天民, 한)의 '상징'을 위한 새로운 신호로써 '새한'이란 깃발을 세울 때, '우리는 우리가 느끼는 진통감중(陣痛感中)에서 민족의 명일을 본다'고 하였다. '세계사적 공전(公轉)에 순응하는 동시, 자가율적(自家律的) 자전(自轉)에 성충하겠다'고 하였다.

우리는 보편적인 인류의 일원인 동시에 독자적인 한족(새한 민족)의 일원이다. 인류적인 대동세계와 민족적인 소이세계(小異世界)는 '둘'이 아니요 '하나'일 수 있는 경지에서 명일의 세계와 명일의 우리를 규정하였던 것이다. 그리하여 새로운 새한문화는 세계사적 호흡으로써 인류문화의 조성에 독자적인 직능을 다하려 하였던 것이다. 가능·불가능적 계산이 아니라 가능한 전력을 다하여 '가위'(可爲)의 정로(正路)를 밟아가려는 노력일 따름이었다.

지나간 첫걸음을 돌아보고, 또다시 다가올 첫걸음을 바라볼 때, 앞으로도 많은 변전(變轉)이 자욱자욱에 남아 있을 것이 미리부터 뚜렷하게 보이는 것이다.

'만물이 유전'함이 우주적 자연률이니 상태의 고정이 허락되지 않음도 또한 필연일지라, 구태여 괴로워할 것도, 안타까워할 것도 없을 것이다. 다못 근안(近眼)에 국착(局着)하여 부침(浮沈)에 동요하는 부유적 존재가 되지 말기를 자기(自期)할 뿐일 것이다. 대의와 더불어 존재하고, 대세와 더불어 동도(同道)하여 써 민족적 거역(巨役)의 일익을 자부할 뿐일 것이다.

과연 그럴 수 있을 것인가? 그럴 수 있는 역량이 나에게 있을 것인가? 스스로 돌아보아서 열 가지, 백 가지로 부족을 느끼고 미흡을 느끼는 것이다. 그러니까 더욱더 자기반성과 자기수정에 가능한 노력을 다

하려 하는 것이다. 두 돌 맞이의 오늘에 앉아서 생각하는 일점은 이것뿐이다. 그러고 또 걸어가려는 일로도 이길 뿐이다.

'웅비(雄飛)는 본디 능(能)이 아니나 칩복(蟄伏)이 또한 원(願)이 아닌지라, 속인(俗人)의 속사—구르는 시간의 점점 위에서 또 한번 영영(營營) 축축(逐逐)할 것인가 봅니다.'— 이것은 '새한민보'의 창간 권두에 실었던 심회의 일단이다. 3년 전 이 생각을 한 번 더 되풀이하면서 이 붓을 그치려 하거니와 이 붓이 그대로 계속될 것인지, 또는 당분간 중단될 것인지, 이 역시 앞으로 다가올 '시간의 점점 위'에서 결정될 '미래사'에 속하는 것이다.

새한동지여, 건재하시라. 새한민족·새한문화의 명일을 즐기어 단연코 건재하시라.

(1949년 5월 22일, 《새한민보》)

忠武精神 宣揚文

충무공 이순신 장군은 우리의 성웅이다.

5천 년 한 등걸에 뻗어난 삼천만 덩어리의 얼과 넋을 하나로 뭉쳐서 이 글을 엮는 것이니, 동방천민(東方天民)으로 태어난 민족사의 한 장을 이렇게 다듬어 세계만방에 외치는 것이며, 독립국·자유민의 모습을 이렇게 그리어 후손만대의 거울을 삼는 것이다.

돌아보건대 조선조 선조왕 때, 임진왜란의 8년 국난은 우리의 역사 있은 뒤 가장 큰 어려운 고비였고 쓰라린 마디였다. 그리하여 절처(絶處)에 이르러 다시 살아날 혈로(血路)를 열었고, 궁지에 다다라 거듭 일어설 생기를 얻었던 것이니, 이는 오로지 나라를 건지고 동포를 살린다는 한마음 한뜻으로 외곬에 받치신 충무공의 자아희생에 있었던 것이다.

산과 바다를 두고 맹세한 북소리! 목숨을 버린 대의의 화살로 남쪽 바다의 도적을 송두리째 물리친 당시의 전공은 실로 예와 이제를 걸치어 동서에 으뜸인 것이니, 국가는 이로써 제 흙을 찾았고, 민족은 이로써 제 넋을 얻었고, 역사는 이로써 제 빛을 갖춘 것이매, 여기에 풍기는 충무정신(忠武精神)은 조국과 더불어 길이 영겁에 빛날 것이다. 그러나 이제 우리가 굳이 기념하고 받들려 하는 충무정신은 이것만이 아니다. 우리가 애써 계승하고 떨치려 하는 우리의 충무정신은 여기에 그치는 것이 아니다.

벼슬길에 오르던 첫걸음에 이미 쓰디쓴 불우(不遇)를 겪었으나, 권력과 세도에 굽힘이 없이 오직 옳고 바른 길을 굳게 지키어 영화(榮華)

와 곤욕에 움직이지 않던 충무공의 그 우뚝한 지개(志槪)는 과연 어떠하였으며, 붕당(朋黨) 패거리의 편싸움과 간악한 무리들의 음해 때문에 원통하게도 옥에 갇히어 주검이 눈앞에 다닥쳐도 천명을 그대로 태연자약(泰然自若)하던 그 씩씩한 신념은 과연 어떠하였으며, 어젯날의 삼도통제사(三道統制使)로서 초초한 백의종군의 쓰거운 소임도 달게 받아 오로지 국가와 민족에 성충을 다하려던 충무공의 그 극진한 단심은 과연 어떠하였으며, 도적의 북새질에 탕진된 국력의 내일을 근심하고 흙탕에 빠진 백성의 생업을 걱정하여 비린내 스미는 전장을 밟으면서도 오히려 남은 힘을 가누어 둔전식화(屯田殖貨)의 방책까지를 실천하던 충무공의 그 빈틈없는 경륜(經綸)은 과연 어떠하였던가?

誠●은 일컬어 신장(神將)이라 하였거니와, 지(智)와 인(仁)과 용(勇)의 높은 덕을 고루고루 갖추신 우리의 충무공은 본디부터 상지(常智)를 벗어난 지장(智將)이었고 범용(凡勇)을 뛰어난 용장(勇將)이었을 뿐이 아니라, 세상을 다스리고 백성을 기르는 포부(抱負)와 민망(民望)이 공의 생평(生平)을 걸치어 처처에서 빛나지 않음이 없었으니 우리의 충무공은 진실로 유복(儒服)의 성장(聖將)이요 성자인 영웅이라, 이것이 우리가 성웅으로써 받드는 소이(所以)인 것이다.

국치(國恥)와 민욕(民辱)의 40년 굴레를 벗은 지 다섯 해요, 임진 6주년을 바라보기 앞으로 두 해인 오늘에 있어서 태양같이 빛나는 충무정신을 한고비 드높게 떨침은 우리만이 가질 수 있는 우리의 자랑이요 또 의무인 것이다. 이로써 기념의 의의를 엄숙하게 선양하며 사업의 방향을 명백하게 제시하여 뒤를 따르는 억만(億萬) 겨레의 대대에 미치게 하는 것이다.

육경삼장(六經三章)

一. 공의(公義)를 따르고 사정(私情)을 물리친 충무공의 뚜렷한 대의를 길이 받들어 민족정기의 표상을 삼자.

一. 나라를 건지고 백성을 살리신 충무공의 드높은 공훈을 널리 떨치어 민족긍지의 동력을 삼자.

一. 문덕과 무위를 아울러 지니신 충무공의 끝없는 인격을 깊이 본받아 민족문화의 앙양(昻揚)을 꾀하자.

단기 4283년 3월 이충무공 기념사업회

(1950년, 《민족의 태양》)

'身亡國活'의 날

聖雄 李舜臣의 戰歿記念日

12월 17일은 음(陰)으로 11월 19일이니 성웅 이순신 공의 전몰기념일이다. 우리가 지금 '민족의 태양'으로써 추모하는 거인의 영상은 이 날에 지고 다시금 이 날에 밝았던 것이다. 탕진된 폐허 밑에서 12척 파선(破船)을 얻어 놓고도 '상유십이'(尙有十二)를 일컫던 충천(衝天)의 기백! 바다를 덮어오는 300여 척의 적함을 바라보면서도 '일부당경'(一夫當逕)을 부르짖던 불굴의 침용(沈勇)! '미신불사'(微臣不死)의 대신념으로써 명량대전의 기적을 창조한 우리의 성웅은 이 달 이 날에 다시금 '미신결사'(微臣決死)의 대비원(大悲願)으로써, 조각배도 돌려보내지 않는다는 노량대전의 섬멸전을 단행하였던 것이다.

하루 전날인 18일 야반(夜半). 야음(夜陰)의 양상(洋上)으로 숙숙(肅肅)하게 진군하는 함대의 선두를 맡아서 우리의 대장선(大將船)은 파두(波頭)를 갈랐다. 부서진 물결은 뱃전에 부딪힌다. 동짓달 서북풍은 뱃전을 스친다. 하늘과 바다 사이로 밤을 뚫고 나가는 장선(將船) 위에서, 칼날과 창끝이 삼경(三更) 바람을 찢는 삼엄한 전선 위에서 성웅 이순신은 하늘에 고하는 것이다. 등촉(燈燭)을 밝히고, 향을 피우고, 청수(淸水)에 손을 씻고, 꿇어앉아서 창천(蒼天)에 축도(祝禱)하는 것이었다. 꿇어앉은 거인의 성상(聖像)에는 북두의 칠성이 고요히 비쳤다.

'이 도적을 무찌르게 하소서.'

'이 원수를 모조리 죽이다 할진대 죽어 여한이 없겠나이다. …'

'오사어적퇴지일칙무감의'(吾死於賊退之日則無憾矣) — 일찍이 측근

장(側近將)에게 충곡(衷曲)을 풀어헤치던 충무공은 이제 이 날을 기다려 이같이 축천(祝天)하는 것이었다.

노량 바다에 어울린 전선이 피아(彼我)를 합쳐서 천여 척, 이리하여 세기의 대해전은 통제사 이순신의 북채 밑에서 벌어지는 것이다.

일각이각(一刻二刻)으로 밤은 흘렀다. 일각이각으로 싸움은 깊었다. 적의 피로써 물들인 바다 위에는 새 날의 서색(曙色)이 처참하였다. 수평선 너머로 동트는 양광(陽光)에 우리의 대장선은 그림같이 떠올랐다.

바른 쪽에는 맏아들 회(薈). 왼쪽에는 조카 완(莞).

우뚝하게 높이 선 성웅은 바다를 노리어 부동(不動)하였다. 바다를 노리어 부동한 채 다만 잠잠하였고 다만 고요하였다!

'고음(鼓音)이 미양(未襄)에 장성(將星)이 침채(沈彩)'— 좌수영 대첩비문(左水營 大捷碑文)을 닦은 백사(白沙, 李恒福)는 이 날의 이 순간을 그리어 이같이 표현하였다. '살신순절(殺身殉節) 고유차언(古有此言), 신망국활(身亡國活) 시견사인(始見斯人)'— 현충사(顯忠詞)의 현액(懸額) 제문(祭文)을 엮은 숙종왕은 이 같은 새로운 용어를 창작하여 공의 공훈을 현창(顯彰)하였고 공의 이 날을 선양(宣揚)하였다.

나라의 원수를 마지막으로 부수던 싸움이요, 암담한 국난을 마지막으로 건지던 싸움이요, 그리고 자기자신의 50평생을 마지막으로 던지던 싸움! 그 날이 바로 오늘이다.

자기도 죽였거니, 은원(恩怨)도 죽였고, 고락(苦樂)도 죽였다. 시비도 죽였고 공죄(功罪)도 죽였다. 만유의 일체를 죽여서 전유의 하나를 얻었다. '신망국활'(身亡國活) — 몸을 죽여서 나라를 살리고, 백성을 살리고, 직책을 살리어 불생으로써 불멸의 광망(光芒)을 천추(千秋)에 비추었다.

성스럽게도 우리의 태양은 이 날에 지고 다시 이 날에 밝았다. 그 날은 무술년 11월 19일.

(1951년, 《民主新報》)

기타문선

白衣從軍의 길 (上)

敍事詩 李舜臣

(試作未定稿)

머리말

나는 시인이 아니다. 그러나 시를 즐기고 시흥을 느낄 줄 안다. 그것은 내가 '사람'인 까닭이다. 그러기에 이 시작(試作)은 시인으로서 쓰는 시가 아니라 '사람'으로서 쓰는 시문이니 시단 밖에서 끼적이려는 일종의 감흥이다. 취흥(醉興)일지도 모르나 필자는 이순신 일대를 이렇게 써볼 의욕과 감흥을 버릴 수 없다.

사전(史傳)으로서 '민족의 태양'을 엮을 때에 그 서문에도 분명히 따졌거니와 이순신 일생은 자초지종(自初至終)으로 시다. 어느 곳에나 어느 마디 하나가 시극 아님이 없다. 탄생이 진작 그러하였고 전몰(戰歿)이 고대 그러하였다. 그리하여 생으로부터 사(死)에 이르는 54년의 낮과 밤에는 천변만화(千變萬化)의 시극이 줄줄이 연출되었던 것이다.

이 거대한 장편시를 담담(淡淡)한 붓으로 그리기에는 너무도 황홀한 것이며 냉랭한 뜻으로 옮기기에는 너무도 쓸쓸한 일이다. 그리하여 우리의 시단에서 빨리 명편(名篇) 대작이 나오기를 필자는 항상 염원하였다.

필자가 이제 이 같은 형식으로 졸작을 시도하는 것은 이것으로써 일투석(一投石)이 되어보려는 심산일 뿐이다. 시단의 거장들께 심원(心願)하여 말지 않는다.

이 '백의종군의 길'은 원죄(冤罪)·출옥(出獄)·모상(母喪)·남정(南程)의 네 부분으로 나눈 것이나, 여기 발표는 출옥까지, 다음은 다른 기회로 미룬다.

1. 冤 罪

正二品 正憲大夫 ―
全羅左道水軍節度使 兼 忠淸·全羅·慶尙 三道水軍統制使.
水國의 長城으로 南海의 鐵壁을 創造한 英雄 李舜臣
天地도 어두울사
하로 아침에 罪人 大罪人이 되었다.

元均의 誣陷과 中傷,
朋黨의 陰害와 謀略,
倭賊의 奸計와 譎策.
엎치고 덮치고 밀치고 훑치는 가진 邪惡의 幻術은
神明도 두려울사
忠節을 부시어 悖臣을 湼造.

上命은 내리어 투구는 벗기우다.
禁府의 刑律에 손발은 묶이우다.
都事의 서슬은 하늘에 푸르렀고
羅將의 쇠채는 땅을 찢었다.
檻車!
檻車는 목이메어 삐-걱 삐 삐-걱…

寃罪의 千里길을 거슬러 구을던 그 날,
바루 그날은 宣祖王三十年, 丁酉해 二月二十六日
將兵, 將兵들의 血淚에 南國의 바다는 물결이 부폇다.
백성, 백성들의 呼哭에 北向의 산길은 띠끌이 젖었다.
구름에 밝아서 구름에 저므는 해,
바람에 떠서 바람에 지는 달,
해 · 달도 무색한 양 외면도 하였으리라.

山川아 울어라!
草木도 울어라!
우으로 三十三天 아래로 八千世界,
날즘생 길버러지 목을 놓아 울었다, 발을 굴러 울었다.
'나라는 뒤숭숭해 망창하건만,
그 뉘라 사람 있어 이판 맡으리.'
하늘도 모르고, 땅도 모르고, 그리고 또 나라도 모르고, 백성도 모르는 鬼畜의 무리들은 얼시구 좋아라고 입을 벌리어 너털거렸으리라.

(註) 이 마디의 시구는 이순신 작 절구(絶句) 六●中의 한토막이니 원문은 물론 한시요 번역은 필자.

國有 蒼黃勢 人無●轉危.
(졸저 《民族의 太陽》에 全文收錄)

2. 出獄

'死則死矣 —

죽으면 죽는거지, 설어할게 무어냐?'
寃獄에 갇치던 그날의, 그때의 그님의, 그모습, 그心境은,
大般若의 心無●碍
不生不滅이오, 不垢不淨이오, 不增不減
괴로운 것도, 즐거운 것도…
利로울 것도, 害로울 것도….
生死의 두 끝을 九萬里나 넘어선 聖者 李舜臣은
萬有의 전부를 잊어서 全有의 하나,
오직 天命!
그를 믿고 그대로 지키어 泰然한 '관세음보살'.

東人을 무찌른 西人의 패거리.
南人을 할퀴는 北人의 패거리.

'舜臣可斬 순신가참 — 죽어 마땅하다'고,
臺諫 朴惺의 毒舌,
司成 南以信의 助惡,
贊成 尹根壽의 拷問….
地獄에 通하는 廟堂의 이 구석 저 구석에는
구렝이들의 혀끝이 날름거렸다.
독개비들의 입설이 빙글거렸다.
生肉의 祭物을 노리어 벌어진 잔치,
검붉은, 검푸른, 검누른 毒氣에 가리어
웅성거리는 소리, 소리, 소리….

아슬아슬한 千仞絶壁.
가물가물한 風前燈火.

그러나 正義는 이긴다! 眞實은 이긴다!
넋잃을 이 고비, 숨가쁜 이 고비에서,
소리를 씹어 삼킨 西厓의 誠心은,
주검을 걸고 나선 藥圃의 忠言은,
마침내-
魔卒을 눌르고,
廟議를 흔들고,
天意를 돌리어 血路를 열었다.

敎旨는 내리어 卽日 釋放—
'削奪官職에 白衣從軍'
이리하여 목숨을 걷어 담은 聖雄 李舜臣은
四月一日에 하늘을 보다.

天日을 다시 본 平武人 李舜臣은
한마디 呼訴도—
不平도, 不滿도, 是非도, 怨恨도…
辯解와 述懷조차 한마디 없이
'得出圓門'의 넉 字!
一切皆空
일체를 비어서 넉 字만을 남겼다.

'옥문을 나서게 되다'—
허허… 허무하기도 하온지고,
이다지도 할 말이 없었든가? 쓸 말이 없었든가?
높푸른 하늘도 이 같은 心境인가?
크넓은 바다도 이 같은 心境일까?

허허! 그저 허무하기도 하온지고,
'得出圓門'의 무서운 네 글字.

山川아 듣거라!
草木도 듣거라!
愛民으로써 愛國한 李舜臣.
忠民으로써 忠國한 李舜臣.
'經天緯地'의 英才로 '補天浴日'의 巨功을 세운 李舜臣.
단근질에 부대낀 獄苦도 풀지 못한 채,
몸을 마음에 싣고
그 몸을 끌면서 사흘 만에 서울을 떠나다. 逆臣들이 지절거리는 서울을 떠나다.

(註)

- '사즉사의'(死則死矣)는 이순신 자신의 자술, 일생을 통하여 네 번 투옥(投獄), 두 번 백의종군하였다. 사형당할 고비가 한두 번 아니었으나 그때마다 공은 언제나 사즉사의라 하였다.
- 서애(西厓)는 당시의 영의정(領議政) 유성룡 약포(藥圃)는 판중추부사(判中樞府事) 鄭琢.
- 득출원문(得出圓門)은 출옥 당일인 4월 1일 터 다시 계속한 난중일기의 문구, 공은 7년 동안 진중일기(陣中日記)를 기록하였다.
- '經天緯地之才 補天浴日之功', 이것은 우리와 합세하였던 명나라 수군 도독 진린(陳璘)의 평구(評句).

白衣從軍의 길 (下)

敍事詩 李舜臣

3. 母 喪

앞에는 書吏요 뒤에는 羅將
禁府都事의 재축 밑에서 쓰거운 千里ㅅ길.
三日에 水原이오, 四日에 平澤이오, 五日에 牙山…
錦衣의 還鄕이 아니라 '白衣의 過鄕' 길이다.
어라뫼 기슭에 서려진 구름은 비를 먹음이 무거웠고,
뱀밭 언저리를 싸도는 안개는 앞을 가리어 자욱하였다.

아드님을 獄으로 보내던 李統制의 어머니
어미 맘은 괴롭다 못하여, 아프다 못하여…
쓰리고 저리어 숨가쁜 重態.
갈래갈래 얽혀진 심사는 골수에 맺히어 傷心 또 傷心,
허전한 八十고개는 心火에 불이 붙어 까맣게 탔다.

'고향에 묻히리라'
順天을 떠나서 바다로 오는 길 —
아드님 모습이 그리워 그리워서 끊지 못하는
실오리 목숨,
토막진 숨결은 파도에 실리어 뜨고 잠겼다.

어머님 안부에 졸이는 아들의 心情
안타까운 조바심에 서지도 앉지도,
견디다 견디다 못하여
九日에 집을 나서 山길로 달음질쳤다.

어머님은 바다로 귀향길.
아드님은 뭍으로 마중길.
끄을고 땡기는 母子의 至情은 한 줄에 맺히어 하늘에 통했으련만,
원통도 하올시고! 그 아드님의 그 어머님은
뱃전에 누운 채 十一日 숨을 걷었다.

'曉夢甚煩 心懷極惡, 思戀病親 不覺淚下…'
꿈길에 설레는 어머니 모습,
그 모습 서러워 흐르는 눈물,
이날의 심사는 어찌 그리 어지럽든가?

떨리는 가슴으로 十一日을 보내고,
떨리는 가슴으로 十二日을 보내고,
떨리는 가슴으로 十三日을 맞이한 때,
망극도 하여라 부고를 받았다.
황황한 달음질 길에서
천지가 뒤집히는 부고를 받았다.

물결이 부서지는 '게바위' 나룻가
어머니 시체에 엎드린 아드님
울고 울고 다시금 또 울어 크게 울었다.

天日이 無光이란 이 같은 정경인가?
徹天의 痛恨이란 이 같은 정경인가?
눈물은 찢어져 地心에 배었으리라.
地心에 배인 눈물은 저생에 미쳤으리라.

출옥된 소식도 모르던 어머니,
천추의 쓰린 恨을 남기신 어머니,
아드님 울음을 귀담아 들으리라.

(註)

- 서리(書吏), 나장(羅將), 도사(都事)들은 모두 의금부(義禁府)의 관원. 이순신은 아직도 죄인인 까닭에 행동에 자유가 없었다.
- 이순신 모부인(母夫人) 임진란 때 순천 부근에 피란해 있었다.
- 효몽심번(曉夢甚煩)… 이하 전문은 바로 11일 그날마다의 난중일기 원문. 이것으로써 모부인의 별세를 영감(靈感)하였던 것이 입증되는 것이다.

4. 南 程

'天地 安有如吾之事 — 날 같은 일도 세상에 어찌 있으랴'
十四日 洽棺하고,
十五日 入棺하고,
十六日 成殯하고,
十七日 拜哭하고……
이렇게 울어 지낸 德水 李門의 孤兒 舜臣은
궂은비 쏟아지는 十九日 아침에

피를 뿜으며 집을 떠나다.

나라의 罪人이요 家門의 罪人
겹쳐진 두 罪를 질머진 가엾은 李舜臣
마슬을 떠나서 고닯은 나그네 길—
廿日 公州요, 廿一日 礪山이오, 廿二日 全州요, 廿三日 任實이오, 廿四日 南原이오, 廿五日 雲峯이오, 廿六日 求禮요, 廿七日 順天이오….

다음날, 다음날로 닥아친 줄다름 길에,
草木도 알음 있어 흐느꼈으리라.
어제도 오늘도 떠나기는 해돋이 이슬아침
어느 날 어데서나 묵는데는 賤民의 오막
반찬은 푸성귀요 자리는 거적이었다.

智異山 돌뿌리에 발길은 물었고
蟾津江 물바람에 옷깃은 젖었다.
'뫼와 물 어디 아니 슬픈 빛이랴
물고기 날즘생도 섧게 울어라'

이러구러 두 달도 지나서 六月 초나흘
'모녓골' 초막에 행장을 풀다.

헐어진 바람벽,
낡아진 싸리창,
비바람 섞어칠 때 문풍지는 떨었으리라.
새벽달 넘어갈 때 山川은 잠들었으리라.

그러나 그러나 우리님 李舜臣은 輾轉反側
'百憂攻中'으로 '輾轉反側' —
설레는 근심이 가슴을 찔러서 이리 저리로 뒤척거렸다.
'悲慟可言'으로 '向夜不昧' —
몰키는 설움이 그저 없어서 뜬눈으로 밤을 새었다.

(註)

▪ 天地 安有如吾之事. 19일마디의 친필 난중일기 원문.

▪ 이 마디의 시구는 이순신 작 육운중(六韻中)의 일구. 山何猶帶慘 魚烏亦吟悲.

▪ '百憂攻中', '悲慟可言' 등 문구는 모두 난중일기의 친필기록.

5. 敗 報

'水軍은 전멸되고 閑山은 탕진되다'
秋七月 가을달이 서쪽 하늘에 이울었던 十八日 야밤중
납덩이 같은 시커먼 회호리 바람이
무거운 구름을 휘몰아 都元帥 軍營을 덮었다.
깨어진 바다! 부서진 남쪽 바다는 黑潮에 밀렸으리라.
넋 잃은 서울! 얼빠진 북쪽 서울은 천둥에 떨었으리라.
도깨비 장단에 춤추던 이 나라 운명은
기어코 기어코 丁酉再亂의 慘變을 겪었다.

허탈에 실신한 都元帥 權慄
생각에 고닲은 平武人 李舜臣
단둘이 마주 앉아 단둘이 마주 보는 이날 밤 이 자리
千길 萬길의 깊은 침묵에 땅이 꺼졌다.

새벽은 고요히 흘렀고,
면동은 서글피 트였다.
'나라는 뒤숭숭해 망창하건만
그 뉘라 사람 있어 이판 맡으리'

일찌기 지난 날,
詩句에 피를 뱉어 오늘을 울던 聖雄
'내가 위선 바다로 가보리다'
흩어진 군사들도 찾으면 있겠지,
으깨진 뱃조각도 줏으면 있겠지,
그렇다! 이것을 주어 모으려고 聖雄 李舜臣은 十九日 첫머리에 이 일어섰다.
草溪의 山골을 떠나서 바다로 바다—.

6. 聖 者

獄門을 나서서 일백수무 번의 낮
廢墟에 이르러 일백수무 번의 밤
白衣從軍의 넉달 길에 박혀진 자국 자국에는
國恥와 · 民辱과 · 公憤과 · 私慟이 자잤으리라.

나라를 받드는 쇠기둥 그 몸
겨레를 빛내는 불덩이 그 맘
피묻은 행장 속에는 무엇이 담겼든가?

높푸른 하늘 밑에 탁트인 地平線,

험상진 드뫼ㅅ골에 구비진 비탈길,
오늘도 어제같이
그대로 걸어 예는 聖子의 모습
허허… 그 이름 설은지고 平武人 李舜臣.

五千年 옛 일을 거슬러 살피고
닥아올 無窮代를 앞질러 꿈꿀 때,
이 어른의 이 얼과 · 이 넋과 · 이 일과 · 이 모습은
民族의 生命과 더부러
길이 길이 억만 대대에 풍기리라.

(11월 11일 小梧山房에서)

日本的 殘滓肅淸에 대하여

해방후로 오늘에 이르기까지, 우리는 상하일치로 일본적 잔재의 숙청을 부르짖는다. 이 주장의 당부(當否)에 대하여 주석을 더한다면 그는 사족(蛇足)이다.

우리의 40년 혈사(血史)가 모두 일본적 독색(毒索)의 구현인지라, 재생하려는 우리가 여기에 어찌 등한할 것이냐? 내심(內心)의 속속 깊이로부터 외신(外身)의 이모저모에 이르기까지, 이 병독(病毒)에 지질린 모든 용심(用心)과, 모든 양식과 모든 처사를 위선 낱낱이 검토해 보아야 할 것이다. 그리하여 무릇 자주광복의 진수와 상반되는 일체는 일률(一律)로 숙청하여야 하리니, 이것이 이 주장의 정신이요 또 의의다. 이 구악(舊惡)의 잔재를 송두리째 말살하지 않고는 건전한 재발족이 생길 수 없다. 설혹, 발족한다 하더라도 그는 다시 넘어질 것이 약속되는 발족(發足)이리니 따라서 의미 없는 노력이다.

그러나 여기에 한 가지 주의할 것이 있다. 우리가 숙청하자는 '일본적'은 '우리의 자주'를 짓밟은 '일본적'이니 숙청의 핵심과 준칙은 '자주'에 있다. 자주인지라, 이 자주와 배치되는 일체의 '-적'은 일률(一律)도 배제하여야 할 것이다. 우리의 내외심신에 뿌리박은 '일본적 잔재'는 시비를 막론하고 일단 숙청하여야 할 것이 사리에 당연하나, 동시에 장차 우리의 내외심신에 뿌리를 뻗으려는 허다한 비자주적 혹은 미국적 혹은 소련적, 또 혹은 사대적·배외적(拜外的) 잔영(殘影)도 일률로 경계하여야 할 것이다. '일본적 잔재'는 협의로보다도 이 같은 넓은 의미로 따지어야 비로소 '재건조선'의 탄탄대로가 분명하여질 것이다.

초점은 철두철미 '자주!' '자주'라는 관점에서 숙청하는 '일본적'이 과오없는 숙청이요 정정당당한 숙청이다. 그러므로 우리의 숙청대상은 막연한 '일본적'이 아니다. 또 아니어야 할 것이다. '일본적 잔재'를 근안적(近眼的)으로 규정하거나 또는 '문자만'에 국착(局着)하여 '일본자체'를 무시하거나 '일본의 전부'를 부인함과 같은 것은 일종의 무지다. 더구나 재생하려는 일본의 새로운 동태까지에 무관심하게 지내는 현재의 우리는 분명히 '일본적 숙청'을 너무도 협의적 감정적으로 규정한 까닭이겠다.

그들이 퇴각할 때에 무어라 하였던가? "20년 후에 다시 보자!"고. 그들은 지금 20년 후를 목표로 권토중래(捲土重來)의 노력을 시작하는 것이다. 패전의 폐허 위에다 재흥(再興)의 깃발을 세우고 발분망식(發奮忘食)의 건설에 끓인다. 와신상담(臥薪嘗膽)의 고행에 이(齒)를 갈고 있다. 그들의 이 같은 동태는 단편적으로나마 날마다 들을 수 있다. 그리하여 우리로 하여금 재사삼사(再思三思)케 하는 소식(消息), 우리로 하여금 당목괄목(瞠目刮目)케 하는 소식이 한두 가지가 아니다. 혹은 우리에게 귀감이 되고 경종이 되고, 또 혹은 우리에게 격려가 되고 편달이 되는 허다한 소식을 날마다 들을 수가 있다. 동시에 이로써 우리 자신을 반성하고, 우리 자신을 발분(發奮)시킬 동력과 기연(機緣)도 삼을 수 있다.

그러나 일반은 이에 대한 관심이 없는 듯하였다. 관심만이 없는 것이 아니라 턱없는 적개심으로 이 일본의 동태를 혐오시하며 이 일본의 신흥기백을 초개시(草芥視)한다. 언필정(言必靜) 미국이요 거론(擧論) 즉 소련이다.

현하(現下)의 실정상으로 또는 국제적 관심량으로 보아서 이 같은 경향은 사세에 당연한 일이매 구태여 그르다 하지 않는다. 그러나 우리와 장차 긴절(緊切)한 이해를 가지게 될 중국이나 일본사정에 무관심한 태도를 가짐은 진실로 딱한 일이다. 오히려, 일본은 직접으로 우리를 제압(制壓)하던 일본임으로 하여서 더욱더 관심을 가져야 하겠고 ●●● 주목하여야 할 것이다.

세계에 유례가 드문 학생의 맹휴(盟休)로써, 간신히 일보를 떼는 우리 학원을 어지럽게 하는 조선의 '진보적 학도'들은 일본의 학원소식을 듣는지 모르겠다.

낙제생을 응징하되 두들겨 맞는 생도가 울지 않고, 두들기는 생도가 운다는 정경을 우리의 학도들은 음미해 보는지 모르겠다.

저절로 닥치는 차대(次代)의 중실(重實)을 위하여 자신의 수련에 전력을 다해야 할 바로 이 단계의 우리 학도들이 일본의 이 핍절(逼切)한 각오를 느끼는지 모르겠다. 이 같은 '일본적'은 일본에만 필요한 것이 아니라 실상 우리에게는 더욱더 필요한 것이다. 이 점에 일본의 학도를 본뜨고 싶은 우리의 학도는 없겠는가? 이 같은 일본식은 숙청은 고사(姑捨)하고 따르고 배워야 하겠다.

동양에 있어서 가장 후진이던 일본이 근세에 이르러 맹주적 기세를 올리게 되었던 것도 동력은 이 점에 있었다. 앞으로 '재생일본'의 건축도 이 힘으로 될 것이다.

미국의 원자탄이 학도의 머리 속에서 나온 것임을 뼈(骨)가 재(灰)가 되도록 체험한 일본의 학도들은 그 폐허의 잿더미 위에서 '그 머리'를 닦으려고 이같이 심혈을 다한다.

우리는 지금 정신적으로나 물질적으로나 몹시 피곤한 상태에 빠져 있다. 그야말로 심곤신피(心困身疲)다. 이대로 나간다면 재건의 활력이 어디서 생길지 알 수 없을 정도에 있다. 더구나 국력의 기초가 되는 생산부면이 이같이 위축되고는 어불성설(語不成說)일 것이다. 금융면으로, 자재면으로, 기술면으로 허다한 애로에 다닥친 산업계는 자칫하면 파멸상태에 있다. 여기에 복배수적격(腹背受敵格)으로 다시 노력의 반발이 있다. 근로인의 사려 없는 파업이 있다.

시비의 여하를 불구하고 이 같은 저해가 계속된다고 할진대 결론은 명약관화(明若觀火)다. 재건의 생명이 생산부문의 그 손에 달렸거늘 '그 손'이 생산을 거부하고 포기(抛棄)한다. 걸레와 잡초까지를 빼앗기어 이같이 시들은 오늘에 있어서 '그 손'으로써 이를 조장함은 될 말이 아니다.

근로층의 불우(不遇)! 그것은 설명할 필요도 없는 일이다. 그를 타개하고 그를 혁정(革正)하기에 '유일한 힘'인 '파업'을 이해치 못함이 아니다. 그 같은 최악의 방법을 취할 수밖에 없는 그 근원이 대체로 어디에 있음도 모르는 바가 아니다. 이 뿌리깊은 사회악을 제거하기에 대수술이 필요한 것도 진작 이해하는 바이다. 그러나 시정(是正)이 목적이요 살해가 본의(本意) 아니라 할진대, 수혈준비(輸血準備)는 하면서 단행하여야 할 것이다. 수술받을 체력은 유지하면서 결행하여야 할 것이다.

필자가 지적하고 싶은 것은 이 점이다. 이것은 물론 근로인만의 책임이 아니다. 그러나 "우리에게는 12시간 노동을 달라"고 주장하였다는 일본의 업계소식을 들을 때에 '일본에는 재생의 혈로(血路)가 있구나' 하는 감격을 느끼지 않을 수 없었다. 동시에 우선, 우리 근로인에게 향하여 이 말을 전하지 않을 수 없는 측측(惻惻)한 정회(情懷)를 느낀다. "괴롭고 괴롭지마는 이만한 시간을 가지지 않고는 우리의 피폐(疲廢)된 생산을 재흥(再興)시킬 수 없다"고 부르짖은 이 일본근로인의 소리 — 그 뼈에서 울어나오는 뼈아픈 소리에 우리 근로인의 가슴에는 울리는 그 무엇이 없을 것인가? 8시간은 고사하고 현재 우리의 실정으로는 80시간을 가지고라도 남하고의 맞씨름이 될 수 없는 처지다. 이 지경에 있어서 기회만 있으면 파업이요, 기회를 만들어 파업이니 네나 내가 어떻게 견딜 것인가? 재건의 동력이 어디서 생길 것인가?

'オ早ゥ'라는 인사 대신에 '頑張ロゥ', 'サヨナラ 대신에 '頼ム'라는 인사법을 쓰자는 국민운동이 생겼다는 소식은 우리로 하여금 더욱더 놀라게 하는 바 있다. 서로 '부탁'하고, 서로 '버티자'는 약속을 아침저

녁으로 되풀이되풀이하는 일본국민의 의기와 결심과 동태를 보라! 이러고도 연이 불흥자(然而 不興者) — 미상불 없을 것이다.

총선거에 참패한 좌당(左黨)이 적당(敵黨)과 동석하여 금후의 국사를 논의하고, 그리고 반대당의 승리에 경의를 표하면서도 권토중래(捲土重來)의 차기를 확신하는 유유한 태도와, 엄연한 신념을, 기로써 좌중을 제압하였다는 일본공산당수의 풍수(風手)를 우리의 좌당들은 상상해 보는지 모르겠다. 이 같은 기백과 이 같은 저력과 이 같은 양심적 절조(節操)를 가지는 한, 일본은 재흥할 것이다. 패망의 폐허 위에서 부르짖고, 영락(零落)의 잔영 밑에서 움트는 '힘'인지라, 비장도 하려니와 그 얼마나 웅장한가? 그 얼마나 호장(豪壯)한가? 일본은 반드시 일어설 것이다. 20년 후에 다시 보겠다고 한 그 말은 20년 이내일지도 모르리라. 일본적 잔재는 하루바삐 숙청하자. 우리의 자주를 좀먹든 일본잔재는 우리의 심신에서 깡그리 말살하자. 그러나 우리는 일본을 다시금 검토해 보아야 하겠다. 일본이 일본으로서 자립하는 소이연(所以然)과 일본이 일본으로서 자존하는 그 일본적 동력을 다시금 음미해야 하겠다.

지피지기(知彼知己)! 일본을 알자, 그리고 다시금 우리를 알자.

(?년 5월 27일)

新聞과 新聞記者道

經營者의 自己反省도 要請

제1차 세계대전에 참패한 독일황제 '카이세르'는 '화약폭탄보다도 종이폭탄 때문에 패전하였다' 고 술회하였습니다. 이것은 당시 연합국측의 언론공세, 선전전술(宣傳戰術)이 왕성하였던 것을 가리킴이니 신문이 가진 기능의 위력을 단적으로 설명한 명담(名談)입니다. 독일로 하여금 ●●적 고립상태에 빠지게 한 것은, 그리하여 연합국측의 세력을 증대케 한 것은 세계여론의 주도권을 장악한 연합국측의 거포 같은 신문들의 방열(放列)이었습니다.

이번 제2차전도 전공의 일반은 당연히 신문지의 위력에 있었을 것입니다. 미국의 AP, UP, 영국의 '로이터' INS, 불국(佛國)의 '아바쓰', 소련의 '타쓰' 등 세계적 대통신사의 방전(放電)을 선두로 하여 전열을 같이한 세계수만(世界數萬)의 신문폭탄은 이른바 樞軸國의 전쟁목적을 우선 완전히 말살하였고 제압하였던 것입니다. 목적이 말살되었는지라 전의(戰意), 굳어질 수도 없었고 따라서 사분오열의 내상(內傷)이 증대되니 외공(外攻)은 그야말로 일공십파(一攻十破)의 결과를 얻었던 것입니다. 무력의 강약이 물론 기본이 있겠습니다마는 力半功培의 효(効)를 조장한 것은 실로 이 무력과 합작한 이 신문기능의 선전력(宣傳力)이 있습니다.

신문기관의 이 기능은 이같이 전시에도 성인(成人)하였거니와 무력이 해제되어 신문의 독천하(獨天下)가 되어 있는 전후에 있어서는 더 한층 두드러진 존재로서 그 저력을 발휘한 시기인 것입니다. 더구나 새 조선건설을 앞둔 우리의 대역(大役)에는 신문기관의 직능이 절대한 동력이 되는 것입니다.

해방 이후로 우리는 어느 정도의 언론자유를 가졌습니다. 완전무결하게 봉쇄를 당하였던 언론계는 그 반발적 기세로도 울흥(鬱興)치 않을 수 없었던 실정이었으니 해방직후로부터 이후(雨後)의 죽순(竹筍)같이 생겨난 신문잡지계의 진작(振作)은 가장 자연스러운 현상이었습니다. 그러나 진작이 도를 넘어서 난작이 되었습니다. 돈만 가지면 '신문경영'을 할 수 있고 글만 쓰면 '신문기자'가 될 수 있다는 '생각'으로 너도나도 '신문' '신문' 하는 바람에 신문의 '수'는 대진(大振)이나 '질'은 대부진(大不振)이요 신문기자의 '명함'(名啣)은 난비(亂飛)하나 '기능'은 일로하향(一路下向)으로 한심할 지경에 이르렀습니다. 용지의 궁핍, 기계의 불비(不備) 등 물질면과 정치의 빈곤, 경제의 불안, 사상의 혼란 등 정신면으로부터 오는 허다한 악조건이 물론 그 주인(主因)이 될 수도 있겠으나 난작(亂作)을 하게 되니까 이 같은 원인이 다시 결과가 되어서 원인결과가 빙글빙글 돌아가는 순환논리를 실천하게 되는 것입니다.

사회의 공기(公器)로서의 신문을 위한 신문경영이 아니라 혹은 당쟁(黨爭)의 이편(利便)을 위하여, 혹은 사품(私品)의 방편을 위하여, 또 혹은 모리적(謀利的) 공구(工具), 상품적 이윤을 목적함으로써 경영의 발점(發點)을 삼는 경영자의 존재로 인하여 '신문도'(新聞道)의 정궤(正軌)는 구부러지지 않을 수 없으며 적격기자(適格記者)의 태부족은 저절로 '기자격'(記者格)의 자질을 가속도적(加速度的)으로 낙하시키어 신문의 기능과 언론의 권위는 이중삼중으로 떨어지고 있는 실정입니다.

여기에서 신문계 자체의 내성(內省)이 요청되는 바입니다. 첫째는 '신문도'에 따르는 정상적 합리적 경영 — 경영자의 '머리'의 개조와 계몽이 요청되며 둘째는 '기자격'에 어그러지지 않는 언론인적 교양과 신문인적(新聞人的) 자질향상이 절실하게 요청되는 바입니다.

이러한 의미에서 최근에 조선서는 처음으로 발족된 신문연구소·신문학원 등은 그 존재의 의의가 크다고 보겠습니다. 기존한 '비판신문'이나 지금 창간하는 이 '신문평론'도 그 운영여하를 따라서 직접간접으로 신문급(新聞及)·신문기자도(新聞記者道)의 향상을 위하여 기여됨이 크리라고 믿습니다. 매사가 초창기라, 일보(一步)에서 만족을 바람은 바라는 것이 무리입니다. 그러므로 그 모든 기관들의 내용의 충불충(充不充), 완불완(完不完)은 시일을 기다려 기대할김 잡더라도 우선 그 존재의 의의와 필요는 자타가 다 같이 높이 평가해야 할 것입니다. 동시에 당국자는 책임감으로써 '운영'의 최선을 다해야 할 것입니다.

우리의 신문계도 장차 크게 뻗어질 것을 믿고 바라는 옛 기자의 신문시감(新聞時感)으로 한마디 묫칩니다.

(?년 4월 10일)

새 法의 새 構想

法學院 諸氏께 一言

필자는 법에 무식합니다. '법'이란 영역에는 전연 문외한(門外漢) 입니다. 그러므로 '법' 자체에 응대하여서는 운위(云謂) 할 자격이 없습니다. 그러나 '법치'에 순종할 의무를 가진 한 국민으로서 희망의 개진(開陣) 은 없을 수였습니다. 장차 법을 운용한 기능과 지위를 가진 법학도 제씨(諸氏) 에게 중민(衆民) 의 일민(一民) 으로서 진언(進言) 하고 싶은 바는 없지 아니합니다. 각도를 따라서는 다방면으로 허다합니다.

구체제(舊體制) 가 없어진 오늘의 질서는 과거의 법률과 새로 발표되는 '군정법령'(軍政法令) 에 의하여 유지되는 모양이나 이는 원래 임시적 방편이라 '명일의 조선'과는 어느 면으로나 어느 점으로나 아무 상관이 없는 것이니 문제가 아니겠습니다. 그러니까 더욱더 명일의 새 조선을 위하여 새로운 구상에 의한 새 법이 지금부터 설계되어야 하겠습니다. 이것의 책임이 법학도 제씨(諸氏) 에게 있습니다. 금일의 조선법학도는 신구조선(新舊朝鮮) 의 분수령상에서 저절로 이 같은 중대한 책임을 가지게 된 것입니다. 이에 한두 가지의 소회(所懷) 를 드립니다.

첫째로, 새 조선의 새 법률은 '인간성'을 기조(基調) 로 한 법률이기를 희구합니다. 인간성이 고조된 법률 밑에서 살아보고 싶습니다.

'인간사회는 범죄의 소굴이다' 하는 전제하에서 법을 제정할 필요도 있겠고, '사람을 보거든 죄인으로 알라'고 하는 관점으로 법을 운용할 필요도 있겠습니다. 시비의 선악이 뒤섞여 이해와 득실이 얽힌 현 사회의 실태가 도의만으로 안전될 수 없음이 분명한 이상 질서의 정상적 유지를 위하여 필연적으로 요구되는 '법'이 '악'을 전제로 하고 '죄'를 용대(用對)로 하지 않을 수 없을 것입니다. 따라서 법의 정신이나 법의 조문이나 그 목표와 그 운용이 이 같은 윤리의 자명한 노선을 쫓아서 발족되고 발동되지 않을 수도 없을 것입니다.

그러므로 법의 공정을 위하여 법은 어디까지나 냉철(冷徹)하여야 하겠고 엄혹(嚴酷)하고 정곡(正鵠)을 기하기에 기계와 같이 되어야 할 것도 이해할 수 있는 것입니다. 그러나 법을 연구하고 제정하는 자도 필경은 '사람입니다. 여기에 '인간성'이라는 중심과제가 놓여 있는 것입니다. 인간사회의 일이며, 만약에 이 '인간성'이 문제되는 것이겠습니다마는 특히 이 '인간성'이 부차적 삼차적으로 이해되기 쉬운 '법의 영역'임으로 하여서 더욱더 문제되는 것이며 또 문제를 삼아야 할 것이겠습니다.

유물사관(唯物史觀)에 편중된 세계관은 저절로 기계적 인생관으로 전위(轉位)되어 19세기를 전후한 근대문명은 사회만반에 주지주의(主智主義)의 꽃을 피웠던 것입니다. 장처(長處)에 따르는 지처(知處)는 어느 주의에나, 어느 사상에나 숙명적이며 유물관 기계관 ●주지주의는 자연과학의 발달을 촉진하여 현세와 같은 물질적 문명의 화수분을 만든 것입니다. 동시에 물심양면의 조화를 잃고 당위와 실재, 목적●●●의 折長補知的 '대긍정', '대종합'을 잊어버리고 절름발이 문명에 심취케 된 것입니다. '사람'을 해부하여 척추동물의 존재에 국착(局着)하였고 ●●를 분검(分檢)하여 선과 색채의 추출에 열중하는 등 미분학적(微分學的), 분석학적 문명을 자랑하기에 이르렀습니다. 호말(毫末)의 말을 캐고, 괴고, 다듬고, 따지는 '핀셋'적 문명을 대성한 것입니다.

더구나 이 점에 있어서 가장 유능한 독일을 모방(模倣)하고 독일의 그것을 번역(飜譯)한 일본은―독일도 못되는 독일이 되나 법률에 있어서도 조문(條文)과 성구(成句)에 지능(智能)을 집중할 독법(獨法)에 集中하였으며 게다가 또 자가(自家)의 ●●●●●● 알맞고 보다 더 '까다로운 법'을 만들었던 것이니 우리는 실로 과거 40년 동안 이 같은 이중삼중의 좀스러운 굴레와 그물 가운데서 오그라들었던 것입니다.

우리는 원래부터 사변철학과 고증학 간의 잔재주로 인하여 공리공론(空理空論)에 치우친 번문후체(繁文厚體)에 시들었던 '백성'이었습니다. 여기에 호분체석(毫分體析)하는 독일을 본뜨고 다시금 바늘구멍 같은 그물을 만든 '일본식'을 덮어쓰지 아니치 못하였던 것이니 엎치고 덮친 폭이었습니다. 더구나 소위 대동아전쟁이라 하여 해방직전까지에 천문학적 숫자 같은 그 많은 법은 완전히 '인간성'을 무시한 것이었으니 해방된 금일에 있어서 이것이 용인될 수가 없습니다. 단순한 반격적(反擊的)으로도 이 정밀기계와 같은 법의 존재는 단연코 거부할 민심입니다. 더욱이 재건조선은 어느 면으로든지 새로운 조선입니다. 새로운 호흡에서 새로 성장하는 '새로운 사람'의 머리로써 읊어나온 '인간법률'이어야 하겠습니다. 명일(明日)의 조선을 위한 법의 구성은 고정된 물체나 화석을 상대로 함이 아니라 능지능동(能止能動)하고 가이선가이악(可以善可以惡)하는 생체(生體)—생동하는 자유인일 것입니다. 이 같은 관점만으로도 인간성은 고조되어야 하겠습니다.

둘째로 새 조선의 새 법률은 독창적이어야 하겠습니다. 좀 엉성하고 좀 격에 맞지 않는 점이 있더라도 독창적인 법률 밑에서 우리 자신을 훈련해 보고 싶습니다.

조선은 지금 변혁(變革)의 전야에 처해 있습니다. 바로 변혁과 진통에 고민(苦悶)하고 있는 중입니다. 일본의 제압(制壓)에서 해방된 신사태(新事態)를 수사(收捨)하기 위한 필요로서도 새로운 법의 새로운 구상이 초미(焦眉)의 급(急)으로 요청되는 바입니다마는 그보다도 조선이 걸머진 세계사적 일환으로서의 변혁을 가능케 하고 또 타당케 할 새로운 기본법의 구상은 새로운 호흡으로 생동하는 새로운 머리로써 출발하여야 하게 되었습니다.

극좌적인 소련재판적(再版的) 이론과 방법 등은 별 문제로 하더라도 지금 좌우를 막론하고 주장하는 국책으로 보더라도—가령 국사관으로 출발하는 토지개편문제라든가 대자본 대산업의 국가통어론(國家統御論)이라든가 성별을 제거한 남녀평등권문제 등 그 어느 것이나 역사적 변혁이 아님이 없습니다. 더구나 조선에 있어서는 이것이 유사 이래의 대변혁입니다. 구구한 기술적 변혁이 아니라 이념의 대변혁입니다. 이 같은 변혁을 앞두고 구상(構想)될 법이 과거적 지식과 재래적 선례 등으로 비쳐질 것이 못될 것은 자명한 일입니다. 여기서 독창적인 구상이 요청되는 바입니다.

조선은 고립된 조선이 아닙니다. 세계의 일환이요 세계사의 일부를 책임질 조선입니다. 그러므로 지식을 세계에 구하고 전례(前例)를 선진에 본뜸은 지극히 당연합니다. 그러나 동시에 조선은 이 조선대로 독자적인 생활이 있습니다.

자별(自別)한 시공(時空)에서 비쳐진 자별한 국문율(國文律)이 있습니다. 이것이 무시될 도리가 없음은 법의 영역만에 그칠 것이 아니겠습니다마는 오히려 법의 영역에서 더욱더 고양되기를 희구(希求)합니다. 부용법(芙蓉法)이요 독불법(獨佛法)이요 하는 동시에 '조선법'도 있어야 하겠습니다.

멀리 삼국시절에 외력(外力)인 당력(唐力)을 이용하여 삼국을 통일한 신라는 세(勢)의 자연으로 '친당'이 되었고 그로부터 숭당·배당으로 발전(?)하여 필경 '대당률'(大唐律)을 일카르게 되었습니다. 이미 대당률이었든지라 그후로 대송(大宋), 대원(大元)이요 대명(大明) 대청(大淸)의 율법(律法)을 추종하기에 자기를 말살하는 경지로 이르렀던 것입니다. 이러한 과거를 독법(獨法)이 약시(若是)한다는 새로운 '세계적 학문'(!)을 일본을 통하여 배웠습니다. 이제 또 우리의 실정은 대미국률(大美國律), 대소련율(大蘇聯律)이 등장될 계제(階梯)에 처해 있습니다.

거듭 말하거니와 예(例)를 선진에 찾고 범(範)을 세계에 구하는 것은 백 번도 가합니다. 그러나 그렇게 하여서 만들어진 법은 '조선'이란 관사(冠詞) 밑에서 존재할 '조선법'이어야 하겠습니다. '조선법'이란 한 개의 독자적 법학이 세계의 학계에까지는 등장치 못하더라도—시일이 있다 하더라도 조선의 학계에는 지금 당장부터라도 논의되어야 하겠습니다.

변혁의 조선, 독자의 조선, 재건조선의 기초와 자태는 이것이므로 이 같은 이중적 의미의 독창성을 고조(高調)하는 바입니다. 신육지(新陸地)를 개척하는 대담한 법학도의 출현을 대망(待望)하는 바입니다.

이상주의는 항상 현실적 비애(悲哀)를 맛보는 법입니다. 난세의 정도란 흔히 고립에 우(泣)는 법입니다. 이를 극복하는 자만이 선각자의 영예를 얻는 법이니 내수(來須)를 위하여 한 개의 초석에 자주(自住)하는 법학도가 과연(果然) 없을 것인지 중민(衆民)의 일민으로 대망(待望)하여 마지않는 바입니다.

(?년)

六·二五의 세 돌

단기로 4283년, 서기로 1950년, 이 해의 '6월 25일'은 민족의 혈사(血史)가 시작되던 서글픈 첫날이다. 이날을 돌이켜 역수(曆數)를 따지면 3년 세월에 지나지 않건마는, 뼛속 깊이 간혀진 '생각'으로는 골백 년도 되는 양 싶다.

눈물은 말랐고, 웃음은 얼었고, 한숨마저 굳어진 이 나라의 남녀와, 노소(老少)와 부모와, 형제들은 이 하늘에서 무엇을 쳐다보는가? 이 땅에서 무엇을 굽어보는가? 총포(銃砲)ㅅ불에 구워지고 창검(槍劍) 끝에 부서지는 '제 살·제 뼈'의 비린내를 맡아 가면서 무엇을 생각하는가?

천·지·인 삼계를 통하여 그저 '비운'(悲運)을 느낄 뿐이니, 그러기에 '회'(悔)가 있어도 민족의 비회(悲悔)요, '원'(願)을 가져도 조국의 비원(悲願)인 것이다.

역사의 한 굽이에 화석같이 박혀 있을 이 '6·25'의 세 글자! 소리를 내어서 크게 울어 마땅할 '시일'(是日)의 '흑점'(黑點)은 어느 마왕의 환술(幻術)이었던가?

폭력의 복음과 국쟁(國爭)의 철리(哲理)를 광신(狂信)하는 패도(悖道)의 사도(使徒)들은, 자가(自家)의 교리를 세우기에 만장(萬丈)의 기염(氣焰)을 뽑았다. 편의(偏倚)의 강작(强作)에 철저한 망자존대(妄自尊大)의 군걸(群傑)들은, 성급(性急)한 독선과 독공(獨功)에 자취(自醉)하여 필경 무자비의 마술에 걸렸다. 마술에 걸렸는지라, 수단과 방법에 정상이 있을 수 없어서 사도(邪途)의 일로로 저용(猪勇)을 부렸다.

원통도 하언지고! 이리하여 '6·25'의 천추한(千秋恨)을 빚어놓은 것이다.

그러나 겨레여 울지 말지어다. 거대한 수난이라고 넋을 잃고 울기만 하지 말지어다.

'빛은 동방에서' 오거니, 동방 천민(天民)의 전통을 가진 '한민족'의 '한문화'는 이 같은 벌판 위에서 다시금 '새롭게' 빛날 수 있을 것이다. 물·심양면으로 깨어진 '기존'(旣存), 그 부서진 조각조각을 쓸어버린 터전 위에서 '세 세대'의 진영을 정비할 수가 있을 것이다.

우리는 보다 끔직한 임진왜란도 극복한 실증을 가졌거니, 무엇을 걱정한단 말인가?

파경 위에서 새로운 건설! 그렇다, 전화위복의 길이란 이 같은 길이다. 이 같은 의욕과 이 같은 구상으로 일진(日進) 우일진(又日進)하는 것이 '6·25'의 돌맞이에 가다듬을 우리의 '원'(願)이다.

6·25의 비원(悲願)! 그것은 우리를 복되게 하고 세계를 복되게 할 수 있는 '대원'(大願)일 것이다.

(釜山 避難地 九起堂에서)

(?년, 《수도평론》)

九起堂散稿

첫인사 一席

'열 번 찍어 안 넘어지는 나무가 없다'는 속담이 있다. 꾸준한 노력과 줄기찬 의욕과 끊임없는 강행 밑에서는 무엇이나 성공한다는 뜻이다. 동시에 그 같은 공세(攻勢) 앞에서는 무엇이나 굴복되고야 만다는 뜻도 되는 것이다. 그 명증(明證)의 하나로서 위선 이 '이름'이 생겨났다. 《주간국제》(週刊國際)는 지령(誌齡)이 벌써 열다섯이다. 창간 때부터 주간자(主幹者)의 요청을 받았으나 이 핑계 저 핑계로 오늘까지 미루어 왔다. 하다가 안되면 말아 버리는 것이 요즈음 세태의 통례인 양 싶건만 이 국제자(國際子)는 그렇지 않은 이단자로서 좀처럼 물러서지를 않았다. 물러서지 않는 정도가 아니라 벌린 그물을 더욱더 조여서 꼼짝할 수 없도록 만드는 것이었다. '이순신에 관한 글 이외에는 아무 글도 안 쓴다'고 버티던 필자는 討窮力盡하여 피난할 길목을 잃고 말았다. 필경 '열 번 찍음'에 넘어진 것이다. 넘어진 것은 한편으로 생각하여 원통도 하지마는 여성같이 얌전한 모습을 가진 주간자의 강렬한 의지력에는 경복(敬服)치 않을 수 없었다. 기자도(記者道)에 충실한 솜씨는 마땅히 그래야 할 것이다. 유쾌하고도 영광스러운 굴복이었다.

장차 무슨 글을 어떻게 써야 할지는 나 자신도 아직 모르겠다. 그러기에 '산고'(散稿)라고 미리 발뺌을 하는 것이다. 쓰레기처럼 지저분한 글일지도 모르고 혹은 그 비빔밥처럼 제법 구수할지도 모른다. 서경문(敍景文)・서정문(敍情文)도 나올 수 있겠고 서사문(敍事文)・서의문(敍意文)도 생길 수 있겠다. 정치적・경제적・사회적・문화적 가지각

색적 · 구문(舊文) · 신문(新文)이 뒤범벅될지도 모른다. 요컨대 잡탕일 것이다.

잡탕은 잡탕이나 요리하는 숙수는 개성을 가진 필자 한 사람이다. 그러니까 여미거나 저미거나 비비거나 볶거나 '나라는 식성(食性)은 한길로 풍길 것이다', '오도(吾道)는 일이관지(一以貫之)' — 어느 때나 어데서나 그 식이 장식이다.

九起堂의 意趣

'구기당'(九起堂)이라면 한약국 이름 같기도 하지만 실상은 필자의 서재(書齋) 별명이다.

서재랄 것도 없는 서재였지만 그래도 6 · 25 이전까지는 너저분한 책이나마 착실하게 있었다. 그림폭도 글씨쪽도 문방제구(文房諸具)도 그다지 초라하지는 않았다. 그랬던 것이 9 · 28 대포(大砲)ㅅ바람에 집채와 함께 날아가고 말았다. 그야말로 진선진미(盡善盡美)하게 모조리 깡그리 '개무'(皆無)로 돌아갔다. 그러나 서재의 이름만은 곱다랗게 그대로 남았다. 내 뇌세포의 한알한알에서 스며나온 이름이요 내 심장의 한방울한방울에 젖어 있던 이름인 이상 대포쯤의 위력이나 마력도 아무 소용이 없었던 것이다. 그렇지 않을 법이 있을 수 없었던 것이다. 그래서 이 이름만은 알뜰하게 부둥켜 품고 부산 막바지까지 내려온 것이다.

'구기'(九起)란 용어는 사전에도 없고 또 용례도 없다. 내가 억지로 만든 문구니까 있을 까닭이 없을 것이다. 그러니까 설명이 필요하다.

'칠전팔기'(七顚八起)라는 말은 옛날부터 쓰여져 있다. '일곱 번 자빠져도 여덟 번째 일어난다'는 뜻이니 성공하고야 말겠다는 의욕의 최고표현이며 촌퇴(寸退)도 불허한다는 노력주의의 최대형용(最大形容)이다. '육전칠기'라 하였어도 무방하였겠고 '오전육기'라 하였어도 상관없었을 것이지만 자고급금(自古及今)에 '칠전팔기'로 관용(慣用)을 삼았던 것이다. 관용인지라 이렇게 쓰는 것이 정상적임은 두말이 군말이다. 그런 까닭에 정상은 또한 '범화'(凡化)를 의미하는 것이다. 이에 필자는 범화에서의 일약(一躍)을 꾀하여 '팔전구기'로 한술을 더 뜬 것이다.

일제시대의 말기는 민족적으로 가장 쓰라린 고난을 치르던 때다. 수탈은 걸레와 잡초에까지 이르렀었고 말살은 문자와 언어에까지 미치어 '조선'의 일체가 짓밟히었다. 밟히면 밟히는 대로 움직여야 하겠고 자빠지면 자빠지는 대로 일어나야 하였다. '조선심'의 지상적(至上的) 명령은 이같이 핍진(逼眞)한 바가 있었으나 그러나 이를 표현하기에 알맞은 구호(口號)로서 '칠전팔기'는 너무도 평범하였다. 그래서 '팔전구기'로 개작한 것이다. 개작하기로 작정한 즉일로 위당(爲堂: 鄭寅普)의 붓을 빌렸다. 이리하여 횡축(橫軸) 한 폭이 내 서재의 현액(懸額)이 되어서 일제시대를 겪고 군정시대를 겪고 민국시대를 겪다가 서글프게 벌어진 민족의 혈사(血史) 뒤에서 그만 재가 되고 말았다.

위당은 진작 북으로 끌려갔고 나는 시방 남으로 밀렸다. 각각 남북에 만날 기약이 막연하니 회회(懷懷) 저절로 한고에 애절하거니와 이는 거족적인 비운인지라 개개의 정경(情景)은 일러서 무엇하랴…? '구기'의 당호(堂號)나 얼싸안은 채 때를 기다려 염주나 세이리까.

鷄自在● 行深●若 波●密多時 羅見五●皆空 度一切苦厄 舍利子 色不異空 空不異色 色卽是空 空卽是色 受想行●亦後如是 …

오동(梧桐)은 나무요 봉(鳳)은 새다. 먼저 오동나무란 어떠한 나무던가? 현참과(玄參科)에 속하는 낙엽종 교목(喬木)이다. 교목이라고 일부러 따지는 것은 현참과(玄參科)라면 대체로 풀(草)이 대중인 까닭이다. 부과(科)라 하면 콩이나 팥을 연상하지마는 '아카시아' 같은 나무도 있다. 화본과(禾本科)에 벼(稻)나 대(竹)가 있는 것도 비슷한 것이다.

교목은 교목이면서도 풀처럼 쉽사리 커가는 나무다. 애기 때 심어서 시집갈 때 옷장을 장만한다 하니 자라는 분수로 짐작할 수 있을 것이다. 무게는 가볍고 결은 부드럽고 그러면서도 또 좀이 먹지 않고 습기가 들지 않으니 의거리 장롱과 문방(文房) 그릇을 만들기에는 상지상품(上之上品)이다. 가야금이나 거문고 목판에 반드시 이 나무를 쓰는 것은 '공명'(共鳴)이 잘되는 까닭이다. 그만큼 이 나무의 품성은 어질고 착하다. 천하와 같이 울고 같이 웃을 수 있는 정회(情懷) 만상(萬象)과 함께 걱정하고 함께 즐길 수 있는 지성 이 같은 품격이 이 나무의 바탕이다.

'오엽(梧葉)이 일락(一落)에 지천하지추(知天下之秋)' ― 오엽의 일락을 보고 천하의 가을을 안다고 하였다. 오동은 그렇게 ●●인가? 세서(歲序)의 변혁을 그같이 예료(豫料)하니 시대적 감각에도 무디지 않다 할까? 천하의 만목(萬木)들은 봄이면 봄을 향락하고 여름이면 여름에 번영할 뿐이요 그 후끈후끈한 여름 가운데서 쌀쌀한 가을이 싹터가는 것을 모른다. 그래서 오엽(梧葉)은 선지자의 일락으로써 숙살(肅殺)의 가을이 이미 발밑에 이른 것을 천하에 석(石)알리는 것이다.

'봉(鳳)은 非梧不棲', 봉황새는 오동나무가 아니면 둥지를 짓지 않는다 하였다. 어지간히 까다로운 새려니와 오동나무만 찾는 폼으로 보아서도 지체가 높은 새다. 그러면 어떻게 생겼는가?'

'봉 출어(出於) 동방군자지국(東方君子之國)'이라고 산해경(山海經)에 쓰여 있으니 봉황새의 조국은 분명히 우리 '조선'이다. 황제(黃帝) 헌원씨(軒轅氏)가 문자를 만들 때 용(龍)봉의 도서를 얻어서 참고한 양으로 전해 오니 그 하도낙서(河圖洛書)의 본향도 우리 '조선'이 아닌가 싶다. 그렇고 안 그런 판단은 고증학자의 솜씨에 맡긴 셈치고 이 새의 모습이나 그리자.

산 풀을 꺾지 않고. (不折山草)
산 버러지를 쫓지 않고. (不●生虫)

대 열매가 아니면 먹지 않고. (非竹實不食)
하늘 샘이 아니면 마시지 않고. (非●泉不飮)

제비 턱에 닭의 부리고. (燕●鷄啄)
뱀의 목에 고기 꼬리고. (蛇頭魚尾)

나래는 五色을 갖추었고. (羽滿五色)
울면 오음에 들어맞고. (鳴中五音)

따지면 따질수록 신조(神鳥)에 선조(仙鳥) 같은 굉장한 새다. 그러기에 우충(羽虫) 삼백육십 족(古비●에는 조류를 羽虫이라고 하였다)에서 제일위(第一位)를 차지한 '조중왕'(鳥中王)이다. 내력이 이러하고 지체가 이러한 까닭에 이 신조는 좀처럼 이 세상에 나타나지를 않는다. '천하유도즉현'(天下有道則見) (見은 현=現) 천하에 대도가 퍼지어 세상이 바로잡혀야 비로소 나타나는 것이다. 그러고 못난 세상 더럽고 썩은 세상 까다롭고 어지러운 세상에는 애당초에 나타날 꿈도 꾸지 않는 것이다. 그래서 자고로 난세를 걱정하는 의인들은 오동나무를 심어 놓고 이 새가 찾아오기를 염원하였고 고대하였다.

벽오동 심은 뜻은 봉황을 보렸더니,
내 심은 탓인지 기다려도 아니오고
밤중만 일편명월(一片明月)이 빈 가지에 걸렸세라.

이것은 널리 아는 고시조다. 이 시조의 작자도 봉황새를 만나려고 기다리고 기다리다가 그만 지치고 말았던 모양이다. 오동나무에 걸려 있는 가을달만 쳐다보다가 쓸쓸한 시조 한 편을 남겨 놓고 작고하였던 모양이다. 고금이 때는 달라도 고인(古人)·금인(今人)의 심회(心懷)는 통할 수 있어서 필자도 일제시대에 한 수를 읊었다.

벽오동 심은 뜻은 봉황을 보렸더니
봄이요 가을이요 어제런듯 팔년이라
그래도 오는 양하여 내 못잊어 하노라

(1931년 11월 신동아 창간호)

봉황은 본대부터 동물학상의 새가 아니고 '사람'의 머리 속에서 빚어진 가상의 환조(幻鳥)니 말하자면 희망의 상징이요 염원의 표식이다. 그러므로 시문 등에 나타난 봉황은 그 작자의 심회를 따라서 구체적으로는 연인도 되고 양붕(良朋)도 되는 것이며 개념적으로는 행복도 되고 성공도 되는 것이다. 무엇이나 작자 자신의 심경을 우의(偶意)하거나 가탁(假托)하는 것이니 봉황새의 효용은 실은 무궁무진한 것이다.

고시조의 작자는 구체적으로 무엇을 가탁하였던지 작자가 말없이 고인되었으니 알 길이 없거니와 필자의 봉황은 따져 볼 것도 없이 민족의 행복—자유와 독립을 우의하였던 것이다. 그러기에 '혼란한 이 말세에 웬걸 나오겠느냐'고 주해(註解)를 붙이어 탄식하면서도 그러면서도 '오는 양 기다린다'고 희망을 버리지 않았던 것이다.

1945년 8월 15일에 해방이 되었으니 말하자면 '천하유도'(天下有道)하며 세상은 바로잡혔다고 볼 수 있었다. 그리하여 '우만오색'(羽滿五色)한 봉황새(卽獨立)도 나타났어야 옳았던 것이다. 그러나 해방 후 일년이 지났어도 '명중오음'(鳴中五音: 완전한 자주독립)하는 그 소리를 필자는 듣지 못하였다. 그래서 '쓸쓸한 감개(感慨)의 일수(一首)가 또 한번 없을 수 없다'고 술회하면서 군정시대에 또 한 편을 남겼다.

대도(大道)가 트였으매 천하가 밝았거늘 신조(神鳥) 어이하여 날르기 더디던고 재넘어 석양(夕陽)이 지니 쓸쓸 더욱 하여라.

(1946년 11월 22일 동아일보)

그 뒤로 군정은 물러서고 민국이 수립되었다. 그리하여 민족의 염원과 희구는 달성된 폭이다. 그러면 이로써 봉황이 나타났다고 일컬을 것인가? 민족행복의 상징인 '봉황새'는 더 다시 찾지도 말아야 좋을 것인가? 내 진실로 혼암(昏暗)한 탓인지 그 그러한 바를 확언할 수가 없다. 자안(自安)이 되지 않으매 자위를 가질 도리가 없어서 또 한번 더 다시 민국시대의 일수(一首)를 남기고 싶은 비원을 느끼는 것이다.

'시조'를 짓기 전에 위선 오동나무나 한 그루 심어야 하겠다. 그래서 올동 말동한 '그 새'를 또 한번 더 다시 기다려 보리라.

(壬辰 11월 8일 밤)

(?년, 《주간국제》)

燈불과 '옷'

여름이란 더운 때오. 그러니까 서늘한 밤이 여름사람의 환심을 사게 되는 것은 사리로 보아서 극히 당연한 일이오. 밤이란 어두운 때오. 그러니까 밝은 등불이 밤사람의 총애를 받게 되는 것은 정리로 보아서 극히 자연이오. 이렇게 따지고 저렇게 따지면 결국 여름밤의 매혹은 '불'이 아닌가 싶소. 인심은 각각이라 천하가 아니라면 나 혼자는 그렇소.

종로로 진고개로 쏟아져 나오는 서울의 밤사람을 보시구려! 빠로 카페로 들이밀리는 거리의 밤사람을 보시구려! 이게 모두다 등불에 끌리는 사람들이오. 청(靑)등, 녹(綠)등, 홍(紅)등, 황(黃)등 등의 매력에 끌려가는 유순한 양들이오. 제철 만난 개똥벌레, 딱정벌레, 부나비, 하루살이들도 이 등 이 불에 끌려서 야단들이오.

그러나 나는 이 불은 싫소. 서울의 도시의 거리의 이 불은 싫소. 찬란한 휘황한 혼란한 이 불은 싫소. 무수한 구취(口臭) 한취(汗臭)와 체취(體臭)에 지질려 영기와 정채와 풍정을 잃은 이 불들에는 콤마 이하의 매력도 느끼지 않소. 인정은 각각이라 거세(擧世)가 아니라도 나는 그렇소.

웃을 듯 웃을 듯이 아니 웃는 점에서 홍소(哄笑)보다도 미소(微笑)의 매력이 있소. 보일 듯 보일 듯이 아니 보이는 점에서 불쑥 드러난 나체보다도 경라(輕羅)에 숨은 살결의 매력이 있소. 함루안간함루안(含淚眼看含淚眼) — 낙루(落淚)의 속태(俗態)에 비기어 얼마나 매력있는 정경인가요? 화- 한 달밤보다도 으스름 달밤 미인이 없어도 매력이 천근이오. 활짝 핀 꽃보다도 필 듯이 움츠린 반개(半開)의 봉오리 얼마나 간즈러운 매력인가요?

도회의 등불은 웃어버린 홍소외다. 거리의 등불은 다 핀 꽃이외다. 지나친 밝음에 밝음의 스피리트를 잃었고 혼잡한 광채에 광채의 '촤-ㅁ'을 잃었소. 여기에 누가 매력을 느낀단 말이오.

등이거든 미소의 등. 아니거든 함루(含淚)의 등 반개의 등. 이러한 등불은 없을 것인가? 물위에 누운 어촌(漁村)의 나룻불인들 안 그렇소? 두메에 외로운 원두막의 화롯불인들 안 그렇소? 정자나무 동구에 은근한 모깃불 실버들 방축(防築)에 점점(點點)한 반딧불 여기에 물이 있고 풀이 있고 나무가 있고 모래가 있고 그리고 스치는 경풍(輕風)에 노래가 들리고 휘파람 들리고…. 도회의 거리의 부나비 하루살이의 속정(俗情)과는 근본이 다르오.

그러나 불행한지고 나는 도회인이오. 애오라지 자리잡은 ○○정이 금화산(金華山) 덕분으로 도회의 소음과 염색(染色)과 속취(俗趣)를 일격하여 향촌 정경의 일편을 보여줄 뿐이오.

도회의 앞잡이로 밤거리를 찢어(裂) 다니는 전차의 철륜(鐵輪) 소리가 은은하게 들리는 ○○정 언덕길은 이슬에 젖은 먼지를 안은 채 그대로 누어서 밤을 새오. 밤새는 이 길 위에 밤새는 가등(街燈) 단 한 개의 조으는 등불이 으스름달같이 반개 한 봉오리같이 지나는 사람의 그림자를 자는 길 위에 뉘여 주오. 바람을 실은 가벼운 옷자락이 조으는 등불에 선득 춤출 때 고달픈 내 맘을 끄으는 매력이 등에 있든가? 옷에 있든가? 제맘을 제가 몰라서 망연히 자실(自失)하오.

여기에 '옷'이란 90%까지는 '치마'를 가르침이오.

(?년)

無頭無尾錄

武藏野

북창(北窓)을 열어제치고 앉으면 풀밭이 보이오. 똥수레와 푸성귀 장사와 양장미인(洋裝美人)과 주정꾼이 지나가는 큰길 건너로 시든 가을을 혼자 차지한 풀밭이 보이오. 여인노화(女人盧花)가 지렁이 노래를 듣고 배인일다(俳人一茶)가 개고리춤을 엿보던 무장야(武藏野)의 한쪽이오.

대동경(大東京)의 팔다리가 빌틈없이 뻗치고 신문명(新文明)의 고함소리가 쉴새없이 굴러오는 무장야의 벌판은 이름만 남기고 시시(時時)로 번지오. 작년과 금년이 다르고 어제와 오늘이 다르거니 백 년을 두고 천 년을 두고 얼마나 달랐던고?

문명을 자랑하는 무전대(無電隊)의 가공선(架空線)에 만추(晩秋)의 사양(斜陽)이 부딪히고 현대를 구가(驅歌)하는 '라디오'의 확성기에 실●의 설움이 잦아질 때 함부로 밟히고 되는 대로 뜨끼인 각색(各色) 없는 풀들이야 말하여 무엇하오. 도회(都會)의 행진곡이 지렁이 노래를 대신하고 환락의 '재즈'가 개고리춤을 압도할 때. 향내마저 빠지고 빗길조차 없어진 시절 잃은 꽃들이야 말하여 무엇하오.

풀은 시들어 이슬에 젖었소. 꽃은 이울어 바람에 날리오. 짓밟힌 풀을 싸고 덮은 공간은 곤두박질을 치오. 휘날린 꽃에 휘감긴 시간은 달음박질을 치오.

(?년)

民族文化와 國語問題

한 민족이 이룩되는 인자(因子)에 같은 혈연, 같은 지역, 같은 역사, 그리고 같은 언어를 지적함은 이론(異論)이 없는 상식이다. 민족 구성의 요소로서 이 밖에도 또 여러 가지를 들 수 있을 것이다. 그러나 그 민족이 가진 그 민족의 모어(母語)는 그 성원 자체의 존재와 함께 가장 일차적인, 가장 핵심적인 요소인 것이다. '유효(有效)한 사고 능력을 가진 동물이 곧 사람이다' 하는 정의를 따른다 할진대, 사고의 표현형식인 언어는 실로 사람이 '사람'으로서 존재하던 그 순간부터의 생명을 가진 것이니, 동물계열에서 인류로 분기(分岐)되던 그때부터의 오랜 역사를 가진 것이다. 그러므로 민족형성에 있어서 언어가 가진 지위는 더욱 더 뚜렷한 것이다. 민족을 말할 때에, 민족문화를 일컬을 때에 그 민족이 가진 그 민족의 고유한 모어를 쳐들지 않을 수 없는 것도 이 같은 까닭인 것이다. '국어문제'의 초점도 이것이다.

모어의 활력은 그대로 민족의 활력을 의미하고, 민족문화의 활력을 의미한다. 이 모어가 그 고유한 자가(自家)의 활성(活性)을 잃을 때에, 상처를 받을 때, 그 민족과 그 민족의 문화는 시드는 것이다. 이는 이론으로 따질 것 없이 우리의 실제가 단안하는 것이다. 그 유례를 세계에 구할 것도 없이 우리가 치러온 우리의 역사가 증명하는 것이다. 현용한자(現用漢字)를 차용하여 온 그 후로 오늘에 이르기까지 우리의 문화는 어떠하였던가?

'광명이세(光明理世) 홍익인간(弘益人間)'(건국설화중에 나오는 문구)

밝음(明)과 빛남(光)과 맑음(淸)과 새로운(新)의 본학(本學)인 해

(太陽)의 출처를 추구하면서 동으로 동으로 뻗어서 자라온 우리 민족, 동방천민(東方天民)으로 자처한 우리 민족의 정혼(精魂)과 정서, 우리 민족문화의 원향(原香)과 문채(紋彩)는 세대를 거듭할수록 변모하였고, 퇴색하여 온 것이다. '거울'(鏡)로써 '해'를 상형하여 호부(護符)를 삼았던 '무당'은 무락(舞樂)이자 예문(禮文)이자 동시에 정교(政敎)인 신학, 신무(神舞)였건마는 '무당'을 '무당'(巫黨)으로 쓰는 그 옛부터 '무당'은 '무당'의 본질을 잃은 채 오늘에 이른 것이니, 오늘에 있어서 '무당'이란 어휘에 풍기는 그 어감과 어취(語趣)가 과연 어떠한가? 화랑도(花郞道)의 준걸(俊傑)이 '활랑'이었으련마는 '활냥'이 '한량'(閑良)으로 되어질 때 그는 벌써 유활랑(遊活郞)이고 외입쟁이로 되는 것이니 언어의 변태(變態)는 언어만에 그치는 것이 아닌 것이다. 한자로 인하여 우리의 고유한 모어가 파괴되고, 그로써 활성을 잃은 우리의 모어는, 우리의 민족문화를 우리로써 지키지 못하고, 기르지 못하고, 떨치지 못하여 오늘에 이른 것이다. 그러므로 오늘의 국어문제는 단순한 어휘문제가 아닌 것이다.

우리는 우리의 제 글씨(正音=한글)를 가진 지도 5백 년을 지났다. 〔정음제정(正音製定) 이전에 있어서도 홍유후(弘儒侯: 薛聽)의 이독문(吏讀文) 방식도 있었고, 또 휠씬 상대(上代)에도 지금 한자의 모체라고 할 수 있는 자형(字形)의 존재가 우리에게 있었다고 추단(推斷)할 논거도 있으나 본고(本稿)에서는 번진(繁陳)할 필요가 없다고 생각한다〕.

우리 글씨가 얼마나 훌륭하다는 것은 설명할 필요도 없거니와 우리는 버젓한 제 말에 훌륭한 제 글씨를 가지고도 여전히 사대자천(事大自賤)하는 좀 된 생각으로 제 말과 제 글을 홀대하였다. 낮보고 깔보고, 그러하여 천(賤)하고, 추(醜)하고, 속(俗)한 것으로 되어버렸다.

말이나 글이 모두 한자식 한문체로 되어야 옳고, 바르고, 아름다운 것으로 되었다.

놈(男), 년(女)은 아주 욕설이 되었거니와 사내 계집도 고약한 말이 되었고, 꼴(形), 티(態), 따위(類), 무리(徒)도 좋은 뜻으로는 쓸 수 없게 되었고, 양(胃), 밸(腸), 염통(心臟), 콩팥(腎臟), 털(毛), 가죽(皮)은 대체 짐승에게만 쓰여지게 되었다.

이같이 우리의 어문은 불우(不遇)에서 몰락으로, 속화에서 천칭(賤稱)으로 되었고 따라서 한자식 어문만이 버젓하게 등장하였다.

눈(眼)은 안정(眼精)으로, 이(齒)는 치아(齒牙)로, 나이(年)는 연세(年歲)로, 피아(彼我)의 아버지(父)는 춘장(椿丈)·가친(家親)으로, 자타(自他)의 어머니(母)는 자친(慈親)·자당(慈堂)으로, 나의 조카딸은 질녀(姪女)요, 남의 조카는 함씨(咸氏)로. 이같이 하여야 유식이었고 문화적이었다. 존귀하였고 가치있었다. 그러나 이 같은 분수뿐이 아니었다.

토수는 토수(吐手)로, 김치는 침다(沉茶)로, 두부는 두부(豆腐)로, 타구는 타구(唾口)로, 고추는 고초(苦草)로, 접시는 접시(接匙)로, 목수는 목수(木手)로, 별안간은 별안간(瞥眼間)으로. 순전한 우리말도 굳이 한자에 녹(綠)을 붙이어 한문식으로 표현하기를 애써 왔던 것이니, 이렇게 하여서 우리말은 거절로 인위적 도태(陶汰)를 겪은 것이다. 이리하여 한자를 역독(譯讀)함에 있어서도 그에 해당한 우리말을 잊기도 하였고, 고르지도 못하였다.

교(校)는 학교 '교'요, 사(奢)는 사치 '사'라고 일러왔으니, 도(徒)는 생도 '도'요 의(衣)는 의복 '의'라고 하여도 무방하게끔 되었고, 규(圭)는 양토(兩土) '규'요, 석(奭)은 쌍백(雙百) '석'이라 하여서 양월(兩月) '붕'(朋)도 가세(可世)요, 쌍목(雙木) '임'(林)도 시세(是世)라는 논법(論法)이 서도록까지 되었다.

인일월도(人一月刀) 유(兪), 주초(走肖) 조(趙)… 이 같은 것은 오히려 눈물겨운 고심이었거니와, 동서남북은 어떠하였는가? 상하좌우를 만일 상쪽 '상', 하쪽 '하' 좌쪽 '좌' 우쪽 '우'라고 일컬으면 그르다 할 것이 분명하려니와, 그러나 동서남북은 태연자약하게 동녘 '동', 서녘 '서', 남녘 '남', 북녘 '북'으로 적용하는 오늘이다.

이러고도 우리말의 활성이 뻗을 수 있을 것인가? 우리의 문화가 빛날 수 있을 것인가? 국어문제의 주안(主眼)이 철자법이나 문법의 구명 같은 기술론이 아닌 것은 — 아니어야 할 것임은 두말이 군말이다. 모어로서의 활력을 다시금 소생케 함에는 여러 가지의 기술적 정리도 물론 필요하려니와 근본은 '정신'에 있어, 얼과 넋을 씻어 바꾸는 변혁적인 창의에 있다.

한자와 한문화를 통하여 끔찍한 사대주의에 [illegible]하였고, 다시금 일제와 일양식(日樣式)에 의하여 지독한 노예습성에 젖었던 우리가 지금 '자기'에로 돌아온 오늘에 있어서, 무엇보다도 먼저 깨닫고, 느끼고, 다듬고, 이룩할 것은 '자아'의 존재다. 민족적 자기존재를 재인식함에 있다. 자학자지(自學自持) · 자조자면(自助自勉) · 자립자행(自立自行) … 민족문화의 발전을 위한 동력의 근원은 실로 민족자아의 파악에 있는 것이니, 그리하여야 자력주의의 선양(宣揚)이 가능하고 자주국가의 건재가 확보되는 것이다.

자아의 자력주의는 결코 배타가 아니다. 자아의 자주관이 없이는 오히려 자타의 진정한 협조가 불능인 것이다. 쌍무적(雙務的)인, 호혜적인 협화(協和)의 대도는 자아의 자주관으로부터 그 일보를 삼아야 하는 것이다. 그러나 우리 민족이 우리만으로 고립된 존재가 아닐 뿐만 아니라 민족을 포괄할 수 있는 인류적 대동세계가 우주적 · 자연적 규모인 점에서도 자가본위의 독선주의나 배타적인 국수주의는 우리의 논외다.

민족적인 소이(小異: 特異)의 주각점(主脚點)을 고수한다 하더라도, 인류적인 대동세계에로 지향한다 하더라도 민족적인 독자적 세계를 잊어서는 안 되는 것이다. 민족문화의 앙양문제(昂揚問題)도 시야는 이렇게 가져야 하는 것이며, 국어문제의 관점도 이 같은 범주에서 자가독존(自家獨尊)에는 빠지지 말아야 하는 것이다. 외래어라도 일률로 불가를 운운하거나, 이미 국어화한 성어(成語)를 '번역'하는 등 고집은 단순한 회고적 감상주의에 흐르는 시상일 뿐이니 이 점이 가장 신중하여야 할 점인 것이다.

'우리말과 우리글' 제 말이 있고 제 글이 있는지라 '제 말에 제 글', 이는 독선도 아니요, 배타도 아니요 그저 그대로의 자연인 것이다. 자연법이요, 우주율이다. 이것이 대경(大經)인 까닭에 일컬으자 함이요, 이 대경이 그릇된 인위로 비뚤어졌기 때문에 바로잡자 하는 것이다. 오늘날 같은 '우리'이므로 하여서 더욱 더 이를 따지고 밝히자 하는 것이다. 앞으로 다시는 그 같은 허물을 짓지 말게 하기 위하여, 뚜렷하게 세우고 지키자 하는 것이다. 그러기에 나는 우리 국호(國號)의 관두(冠頭)만에라도 '우리말과 우리글'로 되기를 염원하여 '새한'을 주장하였던 것이다.

전강토(全疆土)의 표상이요, 전 국민의 총명(總名)인 국호의 근간은 본질적으로 지역이나 민족의 범칭(汎稱)이 되어야 하는 것이다. 그리고 상하세대를 통할 수 있어야 만전(萬全)일 것이다(왕족의 상징이나 주권체제의 표시 등은 부차적·부수적이다). 이 같은 관점에서 역사적으로 유래가 있고 어휘상으로 의미심장한 우리말을 추린다 하면, 오직 '새한'이 있을 뿐이다(拙著《統一祖國》國號論 참조). 동방천민(東方天民)으로 자처한 우리 민족문화의 근원의 표상도 되는 것이 이 '새한'이니 지역적·민족적·문화적 범칭으로 근역강산(槿域江山)보다도 새한강산이요, 배달민족(倍達民族)보다도 새한민족이요, 불함문화(不咸文化)보다도 새한문화가 옳고 바른 것이다. '우리말과 우리글'이라는 백년지표를 세움에 있어서 국호의 관두에 이를 빛나게 함이 얼마나 근본이겠는가? 얼마나 뚜렷하고 얼마나 든든한 것이겠는가? 국어문제의 시발점을 어문정리적 기술관보다도 정신적인 심혼, 정서에 치중하자고 주장하는 나라로서는 더욱 더 이 같은 점을 고조(高調)치 않을 수 있는 것이다.

'우리말에 우리글'—이것은 가장 평범한 말이면서도 민족문화의 앙양을 위하여 가장 근본되는 말이며, 오늘날에 있어서 이미 누구나 다 같이 잘 이해하는 말이면서도 한고비 더 분명하고 환하게 내세워야 하는 말이니 우리의 심혼 가운데 한 깊이 더 뿌리를 박게 함이다. 이 같은 전제로 생기는 첫 문제는 한자전폐(漢字全廢)다.

'한문글자를 없애자'—이것은 인제 시비의 이론을 떠나서 실천하는 계제에 들어갔다. 물론 전폐를 반대하는 이론도 상당히 있으며, 그 논거도 수긍되지 않음이 아니다. 그러나 필경에 있어서 그는 '득불보실'(得不補失)인 것이니 한자전폐는 일찍 올바른 대의요, 굳어진 대세다. 그러나 그 시기에 있어서는 절시(節時)와 점진(漸進)의 양론이 있어서 속결 즉단(卽斷)이 어려운 모양이다. 실상 나도 즉시 전폐를 단안(斷案)할 용기를 못 갖는 사람의 하나다. 그러나 절대다수가 즉시 전폐를 찬성한다면 흔연히 따라갈 생각이다. 그러나 나는 위선 극도의 제한사용으로써 어느 시기까지 기성문화의 치명적인 상처를 남기지 말고, 동시에 새로운 업적에 크나큰 불편을 끼치지 말자는 의견을 말하고 싶다. 이에 응하여 이 글로서는 이 이상 계진(繫陳)하지 않기로 하거니와 하여간 전폐거나 점폐(漸廢)거나 그를 대위(代位)할 준비가 있어야 할 것이다. 그 준비가 없이는 단순한 과오만이 아니라, 도리어 개악만이 아니라, 실로 지극히 위험한 것이다. 이 마디에서 지적하고자 하는 것은 이 점이다.

준비란 무엇인가? 간단하게 말하면 '우리 어·문의 정화와 확충'이다. 한자의 폐지로써 당연히 생겨나는 한자식 어·문 대신에 자유자재로 쓸 수 있는 우리말과 우리글의 준비다. 한자식 술어·숙어·성어 등 광범하게 쓰던 허다한 용어를 그대로 두고 그저 그 음편(音便)을 따라서 우리 글씨로 바꾸어 쓴다 할진대—그리고 이로써 한자폐지를 실천하는 것이라고 생각한다 할진대, 이에서 더한 망발이 없을 것이다. 호의로 따지어 이는 발라마치기의 형식론이니, 자형(字形)에서 발산되는 한취(漢臭)는 없어졌다 하더라도, 그 어감에 따르는 실질적 한취는 어찌할 것인가? 그러므로 명·실이 알맞고 형·질이 갖추어진 한자폐지를 실천함에는 무엇보다도 우리 국어 자체의 정화와 확충이다. 국어문제의 실제적 대관심은 여기에 두어야 하는 것이니, 우견(愚見)으로는 아래의 몇 가지를 들 수가 있을까 한다〔이 글을 약속한 시일이 이미 넘었고, 지금 또 병석에 있을 뿐만 아니라, 예정된 지면도 없으므로 그 항목만을 제시하려고 한다. 해설과 인증(引證)·거례(擧例)는 상당한 장문이 될 것이기 때문이다〕.

첫째, 고어(古語)의 재용(再用). 아직 생명이 남아 있는 우리 고어를 최대한으로 등장시키어 시대적 감각에 알맞도록 널리 쓸 것.

둘째, 속어(俗語)의 활용. 표준어로부터 버림을 받은 지방속어(사투리) 중에서 뿌리 있고, 타당성 있는 말씨(명사는 물론 형용사·부사·동사 등 독자성을 가진 품사)를 광범위하게 추리어 표준어로써 활용할 것, 지방 사투리 말일수록 한어(漢語)·한문의 영향을 받지 않았으므로 경기어휘보다도 오히려 우리적인 고귀한 '원향'(原香)이 풍겨오는 것이다.

셋째, 외래어의 정리. 여기의 외래어는 영어·일어 등을 일컫는다. 혹은 원음대로, (더구나 고유명사는 물론) 혹은 원음에 가까운 우리 음대로, 또 혹은 번역하되 모두 우리말(國語化)이 되도록 할 것.

넷째, 한문어의 수정. 완전히 국어화된 용어는 물론 그대로 활용할 것이나〔한자점폐(漸廢)라 하더라도 이러한 것은 절대로 한글사용〕, 난삽하고 생경하고, 보편성 없는 용어는 일절로 폐기 또는 개작하여 한글로의 표현에 합리화시킬 것.

다섯째, 신어(新語)의 창작. 언어란 원래, 억지로 만들어지는 것도 아니며 또 만들어도 쉽사리 생명이 생겨지는 것도 아님이 물론이다. 인문(人文)의 발달로 생기는 새로운 사물은 저절로 새로운 명목이 나오게 되는 것이다. 오늘날의 우리로서는 더욱더 이 같은 노력에 몰리게 된 폭이니 과학방면의 술어(述語)에 있어서 더욱 그러하다. 이미 가지고 있는 어의와 어취(語趣)를 최고도로 이용하여 새로운 말씨를 자꾸 지어야 할 것.

여섯째, 전용(轉用)의 확충. 양같이 순한, 불같은 욕심, 선웃음〔설얼다=미숙(未熟)의 전용〕, 된서리, 드높은 등의 전용에 있어서 종래의 관용에 국한치 말고 최대한으로 전용범위(轉用範圍)를 넓히어서 언어의 활용면을 증대시킬 것.

일곱째, 성어의 창작 기타. 숙어라 하여도 무방함. 우리의 관용에, 팔과 다리를 '팔다리', 말과 소를 '마소', 둘과 달을 '두 달', 그 밖에도 앞뒤, 위아래, 눈코, 높낮은 등을 본떠서 새로운 용례를 많이 창안(創案)할 것. 가령 대소(大小)를 크적음, 장단(長短)을 길짜른, 조만(早晩)을 올늦음, 이목(耳目)을 귀눈, 좌우를 왼바로, 요컨대 어의와 어감과 어취를 따라서 성어적인 숙어적인 어휘를 많이 만들어야 할 것〔이상 각 항은 고(稿)를 달리하여 좀 자세히 숙술(叔述)할 작정이다〕.

이상으로써 국어문제에 대한 사견의 일단을 약술하였다. 요구컨대, '민족적 문화의 자주적 앙양(昂揚)은 제 말에 제 글을 가짐에 있고, 그리고 다시금 지키고, 다듬고, 떨침에 있다'는 것을 역설하려는 것이다. 동시에 '한자폐지를 당면과제로 한 우리의 제일보적 임무와 노력은 '우리말을 풍부하게 하고 우리글을 자재롭게 하는 데 있다'는 것을 고조하고 싶은 것이다. '국어문제'의 제시를 받은 때부터의 나의 주심(主心)은 여기에 있었다. 언어학자도 아니고, 국문학자도 아닌 나로서는 그 방면에 손 댈 용기도 없거니와, 실상 흥미도 없는 것이다. (3월 14일 병상에서 略記)

〔《 ? 》, 1949년 5號(3월호) pp. 20~25〕

小梧 薛義植
人物論

주 요 한(언론인)

타고난 언론인 · 문장가

소오(小梧) 설의식(薛義植)이 54세를 일기로 타계(他界)한 것이 1954년 7월 21일이니 어느덧 20년이 넘는 세월이 되었다. 그 무렵에 나는 경향신문의 논설위원으로 둔필(鈍筆)을 잡고 있었으면서도 그의 죽음이나 장례식에 관해 별다른 기억이 남아 있지 않은 것을 보면 너무 무심했던 것 같은 생각이 든다. 다만 그때는 정부가 부산에서 환도한 지 얼마 되지 않는 시기여서 서울이 전쟁의 여파로 질서가 덜 잡힌 시기였고, 더구나 해방 후로는 내가 언론계를 떠난다는 생각으로 다른 일에 종사하고 있었던 터이므로 그와 만나는 일이 거의 없었던 때문인지도 모른다. 국가적인 혼돈과 전쟁의 참화가 개인간의 친교마저도 소원하게 만들었던 것이다. 한 번은 해방 후 얼마 뒤에 소오는 내게 사람을 보내어 《새한민보》를 같이 제작하자는 청을 해온 일이 있었다. 그러나 나는 그때 이미 인천의 어떤 회사에 관리인 노릇을 하고 있었기 때문에 내심은 반가우면서도 거기에 응할 수가 없었다. 그랬더니 후에 소오는 "그 사람 신문사에서 고생 안하고 호화스런 생활하려고 일반회사에 있구먼…" 하고 혼잣말로 서운해 하더라는 이야기를 간접으로 들은 일도 있다.

돌이켜 보건대 소오는 저널리스트 속에만 포함시켜 생각하는 것이 부적당할지도 모른다. 그는 본질적으로 언론인이었던 것은 사실이지만 현대적인 감각의 문장가였으며 수필가였고 직업적인 작가, 정치적인 문제들을 격조 있게 논평한 평론가였다. 소오는 또 생활과 직업을 분별하지 않은 직업적 몰입의 부지런한 성격이었다. 그는 활기와 야망을 지니고 있었으며, 그가 옳다고 믿는 주장에 대해서는 끝까지 굽히지 않는 끈기를 지니고 있었다. 그러한 성격 때문에 어느 경우에는 이단적인 주장으로 보이기도 하였고 그 때문에 약간의 오해를 받았던 것도 사실이지만 그러나 소오는 뚜렷한 생애를 살고 간 많지 않은 사람 중의 하나라 하겠다.

고하 송진우와의 지우(知遇)

소오는 1901년 음력 1월 27일 함남 단천(端川)에서 독립운동가이며 한학자인 설태희(薛泰熙) 씨의 5남매 중 2남으로 태어났다. 그는 당시의 사람들이 대개 그러하듯 한문을 수업하고 소학교를 다녔다. 몇 살에 서울로 올라왔는지는 확실하지 않으나 중앙중학교에 입학한 것으로 보면 10대의 소년기였을 것이다. 그리고 중앙학교에 다니던 중 3·1 운동의 학생조직에 관계되어 학교를 자퇴하지 않을 수 없게 되었다. 지금 중앙학교에는 그에 관한 기록이 남아 있지 않아 확실한 것은 알 수 없으나 성격이 차분하고 열심히 공부하는 성격이었다고 한다. 그는 1922년도의 중앙학교 추천교우로 되어 있는데 그 학교에서 공부하던 중 교장인 고하(古下) 송진우(宋鎭禹)의 지우(知遇)를 받아서 일생을 두고 둘 사이의 관계는 특별한 바 있었다.

소오가 한동안 장성(長城)의 네거리라는 곳에서 소학교 선생을 지냈던 것도 고하가 그를 은신시키기 위해 보냈다는 이야기도 있다. 그리고 1922년 5월 3일 소오가 동아일보에 입사하게 된 것도 고하의 배려가 적지 않았음은 미루어 알 수 있다. 동아일보에서의 소오활동은 대체로 다음과 같다.

- 1922년 5월 3일 입사
- 1924년 초여름 편집기자
- 1924년 4월 11일 발행 겸 편집인
- 1925년 봄 사회부장
- 1927년 5월~1929년 9월 동경특파원
- 1929년 가을 편집국장 대리
- 1929년 11월 편집국장
- 1930년 봄 편집국장 대리
- 1931년 봄 편집국 차장
- 1935년 2월 28일 편집국장
- 1936년 8월 28일 퇴사
- 1945년 12월 1일~1947년 2월 1일 편집주간

이렇게 보면 언론인으로서의 20년이 넘는 생활 가운데 새한민보와 서울신문 고문으로 일하던 몇 년을 제외하고는 동아일보와의 관계 속에 살았던 셈이다. 그런데 소오는 앞서도 이야기하였거니와 부지런하고 성격이 깔끔하여 그 자신의 지난날에 관해 많은 글을 남기고 있다. 그만큼 소오는 생활에 충실하고 자기 글을 아끼었던 것이다.

22년 5월 '동아' 입사

소오가 동아일보에서 제일 먼저 거친 경력은 내근기자였다. 즉, 입사하여 정치부, 경제부의 내근기자로서 통신번역의 일이었다. 소오는 그 무렵을 회상하여 '…이라더라' 식의 남의 글만 만지고 있기는 20대

의 젊은 감정에 너무나도 답답하였다고 쓰고 있다. 그가 동아일보에 쓴 첫 글은 "호남홍조"(湖南鴻爪)라는 기행문인데 내근기자의 답답함을 벗어나기 위해 그해 10월 부여 논산 등 백제의 옛 유적을 돌아보고 쓴 기행문이다. 이 글은 소오의 저서의 하나인 《금단의 자유》에 수록되어 있다. 이듬해인 1923년에는 일선기자로 탐방기자, 즉 인터뷰기자로 활약했다. 말하자면 방문기인데 그것을 지금과 같이 문답체로 하지 않고 일정한 문제에 대한 유지(有志)의 담화를 그대로 받아쓰는 형식으로 그때는 그러한 형식을 쓰고 있었다. 오늘날의 '문책재기자'(文責在記者)가 바로 그것이다.

1923년 4월에는 포항 영일만에서 연 3일간이나 폭풍우가 쏟아져 행방불명된 인원만 1천여 명에 이르고 어선 360여 척이 파괴되는 참사가 일어났다. 그때 소오는 동아일보의 특파원으로 현지에 가서 그 참상을 취재하였다. 제목이 "風禍의 迎日灣을 訪함"이었는데 당시의 기사문체(記事文體)를 아는 자료가 될 것으로 생각되어 인용해 본다.

> 전에 없던 대 폭풍우로 포항일원에 일대 참사가 일어난 뒤로 그곳 동포의 안위(安危)는 어떠한가? 한낫 목숨을 부지하기 위하여 목전에 닥치는 생명의 위험을 무릅쓰고 미친 바람과 험악한 바다로 더불어 싸우던 동포의 안위가 어떠하며 아울러 참해를 당한 그들에게 동정의 열루를 금하지 못하는 동아일보사의 뜻을 전하기 위하여 나선 나(특파원)는 오늘 새벽 이곳에 도착하여 먼저 이곳에서 알아볼 수 있는 데까지 알아본 사실을 종합하여 한시가 바쁘게 자세한 소식을 기다리는 일반독자에게 알려드리고자 한다. …
>
> (《동아일보》 1923년 4월 17일자)

을축년 수재 하몽과 대결

25년 봄에는 사회부장이 되었다. 우리나라가 일제하에 시달리고 정치나 경제가 우리 손에서 벗어나 외적이 뜻하는 대로 행해지던 시절이므로 사회부의 기능은 편집국의 중심적인 것이었다. 책상의 배치부터가 편집국장 사회부장의 순서였고 스포츠 영화까지도 사회부에서 취재하던 때여서 소오의 역할을 보다 넓은 것이었다. 실제로 1925년 이후부터는 민간지의 조석간 발행과 더불어 편집면에 나타나는 경쟁의식도 날로 치열해 갔고, 따라서 특히 사회부기자들의 활동은 괄목할 만큼 민활하였다. 동아일보는 물론 조선일보 시대일보 역시 사회부에 일류명기자를 배치하여 취재에 만전을 다하였으니 이는 정치면이란 이름뿐이지 실제 무대가 없었던 이유였다. 그러므로 사회면은 신문의 생명과 다름이 없던 시대였다.

시기의 차이는 다소 있겠으나 그 무렵의 사회부 기자로 특종을 잘 하기로는 소오 외에 김형원(金炯元), 현진건(玄鎭健), 김과백(金科白) 등이 있었다. 그 중에도 동아일보의 소오와 조선일보의 빙허 현진건은 이름 있는 취재기자요 편집자로서 민간 2대지의 사회면을 풍부하게 하였고 그 경쟁의식이 우리 신문의 편집기술 발전에 자극제가 되기도 하였다. 여기서 그의 성격을 잘 나타내주는 에피소드 하나가 1925년 7월, 을축년 대수재(大水災)가 있던 해에 전해지고 있다.

그 무렵 조선일보에는 하몽(何夢) 이상협(李相協)이 있었고 동아일보에는 소오가 있었다.

신문기자의 생명이라고 할 감각이 섬세하고 신경이 날카로운 것까지도 비슷하다는 두 사람은 삼남(三南)지방 수재의 호외발간을 놓고 격돌하였다. 즉, 매사에 세심한 하몽은 만일의 경우를 예상하여 정전이 되어도 신문을 낼 수 있도록 석유발전기를 준비하여 놓았다. 그런데 공교롭게도 신문이 발간될 시간에 정전이 되고 말았다. 그래서 조판을 해놓고도 정작 신문을 찍을 수 없었던 동아일보의 소오는 윤전기를 붙들고 통곡하였다는 것이다. 언론인으로서의 소오는 그렇게 불타는 정열과 무서운 집념을 지니고 있었던 것이다.

또 하나 그 무렵의 소오가 어느 날 동아일보의 사주(四柱)를 보았는데 풍파가 많을 운명이라는 패가 나왔다는 이야기가 있다. 필자 자신도 어렴풋이는 기억되거니와 당시의 통의동 근처에는 속칭 백인(白人)이라는 머리와 살갗이 하얀 도사가 있었는데 소오가 동아일보의 운명을 개인의 경우로 하여 그에게 점을 쳤던 것이다. 그리고 그 사주풀이로 적어준 종이쪽지를 소오의 서재 서랍에 넣어두었는데 우연히 그것을 본 모친이 행여나 다른 여자와의 관계에서 태어난 어린아이의 사주가 아닌가 하여 오해하셨다는 것이다. 하루는 모친이 소오를 불러 앉히고 사실대로 이야기할 것을 다그치자 그것이 동아일보를 의인화하여 나온 괘라는 것이 밝혀졌고 비로소 소오의 모친도 한동안의 근심을 풀었다는 이야기가 전해진다. 그러나 나는 그러한 이야기가 실제 있었던 것인지 아니면 누구를 통해서 어떤 경로로 그런 이야기를 들은 것인지 확실하지 않으니 역시 동아일보에 대한 소오의 애착을 말해주는 이야기의 하나로 이해하고 싶다.

재치있던 표제 사용

소오의 언론인으로서의 생애는 동아일보가 화동(花洞) 사옥에 있었을 무렵에 기초가 세워지고 폭이 넓어지기 시작하였다고 하겠다. 그래서 《화동시대》라는 단행본을 내어놓기도 하였지만 그 무렵을 생각하고 회상하는 소오는 마음은 애틋하고 연민하는 순수성을 읽을 수가 있다.

> 《화동시대》—이것은 동아일보의 화동시대요 동아기자로 있었던 필자의 화동시대를 의미합니다. 동시에 필자의 붓에 그려진 수견

(隨見)·수문(隨聞)·수상(隨想)의 재료가 되었던 그 당시의 사회상인 것입니다. 기미(己未) 이후이 세태를 반영한 적치(敵治)의 대정연간(大正年間)이니 지금으로부터 20여 년 전이겠습니다. 생각으로는 어제 그제와 같습니다마는 세월로 따져보니 역시 사반세기(四半世紀)를 물러선 옛날입니다.

동아일보가 터를 잡았던 화동은 화동에서도 거의 막바지였습니다. 지금은 터마저 없으나 한말에는 기호학교(畿湖學校)였고 그 후에는 중앙학교였던 자리였습니다. 나는 이 학교에서 공부를 했었습니다. 늙은 포플러나무가 높다랗게 버티고 서 있는 그 언저리 옆방에서 난생 처음으로 영어를 배울 수 있는 서울유학생의 자랑을 맛보았습니다. 그 후 3·1운동을 치르고 동경생활을 거치고 전라도 장성-두멧골 조막학교의 교원생활로부터 서울로 불려서 주저앉은 자리가 바로 중학생시대의 그 자리인 동아일보의 그 자리였습니다.… 중앙시대의 그 교실이 동아시대의 편집국이었고 그때의 그 자리쯤이 사회부 자리였습니다.…

필자가 동아일보에 입사한 것이 1927년이었고 소오가 사회부장으로 있었던 것을 기억하고 있으니 아마도 그 해 봄이 아니었나 한다. 나는 학예부에 일하였으므로 그때의 직접적인 인상은 크게 남는 것은 없으나 그리 크지 않은 키에 안경을 끼고 있는 것이 매서운 데가 있어 보였다. 한 번은 큰불이 났는데 기사의 제목을 장염 단염(長炎 短炎)이라고 붙인 것을 보고 재치 있는 표현이라고 이야기하던 기억도 남아 있다.

'횡설수설'의 집필

소오의 문장은 원래 단문(短文)을 잘 쓰기로 이름 나 있었다. 그의 글이 촌철살인(寸鐵殺人)의 함축성과 포괄성을 지녔다는 것은 널리 알려져 있던 일이었다. 동아일보의 단평난인 횡설수설은 원래 하몽 이상협이 창안한 것인데 하몽이 조선일보로 옮겨간 뒤에는 소오가 맡아 집필하였다. 당시 동아일보의 '횡설수설'은 조선일보의 '팔면봉', 중외일보의 '반사경'과 함께 다 이름 있는 칼럼이었으나 동아일보의 것이 단연 뛰어나 독자의 인기를 집중하고 있었다. 따라서 일건(一件) 일평주의(一評主義)로 일관하였던 횡설수설은 동아일보의 상징이었고 알맹이었다고 하겠다. 또 그 글은 역대 편집국장이 맡아서 쓰는 것이 관례로 되어 있었다.

소오는 또 1929년 9월 주일특파원의 임무를 마치고 귀사한 뒤로 만평의 단평을 나누어 각각 독특한 형식과 내용을 담아 독자의 인기를 끌었으며, 1931년에 창간된 월간지 신동아에도 역시 단평난인 '정시사시'(正視斜視)를 두어 한 달 동안의 시사문제를 골라 간추려 평하여 역시 인기를 집중시켰다. 그는 1925년부터 1936년간의 동아일보의 사고문(社告文)의 거의 전부를 작성하였다. 역시 긴 글은 아니었는데 그것을 통해서 당시 사회의 한 단면을 알 수 있을 것 같다.

- 축 어린이날 기념
- '독자와 기자'의 동기
- 적로(赤露), 독일시찰 강연
- 보고 싶은 사진규정
- 편집자로부터 독자에게
- 사회면 특별기사 예고
- 자정후의 경성 일미행기자(一尾行記者) 활동
- 독자가 만드는 신문
- 내 고장 명물예찬

물론 여기에 적어본 것은 많은 것 가운데 일부분에 지나지 않으나 어느 것은 지금의 신문에서도 이용하고 있는 것이 있음을 알게 된다. 그러한 일부분을 소오는 《금단의 자유》라는 단행본에 엮어 놓고 있다.

소오가 동아일보를 물러나게 된 것은 잘 알려져 있는 '일장기 말소 사건'의 여파였는데 당시 그는 편집국장이었다. 1936년 8월 1일 베를린 올림픽 마라톤 우승자 손기정의 기록영화 소개기사 중 손기정의 사진 속에 있는 일장기를 지우고 신문에 실었던 것이 말썽이 되었던 것이다. 그로 인해 실무자 몇 사람이 40여 일 동안의 준열한 문초를 받은 후에 총독부가 작성하여 제시한 다음 몇 가지 사항에 서명을 하고 석방되었던 것이다.

① 언론기관에 일절 참여 안 할 것
② 시말서를 쓸 것
③ 만일 또 다른 운동이 있을 때는 이번 사건의 책임에 가중하여 엄벌 받을 것을 각오할 것 등이었다.

사건은 그에서 그치지 않고 사장을 비롯한 간부진 역시 책임을 지워 사퇴를 강요하였으니 소오도 그때에 물러나고 말았다. 그 후 해방이 되기까지 그는 언론 문필계와는 아주 손을 끊었다. 한때 금광을 한다는 이야기를 들었고 그 사업을 위해 일본을 내왕하였다는 이야기도 있으나 나로서는 별로 아는 것이 없다. 다만 언론에 오랫동안 종사해 왔던 그가 사업을 한다고 했으니 모르면 몰라도 그다지 신통치 못했을 것은 미루어 알 수 있지 않을까 한다.

동아일보의 중간사(重刊辭)

한 사람의 생애를 어떤 한 개인과 연관시켜 생각한다는 것은 극히 위험한 생각일지도 모른다. 그러나 인간사회에는 그러한 특이한 관계가 적지 않다. 앞서 소오가 고하의 지우를 받았다고 하였지만 동아일보를 물러난 후에도 고하와의 연락관계는 조금도 끊이지 아니하였다.

《고하 송진우선생전》에 보면 소오는 광산일에 종사하면서 단파 라디오를 들어 그것을 고하에게 알리고 있었다는 것이다. 한 번은 소오가 다른 사람을 시켜 고하에게 인삼을 보냈는데 그 중 큰 것을 골라 잘라보니 시국의 변천을 알리는 소오의 깨알같은 글이 들어 있었다는 이야기도 있다. 이러한 것으로 비추어보면 소오는 결코 일제의 협력자가 아니었다는 반증이 되지 않을까 한다.

동아일보가 중간되었을 때의 소오는 주간 겸 편집인이었으며 사장은 고하였다. 고하는 대공투쟁의 선봉역할을 담당할 민족진영 언론기관의 필요성을 느껴 '하지' 당시 미 군정사령관을 만나 그 중간허가를 받아놓았던 것이다. 편집국장에는 심강(心岡) 고재욱(高在旭)이었는데 우선 시설이 없었으므로 지금의 코리아 헤럴드의 시설을 이용, 12월 1일에 중간호를 내었다. 소오는 동아일보의 중간사 "主旨를 宣明함"을 썼다.

> 천덕무심(天德無心)치 않아 이 강토(疆土)에 해방의 서기(瑞氣)를 베푸시고 성조(聖祖)의 신의무궁(神意無窮)하시어 이 천민(天民)에게 자유의 활력을 다시 주시니 이는 오로지 국사(國事)에 순절(殉節)한 선열의 공덕(功德)을 기특타 하심이요 동아(東亞)에 빛난 십자군의 무훈(武勳)을 기특타 하심이라 세계사적 변국(變局)의 필연적 일면이라 한들 이 何等何等의 감격이며 이 하등의 홍복(鴻福)인가?… (下略)

그러나 그를 총애하던 고하가 정계로 나갔다가 그해 12월 30일에 암살된 후에는 대체로 그를 그만큼 알아주는 사람이 없었으니 대체로 불우하였다. 그리하여 1947년 3월에는 오랫동안 몸을 두었던 동아일보를 떠나고 말았다. 그리고는 같은 6월에 '신문적 잡지 잡지적 신문'을 표방하고 《새한민보》를 4·6배판 26페이지 내외의 순간으로 간행하였다. 특히 웅초 화백의 표지 시사만화는 아주 인기를 끌었던 기억이 생각된다. 표지에는 '재건조선은! 자주조선 민주조선, 청년조선'이라는 표어를 넣었던 것도 이채였으며 소오는 권두언 또는 집필을 하곤 했다.

《새한민보》의 창간

그가 동아일보를 떠나서 새한민보를 만들던 시기를 소오는 《독립전야》(獨立前夜)에 다음과 같이 쓰고 있다.

> 1947년 3월에 동아일보를 떠난 뒤 오늘까지 바루 한 돐을 잡았습니다. 그리하여 6월에 창간한 순간지(旬刊誌) 새한민보는 25호에 이르렀습니다. 동아는 지체 있는 대신문입니다. 새한은 명색 없는 소민보(小民報)입니다. 대를 버리고 소를 취하는 처사 진실로 미련한 노릇입니다마는 자립자행(自立自行)의 자위자안(自慰自安)이 자가(自家)의 자기(自期)에 자약(自若)할 수가 있고 자적(自適)할 수가 있다 할진대 권대(卷大)의 심뢰(心賴)에 자좌(自左)한 방촌(方寸)이 오히려 육합(六合)에 미만될 수도 있으리니 형국의 대소(大小) 본대 거론될 바가 아니라고 할 것입니다.
>
> 해방후 동아일보를 중간할 때 소신을 고수하는 답답한 우직과 소기를 강행하는 억지의 만용을 자시(自恃)한다 하였습니다. 이 같은 심경으로 집타(執舵)의 책에 취임하였던 생은 되풀이 똑같은 우직과 만용으로 동아를 퇴임하고 다시금 그 우직 그 만용으로 이 새한의 일역을 수임하는 것입니다. …

소오는 신문의 사명과 기자의 태도에 관해 좀 다른 주장을 가지고 있었다. 즉, 그는 신문기자가 신문을 만든다고 일반은 상식적으로 말하나 이는 피상론이며 방편적으로 하는 말에 지나지 않는다는 것이다. 그는 신문은 결국 사회가 만든다고 말한다. 기자는 단지 신문지면을 구성하는 기술자적 임무를 지닌 것뿐이고 사회사정 또는 그 국가의 사정에 따라 신문이 그에 맞는 색채와 성격을 가지게 된다고 결론짓는다. 그것은 곧 신문제작이 기자의 창작에 있지 않고 사회의 산출적 기능이라는 데 있다고 봄으로써 보다 큰 차원의 언론을 보자는 것이리라.

소오는 정치적인 문제에 관심이 깊었다. 그러나 끝까지 저널리스트적인 관심이었을 뿐 정치인으로서의 그것은 아니었다. 말하자면 정치평론가의 순정적인 비평의 입장에 있었을 따름이다. 그래서 한민당의 정치노선을 따라야 할 그가 미소공위의 성공을 바라는 편의 대변자적 주장을 하는가 하면 소위 남북협상을 성공할 수 있으리라고 믿은 순수함을 보이기도 했다. 또 새한이라는 그 나름의 말을 지어 '새한민국'으로 새 국가의 이름을 붙여야 한다고 주장하는 열정도 지니고 있었다.

충무공 연구에 전념

소오는 6·25전란으로 또 한 번 타격을 받았다. 그것은 적치하(敵治下)에서 늦게 피란을 간 때문이었을 것이다. 그리고 부산으로 피란을 왔을 때는 충무광(忠武狂)이라는 소리를 들을 정도로 충무공연구에 온갖 정력을 다하였다. 《난중일기》, 《민족의 태양》을 집필하는 한편 때로는 충무공정신 선양을 위한 강연회를 갖기도 했다. 강연은 웅변은 아니었으나 조리가 정연하고 어음도 명료했다. 특히 좌담회는 남달리 능하였다. 그는 해방후에 생긴 신문학원에서 '문장론'과 '시사문제'를 강의한 적도 있거니와 전시(戰時) 대학에도 출강하였다. 그의 강의는 시간을 엄수하기로 이름나 있었다. 시간 시작 전에 교실에 들어와 종소리와 함께 수업을 하였으며 시간중에는 학생들이 드나들지 못하도록 하였다. 그는 정신자세가 다듬어져 있어야 공부가 된다는 것이었다. 그리고 한편으로는 국제신보에 '구기당산고'(九起堂散考)라는 수필을 일주일에 한 번씩 연재하기도 하였다.

이 무렵의 소오는 여러 가지로 심사가 울적하였던 것 같다. 남자가 공적인 생활에서 소외된 허탈감 같은 것도 있으려니와 하고 싶은 말이 있어도 마음대로 쓸 수 없는 현실에 대한 불만 같은 것이 곁들여 쓸쓸한 면이 없지 않았을 것이다. 그래서 그는 6·25 전부터 앓아온 위궤양이 덧치고 간기능의 약화로 고통을 받고 있었으며 병원요양도 하였었다. 1948년경에 쓴 "병창월"(病窓月)이라는 수필중에는 자신이 본래 병체(病體)나 다름없는 약질이 되어서 이모저모로 늘 고달픈 신세였다고 쓴 대목도 있다. 그러나 그의 끈기와 집념 그리고 정열이 그를 이끌어 주었다고 보여진다.

수복 후에 그는 명륜동에 살다가 타계하였다. 말년에 기독교에 귀의하였다고 병문안 간 사람에게 말하곤 했으며, 그것이 자신을 안정시켜 준다고 하더라는 이야기를 들은 바 있다.

언론인이기에 쓸쓸했던 만년(晩年)

언론인으로서의 소오는 과오도 없었고 자신이 하고 싶은 일은 다 해본 그러한 사람이라고 하겠다. 만년이 쓸쓸하였다고 하지만 그것은 언론인으로서는 예외가 아닌 일반적인 것이라고 나는 생각한다. 어느 신문사에 소속이 되어 있을 때는 그런 대로 무슨 신문의 누구라고 하면 그런 정도로 수긍하고 또 어떤 보람을 느끼지만 특히 신문인은 그 회사를 떠나면 물거품같이 그 이름도 사라져 가고 마는 것이다. 특히 '프리랜서' 제도나 은퇴 후에도 계약에 의한 기고를 할 수 있는 선진국의 신문계와는 판이하게 다르다는 점이 더욱 그렇게 만드는 것이다. 뉴스의 현장을 찾아 달려가던 그러한 생활도 사(社)를 떠나면 더 이상 설 곳이 없어진다. 나는 이러한 점에서는 하몽이나 소오 또는 다른 많은 언론계 선배가 같은 길을 걸어갈밖에 없었다고 믿는다.

소오는 후진의 양성에도 열성을 가지고 있었다. 특히 후배를 만나기 좋아하여 찾아가면 오랫동안 붙들어 두듯 하여 여러 가지 이야기를 나누곤 하였다. 소오는 또 장기나 바둑 또는 화투놀이 같은 것을 모르는 사람이었다. 서재에 앉아 책을 읽거나 원고를 쓰는 것이 보통이었다.

다양했던 취미생활

해방 후에 그는 갈월동으로 이사했다. 소오의 따님 순희(順姬) 양의 회고에 따르면 귀가시간도 규칙적이고 일상의 생활태도가 비교적 짜임새 있게 살아가셨다는 것이다. 책을 읽는 외에 그는 불경을 외었고 그 가운데 반야심경을 즐겨 암송했다고 한다. 그의 취미는 골동, 서예에도 이르고 있었다. 1949년경에 쓴 "수천석두"(水穿石頭)라는 수필에 그러한 자신의 취미를 쓰고 있다.

> 중학시대의 도서 습자(圖書 習字)는 으레 을(乙)이었다. 그만큼 나는 그림과 글씨에 능(能)이 없었다. 능은 없었으나 취(趣)는 또 무던하여서 서화를 즐긴다. 기능의 부족을 감상으로써 보충하려는 심산인지도 모른다. 하여간 이 같은 심경으로 그림도 모았고 글씨도 모았다. 원래 역부족이라 고급품은 생염도 못하였고 그저 너저분한 고물상을 뒤졌을 뿐이다. 그거나마도 만만한 것은 구복(口腹)을 위해서 팔기도 하였다. …

가구류의 골동품 수집도 상당했다고 한다. 또 음악을 좋아하여 거문고 가야금을 모으고 그 감상을 좋아했다. 그러나 그런 것 역시 장서와 함께 폭격에 맞아 잿더미가 되고 말았으니 그 상심 또한 적지 않았을 것이다.

원고를 쓰는 것이 속필이었던 것 같지는 않다. 그러나 일일이 구두점을 표시하고 띄어쓰기를 하여 원고청탁이 왔을 때는 몇 번이고 원문대로 할 것을 다짐하고야 주었다고 한다.

나는 지금도 반세기 전에 김안서가 김동인을 평하면서 '조선문단에 괴물이 있으니 그가 김동인이다. …'라고 했듯이 소오가 언론계에서는 바로 그러한 사람이 아닐까 생각해 본다. 독립불패의 정신과 강직성, 타협을 배제하는 의지야말로 소오의 저류에 흐르는 정신이기 때문이다. 필자는 오늘날의 젊은 언론계 후배들이 소오를 생각할 때 어느 면에서는 우선 "헐려 짓는 광화문"이라는 글과 함께 연상될는지 모르나 참으로 신문인으로서의 그는 부지런하고 집념과 정열을 다한 그러한 사람이 아니었나 생각한다. 그는 《해방이후》, 《독립전야》, 《통일조국》 등 10여 권의 단행본을 남겨 놓았으므로 그것을 통해서 훨씬 더 깊고 가깝게 소오와 대면하는 기회가 될 것으로 믿는다.

글의 매듭 삼아 소오가 별세했음을 알리는 1954년 7월 22일자 동아일보의 기사를 옮겨 본다.

> 소오 설의식 씨는 오래 전부터 숙환으로 가료중이던바 21일 상호 6시 반 시내 명륜동 1가 10의 2호 자택에서 별세했다. 씨는 향년 54세, 함남 단천 출신, 일본대학 졸업 후 일제시 본보에 입사하여 사회부장, 편집국장등 역임, 8·15 후 본보가 다시 발간되자 주간으로 활동하였는데 씨의 날카로운 필치는 세인으로부터 많은 호평을 받아왔던 것이다. 저서 《민족의 태양》, 《화동시대》, 《충무공진중일기》, 《恥辱의 표정》, 《통일조국》 등.

(?)